普通高等教育"十二五"规划教材

高等院校人力资源管理专业教材系列

培训与开发

袁声莉　刘　莹　主　编

韩　燕　王加青

傅晓明　王素艳　副主编

科学出版社

北　京

内 容 简 介

本书从现代人力资源开发与培训的理论出发，结合国内外企业员工培训与开发的实践，探讨除职业生涯规划与管理理论之外的其他人力资源开发与培训的理论、知识与技能。本书特别注重理论与实践的结合，突出员工培训与开发的实际操作性，用大量的图和表使知识和技能直观化，便于读者运用。本书注重介绍最新的前沿动态，引导读者进行深度思考。在理论介绍上以够用为原则，点到为止，更加突出实用性。

本书可作为高等院校人力资源管理专业和相关管理专业的教材，也可供相关企业作为培训教材，还可供爱好人力资源开发与管理的人士学习。

图书在版编目（CIP）数据

培训与开发/袁声莉，刘莹主编. —北京：科学出版社，2012
（普通高等教育"十二五"规划教材·高等院校人力资源管理专业教材系列）
ISBN 978-7-03-035017-6

Ⅰ. ①培… Ⅱ. ①袁… ②刘… Ⅲ. ①职业培训-高等学校-教材
Ⅳ. ①C975

中国版本图书馆 CIP 数据核字（2012）第 135373 号

责任编辑：王彦刚 / 责任校对：马英菊
责任印制：吕春珉 / 封面设计：海马书装

科学出版社 出版
北京东黄城根北街 16 号
邮政编码：100717
http://www.sciencep.com

北京市京宇印刷厂 印刷
科学出版社发行　　各地新华书店经销

*

2012 年 6 月第 一 版　　开本：787×1092　1/16
2017 年 10 月第五次印刷　　印张：19
字数：431 000

定价：41. 50 元
（如有印装质量问题，我社负责调换〈北京京宇〉）
销售部电话 010-62142126　编辑部电话 010-62135763-8305

前　言

员工培训与开发，是现代人力资源体系的核心部分。做好员工的培训与开发，不断提升员工的素质和能力，既是组织管理的出发点，也是组织管理的落脚点。因为，任何组织如果其所拥有的人力资源素质、能力不高，则这个组织就很难产出一流的产品和服务，在公平竞争和法制健全的大环境下，这种组织很快就会被顾客或客户抛弃，最终陷入被淘汰的结局。现在越来越多的领导者认识到，只有一流的员工才会产出一流的产品和服务。但是一流的员工绝非因上天眷顾而生，组织环境、成长机会和个人努力是造就一流员工的三大动力，缺一不可。在学习氛围浓厚以及知识、技能和能力能够得到不断更新或提升的组织中，再加上个人的勤奋和努力，员工才可能在较短的时间里成长起来。隐藏在这背后的必是经过精心设计、高端引领、分工明确、技术先进、动态完善的组织培训与开发系统。

本书编写的基本原则：第一，学科知识够用。学科体系尽可能完整，知识阐述以解释清楚为原则，侧重突出知识的实用性和内容的操作性。第二，突出教材的可读性。文中引用大量的案例或故事对理论知识加以解释，拓宽学生的阅读范围，启发学生的思维。第三，突出知识的直观性。文中运用大量的图和表格的形式直观地呈现理论、知识点之间的联系、作业流程、操作要领等。第四，以中国案例为主，国外案例为辅，多运用近几年发生的新案例。

为避免与高等院校人力资源管理专业教材系列中《职业生涯规划》一书的内容重复，本书没有把职业生涯规划的相关内容纳入进来。

在本书的编写过程中，袁声莉和刘莹起草全书总框架，韩燕、余柳仪、魏一、王养成等对本书体系的完善提出了十分宝贵的意见，张华负责收集、整理了部分资料。袁声莉对全书进行统稿。各章编写的具体分工如下：第一章由袁声莉编写，第二章由刘莹编写，第三章由王素艳编写，第四章由袁声莉和周甜共同编写，第五章、第六章和第七章由刘莹和袁声莉共同编写，第八章由王加青和吴元民共同编写，第九章由袁声莉和傅晓明共同编写，第十章由韩燕和王素艳共同编写。

在全书编写和出版过程中，得到了科学出版社的大力支持和帮助，在此表示衷心感谢！

本书的编写参考了大量的书籍和文章，这些资料在"参考文献"中及各章相应地方尽可能作了列举，如有遗漏，请相关作者谅解。书中的不妥之处，请读者指正。

目　录

第一章　培训与开发概述

教学目标

列举员工培训与开发的目的与作用，描述员工培训与开发的六大体系，理解员工培训与开发的原则，列举员工培训与开发的类型，比较战略性培训与开发和传统培训与开发的区别

教学要点

企业员工培训与开发的目的、员工培训与开发的作用、员工培训与开发的原则、培训与开发的类型、培训与开发的体系框架、战略性培训与开发的基本特点

关键词

员工培训与开发　战略性培训与开发　思维培训　心理培训

老鼠与米缸

在一个青黄不接的初夏，一只在农家仓库里觅食的老鼠意外地掉进一个盛得半满的米缸里。这意外使老鼠喜出望外，它先是警惕地环顾了一下四周，确定没有危险之后，接下来便是一通猛吃，吃完倒头便睡。

老鼠就这样在米缸里吃了睡、睡了吃。日子在衣食无忧的休闲中过去了。有时，老鼠也曾为是否要跳出米缸进行过思想斗争与痛苦抉择，但终究未能摆脱白花花大米的诱惑。直到有一天，它发现米缸见了底，才觉得以米缸现在的高度，自己就是想跳出去，也无能为力了。

（资料来源：http://news.mbalib.com/story/28489.）

对于老鼠而言，这半缸米就是一块试金石。如果它想全部据为己有，其代价就是自己的生命。因此，管理学家把老鼠能跳出缸外的高度称为"生命的高度"。而这高度就掌握在老鼠自己的手里，它多留恋一天，多贪吃一粒，就离死亡近了一步。

在现实生活中，多数人都能做到在明显有危险的地方止步，但是能够清楚地认识潜在的危机，并及时跨越"生命的高度"，就没有那么容易了。

当前，许多企业都认识到员工培训与开发对于组织管理与发展的重要性，但通过本企业内部培训或外出学习等手段来提高员工的专业素质，毕竟要耗费人力、物力、财力以及时间，并且经常会与企业各项工作有一定的冲突。于是员工培训与开发对于一些企业来说也就变成了"说起来重要，办起来次要，忙起来不要"的口号，致使许多员工无法系统地接触到新事物、新方法、新观念。其实，企业眼前的利益不就是那半缸米吗？

令人欣喜的是，在有远见的企业家或领导者心目中，企业培训与开发始终占据很重的分量，他们的视野会更远，经受得住"半缸米"的迷惑，因为如果现在不抽出时间和精力尽早开展人力资源培训与开发，将会给公司未来的事业埋下隐患。

松下集团、三星集团、摩托罗拉公司都是国际上著名的跨国公司，他们的经营领域各不相同，但在对待培训、开发人才的态度上却惊人的一致：很早就开始投资于人才培训与开发，企业领导者和管理者把人才培训与开发融入日常工作，不惜时间和精力。松下集团有一句名言："出产品之前先出人才"。其创始人松下幸之助强调："一个天才的企业家总是不失时机地把对职员的培养和训练摆上重要的议事日程。"早在1973年，三星集团就对外发布了自己的经营理念：实业报国、人才第一、合理追求。三星集团创始人李秉喆曾说："我毕生80%的时间都用在了积聚和培训人才上。"1993年12月，在芯片制造业中以铁腕著称的加里·图克（Galey Tooke）担任摩托罗拉公司新总裁时明确表示，他将继续摩托罗拉公司的培训事业。他说："如果知识更新和淘汰的周期越来越短，我们就别无选择，只有在教育上投资。谁说这就不会成为一个竞争武器呢？"不仅国外企业是这样，我国本土企业中华为、海尔等成功的企业也莫不如此。

不以眼前工作忙为理由而忽视员工培训与开发，持之以恒地培养和塑造人才队伍，是所有企业保持持久生命力的重要前提条件和社会责任所在。

第一节　培训与开发的目的和原则

一、培训与开发的含义

培训与开发是一个不断发展的概念。从传统培训的角度看，培训与开发是两个不同的概念。但从现代培训的角度看，培训与开发的目的都是通过人力资本投资，实现人力资本的价值增值，满足员工个人和组织双方面发展的需要。现代人力资源理论往往把两者并称培训与开发，或培训开发。如果没有特殊说明，本书所用"培训"的意思视同培训与开发之意。

从传统培训的角度看，培训的内容主要是满足员工当前工作需要的知识与技能，无论员工愿不愿意，都必须参加，对象一般针对基层操作人员、一般业务人员、后期辅助人员和基层管理人员，培训的目的以提高工作质量和效率为主。开发则指针对员工和组织未来发展的需要，运用人员测评、职业生涯设计与管理、心理咨询与辅导、管理开发、组织开发等手段，挖掘员工潜在的素质和能力，以提高个人和组织应对未来工作需要的能力，对象主要是核心员工和专业人才。

从现代培训的角度看，培训不仅仅要帮助员工具备履行当前工作职责所需要的知识、技能和素质，而且还要帮助员工获得为适应未来工作所需的知识、技能和素质；不仅要努力促进员工掌握知识和技能这样的硬本领，还要拥有诸如思维能力、心理承受力、工作态度、企业核心价值观等这样的软本领；不仅要具备现成的知识与技能，还要掌握进一步开展创新和更新知识的方法；不是一时的、应急性的管理措施，而是经过周密地计划、有步骤地实施的系统，这个系统是在企业总体战略下的支撑体系，同时又是实现人力资源、人才发展的体系。同时，培训与开发还必须以传统培训、人员素质测评为基础，有机整合管理开发、咨询与辅导、职业生涯管理、组织开发等多种人力资本投资形式。

传统的培训观点（见图1-1）：培训和开发是两种界限分明、截然不同的概念。

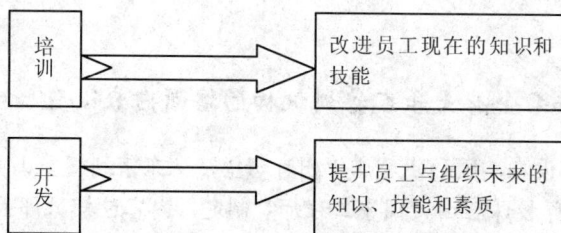

图 1-1　培训与开发的传统关系

现代培训观点（见图1-2）：培训和开发一样，都必须重视员工眼前和未来的工作胜任力，以人本主义的理论为指导，尊重人，视员工为学习的主体，注重调动员工的自主学习积极性。现代培训实际上已成为人力资源开发的一个基础，纳入企业人力资源培训与开发的整体框架。

从现代培训的角度，我们把员工培训与开发定义为，围绕企业发展战略开展的一种有计划、有系统的培养、训练、学习与提升等活动，使员工知识、技能、能力、态度、思维、心理得到不断改善和提高，以改进组织绩效，满足个人职业发展的需要，实现个人和组织的双重发展。

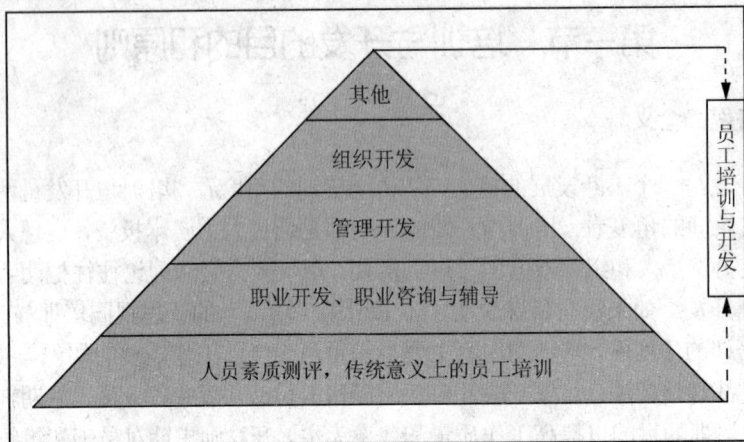

图 1-2 现代培训与开发的内涵

员工培训与开发的内涵包括以下基本要义。

（1）培训与开发的根本目的是改进组织绩效，满足个人职业发展的需要，实现组织和个人的双重发展。培训与开发必须重视帮助员工个人和组织取得更好的绩效。在竞争的组织环境中，最要紧的事是更好的绩效，只有当培训能够帮助个人和组织取得更好的绩效时，培训对组织才有价值。

（2）培训与开发的内容具有多元性。培训与开发不仅仅是传授一种知识或一种技能，还是传授一种好的思维方式，一种积极的生活工作态度，或者培养一种能力，以及训练员工的心理素质，甚至直接把改进工作绩效作为培训的内容。当然，为了使每一次培训与开发项目取得实效，培训开发的内容应相对集中。

案例启迪

知名企业大学或培训机构的培训内容设置

摩托罗拉大学总部设在美国的伊利诺伊州肖姆堡，从东京到檀香山共设有 14 所分校，预算超过 1.2 亿美元。学校课程由"辅导工程师"制定，内容包括批评式思维、解决难题的方法、管理、计算机、英语补习和机器人使用等。

大通曼哈顿银行设专门培训机构，由富有经验的培训管理人员组成，他们的主要任务之一就是为领导提供员工教育的有关信息，进行员工心理素质培训，员工要在培训部门所设置的各种困境中，战胜并超越自我。

（3）培训与开发是一种事先有计划、过程有控制、结果有考评的完整体系，是把当前培训与未来开发有机结合的结构化安排，并且这种安排必须紧紧地围绕企业发展战略的要求展开。

图 1-3 初步反映了培训与开发理论与实践模块的内在联系，也是本书拟探讨的几个基本内容。在该图中，分析培训需求、制订培训计划、实施培训活动、评估培训效果、防范培训

风险以及建立培训制度，是企业员工培训与开发的核心工作，培训学习理论是开展培训与开发实践活动的理论指导，新员工培训与开发、管理人员培训与开发以及其他类型员工的培训与开发，是结合企业实际，有针对性地开展的员工培训与开发项目，上面所有的培训与开发实践，均要体现组织发展战略的要求，有助于组织战略目标的实现。

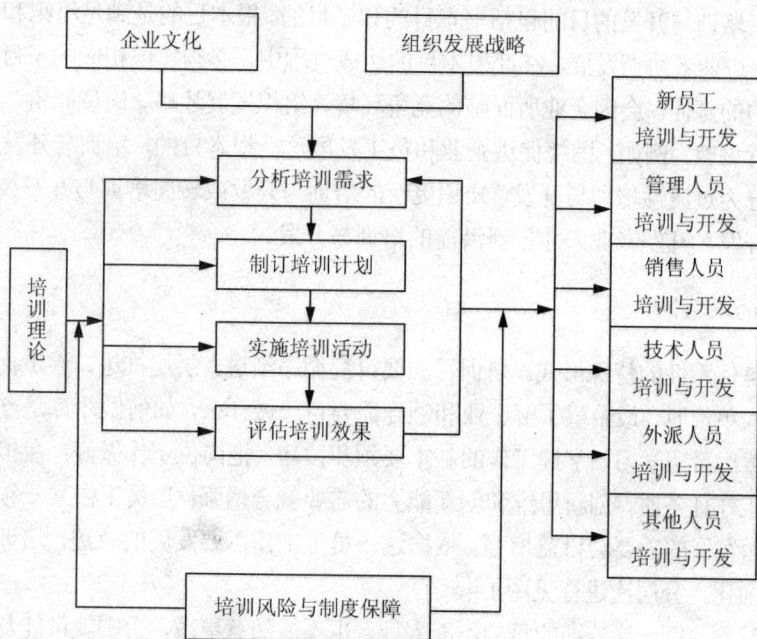

图 1-3　本书的基本框架

二、培训与开发的目的

（一）培训与开发目的的双重性

搞好员工培训与开发，避免培训与开发的盲目性和"走过场"，首先就要认真思考培训与开发的目的，确定培训与开发的使命所在。

从根本上看，培训与开发具有双重目的，即既要满足企业发展的需要，又要注重员工个人职业发展的要求。

企业之所以开展员工培训与开发，最终目的是希望通过有组织的培训与开发活动，"制造"合乎企业需要的人，再通过合乎企业需要的人力资源队伍增强组织应对环境的近期和远期能力，提升企业的核心竞争力。对于处在激烈竞争环境下的企业而言，培训与开发必须有助于企业的生存与发展。

与此同时，企业的能力和竞争力是由员工的素质和能力组成的，由所有员工的勤奋敬业、开拓创新、顾全大局的日常工作表现来支撑，没有员工能力的不断发展和素质的不断提高，员工绩效和高品质工作就难以保证，也就不可能有企业的进步和发展，这是由人力资本的人体依附性所决定的。所以，企业培训与开发的目的必须由片面地强调组织需要向妥善兼顾员工需要、满足员工个人发展和满足企业发展双重目的转化。

（二）员工培训与开发目的的体系性和层次性

1. 目的的体系性

企业员工培训与开发的目的包括根本目的和子目的。根本目的是满足组织和员工个人发展的需要，促进两者协调发展。在此根本目的达成过程中，必须实现相应的子目的。子目的是对根本目的的延伸，会因企业所面临的竞争环境、组织发展战略、岗位职责、人员素质等的不同而进行调整。例如，围绕促进企业和员工发展这一根本目的，培训与开发的目的还可以进一步划分为过渡性培训与开发、知识更新的培训与开发或转岗培训与开发、提高业务能力的培训与开发、开发专业人才创新潜能的培训与开发。

2. 目的的层次性

层次性是体系性的特殊形式。培训目的要讲究循序渐进，层层推进，逐步提升。当一名员工刚进用人单位时，最希望了解企业和领导需要自己做什么，如何做才算是一个合格称职的好员工；然后希望学习、掌握工作的基本要领和技巧，把岗位工作做好；在担当难度和责任比较大的工作任务时，创新思维和创新能力的需要就会增强；当员工在某一领域取得骄人业绩后，全面发展的需要会日益增强。依据这一员工工作需要发展的轨迹，培训与开发的目的也应具体细化，分层次进行见图1-4。

还必须看到，每一次培训的目的不能太散，也不能随意更改，否则就可能与参训员工的职业规划不一致，使其无所适从，培训结果难尽如人意。

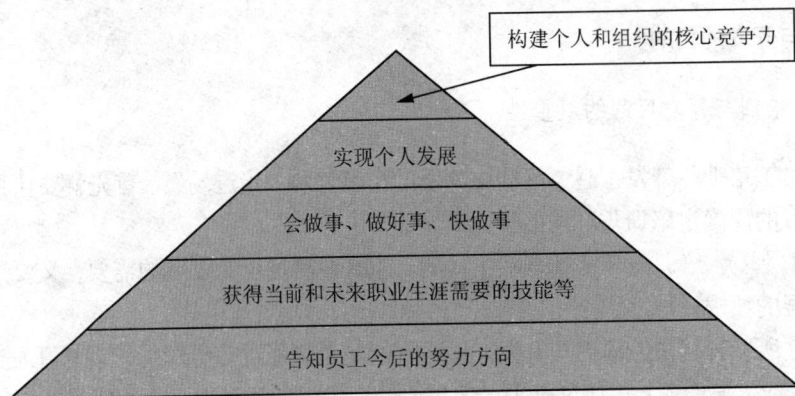

构建个人和组织的核心竞争力

实现个人发展

会做事、做好事、快做事

获得当前和未来职业生涯需要的技能等

告知员工今后的努力方向

图1-4　培训与开发目的的层次性

（三）培训与开发目的和目标的区别与联系

培训与开发的目的与目标是有区别的。在英文中，用 goal 来表示目的，用 objective 表示目标，可见目的与目标是有区别的。目标是在遵循目的的前提下，充分考虑发展战略的需要以及企业自身能力，确立的实践性比较强、可量化、可检验的标准。目的具有抽象性、终极性、普遍性，目标具有具体性、阶段性、特殊性。

培训与开发的目的和目标之间的内在联系可以用图 1-5 来简单反映：企业根据发展战略的需要，结合员工工作表现、工作业绩，并考虑国内外技术发展趋势的要求、组织变革及文化的需要，确立员工培训与开发的目的，再将抽象的目的具体化为相应的目标。

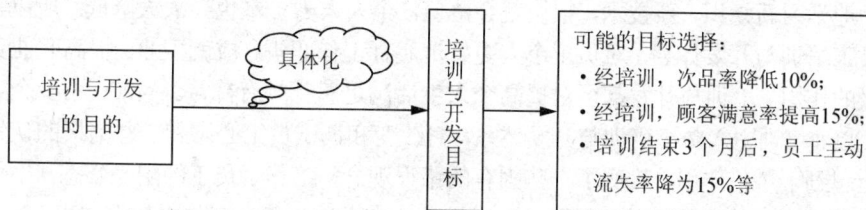

图 1-5 培训与开发目的与目标的关系

案例启迪

A 集团年度培训计划中关于不同培训对象培训目的的设计

培训目的应避免单一化或同质化，培训对象所在岗位要求不同，工作知识和技能积累不同，培训目的必然有所差异。下则实例是 A 集团某年度培训计划中关于不同培训对象培训目的的设计（见表 1-1）。

表 1-1 A 集团年度培训计划中关于不同培训对象培训目的的设计

培训对象	培训目的
高层管理人员	扩大高层管理人员的国际视野，提高战略思维能力和领导素质
中层管理人员	提升中层管理人员的创新能力、领导能力和沟通能力
后备人才	提升后备人才的业务素质、管理素质，为企业的人才梯队建设做好准备
基层管理人员	提升基层管理人员的岗位技能、知识水平，了解基础管理知识
新进员工	使新进员工了解企业的概况、企业文化、企业管理制度、工作岗位职能，参与到企业相关部门进行实习
毕业生	让毕业生熟悉公司的基本概况，掌握基本的职业道德和素养、工作技能，尽快融入企业

资料来源：甘斌. 2008. 员工培训与塑造[M]. 北京：电子工业出版社：45-46.

三、培训与开发的作用

培训与开发，无论是对员工个人还是对企业，都具有积极的作用。

（一）培训与开发对员工个人的积极作用

培训与开发需要投入时间和精力，有时还可能面临学习难度大带来的挑战。因此，现实中并不是每个人都能正确面对、乐于接受培训与开发。在一些员工看来，参加培训是在浪费时间和精力，即使参加，也是人在曹营心在汉。

培训与开发不仅使每个人获得不断更新知识、学习新技术的机会，还会改变陈旧落后的观念，培养积极的人生态度，最终增强个人适应社会的能力。

如果是在农业经济时代和工业社会的早期，一个人在学龄期间所学的知识和本领可能会够用一辈子，但在知识经济和信息经济时代，频繁的知识更新和不断涌现的新技术，以及不断变化的顾客需求，以往在学校所学的知识技术和在工作中积累的经验的时效性大大降低。不去主动地学习新知识、新技术，很快就会落伍，个人人力资本也会大大降低。所以，企业推行的员工培训与开发计划，对员工个人更好地履行工作职责、成就事业、提高职业竞争力具有积极的作用。培训与开发甚至对提高个人生活满足感都颇有裨益。当前，不少企业把拓展训练、心理培训引入员工培训与开发体系，对改变和调试员工心态和一些消极的认知在一定程度上起到了矫正作用，改变了一些固有的错误观念，培养了员工的阳光心态，不仅增强了团队的凝聚力，也使员工学会感恩，以良好的心态看待生活和工作中的得与失。

（二）培训与开发对企业的积极作用

策划科学、组织严密的员工培训与开发，将给企业带来诸多好处。

（1）使员工以最短的时间掌握工作技能和工作标准，提高工作质量和工作效率。在制造企业和劳动密集型服务企业，企业往往面临员工流失和不断招聘新人的局面，在短期内使新员工能够正常工作，保证新员工的工作质量和效率等问题，直接关系到企业的产品质量、服务质量，最终影响顾客满意度和企业的声誉。那些针对新员工的特点，开发出的一整套培训与开发方案的企业，大大缩短了新员工适应工作的时间，降低了员工流动带来的风险。

当前，顾客需求日益个性化，企业和员工需要不断地调整自己以适应顾客个性化需求的需要。实践证明，企业员工培训在提高员工职业灵活性、更机动灵活地应对不断变化的客户需求上有好处。

（2）使员工理解和接纳企业的文化观念和任务要求，增强团队的战斗力和组织的凝聚力。现代培训与开发的基本内容之一，就是传播企业文化，规范员工的日常工作行为，培养员工良好的工作习惯，这有助于增强个人对企业核心价值观和战略目标的理解，在加强组织与个人联系方面发挥积极的作用。

阅读资料

杰出公司的培训实践

吉姆·柯林斯（Jim Collins）和杰里·波勒斯（Jerry Porras）经过 6 年的研究，找出了全球 17 家高瞻远瞩公司长期拥有杰出地位的根本原因。他们发现，高瞻远瞩公司通过广招人才、员工培训与专业发展计划，大力加强人力资本投资。高瞻远瞩公司开设自己的企业大学和教育中心，实施密集的培训和发展计划。而对照公司也在培训方面投资，却没有他们动手早，力度也不够。例如，摩托罗拉公司要求每个员工每年必须完成 40 个小时的一周培训，每个部门在培训上的投资要占薪资总额的 1.5%，事实上，自 2000 年以来，该公司为成员提供的可学习资源已达到 160 小时。默克公司所有经理人都必须参加一个为期 3 天的培训课程，学习招聘和面试技巧。

（资料来源：吉姆·柯林斯，杰里·波勒斯. 2002. 基业长青[M]. 真如译. 北京：中信出版社：210.）

（3）培训与开发是一种最有价值的投资，这种投资将给企业带来巨大的回报。美国专业的培训开发机构的相关研究结果显示，企业用于培训的投资回报是丰厚的。2008 年 10 月和 2009 年 2 月，美国投资回报率研究所在一项以"财富 500 强"中 401 家和 50 家规模够大的非上市公司为样本的研究中，发现这些公司在培训上的平均投入资金高达 1.38 亿美元，培训投资金额为 0.1 亿~6.4 亿美元。看来，美国企业即使身陷金融危机，也不忘员工培训。那么回报又如何呢？尽管没有关于此次研究的数据，但是从其他研究中不难发现，美国企业从培训中获得的回报是巨大的。1996~2000 年，曼彻斯特顾问公司所作的研究表明，公司用于经理人培训项目的投资回报差不多是其支出的 6 倍。世界 500 强公司之一的 Metrix 全球公司的评估研究指出，一个关于领导力发展方面的培训项目的投资回报率为 529%，这还不包括那些重要的无形收益。Sun 公司开展的一对一培训投资回报率也超过 100%。

（4）使企业保持创新活力，为建立和保持核心竞争优势提供强大保障。培训开发员工知识和技能的同时，也培养了他们的创新精神、创新思维和创新能力，激发员工不断改进工作方法、工作流程，提高产品质量，使企业获得源源不断的创新能力，为企业建立和保持独有的竞争优势提供坚强的后盾。在 21 世纪，具有核心优势的企业才可能立于不败之地，人力资本是形成企业核心竞争力的主要力量，培训与开发又是获取高质量人力资本的主要途径，因此，培训与开发是企业保持核心竞争力的"发动机"（见图 1-6）。

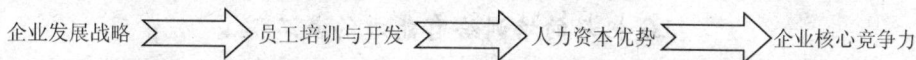

企业发展战略 ⟹ 员工培训与开发 ⟹ 人力资本优势 ⟹ 企业核心竞争力

图 1-6　培训与开发与企业核心竞争力的关系

（5）有助于建立雇主品牌，吸引和留住优秀的人才。企业投资于员工的培训与开发，能够塑造组织学习型形象，是建立雇主品牌的重要途径。这有助于提升企业在人才市场上的声誉，对刚毕业的大学生以及优秀人才具有吸引力。建立雇主品牌，需要企业在培训开发、招聘、人力资源的其他管理职能上都站在战略的角度为员工提供学习和发展的机会。在培训开发方面，不仅仅作出实质性的努力，而且通过认真策划宣传计划、公司年度报告、高管的媒体采访、网站建设等系统宣传企业致力于学习和发展、培训与开发的制度、行动和成效，打造一个注重学习与创新的积极的公司形象。例如，美国有 62% 的企业在年度报告中正式公布了他们的学习发展机构所作出的努力，在专业性的学习机构中，这一数字上升至 79%，欧洲的一些企业中这一数字更高，达到 88%。超过一半的 CEO 在接受媒体采访时会提到其公司的学习机构。上述努力，使这些企业在众多的企业中脱颖而出，在人才市场上产生良好的反响。

四、培训与开发的原则

培训与开发的原则是指导员工培训与开发工作的重要思想，有助于帮助人们在考虑培训与开发的对象、选择培训与开发的资源配置方式、思考培训与开发的内容、确定培训与开发的重点、从事培训与开发的组织工作等进程中，把握工作的核心和关键点，更加有效地实现培训与开发的目的。

（一）战略导向原则

培训与开发是企业管理系统的一个组成部分，是实现企业战略目标的支撑系统。培训开发的策划与实施的全过程都必须遵循战略导向原则。

（二）全员培训与重点提高相结合原则

全员培训就是有计划、有步骤地对在职的各类人员都进行培训，这是提高整个企业综合竞争力的重要手段。但全员培训并不代表平均使用培训资源，培训工作仍然要有重点。根据詹姆士·海克曼（James Heckman）的研究成果，一个国家应该把教育的重点投放于年轻人和有学习能力的人，从而提高人力资本投资的效率，对那些已经失去最佳培训期的失业者和老年人则实施社会救助，避免他们被社会抛弃。企业的情况与社会有所不同，在企业中工作的人都是有一定工作能力和学习能力的，尽管如此，个人学习能力还是存在差异，所以不同员工培训与开发的资源配置应该有所不同，企业的人力资本应更多投向学习潜力大、承担重要岗位的员工。

案例启迪

LG 把好的培训给有能力的员工

在 LG 集团，每个员工的培训机会不是均等的。新员工只有一些最基本的培训，而高层管理者则有去韩国总部培训中心，或去国外参加专门培训，或去进修 MBA（工商管理硕士）之类的机会。公司的很多课程都是专门为"核心人才"设立的。"让有能力的人先培训"，有发展潜力的员工培训机会更多。

（资料来源：http://www.chinahrd.net/case.）

（三）理论与实践结合原则

该原则在企业员工培训与国家基础教育之间划出了一条明显的界限。它要求培训具有两个特点：一是培训内容重在实用，要讲究实效；二是培训设计要"落地"。

（1）在培训策划上要慎重，要与培训对象所在部门或所在企业的发展很好地融合，能有助于部门的工作和企业的发展。应根据企业自身情况及员工实际情况选择合适的培训模式，使员工培训与各部门的发展很好地融合在一起。

（2）培训内容要理论联系实际，突出操作性、实用性，切忌概念化。要紧密结合员工工作的实际需要，根据战略需要、各类人员的工作性质、员工素质现状，有针对性地设置培训内容。

（3）在培训的方式方法上，要注重运用实践学习法、体验式学习法，提高员工解决问题的能力。

（四）优势为先原则

培训与开发的重点是开发和强化员工自身固有的优势和长处。传统的做法是把培训与开发的重点放在一个人的不足方面，尽量弥补短处，这种做法与木桶原理的理念一致。但

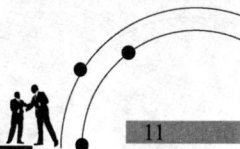

培训与开发的优势为先原则强调，培训开发应注重塑造员工的核心工作优势，某位员工在工作中暴露出的短板则通过团队成员的互补来解决，而不是把培训与开发的重点放在弥补每位员工的短板上。这并不意味着忽视员工的短板，基本的岗位要求还是要达到的，但不鼓励对员工短板的重视超过对员工优势和长处的开发与强化。培训开发方案的制定，应以人才开发的优势理论为指导，重点开发员工自身内在的潜能，经过规范的培训需求分析、个性诊断、人事匹配分析，发现员工在知识、技能、能力、思维等方面的优势，加以有计划的重点培训开发，以此发挥每个人的长处和天赋，用人所长，真正实现人尽其才、事得其人的人才管理目标。

第二节　培训与开发的类型

一、按照培训与开发的表现形态分类

按照培训与开发的表现形态分类，培训与开发可划分为有形培训和无形培训。

有形培训是指有固定的时间、地点和讲师的培训，通常讲的培训就是这种形式的培训。

无形培训则是指主管、骨干员工在平时工作中对下属、一般员工的指导、培养。这种指导、培养的方式可以是开会，也可以是一对一的当面交流，甚至可以是批评劝导。在实际工作中，无形培训对提高绩效的作用更大，影响更深，成本也更低。要想使培训工作产生实效，无形培训就不能忽视，必须仔细加以规划，因为无形培训不是自动就能做好的。

二、按照培训与开发的对象分类

（一）按照培训对象的管理层次划分

按照受训者管理层次，可以把培训与开发划分为操作人员的培训与开发、基层管理人员的培训与开发、中层管理人员的培训与开发、高层管理人员的培训与开发。

（二）按照培训对象的工作职能划分

按照受训者的工作职能，可以把培训与开发划分为管理人员培训与开发、外派人员培训与开发、技术人员培训与开发、营销人员培训与开发、服务人员培训与开发、生产人员培训与开发。

（三）按照培训对象在企业战略中的地位以及专业水平划分

不同的员工在企业发展中的战略地位是不同的，专业水平同样存在一定的差异，据此，企业应采取不同的培训政策。按照员工战略地位和专业水平的不同，培训与开发可划分为核心人才培训与开发、专业人才培训与开发、通用人才培训与开发、辅助人才培训与开发（见表1-2）。

表1-2　按战略地位及专业水平划分的员工类型

员工类型	员工战略地位及专业水平	企业中的相关人员
核心人才	具有战略制定功能和相关领域最高专业水平	·现任执行层领导者 ·未来执行层领导者 ·公司科学家及高级技术专家

续表

员工类型	员工战略地位及专业水平	企业中的相关人员
专业人才	具有理解战略、制订业务计划并组织实施的专业人员，具有某个特定领域突出的专业水平	• 专业团队领导者 • 专门职能部门负责人 • 项目经理 • 技术专家（市场营销、研发、生产、财务、人力资源、物流等）
通用人才	业务计划的执行者，具有相关领域的平均专业水平	• 直线（业务）执行人员，如销售代表、客户服务代表、物流运输服务人员、财务协调人员 • 后台（参谋）支持人员，如人力资源专员、秘书和助理、前台接待员、公共关系专员、设备维修人员等
辅助人才	企业内外从事辅助工作的人员，具有基本的劳动技能	• 操作人员 • 保洁人员 • 保安人员 • 其他劳务派遣人员

资料来源：葛玉辉. 2011. 员工培训与开发实务[M]. 北京：清华大学出版社：65.

三、按照受训者与工作岗位的关系分类

按照受训者与工作岗位的关系划分，可以把培训与开发划分为新员工培训、在职培训、半脱产培训、脱产培训和业余学习（见表1-3）。

表1-3　按照受训者与工作岗位关系进行的培训与开发分类

培训与开发的类型	培训与工作时间的关系	培训与工作地点的关系	受训者与培训者人数的关系	培训环境与工作环境的关系
新员工培训	以岗前培训为主	工作场所附近或远离工作场所	多对一或一对一	不同或相似
在职培训	一边工作一边学习	工作地点或附近	一对一或几个对一个	完全一致或相似
半脱产培训	停止工作，专门接受培训	工作场所附近	多对一	相似或不同
脱产培训	停止工作，专门接受培训	工作场所附近或远离工作现场	多对一	不同或相似
业余学习	利用业务时间学习	家里或其他地方	自学	不同或相似

1. 新员工培训

新员式培训是帮助新员工尽快地由企业的局外人转变为企业人的各种教育、培养和训练。新员工在进入企业的初期，都会面临一些共性的问题，如自己是否会被群体接纳，公司最初的承诺是否兑现，工作环境如何。这些问题能否得到妥善解决，直接关系到员工对企业的评价和印象，最终影响员工的去留。新员工培训是解决上述问题必不可少的途径。在人力资源管理实践中，不少企业面临员工流失率越来越高的难题，究其原因，在很大程度上与新员工的培训与开发工作有关。本书第八章拟对开展有效的新员工培训与开发进行较深入的分析。

2. 在职培训

在职培训一般是由有经验的员工在日常的工作中指导、开发下属或同事的一种训练方法，重点是提高胜任本岗位或职位工作的能力，规范员工行为，促使其岗位成才。

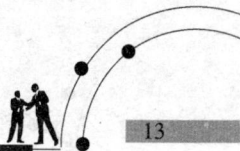

人们普遍认为，在职培训是促使员工成才的最有效的手段，它是将培训和工作结合的最好的训练方法。其优点是有利于解决工学矛盾；有利于直接解决企业经营管理和服务过程中存在的问题。但在职培训常常由于缺乏计划性、计划执行不力、培训人员态度和能力欠佳等各种原因，致使培训效率低下。要提高在职培训的效率，必须对培训者提出基本的要求，即培训人员或导师必须按照预先提出的培训计划和岗位（职位）标准、程序进行指导。企业应对培训人员实行统一的培训，提出明确要求，使他们掌握指导、培训的技能。在职培训不适用于以下情况：需要传授新的专业知识，学员人数太多，时间紧急，内部缺乏合适的培训人员等。

3. 半脱产培训

半脱产培训是受训者占用一定的工作时间接受培训与开发。其主要方式有以下几种：①"四四制"，即半天工作，半天学习；②"七一制"，即 7 小时工作，1 小时学习；③"六三制"，即 6 小时工作，3 小时学习（其中占用 1 小时业余时间）；④"五一制"，即 5 天工作，1 天学习。这种方式的优点是受训者在工作地附近接受培训，每次学习时间严格控制，只要安排得当，对正常工作不会构成影响。所学内容能很快用在工作中，学习转换及时。

4. 脱产培训

脱产培训是员工离开工作岗位去接受培训和学习，新员工岗前培训、转岗培训和不合格员工的离岗培训都属于脱岗培训与开发。脱产培训与开发有助于受训者集中精力学习，在较短的时间内迅速提高自身素质。其缺陷是，一次脱产培训与学习的员工人数太多，会影响企业正常的经营管理与服务工作。

5. 业余学习

业余学习又称为在职业余学习，包括员工自学、员工利用业余时间参加社会培训机构或高校组织的学习班、单位组织的业余学习，培训和学习不占用员工的工作时间，不存在工学矛盾。随着网络培训技术的广泛运用，在职业余学习变得更加容易，员工在业余时间借助单位的局域网和互联网学习新的技术和知识的现象日益普遍，在一些领域正在替代过去的脱产培训。

四、按照培训与开发的内容分类

早期企业培训的内容主要集中在知识和技能两个方面，当人们认识到除了知识和技能外，工作态度、心理素质、思维方式等也会影响工作表现和工作业绩后，态度培训、思维培训、心理培训被相继提到议事日程。综合来看，按照培训与开发的内容，可以把培训与开发划分为知识培训、技能（能力）培训、态度培训、思维培训、心理培训。

1. 知识培训

知识培训是对受训人员的知识进行更新。"知识"包括企业发展历史、企业战略方向、企业经营领域等有关企业背景的知识，包括企业规章制度、员工行为准则、岗位规范等工作标准知识，包括完成某项工作任务所需的专业知识和产品知识，还包括与企业运作有关的国家法律法规知识等。知识培训的作用有两个方面：一是了解了某些知识后，人们才能知晓自己应该如何完成眼前的工作任务；二是了解了某些知识后，人们能在一定条件下将其迁移到其他工作任务中，去思考如何完成相关工作任务。知识培训使人们做到了"知"，它是"会"或"行"的基础。

2. 技能培训

技能培训的目的是提高受训人员的技能水平。技能培训使人们"会"做，该项培训是最能体现职业培训与基础教育差异的内容。有些技能培训属于企业专有的，有些属于通用的。由于全球科学技术不断更新，技能培训必须持续开展。技能培训有3大类：操作技能、管理技能、决策技能。

3. 态度培训

态度培训以改善员工工作、生活态度为目的，帮助员工树立与企业文化、经营哲学、共同价值观相匹配的工作、生活态度，使员工在理解、接纳、认可公司所倡导的价值观和企业精神后保持较高的组织归属感和职业忠诚度。

4. 思维培训

思维培训以改善员工思维方式，最终形成良性的、建设性的思维方式为目的。在具体的实践学习活动中，要注意知识和技能是学不完的，但如果员工拥有了良好的思维习惯，能自动自发地学习和创新，当他们面临复杂的、新的工作任务或困境时，就能想办法去解决。因此，引导员工创造性地思考，是十分必要的。思维培训的基本流程见表1-4。

表1-4　思维训练的步骤

步　骤	内　容
第一步	设计一个活动场景。思维起于疑难，疑难产生于活动，没有活动就没有疑难
第二步	在情境中产生一个真实的问题，作为思维的刺激物
第三步	让受训人员占有知识资料，充实必要的观察，为解决问题做准备
第四步	让受训人员负起责任，一步地地提出他的解决办法
第五步	让受训人员有机会验证自己的想法，并判断自己的想法是否有效

5. 心理培训

心理培训是将心理学的理论、理念、方法和技术应用到员工培训与开发活动之中，使员工心态得到调适，心态模式得到改善，意志品质得到提升，潜能得到开发。心理培训包括自信心培训、情商训练、压力管理训练、职业心理培训、生涯心理辅导、拓展训练等。在大多数素质管理训练、团队训练、领导力训练、体验培训和户外拓展训练中，都把心理培训贯穿其中。

企业员工面对激烈的竞争和工作的压力，容易出现一些不良心理状态，尤其是在组织变革、企业出现重大突发事件、员工出现普遍性的职业倦怠、新人入职等时期，员工将承受比平时更大的心理压力，此时开展心理培训十分必要。实验和事实证明，良好的心理教育、疏导和训练，能够增强员工的意志力、自信心、抗挫折能力和自控能力，还能提高员工的创新

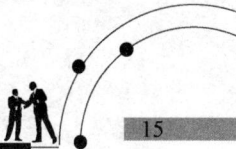

意识、贡献意识、集体意识和团队精神。联想集团定期邀请心理培训机构的专业人士为员工做"压力管理"等心理培训，TCL、海尔、中兴、华为公司等都经常请培训公司开展心理培训。据统计，在世界500强企业中至少80%的企业为员工提供心理帮助计划。

要做好心理培训，必须从员工的动机、心态、心智模式、智商、情商、意志、潜能及心理素质等一系列心理问题去研究分析，弄明白其中的原由，才能更有针对性。

除以上划分方法外，还可以依照其他标准对培训与开发进行分类。例如，按培训的时间期限划分，可以分为长期培训和短期培训。按企业对培训与开发成果是否具有独占性，可以划分为通用培训与专门培训。又如，苏珊娜·斯基芬顿（Suzanne Skiffington）和帕里·宙斯（Perry Zeus）通过研究，依据培训的进程，把行为培训分为5种：教育培训、技能培训、实战培训、绩效培训、自我培训。还如，按每次参与培训的人数，培训可划分为一对一培训和团队培训。

根据企业的需要，同一家企业在同一时期可能采取两种甚至多种培训与开发方式。以在职培训与脱岗培训为例，两种方式适用于不同的培训目的，常常被一些企业同时采用。例如，荷兰皇家航空公司在培训新聘国际航班客舱工作的服务人员时，在总结前面无效培训教学的基础上，重新采取混合式培训，即先让学员在教室学习一段时间，然后在评估训练航班上再训练一段时间。在这些航班上，由有经验的客舱服务人员向新学员传授一系列有计划的在职培训，如在实际为顾客提供服务时演示递送肉和快餐，其他工作则在各餐之间相对清闲时，或在没有顾客的情况下进行演示，从而取得了预期的效果。

第三节　培训与开发的战略导向

一、以战略为导向开展培训与开发的必要性

（1）以企业发展战略和人力资源战略为导向，把培训与开发视为一项长期的企业人才发展战略。以企业发展战略和人力资源战略为导向开展员工培训与开发，尚未成为我国大多数企业的自觉管理行为。更多情况下，人们仅仅将培训看做一种解决企业眼前问题的短期行为，没有把培训当做一个长期的系统工程。这段时间执行力不强，就培训一下执行力，那段时间技术出问题了，就培训一下技术。这样的培训不是形成人力资本的过程，仅是把培训当做一种活动，而不是一种战略。真正要让培训起到效果就应当把培训当做一个长期的活动来抓，作为企业的一种人才发展战略来对待[①]。伴随全球经济格局的调整和中国发展方式的转型，知识创新成为企业持续增长的唯一动力源泉。知识创新关键要依靠高素质的员工和人才，高素质的员工和人才又要依靠员工的培训与开发。2010年，我国颁布了历史上第一个国家级中长期人才发展规划纲要，把人才建设上升到国家战略的高度，揭开了我国人才建设的新篇章。在国家战略的指导下，企业必须对人力资源开发进行全新的定位，使培训与开发尽快从"行政事务导向"转变为"战略业务导向"，建立战略培训与开发体系。

（2）把企业战略和企业愿景转化为每个员工日常学习和工作的目标。企业战略和愿景在提出之初还只是一种符号，还停留在概念层面，只有把它们转化为每个员工日常学习和工作

---

① 肖作举. 2010. 如何走出培训的十二个误区[OL]. http://news.mbalib.com/story/28360 [2010-6-11].

的目标，才可能"落地生根"。一些企业或因不够重视这种转化，或因重视了但没有形成一套有效的转化路径，最终宣告失败。江淮汽车的成功就在于他们愿意并舍得花费精力去实现这种转化。

案例启迪

江淮汽车的"一句话愿景"

对于一个不断趋于完美的过程来说，最大的障碍是什么？"是对新成员、新事业的培训。"安徽江淮汽车股份有限公司（以下简称江淮）的康易成坦言，"如何让新鲜血液融入江淮文化，让学习型组织建设稳定持续地发挥作用，是我们面临的挑战。"

2002 年，现在的江淮专用车公司（以下简称专用车）加入江淮。作为一个濒临倒闭的企业，专用车刚刚进入江淮的大家庭，新团队在文化上有些格格不入。"我跟左总举例，江淮已经上高速公路了，已经跑到 120 脉，但我这个团队一下子被带上高速，那一定是头昏眼花。"专用车董事长朱德训说。

此时恰逢彼得·圣吉（Peter Senge）团队到江淮考察，对江淮提出了将企业愿景分解到个人的建议，这让江淮眼前一亮，同时让左延安对如何带动新团队有了想法。于是 2002 年，愿景分解的试点工作在专用车公司展开。

"将企业愿景层层分解到基层，最终落实到个人，是我们从 2002 年做学习型组织创建'落地'的一个重要举措。"特种车公司机关支部的部长潘孝柱说，"最主要的一个目的，是让愿景成为服务企业、成就自我的原动力。"

"于是我们就制定了企业的当年愿景和 3 年愿景，然后层层分解：为了达到这个共同的目标，每个部门要做什么？为了这个部门的目标每个班组要做什么……以此类推到个人，让每个人都有一个愿景。"潘孝柱说。

在自上而下分解的同时，自下而上的工作也随即展开。当愿景分解到个人时，很重要的一步是进行评估——这个愿景是否与个人情况、本职工作相结合，随后跟踪考核。

为了巩固个人愿景对员工的激励，专用车推出了"一句话愿景"活动。记者看到，在干事张爽的桌子上放着这样一个牌子："现在跟着别人干，半年试着自己干，一年我带别人干"。

"这是我的一句话愿景，这个牌子仿佛一面镜子，让我时刻检视自己的工作。"张爽说。"不觉得有压力吗？"记者问。"有压力才有动力啊！"刚刚 24 岁的张爽笑着回答，"我愿意把这种愿景看成个人价值的实现。"

愿景分解到个人，目的就是要让大家知道：在公司众多的重点工作中，自己能围绕企业目标做哪些事情。很多企业有很好的战略，却不能很好地实施，就在于它总是浮在口号里，而不能真正明确进入并指导员工的言行。而江淮的愿景分解工作，无疑真正让战略的实现切实分担到了每个员工的身上。

（资料来源：李源，杨沛霆. 2006. 江淮汽车何以一枝独秀？学习型组织创造利润的故事[J]. 中外管理，03：92.）

二、实现培训与开发和战略的无缝对接

企业有什么样的战略，就需要什么样的人才与技术，进而就需要相应的培训与开发予以支撑，通过培训与开发活动，使全体人员聚焦企业战略，形成强大的合力。

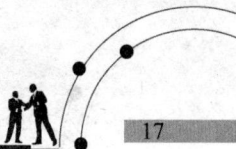

现实中，培训与开发与战略脱节的现象处处可见：①战略仅停留在高层的脑海里，没有传播到基层，员工对公司战略缺乏清晰的认识。有员工说道："战略这东西，看不见也摸不着，都在领导的脑子里、文件中，跟咱们好像关系不大，咱们还是一样天天上下班，到日子领工资，重复365天……公司也有明确的人力资源管理制度，有绩效考核，还经常安排大型的一揽子培训项目，但是我们有时候还是很茫然，到底我能为公司做什么贡献，我的价值在哪里？"②企业对员工需要什么工作能力结构，以及据此实施更有针对性的培训，缺乏清晰的认识和有效的组织。某企业的营销中心总监说道："我们营销中心是个很大的部门，有到一线去销售的，有做市场调研与广告服务支持的，也有在后台提供保障的，包括人力资源、信息、后勤行政……这么大一个部门不同类型的员工之间应该形成什么样的能力结构呢？我们常常在说要通过协同实现合力，你不能说哪一个工作对完成一项销售任务没有价值，包括我们中心组织的各种培训工作，到底应该为形成员工怎样的能力而服务……"

上述现象提出了一个至关重要的人力资源的命题，即包括培训与开发在内的各种人力资源活动如何与企业战略对接，如何以战略为牵引培养与开发员工的素质。

企业在明确愿景、使命以及发展战略后，接下来就是考虑如何整合企业内外各种资源来实现企业的战略。人力资源的整合及开发运用无疑是最关键的一环。无论是资金和技术，还是市场和产品，都必须借助优秀的人才与员工队伍来运用和开发。从培训与开发环节看，应通过培训与开发把员工的关注点和努力聚焦到企业战略方向及目标上来，并在态度、思维、知识、技能、心理上与之匹配，能够支撑起各种战略业务、技术、管理等活动。

（一）认识企业发展战略

企业发展战略是对企业整体性、长期性、基本性的谋略，是根据企业的愿景和使命，整合企业各种资源，对企业未来发展进行的定位。企业发展战略是在一段时期内指引企业前进的航标，是一切活动的出发点和落脚点。

一般竞争战略是企业发展战略的重要组成部分，包括低成本战略、差异化战略、集中型战略3种战略选择。

低成本战略是一家企业在保持别具一格产品的基础上以低价格的产品或服务为核心竞争优势。采取低成本战略要求企业必须具有低成本的优势，本身就是低成本的领先者而不是后来者。差异化战略是企业为获得竞争优势，在产品、服务、企业形象上与竞争对手有明显的区别。集中型战略是把企业的资源集中于某一个特定的市场，集中力量打"歼灭战"。

20世纪80年代中期以来，企业能力理论产生并迅速发展，对企业战略决策实践产生了重要的影响。培育企业的核心竞争力，以核心竞争力赢得竞争优势成为人们的共识。企业不仅仅要关注外界的产品和市场的变化，选择合适的产品和市场，而且要培育自身核心优势，打造企业核心竞争力成为众多企业的战略选择。核心竞争力的基础是企业的智力资本，是知识创新，培训与开发是获取推动企业知识创新、提升企业智力资本的必然途径。

（二）认识企业战略和培训与开发的关系

培训与开发不仅要满足企业当前发展的需要，还应着眼于企业的发展战略，形成对企业战略构想的强大人力资源支撑。

图 1-7 反映了企业提出战略构想、进行战略目标的分解和最终实现战略构想的基本过程，也说明培训与开发是基于战略构想的需要，在企业人员存在不足难以保障企业战略目标的情况下产生和提出的。

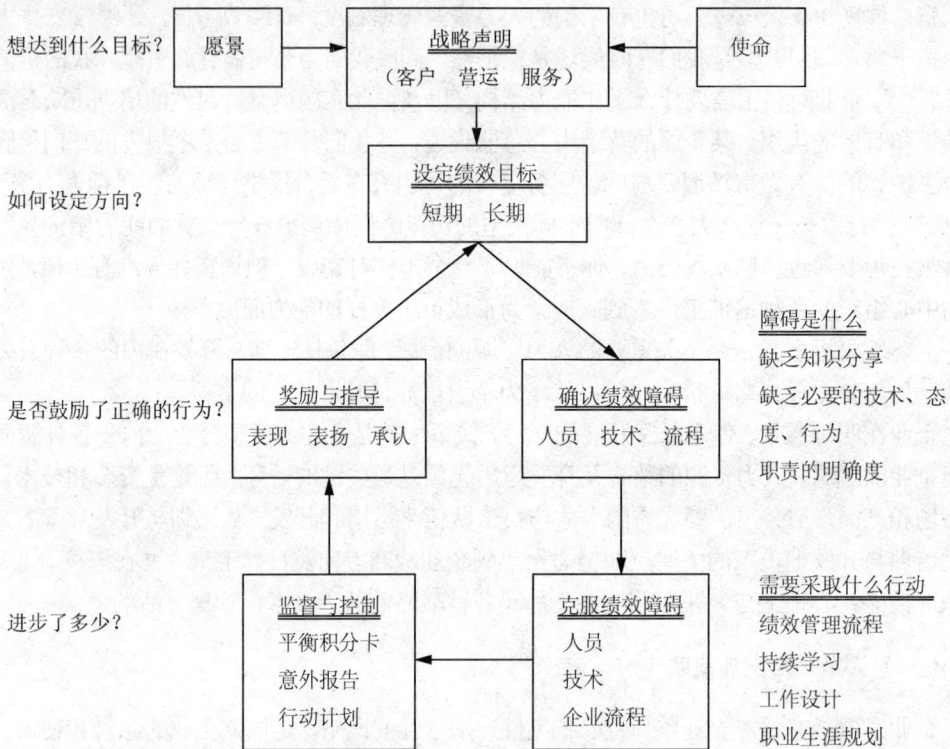

```
想达到什么目标?    愿景 ──→   战略声明   ←── 使命
                          (客户 营运 服务)

如何设定方向?              设定绩效目标
                          短期  长期

                                              障碍是什么
                                              缺乏知识分享
是否鼓励了正确的行为?   奖励与指导     确认绩效障碍     缺乏必要的技术、态
                  表现 表扬 承认   人员 技术 流程    度、行为
                                              职责的明确度

                                              需要采取什么行动
进步了多少?          监督与控制     克服绩效障碍      绩效管理流程
                  平衡积分卡      人员           持续学习
                  意外报告       技术           工作设计
                  行动计划       企业流程         职业生涯规划
```

图 1-7　企业战略与人力资源及其培训与开发的关系

当确定了企业的发展愿景及企业的使命后，应制定出企业的发展战略，根据战略构想设定企业长期和短期的绩效目标，然后将企业的现实与绩效目标的要求进行比较，分析和确认实现绩效目标的障碍，包括人员、技术、企业流程等各方面的差距（障碍）。如果是人员方面的问题，就需要确认属于人员的哪方面的问题，如缺乏必要的知识分享、缺乏必要的技术、缺乏必要的行为等，这些问题，除了可能要采取的其他人力资源管理措施外，还必须通过有计划的培训与开发才能得到圆满的解决。

（三）以战略为牵引确立培训与开发的重点

案例启迪

摩托罗拉的培训与公司战略

许多公司也做了不少培训工作，但摩托罗拉公司出色地将员工培训教育与公司的业务目标结合起来。例如，公司要确定一个缩短产品开发周期的目标，那么它就设计出一项课程以解决这一问题。公司的培训不仅仅是为教育而教育，员工要接受一些具体的工作训练，直到能够正确地掌握。美国电话电报公司已退休的主管教育和培训的副总裁康诺弗（Conover）

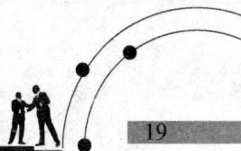

说："就教育与公司经营战略之间关系的紧密程度而言，摩托罗拉公司做得比我所知道的任何其他公司都好。"

该公司前总裁费希尔决定摩托罗拉公司要在软件方面干得更好。摩托罗拉大学据此组织了3天的研讨会，会上30位副总裁订出了攻关计划。研讨会还指导这些副总裁如何组织项目队伍，并传授酝酿变化的技巧。

经过学习之后，这些领导人决定，软件工程师可以更多地在家工作，在办公室时也不必穿得过于正式。软件工程师开始能参加宴会并得到各种其他奖励，而这些待遇以前只给予硬件人员。此外，公司更加努力地为软件申请专利。这样做的好处是巨大的，据经理们的透露，公司因此每年申请的专利数量增加了20%。

（资料来源：刘玮. 2005. 摩托罗拉公司是如何进行员工培训的[J]. 中国职业技术教育，31.）

从摩托罗拉公司的这个案例中可以学习到，每当该公司作出一项重要的业务决策时，他们紧接着就会策划相关的培训教育项目，配合该项业务的展开，培训教育与企业的战略和业务衔接紧密。

事实上，企业因业务性质、发展历史、经营规模、企业文化、领导者抱负等原因，战略选择存在较大的差异，战略和培训与开发也并非一对一的关系，不过企业发展战略和培训与开发战略之间仍然存在某些共性的关系。

例如，前面介绍了3种不同的竞争战略，表1-5探讨了在这3种竞争战略下员工培训与开发的一些共性问题。此外，在企业不同的发展阶段、不同总体战略以及其他战略选择下，人们还发展出了更多有效的培训与开发战略和策略。限于篇幅限制，不再一一介绍。

表1-5　不同竞争战略对员工培训与开发的需求

竞争战略	经营重点	实现途径	关键事项	培训与开发的重点
成本领先战略	• 精简规模 • 转产 • 剥离 • 债务清算	• 降低成本 • 缩小资产规模 • 获取收入 • 重新确定目标	效率	• 激励、目标设定、时间管理、压力管理培训 • 领导力培训 • 人际沟通培训 • 重新求职培训 • 寻找工作技能培训
差异化战略	• 市场开发 • 产品开发 • 产品、服务创新 • 提高顾客满意度	• 调整现有产品 • 创造新的不同的产品与服务 • 增加分销渠道 • 兼并在产品链条上与公司处于相同阶段的企业 • 兼并能为公司提供原料或购买产品的企业 兼并其他企业	• 创造新的工作和任务一体化 • 人员富余 • 重组	• 文化培训 • 培养创造性思维和能力 • 支持或促进高质量产品价值沟通 • 提高工作技术能力 • 管理者沟通、反馈、冲突谈判方面的培训 • 确定被兼并企业员工的能力 • 培训系统的一体化 • 合并后企业办事方法与程序 • 团队培训
集中战略	• 集中特定领域 • 增加市场份额 • 降低运作成本 • 建立和维护市场地位	• 改善产品质量 • 提高生产率 • 技术流程创新 • 提供定制化产品或服务	• 技能先进 • 现有员工队伍的开发	• 团队建设 • 跨职能培训 • 专业化培训计划 • 人际关系培训

第四节　培训与开发体系

一、建立培训与开发体系的意义

建立培训与开发体系，有助于从全局的角度认识和推进培训与开发系统，综合发挥培训与开发各要素的相互促进作用，确保培训与开发的效率与效果。

管理活动是一个完整的系统，培训与开发是企业人力资源管理的重要组成单元，是人力资源管理的重要子系统，培训与开发活动是由机构、流程、课程、人员、制度、设施设备等组成的一个完整的系统，要加以全盘考虑，整体推进。

随着经济发展和技术变化的不断加快，非正式的培训程序难以确保培训的质量和效率，只有采取正式的培训程序，从整体的思路谋划设计培训与开发体系，方能有效实现培训与开发的目的。

然而，据一份权威机构对中国企业的培训调查报告显示，92%的企业没有完善的培训体系。其中，在企业的培训管理机构方面，仅42%的企业有自己的培训中心；在培训制度方面，尽管64%的企业声称有自己的培训制度，但几乎所有的企业都承认自己的培训制度是流于形式的；在培训过程管理方面，很多企业都缺乏规范的培训需求分析过程和行之有效的培训考核方法，甚至有的企业以培训课程体系替代培训体系的全部内容。这直接导致大多数培训与开发项目难以取得预期效果。

那么如何设计有效的培训与开发体系呢？为此，首先应回答有效的培训与开发体系应该具备哪些特征。

有效的培训体系应当具备以下特征：①以企业战略为导向。②着眼于企业核心需求。有效的培训体系必须深入发掘企业的核心需求，根据企业的战略发展目标，预测企业对人力资本的需求，提前为企业需求做好人才的培养和储备，而不是为解决某个管理问题的权宜之计。③充分考虑员工自我发展的需要。在现代企业，员工和企业是合作伙伴的关系，有效的培训与开发体系应将员工个人发展纳入企业发展的轨道，让员工分享企业发展的成果。具体来看，就是为员工量身定制明确的职业发展目标，使员工通过参加相应层次的培训，实现个人的发展，获取个人成就。对员工渴望职业发展的心理，有效的培训体系应当肯定这一需要的正当性，并给予合理的引导。④系统推进。有效的培训体系包括6个单元，即培训流程体系、培训课程体系、培训师体系、组织管理体系、制度体系、硬件体系。

二、培训与开发体系的基本框架

企业培训与开发体系的基本框架见图1-8。

（一）流程管理体系

培训与开发的组织与实施必须遵循一套规范的流程。这套流程管理体系由培训需求分析、培训开发设计、培训规划实施、培训效果评估4个环节组成。任何一个培训与开发项目，如果都能够按照上述4个环节，运用有效的方法和科学的技术加以推进，就会有助于提高培训与开发的针对性、系统性、计划性和实效性。

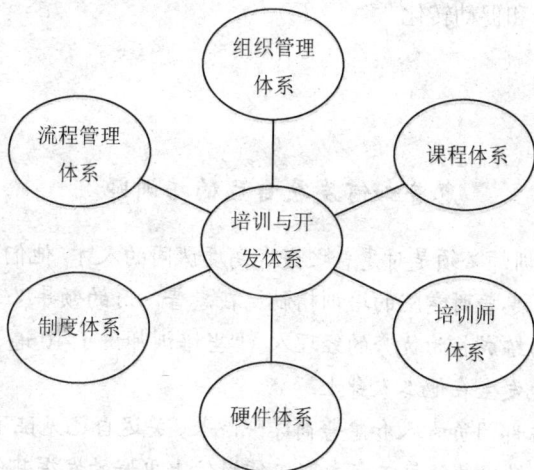

图 1-8 培训与开发体系框架

（二）课程体系

不同企业的发展战略、经营范围、组织设计以及人力资源现状等情况不同，课程体系自然各异。即使是同一家企业，处于不同的发展阶段，课程体系也会不同。完整的课程体系是由一系列不同的课程模块组成的。常见的课程模块有新员工入职培训课程类、技能课程类、语言课程类、新产品、新技术和新流程推广课程类。有关课程体系的建设在本书第四章的相关内容中再作更深入的讲述。需要注意的是，培训开发的课程体系，不单纯是指课堂培训课程，还包括实践培训课程。

（三）培训师体系

优秀的培训师对于培训与开发的作用毋庸置疑。有人把培训师与厨师进行类比，巧手的厨师用普通的原材料能够做出精美的物质食粮，优秀的培训师用普通的原材料（教材、教学辅助材料、案例等）能够做出让人赏心悦目的精神食粮。培养一支理论与实践兼备的高质量培训师队伍，是实现培训与开发目的的重要条件。

企业培训师体系包括内部培训师的培养和外部培训师的挑选两个部分。在企业发展早期，由于企业培训开发的投入与能力有限，企业的培训主要以外部培训师为主，在企业发展到一定阶段后，则以内部培训师为主。

培训师的角色因企业培训与开发发展所处的特定阶段而调整。纵观企业培训与开发实践，培训与开发的发展进程一般分为 3 个阶段：培训初级阶段、培训体系初级阶段、培训体系高级阶段（或学习体系阶段）。讲师在各阶段的角色变迁主要体现在学习主体、学习客体和学习氛围 3 个方面。

在培训初级阶段，讲师的主要职责是授课；到了第二阶段，由于课程体系的建立，大量的学习内容需要开发，内部讲师是课程开发的当然人选，此时授课作为一种常规职责并未改变，但是工作重心发生了偏移；到了第三阶段，在以学习者为中心的氛围下，讲师的位置真正靠后，成为组织学习的推动者，同时课程讲授和研发的活动继续进行，但是形式逐渐向教学辅导、学习活动设计和促动转化[①]。

案例启迪

惠普如何发展自己的培训师

在惠普商学院，培训师必须是对惠普之道有高度认同的人才，他们是惠普实践的支撑者，其现身说法共同组成了惠普商学院的培训精髓。在惠普，好的领导必须是好的老师，同时，好的培训师往往也会历练成长为优秀的经理人。"当培训师讲了10遍、100遍惠普之道的时候，改变会潜移默化地发生在他本人身上。"

作为公司人力资源部门负责人和惠普商学院院长，关迟自己见证了这种链接的密切性和有效性。他面对的最大挑战是让员工在本职工作岗位上更好的发挥其价值，同时可以成为优秀的对外培训师。惠普商学院的大多数讲师并不会因培训获得收入，商学院方面更多是通过荣誉和一些软性活动不断激励其中的优秀者。

优秀者之所以突出，源于惠普商学院严格的筛选流程。他们对培训师采取边招募边筛选的方式来择优。通常会邀请每位经理人都去讲课，之后筛选出更适合做讲师的管理者，之后再筛选出讲得好同时又喜欢讲课的，进行重点培养。

惠普商学院通过讲课实践来发现真正的优秀者。"有的人照本宣科，有的人只是将英文案例翻译为中文讲出来，好一些的会添加自己的理解和体会，更难得的是可以选择自己真正实践过的案例，并有深度地进行剖析。因此，资历也就成了培训师能够脱颖而出的先决条件。"

关迟认为，资历正是区分优秀和卓越的分界线。"一个人的见识和见地是需要时间打磨的，有时候，经历过挫折会有更深刻的反思和认识，并更有说服力地分享给学员。"

同样是优秀的培训师，依然是有所区分的。有的人适合讲课，可以很好的将课堂气氛调动起来，不断激发学员的学习热情；而有的人虽然不善言辞，但是有很多实践经验可以应用在分享环节，通过现身说法来解答学员的疑惑。惠普商学院便将两者有机结合，让擅长讲课的人讲课，擅长分享的人分享。

（四）组织管理体系

组织管理体系的建设包括两大任务：一是建立企业的培训组织机构，二是合理划分培训机构与其他部门培训与开发的职责。

1. 组建企业的培训管理机构

迄今为止，企业培训管理机构经历了以下几个阶段或具体形式：企业培训作为临时性任务，无专人负责，培训工作由人力资源部和（或）企业行政办公室人员兼职担任（其组织设计见图1-9）；作为人力资源部下设的培训专员岗位（其组织设计见图1-10）；作为人力资源部

---

① 杨玉强. 2009. 内部讲师的角色变迁与能力演变[OL]. http://www.cn21.com.cn [2009-03-10].

下设的培训部门（其组织设计见图 1-11）；作为独立的培训部门（其组织设计见图 1-12）[①]。

由此可见，培训组织机构从性质上看可分为两种类型：从属型和独立型。从属型培训组织依附于人力资源部门，适用于中小型企业。独立型培训组织实行事业部管理，统管企业所有培训，依据其他部门的培训需求向相关部门输出培训产品和服务。但必须强调的是，培训是人力资源管理这个大体系下的子体系，即使培训部成为独立的一个部门，但仍必须与人力资源管理的整个战略保持一致，并和人力资源其他管理职能建立密切联系。

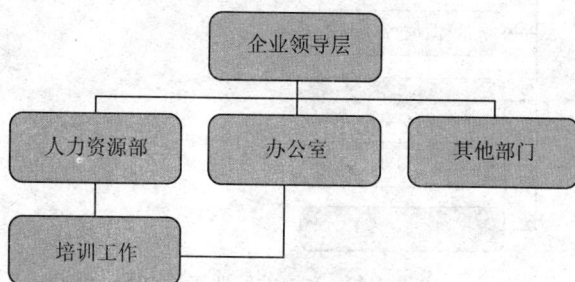

图 1-9 企业培训无专人负责

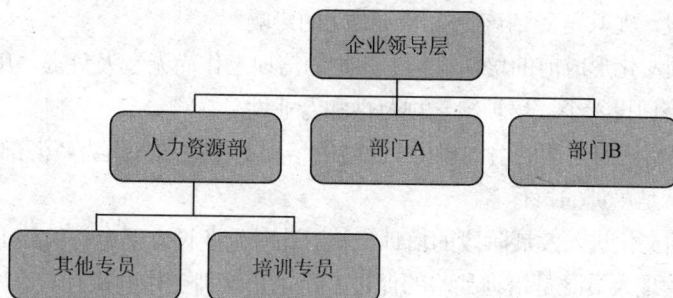

图 1-10 作为人力资源部下设的培训专员岗位

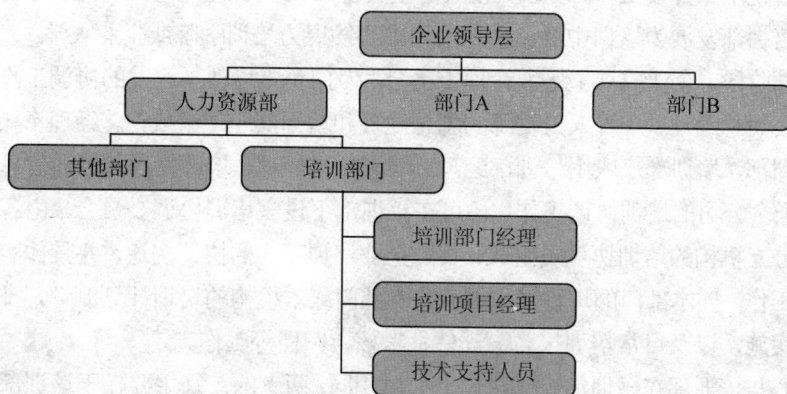

图 1-11 作为人力资源部下设的培训部门

① 王少华，姚望春. 2009. 员工培训实务[M]. 北京：机械工业出版社：30-33.

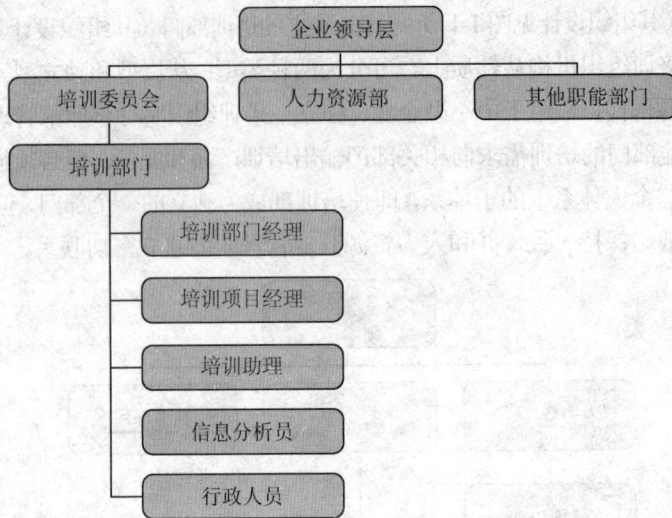

图 1-12　独立的培训部

上述几种培训机构的设置没有优劣之分。企业建立何种规模和形式的培训机构，要受到该企业的发展阶段，尤其是受到该企业培训文化的影响。

（1）企业培训文化形成前的培训机构。此时的培训工作尚无专人负责，开展培训工作的人员身兼数任，培训投入少，培训缺乏规范性和专业性。

（2）企业培训文化萌芽期的培训机构。此时的培训工作被纳入人力资源部，由专人负责。培训专员实际上就是培训的执行者。

（3）企业培训文化进入发展阶段的培训机构。此时企业设立了专门的培训部门，归属人力资源部。培训管理人员既是培训战略的促进者，也是培训工作的执行者。

（4）企业培训文化成熟期的培训机构。当企业形成了成熟的培训文化和学习文化后，企业自上而下重视培训开发工作，培训真正成为全员行为。此时，企业设立了独立的培训部门，组织形式从培训部发展为培训中心，再从培训中心发展为培训学院或企业大学。

在培训部阶段。企业成立了培训管理委员会，专门负责培训与开发的协调工作。培训管理委员会由公司总经理、主管人力资源的副总经理和培训部经理组成，总经理牵头。培训委员会下设培训部，培训部一般由培训部经理、培训项目经理、培训助理、培训信息分析员等组成。为利于全公司的培训协调工作，还可在培训部下设立培训协调委员会，由各部门培训负责人或各分支机构的培训协调员组成，负责企业培训工作的协调沟通，并具体实施本部门的培训管理工作，如本部门的培训需求调查，本部门或本机构的培训计划制订，推动本部门培训计划的实施，以及日常培训报名、评估、考核、归档等工作。

培训中心与培训部在培训组织的建设上大体相同，两者的差别主要在于培训部的培训面较窄，只要面向中下层，培训中心是面向全公司各层次所有领导者、管理者和其他员工。

培训学院或企业大学阶段。企业大学是培训部发展的高级阶段，企业大学常常被称为"战略升级版"的培训部。当企业急切需要建立自己的企业大学且有能力建设企业大学时，培训部可以升级为企业大学，成为企业培训开发工作的组织管理机构。企业大学以直接服务公司

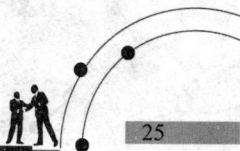

战略和人力资源战略为使命，站在更高层次上履行培训组织管理的职责。企业大学的组织隶属关系、职责划分有两种情况，一种是独立承担企业内外部培训的计划、协调、任务执行，另一种是只负责企业文化提炼与宣传、职业经理人培训、部分专业模块培训和所有外部培训任务，企业仍保留培训部，由培训部负责其他的内部培训任务。

2. 合理划分培训机构与其他部门培训与开发的职责

表 1-6 讲述了培训部门与业务部门各自对应的培训与开发的工作任务和职责。在培训的组织管理上，人力资源部（培训部或企业大学）是综合组织部门，负责全公司培训工作的资源调配和协调工作。在提出培训需求意向和提交培训意向申报上，公司战略发展规划部门从实现公司发展战略目标的角度提出培训需求意向，各类部门和各级主管有责任提出本部门的培训开发意向，各类岗位的在职人员根据公司政策和安排提出个人培训的申请。在培训需求分析的过程中，企业高层管理者负责从企业战略角度判断培训是否与企业战略有关；企业中层管理者负责从本部门绩效指标角度，判断什么样的培训能提高工作质量和效率，哪些员工应参加培训；员工依据个人业绩的差距、自我发展愿望提出培训需求建议，培训部门及负责人具体组织实施培训需求分析，开展相关专业工作和信息的沟通。培训部门及负责人具体负责培训需求的确认，并编制培训开发计划。在培训效果评估上，公司所有的人，包括直线经理、培训部门及负责人、学员本人、同事、业务往来客户等，都有责任。在培训后支持及工作指导上，好的培训师还会提供后期的跟踪指导，而学员的直线经理及身边的同事都是直接影响人。在培训的后勤保障方面，当培训规模较小时，为了提高培训设施的综合使用效率，培训的后勤保障工作最好由企业行政办公室、设备及后勤管理部门承担，只有在培训达到一定规模后，才由培训部（或企业大学）专门负责。培训师不仅仅来源于专业的培训师，企业高级领导者、相关部门负责人、相关岗位人员都应承担起培训员工的责任。

表 1-6　企业各个职能部门与业务部门的培训职责划分

工 作 职 责	部 门 归 属
培训的组织管理	人力资源部（或培训部，或企业大学）
需求意向和申报	• 战略发展规划部门 • 各类部门及其各级主管 • 各类岗位的在职人员
培训需求分析	• 企业高层管理者 • 企业中层管理者 • 培训部门及负责人 • 员工
需求确认、编制计划	培训部门及负责人
培训效果评估	• 直线经理 • 培训部门及负责人 • 学员本人、同事、业务往来客户等
培训后支持及工作指导	• 直线经理 • 培训师 • 受训者同事

续表

工　作　职　责	部　门　归　属
培训的后勤保障	· 企业行政办公室、设备及后勤管理部门（当培训规模较小时） · 培训部（企业大学）及负责人（当培训规模较大时）
培训师的来源	· 企业高级领导 · 企业内部相关部室负责人 · 企业相关岗位人员 · 企业专业培训师 · 企业外聘教师
教材选用、编写	· 培训部门及负责人

资料来源：安鸿章. 2007. 企业人力资源管理师（四级）[M]. 北京：中国劳动保障社会出版社：131.

（五）制度体系

培训与开发的计划要落到实处，必须通过严密的制度体系予以保证。培训与开发制度的作用就是使培训与开发的所有构想与措施成为有规可循、有章可依的规范运作体系，并通过不断完善培训与开发制度，提高培训与开发的运营水平和运营效率，降低培训成本和培训风险。

常见的培训开发制度有新员工入职培训制度、培训出勤管理制度、培训考核及激励制度、培训风险防范制度（如培训合同管理制度）、培训预算及成本管理制度、培训信息管理制度（或培训档案管理制度）。此外，还有各种分类培训管理制度，如脱岗与外派人员培训管理制度，营销人员（或技术人员，或管理人员，或生产人员，或服务人员）培训管理制度，培训讲师日常行为管理规范等。关于培训制度的更多内容，拟在本书第十章进行更深入的讨论。

（六）硬件体系

如果把搭建培训流程管理体系、培训师队伍建设、课程体系建设、组织机构建设、培训制度建设比喻为培训开发体系的软件建设，那么准备各种培训设施、设备、用具、材料等就是培训开发体系的硬件建设。现代培训开发越来越离不开先进的技术条件，如网络培训、多媒体教学、体验式教学，都是在一定的技术条件下完成的。培训过程中，学员的吃、住、行等均需要相应的物质保障。

案例启迪

华为的员工培训硬件

华为是一家用心做人才开发与培训的公司，并拥有业内一流的培训硬件条件。自20世纪90年代以来，该公司大力开展员工培训与开发，并不吝资金建起了自己的培训中心和华为大学。

在1997~1999年，华为先后建立了6个培训中心，分别是新员工培训中心、用户培训中心、高级行政管理干部培训中心、高级研发干部培训中心、高级营销干部培训中心和高级工程技术干部培训中心，占地面积13万平方米，拥有含阶梯教室、多媒体教室在内的各类教室110余间，能同时进行2000人的培训。教室的设备和设计能够满足教师授课、基础技术辅助教学等多种教学手段的需要。培训中心还拥有三星级学员宿舍、餐厅、健身房等生活、娱乐、体育设施，为培训学员提供舒适的学习生活条件。

（资料来源：http://www.cnbm.net.cn.）

（七）影响培训与开发效果的其他组织体系

培训与开发必须与企业人力资源管理的其他体系有机结合起来，他们之间相互补充、相互促进。与培训开发体系关系最为密切的是绩效考核体系、人力资源配置与人才发现和选拔体系、人员招聘体系以及奖惩制度。

众所周知，摩托罗拉公司十分重视人力资源培训与开发，公司文化与核心价值观的传承与培育做的同样十分出色，尽管如此，仍然有员工不愿意参加公司组织的培训学习，对此，该公司把培训与奖惩结合起来，以鼓励和鞭策员工参与公司组织的各种学习活动。例如，对于抵制到摩托罗拉大学继续学习者，培训官员可以以解雇相威胁来使其接受培训。但大多数的鼓励措施是正面的，如掌握一门新技术可以使员工有资格得到晋升；为使培训课程具有趣味性，课堂上的许多问题来自摩托罗拉公司的实践；讲师采用生动的教学方式；落后生可以得到讲师的单独辅导。但是，如果有些雇员仍达不到应有的要求，他们就可能被降级。

无论如何强调培训与开发的重要性，始终要牢记一点，即培训与开发只是一系列人才队伍建设战略与策略中的一种途径，人才队伍建设的最终成效还取决于人力资源管理的其他职能的配套建设水平。例如，在华为，为了使工程师队伍的建设更为迅速、有效、深入，他们在干部选拔、业绩考核等方面采取了许多相关的配套措施。例如，没有市场一线经验的研发人员不能提拔；成立战略市场部，主要由技术工程师出身的人员任职；从市场的角度考核研发人员，不仅仅是技术、开发周期维度，更重要的是新产品获利、上市周期等指标。

阅读资料

培训是绩效评估的支撑

目前，国内很多航空公司建立了全面的目标体系，并将绩效评估作为目标体系的落脚点。但实际效果并不明显，一个重要原因是将绩效评估仅理解为判断下属工作好坏以兑现奖励和惩罚的标准，将大家的注意力集中到评估结果本身，使评估者变成了审判官，站到了员工的对立面，评估越认真，上下级之间的关系越紧张。结果是大家都将绩效评估淡化，使之流于形式。绩效评估的目的是提高员工的工作绩效，进而提高整个企业的业绩。这就要求我们将绩效评估的重点放在员工的技能发展和工作改善上。通过与员工探讨问题产生的原因、达到绩效目标所需要改善的方面和方法，辅导和帮助员工实现工作目标，这样，就会自然地将培训导入部门的日常工作中，使绩效评估能真正促进工作绩效的提高。

绩效评估和培训与开发的根本目的是一致的，二者共同指向个人和组织业绩的提升，上述阅读资料反映了绩效评估与员工培训与开发的密切联系。绩效管理的根本目的是查找绩效差距，分析原因，最终帮助个人提高工作绩效，但如果没有培训与开发的支持，个人能力得不到提高，改进绩效也就成为一句空话。反之，企业如果没有建立健全绩效管理体系，就不能客观全面地了解员工的绩效表现和绩效差距，以及导致绩效不良的原因，即使开展培训，针对性也不强，最终难以实现培训与开发的目的。

三、培训与开发体系建设的 5 个层次

美国卡内基麦隆大学的软件工程学院开发了一套企业培训成熟度模型（见表 1-7），该模型将企业的培训管理水平分成了 5 个等级，企业可以对比自己的现状，找出不足和差距，从不成熟、非正式的培训体系阶段向成熟、系统的方向努力。该模型与前文所述的不同之处在于，该模型把培训流程管理体系和制度体系纳入到培训支持体系。

表 1-7　企业培训体系成熟度模型

培训体系成熟度等级	主　要　特　点
一级水平	· 没有明确独立的培训组织 · 培训课程基本从外部采购，没有课程体系 · 暂时没有讲师体系，培训基本依赖于外聘讲师 · 在硬件方面没有或缺少基本设施 · 培训信息系统尚未建立起来 · 没有培训制度和严格的培训管理流程
二级水平	· 设立了培训部门和专职人员 · 开始建设课程体系 · 讲师体系开始建立，没有建立起辅导员或教练员队伍，在岗培训不到位 · 培训硬件基本能满足培训实施的需求 · 培训信息系统开始建立 · 开始建立培训制度体系，并依据培训管理流程开展工作
三级水平	· 规模较大的企业设立两级以上的培训组织机构 · 建立了基于岗位能力分析的课程体系，具备开发中级课件的能力 · 内部讲师基本能满足企业培训的需要，开始注重在岗培训 · 培训设施能够满足不同规模、多种形式培训项目的实施 · 能实现培训信息资源共享 · 培训制度自成体系，培训流程更加完善
四级水平	· 培训部转变为战略的促进者，管理重心逐步转向学习型组织的建设 · 有能力开发高端课程，课程形式多样 · 以内部讲师为主，形成内部员工争当内部讲师的文化，在岗培训成为员工学习与发展的主要方式之一 · 合理设置培训中心，配置培训设备，学习管理的系统越加完善 · 以公司战略和人力资源战略为指导，清晰制定并描述培训战略，并以此为基础完善培训制度和培训流程
五级水平	· 组织体系或企业大学在各个方面持续改进 · 内部开发的精品课程不断增多，课程开发能力持续改善 · 拥有内部和外部两支优质的讲师队伍 · 根据公司发展的需要，企业不断加大软件方面的改善 · 根据公司发展的需要，企业不断加大硬件方面的改善

复习思考题

1. 假设员工甲对数字很敏感，算数能力很强，而沟通协调能力和亲和力相对较弱，如果现在要为该员工制订明年的培训开发计划，你认为该员工培训开发的重点是培训开发其协调沟通能力和亲和力，还是培养开发其算数能力？

2. 培训与开发的原则是什么？

3. 企业培训与开发为什么应坚持战略性导向？

4. 企业培训体系的基本元素有哪些？

案例讨论

案例 1

F 电脑公司的培训体系

F 电脑公司自 1998 年以来，坚持"以人为本"的管理理念，大力推进人力资源的开发与培训，通过引入培训理念、建立培训体系、整合培训资源、建立核心竞争能力模型等举措，初步形成了具备自身特色的培训发展模式。公司的培训大致分为 4 个系列：管理培训、专业技能培训、通用技能培训和新员工培训。

新员工培训侧重企业文化的宣传，使员工由社会人成为企业人；通用技能培训侧重对员工进行职业化素养教育，如职场礼仪、有效沟通、团队合作、问题的解决与决策等内容，使员工成为职业人；专业技能培训根据职能划分为营销能力、销售能力、客户服务能力、人力资源管理能力等若干模块，着力于将员工塑造为专家型人才；管理培训分为基层、中层、高层的晋阶式培训，力图通过能力的渐进提升，打造出一支更加职业化的经理人队伍。

在这样一个有规划、循序渐进的培训与发展平台上，作为一家上市公司希望吸引到优秀人才，经过社会人—企业人—职业人—专业人—经理人这样一个职业生涯规划过程，使员工个人与公司达成发展的共识，得到共同的成长。

在实施以上培训时，该公司与不少专业培训机构建立了合作伙伴关系，聘请了多名国内外有商业实践经验的资深顾问，通过模拟演练、案例分析、自我阐述、互动游戏等培训方式，在一个开放、虚拟的环境中，实施员工的工作创意，而这种创意即使有可能失败，也不会影响实际的工作业绩，相反，员工可以通过反复的尝试与论证，在专业指导者（上级主管或顾问）的引导下，总结出切合工作实际的方法论和实用工具，并将之运用到真正的工作环境中去。这种系统和生动的培训使得组织内的每一位成员受到培训的吸引，形成不断接受培训的良好习惯。同时，通过不断的团队型集中学习，公司也希望整个团队逐步达成统一的系统性思维模式，即成长为学习型组织，这样的组织不仅会帮助组织成员的学习，而且还会促发组织自身的变革，以适应飞速变化的市场需要。

F 电脑公司未来培训的发展方向也是致力于培养每一位成员的学习习惯，并将公司各运行系统由被动转变为主动，由传统的控制型组织向学习型组织转变。

（资料来源：褚福灵. 2003. 人力资源管理职位模拟教程[M]. 北京：中国人民大学出版社：196-197.）

【讨论题】

1. 请分组讨论 F 电脑公司在培训建设上的经验。

2. 请总结 F 电脑公司人力资源战略的重点，并讨论如何运用这一手段来进行贯彻。

3. 试勾勒 F 电脑公司的培训体系。

案例2

东方公司人力资源管理与培训的配套关系

东方公司原来是一家设备简陋的小化工公司，现在已发展成一家设备先进的跨国公司。该公司年销售额 20 亿元，纯收入翻了两番，公司的职工人数也从原来的 1300 人增加到 2700 人。该公司有皮革产品、医疗器械、药物和塑料制品、化纤等化工产品。

东方公司的成就应部分归功于公司人事关系处处长柳成功。这位衣冠楚楚、有着运动员身材的处长，企管硕士毕业后被聘到东方公司工作，他过去一直担任人力培训科科长。公司上下都知道，柳成功领导的培训项目调动了人的积极性，促进了公司制定的发展。他很能帮助解决职工的困难，了解职工的需要，积极帮助职工建立培训计划、制定发展生涯规划，将职工的需求动机与组织的目标有机地结合起来。只是自从他被提升为人事关系处处长后，人力培训的事务就不再是他的主要职责了。不过今天早晨的办公例会表明，他应该抓一下人力培训科的工作，而且要快。

柳成功坐在办公室里，从窗户眺望着公司小公园的美丽景色，手里拿着几分钟前人力培训科科长章明红送来的刘巧英的档案材料。刘巧英的问题是今天早晨办公例会讨论的重点。

柳成功自从担任人事关系处处长后，建立了每周一次的办公例会，目的是让各科科长一起及时交流情况，讨论出现的问题，总结经验。过去的办公例会一直很成功，可是今天早晨的办公例会开得很不顺心。柳成功弄不清一贯头脑冷静的人力培训科科长章明红怎么今天在会上突然大发脾气。他想是不是他人变了，还是公司人力培训项目真的出现了严重问题，想着想着，突然一声敲门声打断了他的思考。

"请进……噢，是你，小刘。"

"老柳，老章刚刚来过，要我将这封信交给您。"

"好，谢谢你。"

柳成功打开信，发现是章明红亲笔写的一封长信，柳成功希望这封信能解释今天早晨例会上章明红发脾气的原因。他仔细地看着这封信：

老柳，很抱歉，我今天早晨在会上发脾气。不过，你要知道，我们公司的问题很严重。我们一直为本公司能吸引到最好的人才来我们公司工作感到很自豪。在过去几年中，我们有许多职工参加公司的培训计划，尤其是公司支付职工学费的培训计划。其中不少人已通过业余时间攻读大学课程获得学士学位，也有的获得硕士学位。

但是，这种支付职工学费的培训项目对公司来说花费太大，而收益很小，去年我们支付的教育培训项目就达 15 万美元。

刘巧英提出辞职。她在公司统计室担任统计员已有 9 年了。她的理想是担任公司财务处的会计，她用业余时间在大学里读财会专业，成绩全优。她获得财会专业学士学位也已有一年多了，但至今没有人过问她的事。

按理说，我是人力培训科科长，应该负责人力计划系统，了解公司的人力培训情况。可

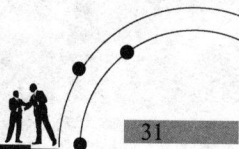

我们公司各分公司各部门自己决定培训计划，公司很难有一套总体培训方案，培训计划不是根据组织、任务、个人3方面的需要制定的，人力计划系统根本没有一种方法确定组织中的哪些人是可以晋升的。

公司花费了大量的资金，供职工培训、提高，但是如果我们不注意充分利用这些人才，就会失去这些人才，那时我们的损失就更大了。现在已经开始出现这种苗头。如果我们不赶快找出解决这一问题的办法，我认为应该立即停止培训的项目。

柳成功将章明红的信反复看了几遍。再打开刘巧英的档案，简直叫人不可想象。

刘巧英工作表现一直很好，工作认真负责、勤勤恳恳，她用业余时间前后花了6年读完了财会专业，公司支付了所有费用，可是由于公司未安排她当会计、提升她，她提出辞职，这对公司损失太大。问题究竟出在哪里呢？

柳成功拿起电话，打给章明红："老章，我是柳成功。我看了你的信，你的看法很正确，我们的问题确实很严重。我们公司现在有多少像刘巧英这样的情况……"

"今年已有15个。"

"你最好把所有这些人的情况弄一份材料给我，如能提供更详细一点的情况就更好。我今天下午4点与公司副总经理们见面，我想向他们提出这一问题并一起讨论解决问题的措施。"

东方公司这一案例提出了一个典型的实际问题——人力资源管理与培训如何配套一致，为组织目标服务。

通过分析这一案例，应该为东方公司提出改革的建议，解决人才培训中出现的问题。公司如何从整个组织的角度考虑建立培训项目，如何充分利用现有的人才，并将经过培训的人才安排到适当的岗位上，为公司发挥更大的作用？

（资料来源：http://www.ycrtvu.com/media_file/2005_11_14/20051114111056.doc.）

【讨论题】

假如你是老总，如何面对下列问题：

1. 根据你的看法，东方公司的培训项目是否要停止？
2. 你认为，东方公司培训计划中有哪些问题？
3. 你觉得柳成功会向副总经理们提出什么措施？
4. 如果你是柳成功，应该怎样解决培训与职工生涯发展计划以及人力资源管理的矛盾？

第二章　培训学习理论

教学目标

陈述几种主要学习理论的内涵，理解体验式学习理论在成人培训中的应用要点，描述戈特的 16 条成人学习原理，运用学习迁移理论

教学要点

行为主义学习理论、认知学习理论、信息加工学习理论、体验式学习理论、戈特的 16 条成人学习原理、学习效果迁移

关键词

学习理论　行为主义学习　认知学习　体验式学习　学习迁移

Dell 公司的"太太式培训"

所谓"太太式培训"就是把销售经理比喻为销售新人的"太太",销售经理像太太一样不断地在新人耳边唠叨、鼓励,让新人形成长期的良好销售习惯,使销售培训最终发挥作用。Dell 公司培训销售人员的"太太式培训"是由培训经理和销售经理一起完成的。销售新人不仅要向直线经理汇报,还要向培训经理汇报。培训经理承担技能培训和跟踪、考核职能,每周给销售新人排名,用 e-mail 把排名情况通知他们。销售经理承担教练和管理职能,通过新人的执行,最终达到提高业绩的目的。先是为期三周的集中培训,由专家讲解销售的过程和技巧,邀请有经验的销售人员来分享经验。然后每周末召开会议,销售经理与培训经理都参加,检查新人上周进度,讨论分享工作心得,分析新的销售机会,制订下周的销售计划。销售经理与培训经理、新人们一起讨论新人的成长、下一步的走向。"太太"在工作中及时鼓励新人、有效管理新人、指导新人运用销售技巧。

(资料来源:苏华. 2005. Dell 公司的"太太式培训"[J]. 人才资源开发,9.)

Dell 公司的"太太式培训"被视为体验式学习的成功范例。员工培训与开发实质上是被培训人员的学习过程,但不同的培训与开发策略会产生截然不同的学习效果。要想成功地运用培训与开发策略,更好地实现促进员工学习的目的,就要了解人类学习过程的基本特征及学习规律。

学习理论是探究人类学习本质及其形成机制的理论,重点研究人类学习的性质、过程、动机、方法及策略等。有代表性的几种学习理论有强化学习理论、认知学习理论、信息加工学习理论、体验式学习理论。本章将围绕人类学习的本质、学习的几种基本理论、成人学习理论、学习迁移理论展开讨论。

第一节 学习的基本理论

一、学习的内涵

(一)学习的本质

对学习的界定一般有两种,一种侧重能力角度,另一种侧重行为角度。

从能力角度界定学习,认为学习是指相对长久且不属于自然成长过程结果的人的能力的变化。这些能力与特定的学习成果有关,学习成果可以分为 5 类:言语信息、智力技能、运动技能、态度和认知策略。

从行为角度界定学习,以西方行为主义学派为代表,学习被认为是通过经历体验而导致持续的行为改变。

上述两种学习的定义虽然界定的侧重点不同,但实质内容是一致的,都遵循学习的一般过程模式(见图 2-1)。

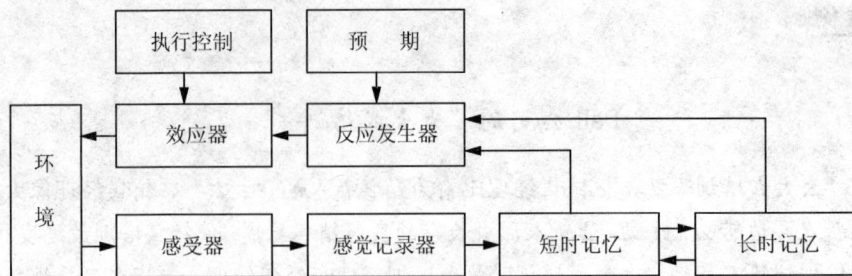

图 2-1　学习的一般过程模式

学习的本质是人类个体和人类整体的自我意识与自我超越。

学习的定义强调以下几点：①主体。学习的主体是人，即学习者。②性质。学习不仅是人类生存必需的行为，而且具有个体性行为和社会性行为的双重属性。③内容。学习的内容是获取知识和经验，掌握客观规律来指导自身发展。④目的。学习的目的和结果是使个体身心获得发展，不断实现自我意识与自我超越，这不仅是人类学习活动最本质的特征，而且是人类创造力的最根本的源泉。

（二）学习成果类型

学习是人们在日常生活和工作中相对长久且不属于自然成长过程结果的人的能力的变化，这些能力与特定的学习成果有关。学习成果可以分为言语信息、智力技能、运动技能、态度、认知策略 5 种类型，具体见表 2-1。

表 2-1　学习成果的 5 种类型

学习成果类型	能力描述	例　子
言语信息	陈述、复述或描述以前储存在大脑中的信息	陈述遵守公司安全程序的 3 条理由
智力技能	应用可推广的概念和规则来解决问题并发明新产品	设计并编制一个满足顾客要求的计算机程序
运动技能	精确并按时执行一种体力活动	射击并持续射中小的移动靶
态　　度	选择个人的活动方式	在 24 小时内回复来函
认知策略	管理自己的学习过程	选择使用 3 种不同策略来判断发动机故障

资料来源：Gagne R，Medker K．1996．The condition of Learning[M]．New York：Harcourt-Brace．

阅读资料

如何对职业目标进行修正

自我管理中最重要的一条，就是培养自己对职业的兴趣。无论从事某种工作多长时间，当你因种种原因不再从事此工作时，请扪心自问：自己是不是已成为这方面的专家？如果答案是否定的，那么，你是一个失败者。

一个人不能成为优秀的工作者，往往是因为对职业的反感和不信任造成的。这种挫折日积月累，会使人身心疲惫，丧失斗志。要使工作变得有意义，就要对职业目标进行修正。

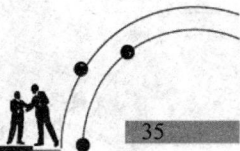

（1）确定目标。不仅要确定长远目标，而且要确定眼前切实可行的小目标。目标达成时，可以给自己小小的奖赏。

（2）反击压力。面对压力，最佳选择是反击而不是逃避。不要屈服于现状，找出压力来源，从根本上解决问题。

（3）请求援助。遇到困境时要请求朋友的援助，他们会帮助你发现自己的优势，克服对职业的反感，建立完善的自我管理。

（4）转移着眼点。找出更适合自己的工作方法和处理问题的方法，而不是机械地模仿前辈的经验。

（5）优先原则。万事都有主次之分，主要的事情要优先考虑。工作上的事，一定要优先解决最重要的和最紧迫的。

（6）迎接新的挑战。为避免工作变得无聊，找一些新的挑战，而且是你感兴趣的事。

（7）坚持不懈的努力。当你现在反感的工作舍不得放弃时，你就应该修正态度，管理好自己，继续工作。永远告诫自己：半途而废，等于一事无成。

诚如前面所述，学习的目的和结果是使个体身心获得发展，不断实现自我意识与自我超越。这一段对职业目标进行修正的经验之谈，可以给每个致力于不断学习的人在职业发展的道路上以启迪。

二、强化学习理论[①]

（一）巴甫洛夫的经典条件反射

俄国著名的生理学家巴甫洛夫通过用狗作为实验对象，提出了广为人知的条件反射。

1. 保持与消退

巴甫洛夫发现，在动物建立条件反射后继续让铃声与无条件刺激（食物）同时呈现，狗的条件反射行为（唾液分泌）会持续地保持下去。但当多次伴随条件刺激物（铃声）的出现而没有相应的食物时，则狗的唾液分泌量会随着实验次数的增加而自行减少，这便是反应的消退。教学中，有时教师及时的表扬会促进学生暂时形成某一良好的行为，但如果过了一些时候，当学生在日常生活中表现出良好的行为习惯而没有再得到教师的表扬时，这一行为很有可能会随着时间的推移而逐渐消退。

2. 分化与泛化

在一定的条件反射形成之后，有机体对与条件反射物相类似的其他刺激也作出一定的反应的现象叫做泛化。例如，刚开始学汉字的小孩子不能很好地区分"未"和"末"，或"日"和"曰"。而分化则是有机体对条件刺激物的反应进一步精确化，那就是对目标刺激物加强保持，而对非条件刺激物进行消退。例如，在体育教学中，教师帮助学生辨别动作到位和不到位时的肌肉感觉，从而使动作流畅、有力。

---

① 张汝波，顾国昌，刘照德，等. 2000. 强化学习理论、算法及应用[J]. 控制理论与应用，5.

（二）桑代克的联结学说

美国实证主义心理学家桑代克（Thorndike）用科学实验的方式来研究学习的规律，提出了著名的联结学说。

桑代克的实验对象是一只可以自由活动的饿猫。他把猫放入笼子，然后在笼子外面放上猫可以看见的鱼、肉等食物，笼子中有一个特殊的装置，猫只要一踏笼中的踏板，就可以打开笼子的门闩出来吃到食物。一开始猫放进去以后，在笼子里上蹿下跳，无意中触动了机关，于是它就非常自然地出来吃到了食物。桑代克记录下猫逃出笼子所花费的时间，然后又把它放进去，进行又一次尝试。桑代克认真地记下猫每一次从笼子里逃出来所花费的时间，他发现随着实验次数的增多，猫从笼子里逃出来所花的时间在不断减少。到最后，猫几乎是一被放进笼子就去启动机关，即猫学会了开门闩。

通过这个实验，桑代克认为所谓的学习就是动物（包括人）通过不断地尝试形成刺激—反应联结，从而不断减少错误的过程。他把自己的观点称为试误说。桑代克根据自己的实验研究得出了3条主要的学习定律。

（1）准备律。在进入某种学习活动之前，如果学习者做好了与相应的学习活动相关的预备性反应（包括生理和心理的），学习者就能比较自如地掌握学习的内容。

（2）练习律。对于学习者已形成的某种联结，在实践中正确地重复这种反应会有效地增强这种联结。因而就小学教师而言，重视练习中必要的重复是很有必要的。另外，桑代克也非常重视练习中的反馈，他认为简单机械的重复不会造成学习的进步，告诉学习者练习正确或错误的信息有利于学习者在学习中不断纠正自己的学习内容。

（3）效果律。学习者在学习过程中所得到的各种正或负的反馈意见会加强或减弱学习者在头脑中已经形成的某种联结。效果律是最重要的学习定律。桑代克认为学习者学习某种知识以后，即在一定的结果和反应之间建立了联结，如果学习者遇到一种使他心情愉悦的刺激或事件，那么这种联结会增强，反之会减弱。他指出，教师尽量使学生获得感到满意的学习结果显得尤为重要。

（三）斯金纳的强化学说

继桑代克之后，美国又一位著名的行为主义心理学家斯金纳（Skinner）用白鼠作为实验对象，进一步发展了桑代克的刺激—反应学说，提出了著名的操作条件反射。

与桑代克相类似的是斯金纳也专门为实验设计了一个学习装置——"斯金纳箱"，箱子内部有一个操纵杆，只要饥饿的小白鼠按动操纵杆，它就可以吃到一颗食丸。开始的时候小白鼠是在无意中按下了操纵杆，吃到了食丸，但经过几次尝试后，小白鼠"发现"了按动操纵杆与吃到食丸之间的关系，于是小白鼠会不断地按动操纵杆，直到吃饱为止。

斯金纳把小白鼠的这种行为称为操作性条件反射或工具性条件反射。

斯金纳与桑代克的主要区别在于：桑代克侧重于研究学习的刺激—反正联结，而斯金纳则在桑代克研究的基础上进一步探讨小白鼠乐此不疲地按动操纵杆的原因——小白鼠每次按动操纵杆都会吃到食丸，斯金纳把这种会进一步激发有机体采取某种行为的程序或过程称为强化，凡是能增强有机体反应行为的事件或刺激叫做强化物，导致行为发生的概率下降的刺激物叫做惩罚。斯金纳发现，在实验中采用不同的强化方式对小白鼠不同行为的产生影响很大，他根据强化施加的时间、频率的不同把强化划分成了 2 类 5 种（见图 2-2）。

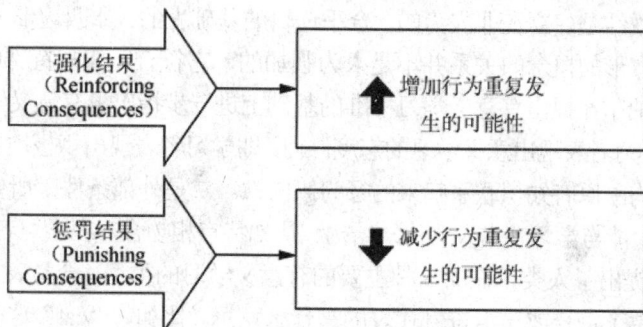

图 2-2 操作性条件反射

斯金纳通过实验观察发现不同的强化方式会引发白鼠不同的行为反应，其中连续强化引发白鼠按动操纵杆的行为最易形成，但这种强化形成的行为反应也容易消退。间隔强化比连续强化具有更持久的反应率和更低的消退率。斯金纳在对动物研究的基础上，把有关成果推广运用到人类的学习活动中，主张在操作性条件反射和积极强化原理的基础上设计程序化教学。"把教材内容细分成很多的小单元，并按照这些单元的逻辑关系顺序排列起来，构成由易到难的许多层次或小步子，让学生循序渐进，依次进行学习。"在教学过程中，教师要积极应对学生作出的每一个反应，并对学生作出的正确反应予以正确的强化。斯金纳按照强化实施以后学习者的行为反应，将强化分为正强化和负强化两种方式。正强化是指学习者受到强化刺激以后，加大了某种学习行为发生的概率。例如，由于教师表扬学生做出的正确行为，从而使学生能在以后经常保持这种行为。负强化是指教师对学习者消除某种讨厌刺激以后，学习者的某种正确行为发生的概率增加。例如，教师取消全程监控的方式以后，良好的学习习惯能够保持。

三、认知学习理论

奥苏伯尔（Ausubel）是美国的认知心理学家，他对教育心理学的杰出贡献集中体现在他对有意义学习理论的表述中。他在批判行为主义简单地将动物心理等同于人类心理的基础上，创造性地吸收了皮亚杰（Piaget）、布鲁纳（Bruner）等同时代心理学家的认知同化理论思想，提出了著名的有意义学习、知识的同化等，并将学习论与教学论两者有机地统一起来。

（一）有意义学习

奥苏伯尔学习理论的核心是有意义学习。他指出："有意义学习过程的实质就是符号所代表的新知识与学习者认知结构中已有的适当观念建立非人为的和实质性的联系。"在他看来，学习者的学习，如果要有价值，应该尽可能地有意义。奥苏伯尔将学习分为接受学习和发现学习、机械学习和意义学习，并明确了每一种学习的含义及其相互之间的关系。为了有效地区分这 4 种学习，奥苏伯尔提出了有意义学习的两条标准：①学习者新学习的符号或观念与其原有知识结构中的表象、有意义的符号、概念或命题等建立联系，如学习者在了解哺乳动物的基本特征后，再对照特征，知道鲸也属于哺乳动物家族中的一员。②新知识与原有认知结构之间的联结是建立在非人为的、合乎逻辑的基础上的，如四边形的概念与儿童原有知识体系中的正方形的概念的关系并不是人为强加的，它符合一般与特殊的关系。

另外，奥苏伯尔在提出有意义学习标准的基础上进一步指出了有意义学习的两大条件。一是内部条件，学习者表现出意义学习的态度倾向，即学习者表现出积极地寻求把新学习的知识与本人认知结构中原有知识联系起来的行为倾向性。二是外部条件，所要学习的材料本身要符合逻辑规律，能与学习者本人的认知结构、认知特点相吻合，在学习者的认知视野之内。

奥苏伯尔还提出了人类存在的 3 种主要的有意义学习的类型：一是表征学习。主要指词汇学习，即学习单个符号或一组符号代表的是什么意思。比如，"cat"这个单词，对于刚刚接触英语的孩子来说是无意义的，但老师多次指着猫对孩子说这就是"cat"，最后孩子自己看见猫的时候也会说这就是"cat"，这时候我们就能说孩子对"cat"这个符号已经获得了意义。二是概念学习。主要指学习者掌握同类事物的共同的关键特征。比如，学习者学习了"鸟"的概念，知道了鸟的共同的关键特征是体温恒定、全身有羽毛后，能指出鸡也应该属于鸟类，这个时候我们就能说学习者已经掌握了"鸟"这个概念了。三是命题学习。命题学习必须建立在概念学习的基础上，是学习若干概念之间的关系或把握两个（或两个以上）特殊事物之间的关系的活动。这是一种最高级别的学习类型。学习若干概念之间的关系称为概括性命题学习，如学习长方形的面积等于长乘以宽，这里的面积、长、宽可以代表任意长方形的面积、长和宽，而这里的乘积表示的是任意长与宽之间的联系。把握两个（或两个以上）特殊事物之间关系的学习称为非概括性命题学习，这种学习只是一种陈述学习，如掌握"无锡是中国最具经济活力的城市之一"，这里"无锡"表示的是一个城市，"中国最具经济活力的城市"表示的也是一个特殊对象，两者结合在一起就陈述了一个具体的事实。

（二）知识的同化

奥苏伯尔学习理论的基础是同化。他认为学习者学习新知识的过程实际上是新旧知识之间相互作用的过程，学习者必须积极寻找存在于自身原有知识结构中的能够同化新知识的停靠点，这里同化主要指的就是学习者把新知识纳入到已有的图式中去，从而引起图式量的变化的活动。奥苏伯尔指出，学习者在学习中能否获得新知识，主要取决于学生个体的认知结构中是否已有了有关的概念（即是否具备了同化点）。教师必须在教授有关新知识以前了解学习者已经知道的知识，并据此开展教学活动。

四、信息加工学习理论

1974 年，加涅（Gagne）利用计算机模拟的思想，坚持利用当代认知心理学的信息加工的观点来解释学习过程，展示了学习过程中的信息流程[1]。图 2-3 是加涅所阐述的学习和记忆的信息加工流程图。

① 皮春梅，黎娇娥，刘进. 2005. 用信息加工学习理论指导课件制作[J]，教育信息化，11.

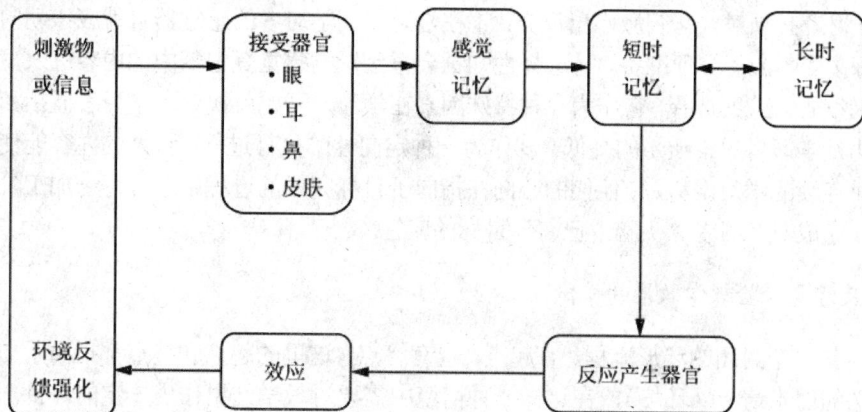

图 2-3　学习过程的信息加工模式

（资料来源：诺伊·AR. 2001. 雇员培训与开发[M]. 徐芳译.北京：中国人民大学出版社：73.）

（一）学习和记忆的信息加工模型

加涅认为，任何一个教学传播系统都是由"信源"发布"消息"，编码处理后通过"信道"进行传递，再经过译码处理，还原为"消息"，被"信宿"接收。

信息加工学习模式呈现了人类学习的内部结构及每一结构所完成的加工过程，是对影响学习效果的教学资源重新合理配置、调整的一种序列化结构。在这个信息流程中，加涅主要强调了以下几点。

1. 学习是学习者摄取信息的一种程式

学习者从环境中接受刺激从而激活感受器，这是学习的第一步。

斯珀林（Sperling）等通过实验研究证明，来自个体各种感觉器官的感觉信息表征成分必须成为注意的对象才能持续地对人的神经系统发生影响。经过注意，外界信息被转化成刺激信号，被人选择性感知，在人的感觉登记器保持 0.25～2 秒；被转换的信息紧接着以声音或形状的方式进入短时记忆。

从学习者的角度看，信息最为关键的变化发生在进入短时记忆后的编码。经过编码，原先以声音或形状储存的信息可以转化为能被人理解的、有语义特征的言语单元或更为综合性的句子、段落的图式，但信息保留的时间也是非常短暂的，一般在 2.5～20 秒之间，如果学习者加以复述，最长也不会超过一分钟。这些有意义组织的信息经过学习者的不断复述而进入人的长时记忆系统，被永久保存下来。以后在人为地提供一定的外在线索后，这些被长久保存起来的信息经过反应发生器和效应器而提取出来反作用于外在环境。

2. 学习者自发的控制和积极的预期是制约课堂教学有效性的决定因素

执行控制和预期虽然没有呈现在信息的流变程式中，但它们与信息流动同步，直接参与了完整信息加工的每一步。

事实上，这两个学习者内部加工的机制能影响所有的信息流阶段。因此，为了高效率地学习，学习者必须对一些刺激作出反应：①在学习初期学习者的感觉器官就应该朝向于刺激源，做好接受刺激的心理准备。②选择性知觉会直接影响感觉登记器中的内容进入短时记忆的特征及编码方式的选择，它作为一种特殊因素在学习一开始就决定了学习者概括和解决问题的能力及学习者思维质量的高低。③作为一种定向性的执行过程，预期的内容能使学习者产生一种连续的学习定势，使他们的心向在指向于目标完成的过程中选择每一加工阶段的信息输出，完成对学习者"头脑中已有"目标的应答。

3. 反馈是检验教学效果的手段

教学是一个封闭的环形流程，有起点，也有终点，这里的起点和终点都指向于与学习者紧密相关的课堂情境（环境），在这样一种情境中需要对教学结果作出一定的评价，以过程效果检测的评定性标准作为提升教学质量的中介，使教学过程在一种动态的流程中不断地创新、超越。

反馈就是通过对学习者行为的效果提供结果性评定，来检测、描述学习的性能、意义。

在课堂教学中，学生可观察的活动模式是陈述课堂质量好坏的直接依据，学生在课堂上的参与度、反应度、行为表现等都是反映课堂教学效果的原始性指标。

（二）加涅的学习过程8个阶段

（1）动机阶段。加涅认为要使有效学习行为发生，学习者必须要有学习心向，所以学习的准备工作就是由教师以引起学生兴趣的方法激发学生的学习动机。

（2）了解阶段。在这个阶段，教学的措施要引起学生的注意，提供选择性的知觉。主要的目的在于促使学习者将学习的注意力指向与其学习目标有关的各种刺激。

（3）获得阶段。教学在此阶段的任务是支持学生把了解到的信息转入短时记忆系统，也就是对信息进行必要的编码和储存。教师可向学生提示编码过程，帮助学习者采用较好的编码策略来学习知识，以有利于信息的获得。

（4）保持阶段。这个阶段主要是让学习者把获得阶段所得到的信息有效地放到长时记忆的记忆存储器中。存储信息的内部过程到底在多大程度上受教学方式的影响，现在还没有完全研究清楚。但是，加涅认为为有效的学习应适当地安排条件，如同时呈现不同的刺激来代替相似刺激，由于相互间干扰的减少就可以间接地影响信息的保持。

（5）回忆阶段。回忆阶段也是信息的检索阶段，在此阶段，为使所学的知识能以一种作业的形式表现出来，线索是必不可少的，因而加涅主张教学可以采取提供线索以引起记忆恢复的形式，或者采取控制记忆恢复过程的形式，以保证学生可以找到适当的恢复策略加以运用。另外，他认为教学还可以采用包括"有间隔的复习"等方式，使信息恢复有发生的机会。

（6）概括阶段。在此阶段，教师提供情境，使学生学到的知识和技能以新颖的方式迁移，并提供线索，以应用于以前不曾遇到的情境。

（7）作业阶段。在此阶段，教学的大部分是提供应用知识的时机，使学生显示出学习的效果，并为下阶段的反馈做好准备。

（8）反馈阶段。在此阶段，学生关心的是他的作业达到或接近他的预期标准的程度。如果学生能够得到完成预期证实的反馈信息，对强化学习过程将有很大的影响。

五、体验式学习理论

（一）体验式学习的基本原理

体验式学习（experiential learning），又称"发现式学习"、"经验学习"、"行动学习"或"互动学习"，先由学员自愿参与一连串活动，然后分析他们所经历的体验，使他们从中获得一些知识和领悟，并且能将这些知识和领悟应用于日常生活及工作中。

体验式学习[①]的理论依据主要包括教育家杜威（Dewey）的干中学，新行为主义心理学家斯金纳（Skinner）的刺激-反应理论，美国教育心理学家桑代克的尝试-纠错理论，德国心理学家科勒等的顿悟理论，美国社会心理学家班杜拉（Bandura）的社会学习理论，皮亚杰等的认知结构，人本主义心理学家罗杰斯（Rogers）的群体学习理论。

（二）体验式培训直接来源于体验式学习理论

美国凯斯西储大学维纳罕管理学院的组织行为学教授戴维·库伯（David Kolb）于 20世纪 80 年代初提出了体验式学习理论。他构建了一个体验式学习模型——体验学习圈，见图 2-4。

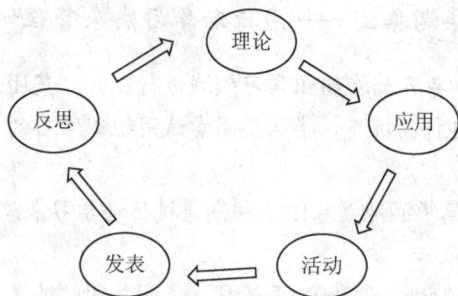

图 2-4　戴维·库伯体验式学习模型

戴维·库伯认为有效的学习应从体验开始，进而发表看法，然后进行反思，再总结形成理论，最后将理论应用于实践。

体验式学习理论对设计和开发终身学习模式有着深刻的影响；同时，对企业如何转变为学习型组织提供了有益的启示。西方很多管理者认为，这种强调"干中学"的体验式学习，能够将学习者掌握的知识、潜能真正发挥出来，是提高工作效率的有效学习模式。

（三）体验式培训的主要形式

体验式培训形式广泛，比较流行的主要有户外拓展训练、行动学习、沙盘模拟、教练等方式。

1. 户外拓展训练

户外拓展训练起源于第二次世界大战期间，其后很快就风靡了整个欧洲的成人教育

---

① 孙瑜. 2007. 体验式学习理论及其在成人培训中的运用[D]. 上海：华东师范大学.

领域。

户外拓展训练是利用山川、河海等自然生态环境，通过精心设计的体验活动，使参与者认识自身潜能，增强自信心，改善自身形象，克服心理惰性，磨练战胜困难的毅力，启发想象力与创造力，提高解决问题的能力，认识群体的作用，增进对集体的参与意思和责任心，改善人际关系，学会关心他人，更融洽地与群体合作等。

2. 行动学习

行动学习（action learning）是一种以完成预定工作任务为目的，在团队成员支持帮助下连续不断地反思实际中遇到的情景问题，以帮助人们形成积极的生活和工作态度，提高解决实际问题能力的学习理念和学习方式。

行动学习是通过小组成员的合作和情感互动，将"在干中学习"与"在思考中学习"有机结合起来，使组织成员在团队合作中获得和提升创造性解决问题的能力。

案例启迪

华润集团——用行动学习法来管理

华润集团大概从 2000 年开始在组织学习领域进行探索。集团业务非常繁杂，有食品、饮料、地产、发电等。在这种情况下，华润集团尝试用组织学习的方法来推动组织的进步和发展。

下面是关于该集团下属华润地产在组建初期通过行动学习来改变经理人、组织和文化的部分经历。

公司的开发行动学习的背景是 2001 年 7 月，华润集团收购了北京的华远公司，收购后更名为华润置地北京公司。2002 年 3 月，华润集团派了一个年仅的 32 岁的总经理，到 2002 年年底原来的总经理郭钧离开了。组织在这个高层变动的过程中面临巨大的挑战。第一，新任总经理很年轻，这个年轻的团队成立以后，首先面对的就是业绩的压力。2003 年在香港上市后，该公司业绩全面大幅下降，香港的市场评价非常糟糕。第二，运作效率低下，当时在北京市场上，和同行相比，慢非常多，从拿地到交房要慢一年左右。第三，团队的复杂性，总经理是做建筑的，根本没有地产经营的经验。团队里财务总监来自香港，设计总监从哈佛回来，各种各样的人都有，还有原来团队的人，大家思路完全不一样。第四，文化冲突，先前的高管团队离职的原因其实和文化也有关系。华润从来不提倡团队式的文化，这和之前的文化冲突非常强烈。在这种情况下，该怎么办呢？

华润集团从 2000 年开始引入行动学习，用行动学习推动集团的变革，从一个老的外贸型企业，转变为实业化的大型集团。行动学习在整个变革过程中发挥了很重要的作用。所以华润集团希望用行动学习的方式来应对华润置地北京公司遇到的挑战。

在确定了用行动学习的方法来解决组织问题后，从什么地方入手？当时我们选了一个关键性负面事件，组织了 30 多位关键的技术人员成立行动学习小组。在切入问题时就遇到了分歧，因为公司的管理团队都是做业务出身，他们期望能够导入项目管理的理论体系，尽快

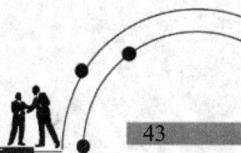

解决效率低的问题。但专家意见是，现在不仅仅是项目管理弱的问题，团队问题、文化问题等是项目管理解决不了的。专家建议从问题解决方法入手，加上质疑反思的方法工具，质疑反思是行动学习里比较核心的工具。最终这个小组使用的方法工具有两套，一套是基本的解决问题方法，针对效率问题。另一套是质疑、反思、研讨等学习的方法和理论。这个项目最后问题顺利解决，小组成员也都获得了成长和进步。

确定了方法后，我们先对选择的题目进行质疑和反思：我们选择这个题目，对不对？选择准不准？选择这样的题目对我们有什么样的价值、挑战？对于这样的题目我们怎么去研究？我们用华润集团自己开发的问题解决框架，从现象到关键的问题再到原因，最后大家聚焦到四个影响项目的核心问题。随后大家开始行动，分别解决这4个深层的问题。在解决问题的过程中分成四个小组，对每一个小组研究的结论、依据、得出来的成果，大家反复进行质疑和反思，你这样是否成立，能不能证明。然后我们又导入了一些新的学习方法和工具，来确定讨论出来的最核心的东西是什么。哈佛大学组织行为学教授艾迪里斯提出的双环学习，第一环的东西我们已经找到了，第二环是背后的、真正造成问题的原因是什么。经过第二次研讨，我们确定了公司定位。作为一个地产公司，我们并没有很清晰的产品定位，其实在2002、2003年之前，很多公司都没有很清晰的定位，都是机会驱动的，能拿到地就做，做出来就卖个量，具体卖多少钱没有清晰测算过。其实我们是在重新定位，然后通过专业的方法进行客户的细分，对市场标杆企业进行研究，包括去万科学习和对北京热销楼盘的研究分析。

经过反复地研讨、梳理，最终把问题解决了。这样，管理理论和框架上相对应的很多东西都相对清晰了，后面就是执行了。通过把细分的模型进一步细化，找出相关的指标。公司同时确定具体的标准和目标是多少？怎么去实现？

最后就是优化和总结固化。到这时，公司的制度、流程都已经作了调整，前面提到的项目效率低的问题已经解决。但要打造一个成熟的地产公司，或者未来有高增长的地产公司，可能还有新的问题会出现，因此，启动战略研究是一个持续的、递进的过程。华润集团在通过行动学习的方式重点解决地产公司的问题时，用到了很多方法工具，包括学习原理、行动学习法、系统思考、集体意识等。因为我们的行动学习希望能够找到深层存在的问题，并能从根本上解决这个问题，能够修整它现在的模式。所以这些方法工具很重要。我们也请了一些专家，找到了一些研究解决问题的工具，包括解决内部问题的框架，用于战略分析的市场细分理论。

（资料来源：http://www.newjobs.com.cn/news/newsmo.）

3. 沙盘模拟

沙盘模拟训练课程是20世纪50年代由军事沙盘推演演化而成的，这种新颖而独特的培训模式现已风靡欧美，成为世界500强企业经营管理培训的主选课程。现在，已有众多的中国企业接受过沙盘模拟训练，沙盘模拟教学模式也被多所高等院校纳入中高层管理者在职培训的教学之中。

沙盘模拟训练的最大特点就是"在参与中学习"，强调"先行后知"，通过参加带有挑战性的"模拟经营"，使学员和团队经受一些"考验"之后，通过讨论和培训师点评，把这些从"考验"中得来的认识和工作实际结合，把培训中的情景与工作目标相联系。这种新型培训模式以提升实战经营管理水平为目标。

4. 教练

教练源于体育。教练帮助体育运动员提高技能、磨砺技术、指定重大赛事的行动战略。后来，教练作为一种管理技术从体育领域移植到企业管理领域，企业教练应运而生。教练主要着眼于激发学员的潜能，它是一种态度训练，而不是知识训练或技巧训练。教练不是帮学员解决具体问题，而是通过教练过程了解学员的心态，提供一面镜子，使学员洞悉自己，从而把握自己的状态和情绪。教练会对学员表现的有效性给予直接回应，使学员及时调整心态，认清目标，以最佳状态去创造成果。

（四）体验式培训充分体现了构建主义教学思想

构建主义是行为主义发展到认知主义后的进一步发展。构建主义教学思想认为学习者是学习的主体，有效的学习需要从学习者的兴趣出发，从解决实际问题出发，只有这样，学习者才能产生学习的动力，构建主义教学思想提倡的学习方法是在教师的指导下以学习者为主体的学习。

体验式培训，不论是学习情境的设置、学习者以主体身份通过活动获得的体验，还是培训的指导、团队成员之间的交流和最终成果的形成，都充分体现了建构主义教学思想的学习主体观、教师观、学习观和教学观。

第二节　成人学习与学习指导

成人学习理论是在满足成人学习这一特定需要的理论基础上发展起来的，教育心理学家认识到了正规教育理论的局限性开发了成人教学法，即成人学习理论[①]。

一、成人学习的特点

人们常把马尔科姆·诺尔斯（Malcolm Knowles）与成人学习理论联系在一起，他的模型建立在以下的假设条件之上：①成人要知道他们为什么要学习；②成人有进行指导的需求；③成人可为工作带来更多与工作有关的经验；④成人是带着一定问题去学习的；⑤成人受到内部和外部的刺激而学习。

成人学习的效果受学习者自身特点的影响。其中，学习者的学习动机、学习能力以及既有经验对其学习效果有重大影响。

（一）学习动机

心理学对动机的定义是，直接推动个体活动以达到一定目的的内部动力，是引起人们活动的直接原因，是一种内部刺激。成人参与学习活动可分成 3 种动机类型：①目标取向，以

---

① 高兰. 2010. 几种学习理论的比较与思考[J]. 科技信息, 20.

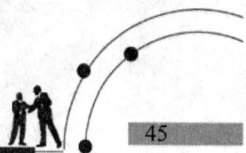

学习作为完成明确目标的方法；②活动取向，参与学习是基于学习环境的意义，而与学习活动的目的或内容无关；③学习取向，为求知而求知。

中国著名心理学家潘菽认为，学习动机的主要成分是学习兴趣和意向。前者指对学习活动或内容力求认识的意识倾向，后者指通过学习想要达到目的需要，二者在学习中具有不同的角度。学习动机是推动成人学习的一种内部动力。

王春生进一步将学习动机的作用归纳为3点：①驱使和推动成人投入到学习中并指引学习活动的目标和方向；②影响和制约成人对学习内容、方法、形式的选择；③决定和促使成人在学习过程中的努力程度和学习效率。

成人学习动机对学习活动的影响非常巨大，因此，培养和激发成人学习动机就成为成人学习研究的一个重要领域。在这方面，已经有了一些研究发现。例如，培养成人的学习需求与自信心，提供可满足成人学习需要的多样化教育以及培养正确的学习态度和愉快的学习感受会影响成人学习动机；注重学员远景性动机与近景性动机相结合，并通过及时反馈学习效果强化动机；指导成人学习者对自己的学习结果进行正确归因也可以强化动机等。

（二）学习能力

现代教育学中提出了学力（academic achievement）的概念。它包括两方面含义：①学生通过学习所达到的知识、技能和态度的水平；②现有水平上所具备的进一步学习的潜力。

早在1928年，桑代克研究年龄与学习能力之间的关系，得出结论：人的学习能力在出生之后继续增长，22岁时是最高点，25岁以后开始降低，其数量大约是每年降低1%，就25～45岁整体而言大约降低13%～15%。成年人的实践知识比儿童多，学习动机也更明确，尤其是后天的种种教育和训练则使成人的实际学习能力要比青少年大得多，他认为人的学习能力是永远不会停止的。

1955年，韦克斯勒（Wechsler）对成人的智力进行了测定，计算出学习能力的定点是在25～29岁，以后呈缓慢下降趋势。1981年，诺克斯（Knox）从纵向研究方面得出结论：20～55岁时的学习能力呈稳定状态，甚至有继续增长的趋势；但从横向研究方面看，学习能力则随年龄的增长呈下降趋势。1985年，吴振云等对中国成年人的智力和学习能力的研究也得到了同样的结论。

虽然学习能力会随年龄的增长而下降，但绝不至于影响到成人对新知识的接受和学习。另外，把学习能力简单地等同于记忆力显然是错误的。值得注意的是，学习能力也不只是单纯的下降，在学习过程中学习能力还可以不断得到发展，不断地学习以及良好的学习态度能提升学习能力。

（三）既有经验

美国心理学家马斯洛（Maslow）认为成人的经验是其自身发展的一种表现。成人不断地从其日常生活所发生的事情（如工作、婚姻、养育子女等）中吸取经验教训。他们正是依据这些日常经验认识自我，认识周围世界，并学会分辨是非，摆脱困境，弃恶扬善。实际上，既有经验是成人学习区别于儿童学习的关键。

美国成人教育专家诺尔斯（Knowles）认为，成人拥有生产、生活、训练等丰富的阅历，积累了许多经验，这些经验是成人用以说明自己个性及与他人不同之处的依据，也是其参与教育、情景、判断学习活动的依据。他强调尊重成人的个人经验，并在教育中充分利用这些经验。另外，诺尔斯认为成人的经验作为学习的一份宝贵资源，为知识的转移创造了条件。但是，人类学家麦·阿德（M. Mead）通过实验证明，经验对于成人并非总是有益的。他认为成人对旧习惯、已有的知识和经验具有自身难以解脱的保护性。

英国心理学家斯皮尔曼（Spirman）在1927年提出了经验的二重性问题。他以实验证实了经验对成人的学习既有积极的作用，也有消极的作用。他主张教育工作者在组织成人学习时，必须适时指导他们分析已有经验并决定取舍。经验的二重性给成人教育提出了很棘手的问题：如何对待学习者已经拥有的经验。

在终身教育思想的影响下，成人学习受到社会的广泛关注。许多国家甚至从国家发展战略的角度认识成人学习问题。例如，中国教育法就明确指出，国家适应社会主义市场经济发展和社会进步的需要，推进教育改革，促进各级各类教育协调发展，建立和完善终身教育体系。但正如以上分析，成人学习是个复杂的过程，它受到来自社会压力、企业、教育机构及个人等众多因素的影响。因此，成人学习活动效果的保障也就更加复杂。

根据已有研究进行归纳，对影响因素进行了粗略的分类。有关成人学习的研究还有许多未知的领域，例如，成人学习动机会被环境强化而使成人学习出现从众行为，但是这种影响机制还没有明确探讨，还缺乏一些定量研究去发现各影响要素与学习效果的关系等。这些相关的问题都有待于从更广阔的背景去认识和分析。

此外，成人学习的效果还受学习者心理特点的影响。在诺尔斯成人教育理论的基础框架下，理论工作者通过大量的研究工作，归纳出成人学习6个方面的心理特点：①成人能真切地意识到自己的学习需要；②成人具有强烈自我指导性的自我概念，即自主负责地进行有关自己学习的决策；③成人有一定经验，应得到承认并可作为相互学习的重要资源；④成人学习准备状态是由于其现实生活和社会职责变化的需要而产生的结果，因而具有现实性和发展性；⑤成人学习定向是"生活中心"、"任务中心"或"问题中心"，即成人学习是为了进一步提高其技能，解决具体实际问题，以充分发挥其潜力；⑥成人学习尽管也出于一些外在动机，但其学习的有效动机是内在性的，即只为了不断地自我实现。

从这些特点中不难看出，成人与青少年的学习有本质的区别，青少年的学习基本上是教师指导，更具有依赖性，而成人的学习则更具有自我指导性和自主性。

二、成人有效学习过程

（一）桑代克提出的三大定律

希尔加德曾说："在近半个世纪里，有一种学习理论，虽然受到了许多攻击，树立了许多敌对的理论，但是它却支配着美国的理学界，这就是桑代克的学习理论。"基德曾说：我们迄今所了解的许多关于成人学习的知识都发源于桑代克的研究。桑代克的研究成果，不仅为解释和促进青少年的学习作出了巨大的贡献，同样也为认识和推动成人的学习发挥了积极的作用。因此，探讨桑代克的成人学习理论具有重要的意义。有关桑代克的三大定律的核心思想已在本章第一节作了介绍，在此不再赘述。

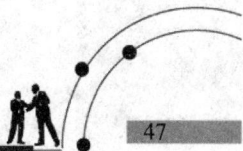

（二）成人学习理论在培训中的应用原则

在企业培训中，学员的学习主要分为 3 类：知识学习、技能学习和态度学习。为了优化培训效果，使企业的培训投入获得最大的产出，需要充分应用成人学习原理来提升成人学习的成效。在企业培训实践中，以下是应用成人学习原理的一些培训原则[①]。

1. 温故知新原则

这个原则说明学员以前曾接触或学习过的内容是最容易被记忆和接受的。在彼此独立的两个学习领域这个原则可以有很好的应用。第一，可以应用于培训后期的内容和项目；第二，可以应用于教授学员最新最陌生的内容和项目。

2. 适应原则

所有培训、信息、教育帮助、案例教学和其他资料必须迎合学员的兴趣和需要。如果培训与这种需求联系不紧密，学员很快就会失去学习的兴趣和动力。培训讲师必须竭尽全力让学员知道新知识与旧知识的联系之处，帮助他们消除学习新鲜事物的恐慌和无措。

3. 动力原则

要取得良好的培训效果，学员必须要求学、准备学、有理由学。只有学员有动力去学习，或有学习的渴望，他们才会表现得非常积极和突出；同时，这对培训计划的实施以及培训效果的提高都很有帮助。

4. 重点原则

学员第一个学习的要点将是掌握得最好的，所以讲师应该把重点的环节和内容安排在学员第一印象和第一则信息中。

5. 双向沟通原则

培训应该是双向的互动交流，而不是单向的传授，任何一种形式的沟通都应该是双向的，讲师要注意学员的互动反应。

6. 反应原则

无论是讲师还是学员，都必须从对方的回馈信息中找到必要的反应。讲师需要了解学员的进程和参与程度，学员需要从反馈中明白自己表现的状况。

7. 主动性学习原则

当学员主动地融入培训过程中时，能够学到更多的知识，并且会帮助讲师维持学员的清醒和注意力的集中。

---

① 肖萍，兰玉英. 2005. 成年人学习普通话研究[J]. 西南民族大学学报（人文社科版），2.

8. 多感官学习原则

如果学员能运用多重感官去学习，其效果会事半功倍。如果讲师教授学员时，不仅让他们听、看，还能够让他们触摸、闻或者尝，那么他们的记忆会是非常深刻的。

9. 练习原则

练习原则指的是"重复学习"和"意象再现"。最好的记忆方法就是重复，让学员不断练习、重复新的信息和内容可以提高他们在短期内记忆新信息的可能性和成功率。

三、成人学习特点对培训的影响

（一）成人学习理论在培训中的运用

在《第五项修炼》中，彼得·圣吉为我们提供了能够使组织保持持续进步的五项修炼，从长期的角度，为消除企业创造和学习的障碍提供了参考。而企业培训作为形成组织共同愿景和团体学习氛围的重要手段，能够在短期内消除企业中存在的创造和学习障碍，所以，现代企业的持续发展便不断伴随着企业培训。作为企业以及企业培训的策划者或实施者，了解不同成人学习者的学习需要是培训工作的一项基本要求。

培训要围绕成人的学习需要展开，这样做的好处是显而易见的。当具有相同学习需要的成人聚合在一起时，培训实施者的引导就能够在成人学习者自觉地相互交流和相互帮助中变得非常有效。同时，因为成人自身的个体经验就是一种学习资源，所以，当成人的已有经验与新知识、新经验有机结合后，成人的学习便更加有效，学习的成果也更具有现实意义。

对员工的培训决不能仅仅停留在提高技能以便获取更多利润的阶段。人本主义心理学之父马斯洛在他所有的著作中都大量提及"自我实现"，而他著名的需求层次理论已经在企业管理中得到广泛应用，他认为"自我实现"这个术语强调了"完美人性"，强调较少受时间、地域的影响，与文化的相关较小并且具有经验的内容和操作的意义。所以，对员工的培训决不能仅仅停留在提高技能以便获取更多利润的阶段，想要保持企业的长盛不衰对员工工作生命力的关注就变得尤为重要，也就是说，企业培训要更多的转向关注员工自身发展的需求，这也是成人学习理论在企业培训中保有重要作用的另一个原因。

（二）成人学习理论在企业培训各个阶段的应用

一个好的培训项目的产生和实施，一定要充分考虑到培训对象的性质和特点，所以在企业培训的整个过程中，成人学习理论的作用都非常明显。

在培训需求分析阶段，要考察学员对培训内容的需求，从而制定有针对性的培训目标；在培训实施阶段，要关注受训者的学习风格、沟通风格、管理风格，包括能够接受的培训方法等。

1. 培训时间的安排

由于成人集中注意力的时间相对有限，所以对于每次培训时间的安排要考虑成人的特点，要注意在相对较短的时间内完成，最好以20分钟为一个小节，每20分钟要扼要地重复

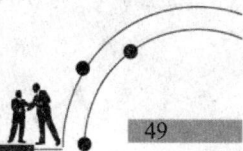

一次重点内容。

2. 课程的导入和内容的设计

根据适应性原则、动力原则、重点原则等，培训时要预先准备一个内容详实、生动有趣的开场白，要在课程导入时运用学员已经熟知的内容，便于他们认识课程学习的必要性。在内容的设计上，要有针对性地选择课程内容，并告知受训者培训能够有效地解决他们的问题，从而持续的激发他们的学习动力。

3. 讲授方式的选择

要注重与学生的互动沟通，在讲授方式上要有意识地设计和安排一些实践性的、交互性的环节，要多提问题、多测验、多练习，以提高受训者的学习热情。还要注意利用受训者多方位的实验，学会一些基本的方法，但是并不以这些方法为线索组织课程内容。

为此，可以设计一些能够引起学生兴趣的问题，每个实验围绕解决一个或几个问题来展开，教学生使用若干种方法来解决所提出的问题，在解决问题和学习中掌握方法，得出结论。

第三节　培训迁移理论

一、培训迁移的内涵与类型

（一）培训迁移的含义

培训迁移是指员工有效且持续地将所学到的知识、技能、态度、行为方式等运用于今后工作中去的过程。

传统的培训强调的是培训者扎实的基础、具有良好的培训技巧、员工较强的接受能力和真正学会受训内容。培训迁移则在原有的培训基础之上强调培训过程中容易受到忽视的3个环节：①员工必须能够消化吸收在培训中学到的东西；②将所学到的东西运用于实际工作中；③在工作中运用所学的东西必须能够保持一定的时间。这3个阶段是任何企业想提高业绩的培训所必须的，也正是培训迁移的内容。

（二）培训迁移的类型

1. 从培训迁移内容的变化程度看

（1）近迁移。近迁移是将学习运用于相似的情境。近迁移的理论依据是同因素理论，该理论强调培训环境与工作环境完全相同。该理论的实际意义是，培训可以通过改进与实际情境相对应的刺激、反应和条件等因素的程度来提高培训效果，这就需要实战派的经验分享和课程中的演练。具体的培训方式有案例研讨、模拟演练、角色扮演、示范、商业游戏等。

（2）远迁移。通过培训掌握原理以便能够解决新情境中的问题，培养举一反三的能力。远迁移的理论依据是激励推广理论（又称概括化理论），该理论认为两种学习活动之间的共性因素（同因素）仅仅是影响培训迁移成功的外在因素和条件，因为一旦情景发生变化，学习者将无所适从，所以关键是要注重学习者对一般原则、一般原理的认识和掌握，以帮助学员在迁移环境中运用原理解决问题。

阅读资料

贾德的水下射击实验

激励推广理论的提倡者贾德（Judd）曾经做一个水下射击实验。他把儿童分成两组：一组学习了光学折射原理，另一组不学。然后他令两组儿童打靶。当靶子离水面 1～2 英寸（1 英寸≈2.54 厘米）时，两组成绩相同。当靶子移到水下 4 英寸时，学习过光折射原理的那一组儿童无论是速度还是准确性都比没有学习的那一组高。因为学习过光学折射原理的儿童对经验进行了概况，而且能将所学的原理运用到具体的情景中。光线在穿过空气和水的边界时会发生折射，所以目标就不在肉眼看到的位置了。理解了这一原理，受训者就能准确地判断目标所在位置。

尽管找出两种学习环境中的共同原理对于实现远迁移具有重要意义，但建立在激励推广理论基础上的远迁移面临的一个最大问题是，要从两种甚至多种学习场景中总结提炼出一般性的原理并非易事。

2. 从培训迁移的方向上看

（1）顺向迁移。顺向迁移指先学习的东西对后学习的东西的影响。
（2）逆向迁移。逆向迁移指后学习的东西对先学习的东西的影响。

3. 从培训迁移的效果看

（1）正迁移。正迁移指一种学习对另一种学习起促进作用。
（2）零迁移。零迁移指一种学习与另一种学习之间没有任何关系。
（3）负迁移。负迁移指一种学习对另一种学习起负面的作用。

二、影响培训迁移的因素

培训迁移模型指培训项目设计、环境因素和员工自身的特点等都会直接影响员工的培训效果，员工在掌握并保存了所学的知识、技能和行为方式以后，如何最终达到推广和维持所获得的培训成果的目的。为了取得良好的培训迁移效果，应该从培训前、培训中、培训后三个阶段进行组织干预[①]。鉴于篇幅有限，这里侧重从培训后分析影响学习迁移的因素，见图 2-5。

（一）迁移氛围

迁移氛围指员工对各种能够促进或阻碍培训技能或行为方式应用的工作环境特征的

---

① 魏钧，魏妍妍. 2009. 培训迁移的干预策略及其效果[J]. 心理科学进展，1：138-146.

感觉。积极的、有效的迁移氛围能够促进培训迁移的效果，反之则会阻碍其成效。以下是一些积极的迁移氛围：上级与同事鼓励员工积极运用在培训中所学到的新技能及行为；员工因为运用在培训中所学到的新技能及行为而得到额外的奖励，或得到上级和同事的赞赏等。

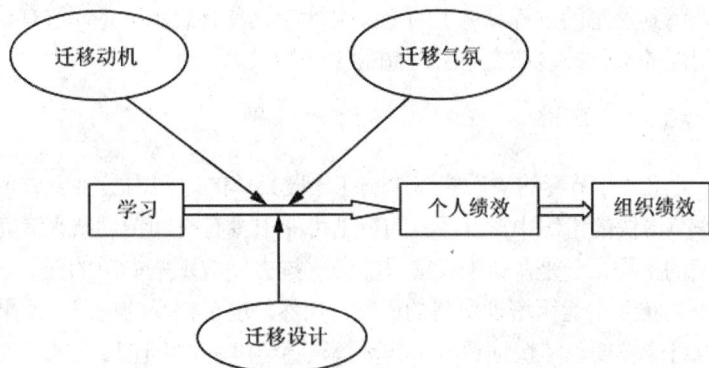

图 2-5　培训迁移影响因素模型

（二）管理者支持

员工的直接上级积极支持其下属参加培训，支持员工将所学运用到工作中去。企业员工培训要求管理者有重视人力资源开发的远见，有面对未知后果的胆略。管理者对培训的支持程度越高，越有利于培训迁移，培训迁移效果也就越明显。

（三）同事的支持

同事的支持主要指来自参加过培训的同事的支持。员工的上级主管应该鼓励参加过培训的员工和新员工之间建立联系，及时沟通，共享在工作中应用培训所学技能的成功经验，探讨处理阻碍培训迁移因素的具体办法。管理者也可以请一名或几名已经参加过该培训的员工作为新参加培训员工的咨询人或实践顾问。

（四）运用的机会

员工的运用机会即执行的机会，是指向员工提供或由员工主动寻找机会来应用培训中所学到的知识、技能和行为方式机会多少的程度。执行机会的多少在很大程度上制约着培训迁移，执行机会大的员工要比执行机会少的甚至没有执行机会的员工具有更长的时间来保持在培训中所学到的新知识、技能、行为方式等，当然也比他们有更大的培训迁移效果。

（五）技术支持

如果员工需要不断学习新的知识技能，并需要不断地将所学运用于实践，那么企业为培训迁移提供技术上的支持就显得十分有必要。例如，目前有一种叫做"计算机培训专家"的培训软件，它能为新员工提供技能培训，提供所需信息以及专家建议。有了这样的技术支持系统，为培训迁移提供了极大的便利。

（六）时间支持

为新员工提供将在培训中所学到的知识技能运用于实践的时间支持也是非常重要的一个因素。任何一个新的工作技能的运用，都有一个从不甚熟练到熟练的过程，新的工作程序也有一个从不熟悉到熟悉的过程。员工的上级主管应该具有思想准备，留有余地，不能要求员工刚开始运用新的岗位技能就有十分理想的工作绩效。

（七）工作节奏

研究发现，组织工作节奏的快慢能够影响在一段具体的时间内员工完成工作任务的数量和质量。在工作节奏快的组织中，有经验的员工可能很少有时间帮助新来者完成更多、更复杂且有一定难度的工作，于是，新来者就只能被安排去完成那些简单的任务，长此以往，他们就会很少获得在实践中运用培训所得的机会。当然，也有相反的情况，如果组织的工作节奏快，新来者很可能被要求尽快地适应工作环境，甚至没有过渡阶段地就被安排到相应的岗位上，去完成那些本应该由更有经验的员工来完成的工作，从而获得更多的运用培训所学来完成复杂、困难、有挑战的任务的机会。

曾有学者通过研究进一步证实了上面的观点：工作节奏越快，员工可以应用培训所得的实际工作任务的数量就越少（任务广度），在工作中应用培训所得的次数就越多（任务活动水平），任务就越难、越复杂（任务类型），即组织工作节奏越快，受训员工就越可能在比较狭窄的工作范围内频繁的运用培训所学，虽然有执行复杂任务的机会，但是缺乏任务的多样性，培训迁移的范围有限。

三、培训迁移与培训转化

学习的目的是为了工作效率的提高和工作成果的转化，关于培训项目的设计主要提几点有助于提高培训迁移效果的建议[①]。

（一）激发学习者的学习动机

期望理论说明了个人对行为结果的认知、期望以及对这些结果的偏好将对动机产生重要影响。动机水平取决于个人认为他们的行为能够得到的特定结果，这些结果对个体具有一定的价值，个人为追求这些价值而产生了动机。当个人认为他的迁移行为有可能使自己的工作达到某个期望的绩效水平，而且这个绩效将为他带来有价值的回报时，他就会为达到这个绩效水平而努力，反之，如果迁移与绩效、绩效与回报之间无关或负相关，就不可能很好地促使迁移行为的发生。

不同的员工会有不同的培训需要，希望培训能满足自己的期望。员工的培训需要是有偏向的，有的在乎具有工作效用（job utility）的培训，有的在乎具有职业效用（caree utility）的培训。

工作效用指受训者感知到的培训在促进现有工作目标实现上的有用性，如生产率的提

---

① 赵雪梅. 2008. 学习迁移理论在初中信息技术教学中的应用[D]. 南京：南京师范大学.

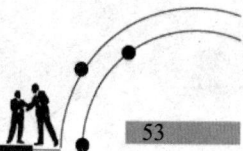

高、错误率的减少、问题解决能力的增强；职业效用指受训者感知到的培训在实现职业目标上的有用性，如得到晋升或获得更重要的工作。前者立足现在，实效性强；后者着眼未来，目标性和发展性强。对培训效用的不同理解会导致员工在培训迁移行为上的差异，虽然二者都能促进培训迁移的发生，但是，在不同的情境下，其效果不同。如果一个员工正苦于不知怎样才能有效的与客户沟通，以提高销售业绩时，但企业却要求他参加有关如何进行自我职业生涯规划的培训，那么可以预见其培训迁移效果很难获得。

（二）营造学习环境

培训项目设计时应该考虑此项目能否为员工营造一个充分学习的环境，在培训中员工必须通过不断学习来取得新的知识，如果培训本身缺乏一定的学习环境，那么员工的积极性就不能充分地调动起来，最后的结果可能是进行了一次形式上的培训，而没有任何效果，最后受损失的还是企业自身。

持续学习是组织学习环境最突出的特征。研究表明，具有这种特征的工作环境有利于员工在工作中迁移培训所学。特雷西（Tracey）、泰伦保（TannenbauL）和卡瓦诺（Kavanagh）开发了一套测量组织持续学习文化的问卷，描述了支持获得并应用知识、技能的各种表现，以此测量组织的实际情况与这些描述的符合程度。统计分析显示：支持性、持续发展性、持续竞争性3个因素是企业或组织持续学习氛围的外在表现形式，只要注意在营造组织学习氛围时，努力培养企业的这"三性"，就能显著提高培训迁移的效果。

（三）应用培训迁移理论

在设计培训项目时，设计人员应该有意识地运用迁移理论，包括同因素理论、认知转换理论和激励推广理论等。这一点对于调动员工学习积极性，提高培训效果大有裨益。

（四）运用自我管理战略

自我管理战略是指在培训项目中让员工自行控制新技能及运用特定行为方式，增加员工自我管理的空间。实践证明，实施自我管理战略的员工的迁移行为和技能水平，要比没有应用自我管理战略的员工的迁移行为和技能的水平高。

复习思考题

1. 学习的一般过程模式是什么？
2. 学习的成果有哪几种类型？
3. 简述成人学习理论内容。
4. 成人学习理论在企业培训中应用的原则是什么？
5. 简述培训迁移影响因素模型。
6. 学习过程的信息加工模式是什么？

案例讨论

江淮汽车学习型组织的启迪

如同很多国有企业在 20 世纪 80 年代末遇到的尴尬一样，江淮也一度陷入难以为继的窘境，甚至不得不以生产老鼠夹子、旱冰鞋等"小儿科"来换米下锅。1990 年，左延安上任。他整合所有资源，全部投入到了当时国内还没有厂家涉足的客车专用底盘项目上。"分析当时的市场环境和我们的生产能力，底盘项目是我们走出困境最好的一条路。"在外人看来，左延安"押宝"底盘无异于一次生死攸关的"赌博"，但投注客车专用底盘市场这一片当时的"蓝海"，江淮实现了"一役翻身"。

"冬天穿棉袄，夏天戴草帽。"左延安用了一句歌词来解释底盘项目的成功。"关键就是在合适的时间，合适的地点，做合适的事。"他说，"也就是对环境正确的认知，以及对自己准确的认识。"

"为什么我们 1996 年时没有上 ERP？为什么 1990 年我们砍掉了发动机项目，2001 年又重新启动？这都是学习《第五项修炼》、系统思考、系统运作的结果。"左延安说。在江淮采访时，记者所到厂房、车间、办公楼，到处都能看到"系统思考，团队学习，协调平衡，追求卓越"这样的标语。

江淮从 1996 年开始进行学习型组织的创建，从那个时候就提出了核心理念：系统思考、团队学习。要永远保持企业的发展，就必须走创建学习型组织这一条路。建立科学的体制和管理方法固然是关键，但一个企业无论引入了多少现代的体制和管理方法，也无论这个企业如何仿效最先进的行政管理制度；如果执行这些制度并使之付诸实践的人没有从心理、思想和行动方式上实现由传统人到现代人的转变真正能顺应和推动现代经济制度的健康发展，那么，这个企业的可持续性发展就只能是图有虚名。所以，江淮首先从人的方面入手，提出了大人才观。企业的领导只有认识到人才的战略作用，才能切实采取措施去培养、造就人才，人才才有发挥作用的场所和机会。

在提出了自己的人才观后，怎样才能指导每个员工通过自身的学习和努力成长为人才呢？为此，江淮相应地提出了自己的学习观。

一、江淮的学习观

1. 向一切可以学习的人学习、向一切可以学习的事学习

学习是提高创新能力的过程，学习不仅是学知识，更是学习运用知识的能力。江淮人提倡"学习无处不在，学习无时不有"的学习态度，事实上是提倡一种开放、接纳、包容之心。有了这种心态就会消除人与人之间的防备心里，促成人与人之间的合作。左延安经常说："让员工学会用心做事，才是管理的最高境界。"

江淮大学校长康易成说："学习型组织的魅力就在于问题刚刚暴露，就能尽早地反映出来，这就需要每个人不断地找出自己的问题。"然而总是要跟自己"过不去"，其实并不容易，尤其是迈出第一步的时候。

江淮的技术研发部门定期要对图纸进行评审。从前这个活动都是由部门领导来做，但如何能让活动从一个由上至下的评审变为从下至上的学习呢？于是江淮决定让每个员工

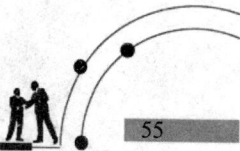

都可以对图纸进行评价，提出自己的意见。然而一开始，制图人对这种方式本能上无法接受——谁愿意让大家对自己的图纸指手画脚？而员工们也不大放得开——谁愿意干得罪人的事呢？

"后来我们决定，把绘图人的名字遮挡起来，这样作者不觉得没面子，员工们也可以开诚布公。"康易成说。然后，再将员工们对图纸的意见进行总结反馈给制图人。能够在不失颜面的情况下听到来自各方面的意见，制图人颇受启发，很多问题豁然开朗。底盘设计部工程师李学增说："通过图评活动，我发现我好像比以前能接受别人的意见了。光看图纸很有局限性，我可能只关注我自己的分组，但到了现场我就能注意到相关分组，注意到系统，我的设计才能更完善。"

"员工的心态随着活动的开展发生着变化，由最初的事不关己到关注，进而到理解，最后转变为支持。交流由声调高、态度远，变为态度近、声调低。"康易成说，"后来，名字也不再遮挡了。比起图纸的完善，这种心态上的转变，在我们看来更可贵，更有意义。"

2. 学习是最大的福利，是对员工最高的奖励

伴随着知识经济和信息时代的到来，学习已经成为每一个人人生阶段不可缺少的一种成长手段，是"从摇篮到坟墓"一生不断的持续过程。但由于种种原因，企业的培训工作往往得不到认可，员工大半是被迫、被动地接受培训，结果是出力不讨好。而江淮则认为，培训是对员工的最大福利，对员工的最高奖励就是提供一次免费的外出学习机会。为了给大家提供这样的机会，江淮公司培训是采取竞培的方式，尤其是研究生这级的培训和境外培训。受训人员自己报名，然后进行考试，同时对绩效进行考核，最后选拔确定人员。不论资排辈，极大地促进了年轻员工的成长，同时也让老员工感到一定的压力和危机感。

3. 学习是一项回报颇丰的投入，提倡终生学习

当今，学习被视为一种投资而不只是单纯的花钱。如果说企业在员工培训上每投入1美元便可以在未来获得数倍的回报缺乏足够的说服力和可信度，那么，世界上的优强企业在培训上的大量投入从侧面也折射出这个道理。美国通用公司将公司销售收入的7%用于职工培训，每名职工的年培训费为1万美元。但由于种种原因，长期以来很多企业都不能把这种回报颇丰但不一定马上见效的投入落到实处。江淮的领导者则以自己的战略眼光、胆识和责任，坚持不懈地对学习和培训实施战略性投资。在江淮，培训被当做是压倒一切的"一把手"工程，他们建有自己的培训中心，中心主任相当于副总经理层级。有专门的教学大楼和实训大楼，制定了严格的培训制度，中心许多设施都是全公司最好的。康易成说，过去作为培训师，主要是调动自己的知识来教学员，而现在是让学员参与到学习中来，形成一种互动的全新的培训模式。江淮的目标是把企业变为一所学校。

4. 学习的主要任务之一是学会学习

21世纪的文盲就是那些不会学习或者说没有学习能力的人，当今世界，一方面知识总量成倍增长，另一方面知识又变得十分脆弱，更新速度加快。因此，学会学习，防止知识陈腐，必然成为当今学习的最主要任务之一，而学习力则成为企业新的核心竞争力。彼得·圣吉称未来成功企业必将是"学习型组织"，变动时代唯一的竞争力，是有能力比你的竞争对手学习得更快更好。为了顺应组织变革的需要，江淮对施训者提出了转变观念上的要求：过去是"我能教他们什么"，老师有什么知识就传授什么知识；现在则是"我怎么促成他们进行学习"。老师由知识的传授者变为引导者、激发者，目的是促使学习的产生，让别人学会

学习。江淮的领导层不仅思想上统一了认识，同时他们也是按照所说的，踏踏实实、一步一个脚印地做的。为了使企业的培训工作不流于形式，像大多数企业一样，江淮制定了一整套完善的学习培训制度和管理流程。但与众不同的是，江淮的制度不是用来看的，他们在实施过程中严格按照制度执行，根据出现的问题集体讨论对策，进一步完善制度。

二、江淮培训工作的形式

江淮的培训工作大致有如下形式。

1. 自主培养

安排优秀的员工到国内外著名的大学和优秀的企业进行深造，开展交流。并且与大学合办研究生工作站，选拔优秀的员工来参加研究生的学习。同时，还邀请国内外专家学者来公司讲学。

2. 脱产轮训

学习型组织的一个重要特征是"地方为主"的扁平式组织结构，即从最上面的决策层到最下面的操作层，中间相隔的层级极少。它尽可能地将决策权向组织结构的下层移动，让最下层单位有充分的自决权，并对产生的后果负责。这对管理人员的整体素质提出了很高的要求，江淮认为要重点培训他们的领悟力和创造力，必须能够深刻理解决策层的决策，同时又必须创造性地应用到他的工作中。中国与外国企业的最大差距不在于科技而在于人的素质。

3. 全员参与

培训的目的是为了激发每一个员工的学习热情，目标是实现学习工作化、工作学习化。由培训中心直接组织对全体员工都必须学习的课程和对工人、技术人员进行不同分类以后，进行不同的培训。在江淮中有一个全员参与的"40+4"的培训，就是每周工作40小时，再加上4小时的学习培训。值得一提的是，即使生产任务很紧，在加班加点的情况下，每周4小时的培训也从不压缩。当然，这样做的难度较大，但由于公司领导除了思想上高度重视外，在实践中也身体力行，所以制度能够顺利执行。比如，每天早上的集体做晨操，公司包括领导在内所有人员都要参加。我想，这可能就是江淮成功的关键。

江淮有一个150人的兼职培训教师队伍，这些人都是由各个单位推荐出来的，然后由培训中心进行考核，发给他们培训师的证书，培训师队伍中有工人、管理人员、中层干部和公司的高级领导。江淮还规定，基层领导必须同时是内部培训员，中层领导必须是内部培训师。培训使用的教材都是自己设计开发的，虽然社会上有各种各样的管理教材，但是只有自己设计的教材最适合自己的实际。并且使用自己企业的案例会更加生动，更能为员工所接受。

在江淮汽车的培训系统中，有一个课题组，开发设计出课题后，首先对培训师进行培训；然后，这些培训师又组成若干个校验小组，他们会根据自己单位的实际举出案例，进行二次开发，最后再对全体员工实施这样的培训，目地是为了提升培训的效果。这种岗位"练兵"也是实实在在的，每个单位都有量化的标准。

4. 共享学习

为什么在许多团队中，每个成员的智商都在120以上，而团队整体智商却只有62？团队的学习就是要解决这个矛盾。学习型组织特别强调要从反馈中学习，从反思中学习，从共享中学习。为了创建优秀的学习型组织，江淮以反馈系统、反思系统、共享系统为主线，专门作了一个为期3年的创建规划。集团公司还成立了学习型组织研究会和书友会，每一个子

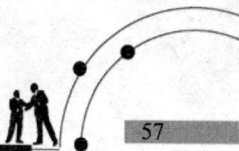

公司都有分会，不断地开展一些学习交流活动。江淮强调整体搭配力，希望通过提供更多的交流机会，让智慧和创意充满整个企业。研习班是个很好的交流场所，很多部门间的抱怨都可以在这里被化解。除此之外的交流沟通方式还有每天早上集体做晨操、唱企业之歌；每年一次的职工文艺汇演；每两年一次的职工运动会；各种恳谈会和青年沙龙；总经理信箱和总经理接待日；蓝色托盘活动；部门间的结队联谊会等。这些交流方式都有自己的运作规则，已经形成了江淮独特的企业文化。通过长期不懈的努力，江淮创建学习型组织的活动已经走在了全国的前列，目前在汽车行业率先着手实施了 ISO1005 培训管理体系认证，获得了经济效益和社会效益的双丰收。当然，学习型组织的创建绝不是依靠一两个模型图就可以形成的，它需要一点一滴的积累，脚踏实地的实践，更需要坚持不懈的恒心和毅力。并且，组织的优化是没有终点的，只有更好，没有最好。所以，从另一个方面来讲，只要我们按照学习型组织的要求不懈努力、不断优化我们的组织，其实创建过程比目标更为重要！

（资料来源：李源，杨沛霆. 2006. 江淮汽车何以一枝独秀：学习型组织创造利润的故事[J]. 中外管理，03：37-40. ）

【讨论题】

1. 你认为江淮创建学习型组织有哪些成功的经验？
2. 在江淮学习型组织建设过程中体现了本章所介绍的哪些学习理论的思想？

第三章　培训需求分析

教学目标

列举员工培训需求分析的内容，陈述员工培训需求分析的流程，指出员工培训需求分析方法的优缺点，理解胜任力模型的概念，描述基于胜任力的培训需求分析的特点，掌握基于胜任力的培训需求分析模型的构建步骤，描述培训需求分析报告的主要内容

教学要点

培训需求分析、培训需求分析的流程、组织分析、任务分析、个人分析、胜任力模型、基于胜任力的培训需求分析、培训需求分析报告

关键词

培训需求分析　组织分析　任务分析　个人分析　胜任力模型

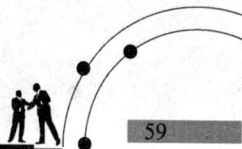

岭达制药企业的培训

地处内地的大型岭达制药企业是这个省最大的纳税企业，这些年凭借企业老总的实干和对发展机遇的捕捉，虽然只是一家原料药制造厂，企业从收购和扩张中实现了快速成长，现在已发展成为国内比较知名的大型制药集团企业。但是，企业现在面临产品成本的上涨和企业低端产品竞争日趋激烈的双重压力，这使平日只关注生产和技术的老总开始意识到企业管理水平已经是制约发展的重要因素。在访问国内领先的天士力和西安杨森后，整个管理层也对此达成了一致。

老总认为接下来的事情，首先就是应该对企业的人力资源部进行改革，对人力资源部的人员进行培训。负责公司培训工作的小李是刚刚从企业发展部调到人力资源部来的，虽然他是企业管理的研究生毕业，但是小李对培训活动的了解还很欠缺。他从同学处了解到某大学的管理学院有人力资源管理专业后，他通过电话与系里的值班老师取得联系，值班老师向他推荐了王教授。王教授同意去该企业进行人力资源管理的培训，还就学习内容、学习对象和学习时间等与小李进行了简短的磋商。

企业老总很关心这次培训，亲自了解了学习内容，然后建议增加现在很热门的平衡记分卡等学习内容，一个两天的学习项目就此形成了。实际上，公司大多数的培训活动，尤其是其管理培训活动都是这样开展的。

（资料来源：谢晋宇. 2005. 人力资源开发概论[M]. 北京：清华大学出版社：118.）

当前，一些企业的培训效果不好，最重要的原因就在于缺少有效的培训需求分析。因为有效的培训需求分析决定了培训能否瞄准正确的目标，进而影响到能否设计与提供有针对性的培训课程。因此，对员工培训与开发活动的有效性起着至关重要的作用。而令人遗憾的是，很多企业在选择培训项目或内容时，或者是听从于高层的命令，或者是以大公司进行过的培训项目或内容为蓝本，或者对咨询公司推荐的培训项目言听计从，或者虽然在中层管理者中进行了调查，但是不能获得足够的信息。那么，企业应该如何开展有效的培训需求分析活动，以实现有针对性地进行员工培训的目标？本章将重点讨论有关进行培训需求分析的内容。

第一节　培训需求分析的流程

培训需求分析是整个员工培训与开发活动的基础，其准确与否直接决定了整个培训与开发工作的效果。企业进行员工培训与开发活动成功与否在很大程度上取决于培训需求分析的准确性和有效性。

一、培训需求产生的原因与作用

（一）培训需求产生的原因

培训需求分析是 20 世纪 60 年代提出的一种通过系统评估培训目标、培训内容及其相互关系的方法。具体而言,培训需求分析是指在规划与设计人力资源培训与开发活动之前,由培训部门、主管人员和工作人员等收集企业战略、组织与员工的相关数据信息,然后采用一定的分析方法和技术,对各种组织及其成员的目标、知识、能力等方面进行系统的鉴别与分析,以确定企业是否需要进行培训与开发活动及培训内容的一种活动或过程[①]。

要进行培训需求分析,首先要明确培训需求产生的原因。通常,培训需求产生的原因主要有工作变化、人员变化和绩效变化等。

1. 工作变化产生的培训需求

工作变化具体包括工作内容和工作环境的变化。企业处在不断发展变化的环境之中,不同岗位的工作内容、工作环境等也会相应地发生变化,如引进新设备、新工艺或新技术等,为了适应这些变化,培训需求随之产生。

2. 人员变化产生的培训需求

无论是企业内部员工的合理流动,还是企业进行外部招聘引进人才,这都意味着企业人员的变化,一旦人员发生变化,为了尽快地使他们进入工作状态,实现较好的工作业绩,对他们进行培训则是首要选择。

3. 绩效变化产生的培训需求

每一个员工实现既定的或更优异的绩效是企业所期望的,但部分员工因各种原因,如知识老化、技能低下等,在其现有状况和应有状况之间存在着一定的差距,为了解决这些差距,由此也产生了相应的培训需求。

(二) 培训需求分析的作用

培训需求分析为组织培训活动提供了方向,培训项目设计以及培训效果评估等都以培训需求分析为基础。具体而言,培训需求分析的作用主要包括以下几个方面。

1. 有利于培训计划的制订和实施

培训需求分析的结果是培训计划制订和实施的依据。一方面,培训需求分析可以确定组织进行培训的必要性,即确定企业是否需要进行培训与开发活动;另一方面,培训需求分析能够确定培训的内容和重点,即组织和员工所需要的知识、技能、能力等,这是制订和实施培训计划的依据。

2. 有利于确认差距,揭示绩效问题的根源

培训需求分析能够找出绩效差距,即可以确认员工或组织现有绩效状况与理想绩效或未来发展需要达到的绩效之间的差距。一般地,绩效差距的确认主要包括 3 个环节:①对组织所需要的知识、技能、能力进行分析,以确定理想的知识、技能、能力的标准或模型;②对

---

① 金延平. 2006. 人员培训与开发[M]. 大连:东北财经大学出版社:100.

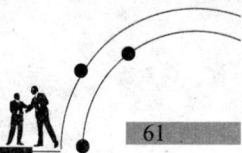

企业或组织当前实际经营中出现的问题进行分析，确认与业绩相关的知识、技能、能力等因素的现状；③对理想的或所需要的知识、技能和能力模型与现有的知识、技能和能力模型进行对比分析，以确认二者之间存在的差距。这3个环节应独立有序地进行，从而揭示员工或组织的绩效问题的根本原因，并在此基础上设计培训内容和培训方式，以此有效解决组织中存在的一些问题。

3. 有利于确定培训的价值和成本

通过科学的培训需求分析，可以确定现有绩效与理想绩效或未来所需要达到的绩效之间的差距，这为从成本—收益的角度评估人力资源培训与开发活动提供了重要的基础和依据。没有这些在培训之前收集的数据，就不可能得出员工或组织绩效改善的数据；参加培训与开发活动的员工在参加培训前的绩效状况是参加培训后测量其绩效进步的基数。而且，组织在决定是否进行培训活动时，还需要回答这样一个问题：不进行培训的损失与进行培训的成本之差是多少。如果组织不进行培训的损失大于进行培训的成本，那么进行培训就是必然的、可行的；反之，如果组织不进行培训的损失小于培训的成本，则说明当前不需要或不具备条件进行培训活动。

4. 有利于赢得企业内部成员与外部的支持

培训活动往往会影响到员工的日常工作和行为，因而需要赢得组织内部成员和外部的支持，从而保证培训活动顺利地进行。在培训需求分析过程中，员工会参与到其中，他们的自我需求会在培训需求分析结果中得到极大的体现。而且，他们从中还能认识到培训的必要性和价值，这将能够赢得组织成员对培训活动的认可和支持，有助于培训活动的顺利进行。

5. 有利于为培训评估建立信息资料库

设计良好的培训需求分析能够确定有效的培训战略、培训重点，确立培训内容，明确定位受训人员。在进行培训之前，通过研究培训需求分析的结果，可以建立起一个评估标准，然后用这个标准来评估进行的培训项目的有效性，即进行培训评估活动。

二、培训需求分析的内容

一般地，培训需求分析主要从组织层次、任务层次、人员层次3个方面进行分析。每一层次的需求分析都反映了企业中不同侧面的培训需求，组织分析可以确定组织在哪些地方需要培训以及实施培训的环境和条件如何；任务分析的目的是明确在有效地完成某项工作时必须要做什么；人员分析能够决定哪些员工需要接受培训以及对其的培训内容。培训需求分析的基本框架见图3-1。

（一）组织分析

组织分析是指通过对组织的目标、资源、氛围和环境等方面进行分析，准确地找出组织存在的问题，同时确定培训是否是解决这些问题的最有效的方法。组织分析确定组织范围内的培训需求，以保证培训计划符合组织的整体目标与战略要求。一般情况下，组织分析主要包括组织目标分析、组织资源分析、组织氛围分析和组织环境分析等方面。

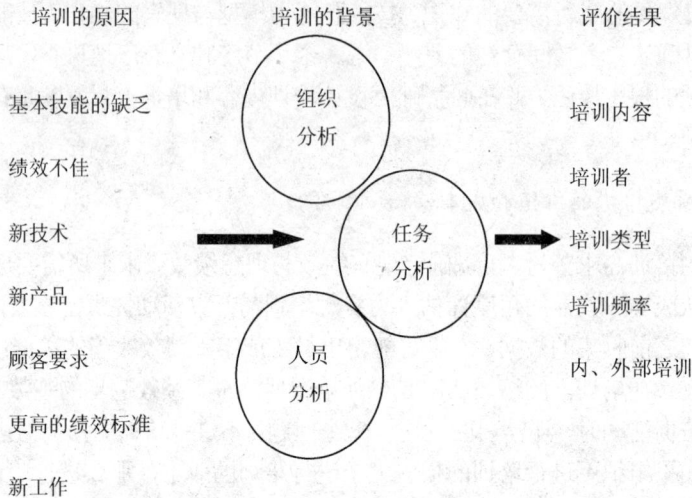

图 3-1　培训需求分析的基本框架

1. 组织目标分析

明确、清晰的组织目标决定着培训活动的重心，对员工知识和技能的提升有着约束导向作用，有助于更好地确立培训与开发活动的目标，明确组织要实现其目标所需要的知识、技能和能力以及组织现有的知识、技能和能力状况。组织目标分析主要围绕组织目标的达成、政策的贯彻是否需要培训或者组织目标未达成、政策未贯彻是否与没有进行培训有关等展开。

阅读资料

艾科公司的培训使命

艾科公司的全球使命是"努力成为世界上最优秀的石油公司，为股东进行稳健的投资，提供丰厚的回报"。公司对"最优秀"的定义不是最大，而是指最佳的赢利能力。要获得最佳盈利能力，就必须在各个业务领域均做到低成本、高效率的运作。在建立使命陈述的基础上，公司提出了明确的教育培训使命："建立一个世界级的加速公司所需商业技能的发展和知识传播的教育培训系统。"在这一系统的指引下，艾科公司多年来一直重视培训，并在各个分支机构安排培训专业人员，负责对该公司的员工实施培训。艾科公司刚进入中国时，与很多大型跨国公司类似，除了少数课程是在全球性或区域性范围进行之外，每个分公司自行决定、设计、选择和实施该分公司所需的培训课程。这种分散化管理的原因如下：①各地区的文化知识背景不同；②各地的竞争环境不同，要求员工具备特定知识；③各地顾客需求不同，要求特定的技能；④各地政府、顾客、代理商沟通需要特定的技能。

（资料来源：夏海钧. 2001. 艾科公司中国的人力资源开发实例分析[J]. 人力资源开发与管理，1）

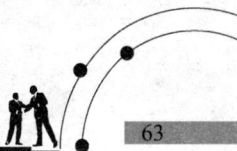

2. 组织资源分析

组织资源分析包括对组织的金钱、人力和时间等资源进行的分析。必须考虑到组织的有限资源，培训需求分析的一个重要方面就是确定组织的资源。组织所能提供的经费将影响到培训与开发活动的范围和深度；培训是需要时间的，如果时间紧迫或安排不妥，则可能造成粗略的培训结果；对组织人力状况的了解是决定是否进行培训的关键因素。

3. 组织氛围分析

如果组织不存在对培训与开发工作友好和支持的氛围，那么培训与开发活动就不可能获得员工的积极支持和参与，培训与开发工作的具体设计和实施将会遇到很大困难。如果管理者和其下属之间不信任，管理者可能不积极支持下属参加培训活动，这将影响其下属全心全意地参加培训以及学习成果的有效转化。当组织存在良好的氛围时，管理者会积极支持并激励其下属在实际工作中运用培训中学到的新知识。组织培训态度的调查是获得有关组织氛围的最佳方法，组织培训态度调查是指收集所有人员包括一般员工、管理者或有关团队等对其工作、绩效、培训等的看法，以获得管理者和全体员工对培训与开发工作的支持，帮助企业明确企业最需要培训的领域。

4. 组织环境分析

组织环境分析是对与企业的培训需求有着广泛影响的经济及法律问题等环境因素、市场竞争、本行业的技术水平、其他同类企业的培训水平以及企业外部的资源状况等外部因素的分析。比如，每当政府的一项涉及劳动的法律颁布时，企业都会进行相关的遵守法律的培训。

（二）任务分析

任务分析主要是通过对工作任务和岗位职责的研究，发现从事某项工作的具体内容和完成该工作所需具备的各项知识、技能和能力，以确定培训项目的具体内容。任务分析的结果是设计和编制相关培训课程的重要资料来源之一。

一般地，进行任务分析可以遵循以下 5 个步骤。

1. 建立工作说明书

进行工作分析，需要建立全面的工作说明书，工作说明书主要是对岗位的任务职责及任职条件的描述。并不是每一次培训都必须重新进行工作分析，在先前建立起来的岗位说明书和工作规范上通过不断的改进也可以完成此项任务。

2. 进行职责任务分析

职责任务分析即对工作中的结构、内容、要求等进行分析，弄清楚每个职位的主要任务是什么，每项任务完成后应该达到什么标准。

3. 确定完成任务所需的 KSAO

对完成职责任务所需的 KSAO[①]进行分析、确定，为培训与开发活动提供目标和依据。

4. 确定培训需求

分析和比较每个任务及其相应的任职条件的评估分数（见表 3-1），包括任务的重要性、出现的频率或者所花费的有效工作时间、完成的难度，任职条件相对职位工作绩效的重要性、学习难度、在工作中可获得的机会等，以具体确定哪些任务与 KSAO 应该纳入培训需求中，最终形成培训需求系统。

表 3-1　任务分析调查问卷

姓名		日期	
职位			

请从以下 3 个方面给每一项任务评分，任务对工作绩效的重要性、任务执行的频率和任务执行的难度。在评分时请参照下列尺度：

重要性	4＝任务对有效绩效至关重要 3＝任务比较重要但并非至关重要 2＝任务比较重要 1＝不重要 0＝没有执行过这项任务
频率	4＝每天执行一次任务 3＝每周执行一次任务 2＝几个月执行一次任务 1＝一两年执行一次任务 0＝没有执行过这项任务
难度	4＝有效执行这项任务需要有丰富的工作经验和培训经历（12～18 个月或更长） 3＝有效执行这项任务需要有一定的工作经验和培训经历（6～12 个月或更长） 2＝有效执行这项任务需要以前有过短期的工作经验和培训经历（1～6 个月或更长） 1＝有效执行这项任务不需要以前有过特定的工作经验和培训经历 0＝没有执行过这项任务

任务	重要性	频率	难度
1. 维修设备、工具和安全系统			
2. 监督员工工作绩效			
3. 为员工制订工作日程进度			
4. 使用计算机统计软件			
5. 监控生产过程			
6. 统计方法带来的变化			

资料来源：金延平. 2006. 人员培训与开发[M]. 大连：东北财经大学出版社：115.

5. 确定培训需求系统的因素级别和开发顺序

由于支持组织培训的资源有限，不可能实现所有的培训需求都得到满足。因此，需要考虑每一种需求的优先级别，确定培训需求系统中每项任务与 KSAO 的培训与开发顺序。

---

① KSAO 即知识（knowledge）、技能（skill）、能力（abilitiy）及其他（others）个性特征。

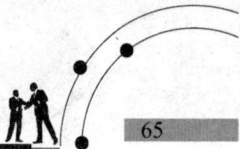

阅读资料

德州仪器公司进行的任务分析

德州仪器公司的培训人员接受了一项任务：对辅导新工程师的工程专家进行短期培训，以便他们能有效地开展自己的培训工作。培训人员需要找到一个分析培训需求的方法，然后设计一项低成本的培训项目。为此，他们请来了外界的专家。这些专家所做的第一件事就是与公司5家分支机构的经理、部门负责人和员工进行会谈，以了解下列信息：①部门的使命是什么？②大家觉得应该进行哪些培训？③过去和现在在员工开发上做了哪些工作？④不同部门内的角色分工、职责和团队工作的现状如何？

通过这样的组织分析，培训人员了解了培训涉及的重要问题，培训人员把这些信息作为依据，说服高层经理接受了由5个步骤构成的任务分析工作：①列出典型任务；②进行员工调查；③观察课堂教学；④进行结构化的访谈；⑤呈交工作总结。

在列出典型任务时，培训人员参阅了有关培训实施的文献，包括公司内部的技术报告和美国培训与开发协会的《卓越典范》（Models for Excellence）研究。公司经理审阅了任务列表的初稿，在文字上做了一些修改，增添了几项任务。然后，研究人员将这些任务分成了5个大项，让员工们作进一步的修改和补充。这样做的目的是确保在界定工作的时候，能将所有专业人员的观点包括进来。最后，就培训者应该完成的任务得到了包含117个项目的任务列表。

接下来，进行了员工调查。每个部门的每位员工都拿到了一份问卷，问卷给出了任务列表，要求员工从以下两个方面对每项任务进行评分：①该项任务对你的工作而言重要性程度如何；②你是否有兴趣接受关于该任务的培训。培训人员将员工在这两个方面对某项任务的评分加以平均，并观察5家分支机构在评分上是否有差异。最终结果显示，评分上没有差异。

对部门新老培训者进行的课堂教学观察，为实际教学过程提供了补充信息。观察者两人一组，对教学进行1小时的观察，然后与每一位培训者座谈，收集反馈信息。对5家分支机构的每一名员工都进行结构化访谈，其目的是保证员工调查和课堂观察结果之间的一致性。通过访谈，培训小组收集了大量每家分支机构的信息，同时确保了先收集到的信息的正确性。他们发现，访谈结果与通过其他方式获得的信息是一致的。

最后的工作是撰写总结报告。报告审视了任务分析得到的结果，总结了当前在五大任务培训工作上具有的优势，对今后的培训工作提出了建议，并给出了通过不同信息收集方法得到的数据结果。

（资源来源：乔恩·M沃纳，兰迪·L德西蒙. 2009. 人力资源开发[M]. 北京：中国人民大学出版社：121-122. ）

从德州仪器公司的这个案例中可以了解到，在进行任务分析过程中，所有级别的员工都有机会表达自己在相关问题上的观点，培训小组凭借全面、充分的信息而非直觉来分析培训需求，并完成对它们的优先顺序排列。

（三）人员分析

人员分析是对员工现有的绩效水平与期望绩效或绩效标准进行比照分析，发现两者之间的差距，以确定谁需要和应该接受培训以及培训的内容，以此来形成培训目标和内容的依据。人员分析的目的是确认员工个人对培训的需求，一般地，人员分析可以遵循以下几个步骤进行。

1. 查找绩效差距

查找绩效差距即寻找员工实际工作绩效与工作岗位要求的绩效标准之间存在的差距，或者员工实际能力与企业战略所需要的员工能力之间的差距。

2. 分析绩效差距的原因

发现了绩效差距以后，还需要寻找到差距的原因，因为并不是所有的绩效差距都可以通过培训的方式消除。影响绩效的因素有很多，如员工个人的知识、技术或能力，个人的态度和动机，薪酬等激励机制，设备、预算等资源的支持等。

3. 确定消除绩效差距的方案

找到绩效差距的根本原因以后，接下来需要准确地判断应该采用培训方式还是非培训方式来消除存在的绩效差距。可以通过回答以下问题来确定采用培训是否是解决绩效差距的最佳方式。

（1）该员工工作绩效问题的严重程度如何？
（2）该员工是否知道如何有效地进行工作？
（3）该员工是否掌握并正确运用了岗位所要求的知识、技能和行为方式？
（4）该员工是否得到了恰当的激励和工作反馈？
（5）是否还存在其他可代替的解决方案？

如果员工缺乏完成该岗位要求的知识、技能或能力，则需要对员工进行培训以消除存在的绩效问题。如果员工具备岗位所要求的知识、技能和其他条件，但是其工作输入、工作输出、工作结果或工作反馈不足，则培训不是解决其绩效问题的最有效途径。

三、培训需求分析的步骤

为了保证培训需求分析的有效性，需要按照以下流程对培训需求进行分析和评估，见图 3-2。

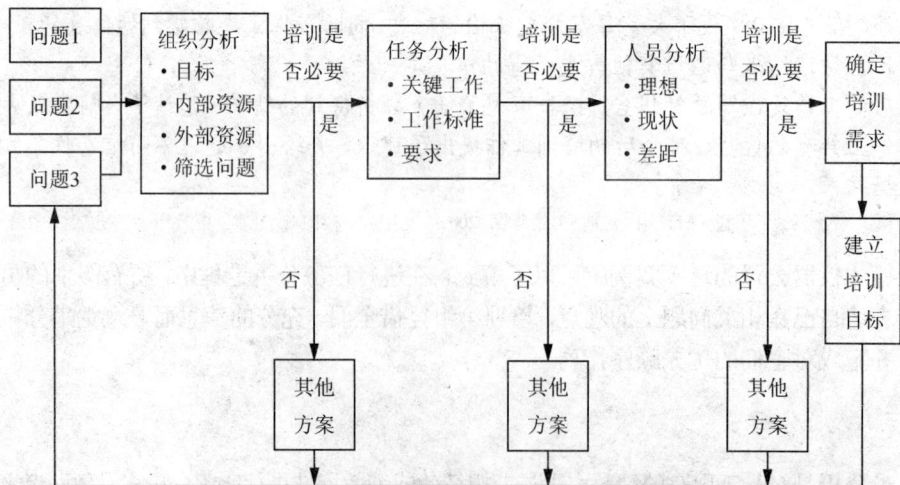

图 3-2　培训需求分析的步骤

（资料来源：金延平. 2006. 人员培训与开发[M]. 大连：东北财经大学出版社：107. ）

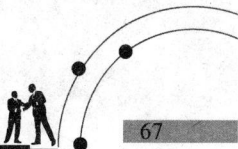

从图 3-2 中可以看出，一般情况下，在进行培训的需求分析时，主要从组织分析、任务分析、人员分析 3 个方面展开分析，最终确定具体的培训目标和培训内容。

第二节　培训需求分析的方法与工具

在进行培训需求分析过程中，有许多方法可以用于信息的收集，如问卷调查法、访谈法、观察法、文献研究法等。这些方法都有各自的优势和不足，在需求分析中可以使用一种方法，或几种方法同时使用，以发挥多种方法的优势，弥补其缺陷。

一、问卷调查法

（一）问卷调查法的含义

问卷调查法是利用预先设计好的问卷，由调查对象根据对问卷内容的理解和了解来填写，以获取有关培训需求方面的信息的一种方法。当需要对较多的调查对象进行培训需求分析，且时间较为紧迫时，则可以设计一份高质量、有效的问卷，以信函、传真、电子邮件或直接发放等方式由调查对象进行填写，从而获得所需的培训需求信息。

（二）问卷调查法的优缺点

问卷调查法具有很多的优点：①调查的样本量很大，能够在较短时间内对大量的调查对象进行信息的收集，从中找到差距。②自主性强。调查对象可以随时随地或在工作之余填写问卷，不会影响正常工作，培训部门也不需投入大量的人力进行控制、解释和管理。③成本较低。相对于访谈法等形式，其投入的人力、时间和资金较少。④所得到的信息资料比较规范，容易进行分类汇总处理。

问卷调查法存在的不足：①设计理想、有效的调查问卷需要专业人员并给予充足的时间；②很难收集到问题产生的原因和解决问题的方法等深层次的信息；③回收率和真实性很难保证。填写问卷是由被调查者单独进行，缺少交流和沟通，因此，被调查者可能不认真填写，或者由于被调查者文化水平较低，不能正确理解问卷中的问题，从而影响所收集信息的质量。

（三）运用时应注意的问题

问卷调查法的基本流程：首先设计问卷，将问卷分发给选定的调查对象，要求调查对象在一定期间内或当场填写问卷，然后回收问卷，最后是整理和分析问卷。在这个流程中，设计问卷是很关键的一个环节，调查问卷的设计直接关系着问卷调查的成败，只有设计良好的问卷才能对有关培训需求信息进行有效的收集。另外，在问卷正式使用前，还需要在小范围内对问卷进行模拟测试，并对测试结果进行评估，并在此基础上对问卷进行必要的修改。

阅读资料

员工培训需求分析调查问卷的范例

为提高员工整体素质，配合公司长远发展规划，集团人力资源部将决定不断加强培训与人才开发力度。请您根据实际情况配合我们完成此项调查问卷,这对您自己是非常有意义的,谨此感谢您的支持与配合。

一、基本信息

1. 姓名:

2. 职位名称:

3. 所属部门:

4. 直接上级:

5. 进本公司日期:

二、曾接受过的教育培训或专业技术训练

	时 间	学校名称	专 业	学 历
教育经历 (高中起)				
	培训时间	培训机构	培训内容	所获证书
培训经历				

三、对以往培训的感知(可多选)

1. 以往课程的培训形式

□ 课堂教学式　　　□ 讲座论坛式　　　□ 互动讨论式

□ 角色扮演式　　　□ 案例启发式　　　□ 潜能极限式

2. 您以往参加的培训

□ 自己要求　　　□ 领导指派　　　□ 公司要求　　　□ 自费学习

3. 以往培训前是否做过课前调研和个人培训需求的征询?

□ 是　　　　　□ 否　　　　　□ 偶有

4. 培训后您的个人技能、工作技巧或生产绩效提升是否显现?

□ 明显提升　　　□ 稍有提升　　　□ 不明　　　□ 基本无效

5. 以往的培训是否与个人的绩效考核联系?

□ 是　　　　　□ 否　　　　　□ 偶有

四、您在目前工作中遇到的困难与挑战?(与职位要求相比,您还欠缺哪方面的知识及技能?需要提供哪些培训来提高自己?)

五、您的职业生涯规划(目标可以是掌握某种技能、承担某种责任、担任某种职务、达到多少年收入等)

1. 近期目标:

2. 中期目标:

3. 远期目标:

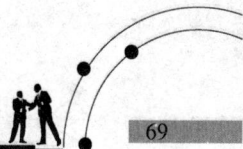

六、您对哪种培训方式感兴趣

1. 内训：□ 研讨式案例式　　□ 角色扮演式　　□ 课堂讲授式　　□ 会议　　□ 其他

2. 外训：□ 全脱　　　　　□ 半脱　　　　　□ 院校合作

　　　　　□ 去同行单位交流　　　　　□ 其他

七、对未来培训的建议和想法（请以数字 1～6 标示您所愿接受的顺序）

1. 对您而言，最喜欢、最有效、最理想的培训方式排序

（　　）课堂教学式

（　　）讲座论坛式

（　　）户外拓展训练

（　　）角色扮演式

（　　）案例启发式

（　　）潜能极限式

2. 您认为最能接受的培训时间排序

（　　）上班时间

（　　）休息日

（　　）下班后

（　　）无所谓

3. 您目前最想要接受的培训课题排序

（　　）专业技术

（　　）管理技能

（　　）沟通技巧

（　　）个人能力

4. 您认为合适的培训频率

（　　）每月两次

（　　）每月一次

（　　）每两月一次

（　　）每季一次

（　　）每半年一次

（　　）不定期

八、您认为目前急需参加的其他培训科目（如学历教育、计算机技能、英语技能等）

九、您迫切希望提高的技能和掌握的知识（见表3-2和表3-3）

表3-2　期望掌握的技能和知识（一）

系列序号	人力资源管理	管理技能	财务管理	营销管理
一	□人力资源规划 （高、中层管理者）2天	□出色的管理者 ——角色认知	□资金管理 （高层、财务）2天	□顾客研究与分析 （营销）1天
二	□人力资源管理 （中层管理者）2天	□出色的管理者 ——时间管理	□投资决策 （高层管理者）2天	□市场营销管理 （高层、营销）2天

续表

系列序号	人力资源管理	管理技能	财务管理	营销管理
三	□有效的招聘 （人力资源部）1天	□出色的管理者 ——有效的沟通	□成本管理 （高、中层管理者）2天	□价格策略 （营销）1天
四	□成功的薪酬管理 （人力资源部）1天	□出色的管理者 ——目标管理	□全面预算管理 （高、中层管理者）2天	□目标市场与产品定位 （营销）1天
五	□工作分析与职位说明书（中层管理者）2天	□出色的管理者 ——激励与辅导	□融资管理 （高层、财务）2天	□服务营销 （高层、营销）2天
六	□绩效管理与考核 （高、中层管理者）2天	□出色的管理者 ——绩效评估	□应收账款管理 （中层管理者）2天	□分销渠道建立与管理 （中层管理者）2天
七	□职业生涯开发与管理 （人力资源部）1天	□出色的管理者 ——领导的艺术	□税务筹划与纳税技巧 （高层、财务）2天	□客户关系管理 （中层管理者）2天
八	□培训企业讲师 （人力资源部）2天	□出色的管理者 ——有效的授权	□非财务经理的财务管理 （高、中层管理者）2天	□优质客户服务 （中层管理者）2天
九	□培训体系的建立与发展（人力资源部）2天	□出色的管理者 ——团队领导	□从报表中正确读取信息 （高、中层管理者）2天	□专业销售技巧 （销售人员）2天
十	□平衡计分卡 （中层管理者）2天	□出色的管理者 ——决策艺术	□销售经理财务知识必备（销售人员）2天	□SPIN销售技巧 （销售人员）2天
十一	□高效团队建设与管理 （高、中层管理者）2天	□出色的管理者 ——自我管理	□企业兼并重组 （高层、财务）2天	□电话销售技巧 （销售人员）1天
十二	□企业文化建设 （高、中层管理者）2天	□出色的管理者 ——危机处理	□长期资本投资战略 （高层、财务）2天	□柜台销售技巧 （销售人员）1天

表3-3　期望掌握的技能和知识（二）

系列序号	高层管理	生产管理	管理新趋势（讲座）	法律实务
一	□企业成长力分析2天	□生产管理系统（高、中层管理者）2天	□管理新趋势介绍1天	□企业必知经济法规1天
二	□决策分析2天	□生产计划与控制（中层管理者）2天	□最新管理思想介绍1天	□企业权益保护1天
三	□经营长期计划2天	□现场的定量与目标管理（中层管理者）2天	□最新管理技术介绍1天	□怎样打官司1天
四	□整体规划2天	□高效的现场改善（生产人员）2天		□企业间谍防范1天
五	□战略计划与可行性分析（2天）	□成本分析与控制（中层管理者）2天		□涉外经济纠纷的处理1天
六	□竞争优势2天	□全面设备管理（生产人员）2天		□消费者权益保护1天
七	□竞争战略2天	□现代企业物流管理3天		
八	□高效能成功人士2天	□采购管理（中层管理者）2天		
九	□第五项修炼2天	□专业采购技巧（采购人员）2天		
十	□出色的高层管理者2天	□工厂/车间管理（中层管理者）2天		

十、有关培训经费及培训协议

□ 企业全部承担，并签培训协议　　　□ 个人全部承担

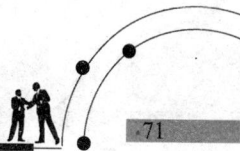

□ 个人部分承担，并签培训协议，个人能承担的经费或比例： 元， %

十一、请将该问卷没有列出，但您认为有必要写明的内容写在下面：

十二、注意事项

1. 填写人应保证以上填写的内容真实、客观，并且没有故意隐瞒。

2. 该问卷内容作为个人培训需求及职业规划的重要依据。

3. 请各负责人务必将"培训需求分析调查问卷"在 12 月 30 日前交到（或传真）集团人力资源部，以便统一安排 2009 年的培训计划等。

（资料来源：http://www.1000tj.com/Detail.aspx?id=478180.）

二、访谈法

（一）访谈法的含义

访谈法又称为面谈法，是通过与访谈对象进行直接交谈，以收集有关培训需求信息的一种方法。访谈对象可以是企业的管理层，以了解组织对员工的期望，也可以是普通员工，以实现从工作岗位的角度收集有关培训需求的信息。

（二）访谈法的优缺点

访谈法具有以下一些优点：①直接获得信息，有利于发现培训需求的具体问题，找到问题的根本原因和解决方法；②面对面的沟通交流，可以为调查对象提供更多自由表达自己意见的机会；③可以收集到新的、事先未预料到的重要信息；④能够及时控制和引导访谈对象，灵活掌握访谈内容，当访谈对象回答不清楚时，可以继续提问，直到把问题讲清楚为止。访谈法的缺点：①比较费口才，花费访谈者和访谈对象的时间较多；②所收集到的信息多为定性资料，难以量化，整理任务繁重，分析难度较大；③对访谈者的访谈技巧要求较高。

（三）运用时应注意的问题

访谈法的实施步骤：①设计访谈提纲；②确定访谈对象、地点和时间；③进行访谈；④访谈结果的整理与分析。

实际运用时，应该注意以下几个问题：①与各部门主管密切配合，选择符合要求的访谈对象。②营造融洽的、相互信任的访谈氛围。在访谈中，首先要建立融洽的氛围，赢得访谈对象的信任，避免访谈对象产生敌意或抵制性情绪，以保证有关培训需求信息的全面、有效、真实地收集。③事先准备好访谈提纲。因为在访谈过程中涉及的问题往往很多，为了避免遗漏访谈问题，访谈时事先要准备一份访谈提纲，并依照该提纲进行访谈。这样便于记录、归纳和分析所获得的信息，并能更好地将访谈内容限制在与培训需求有关的范围内。④访谈者要在主题和时间上控制访谈过程，防止偏离访谈主题或出现时间上"前松后紧"的现象。

阅读资料

销售人员培训需求访谈提纲的范例

访谈对象： 部门： 访谈日期：

1. 为了更好地了解您的培训需求，您能先介绍一下目前的工作内容吗？

2. 目前您的部门内有哪些培训？如产品线介绍、销售技巧介绍等。培训采取什么方式进行，效果如何？

3. 目前部门已有的这些培训，如产品知识介绍等，您认为 HR 部门有哪些地方可以帮上忙？

4. 2009 年部门的业务重点是哪些？您认为 2009 年达成本部门业绩目标和期望，作为销售人员需要具备哪些关键能力，表现出什么工作行为？

5. 对于销售业绩优异的同事，您认为他们具备哪些特质？是什么使他们业绩优异？可否举例子说明。

6. 您认为部门内部的销售人员之间是否存在有效的积极的竞争氛围？大家的工作态度是否积极？

7. 您在销售工作中最大的困惑是什么？经常会遇到哪些难题？可否举两个例子说明。

8. 这些难题哪些可以通过培训获得改善？

9. 您对公司财务/审计/内控方面的流程是否清楚？如果公司有这方面的培训您是否愿意参加？

10. 您认为参加下列哪些培训能帮助您实现业绩期望？如果只能选择 3 个培训重点，您会优先选择哪 3 个？

□电话销售技巧　　□人际关系行销　　□优质客户服务　　□沟通技巧　　□呈现技巧
□专业销售技巧　　□渠道管理　　　　□销售谈判技巧　　□商务礼仪　　□主动行销
□策略分析　　　　□市场调研分析　　□客户管理　　　　□时间管理　　□积极态度
□其他，请说明：

11. 针对销售人员工作特点，您认为下列培训方式有什么利弊？培训效果如何？您有哪些建议？

□外聘讲师到公司来进行集中培训（一般为 1~2 天/次，非工作时间）
□安排受训人员到外部机构接受系统培训
□公司内部有经验的人员进行讲授（2 个小时或半天时间）
□以部门为单位学习光碟，讨论分享
□通过网络学习平台

12. 您本人更愿意参加上述哪种培训方式？占用到您的非工作时间，您是否愿意参加培训？

您的宝贵意见对于我们改进工作非常重要，感谢您的大力支持！

（资料来源：http://www.docin.com/p-44890394.html.）

三、观察法

（一）观察法的含义

观察法是通过到工作现场观察员工的具体工作表现，以发现问题并获取有关培训需求信息的一种方法。观察法主要用于任务层面以及员工层面的需求评估，如对员工工作的时间-动作研究、员工工作行为的研究等。

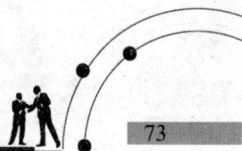

（二）观察法的优缺点

观察法的主要优点：①不影响被观察对象的正常工作和集体活动；②所获得的资料与实际培训需求之间相关性较高。观察法也有很大的不足：①要求观察者的技能较高，且要具备充足的知识，并对工作过程有敏锐的观察能力；②观察结果可能受观察者个人的主观因素影响较大；③可能会存在误差，如果被观察对象意识到自己被观察，可能故意做出种种假象，这将导致观察结果的误差。

（三）运用时应注意的问题

观察法的程序：①选择合适的被观察对象；②事先设计好观察提纲；③观察并记录观察对象的工作；④对收集的信息进行整理和分析。

在实际应用时，需要注意以下几个问题：①选取的观察对象一定要具有代表性；②在运用观察法进行信息收集时，要选择不同的任职者在不同的时间内进行观察，以提高观察结果的准确性；③进行现场观察时，不能干扰观察对象的正常工作，应注意采用隐蔽观察。

阅读资料

某岗位的观察提纲见表3-4。

表3-4　某岗位的观察提纲

观察项目	很　好	好	一　般	差
工作效率	□	□	□	□
工作质量	□	□	□	□
工作情绪	□	□	□	□
服务态度	□	□	□	□
工作中的耗损情况	□	□	□	□
工作中的安全意识	□	□	□	□
工作的熟练程度	□	□	□	□
工作方法是否恰当	□	□	□	□
工作时间安排是否合理	□	□	□	□
创新能力	□	□	□	□
团队协作能力	□	□	□	□
领导组织能力	□	□	□	□
语言表达能力	□	□	□	□
解决问题的能力	□	□	□	□

注：就观察的结果在最贴切选项的"□"下打"√"。

四、文献研究法

（一）文献研究法的含义

文献研究法是通过对组织现有的各种资料、数据（培训记录、岗位职责、工作记录等）进行比对和综合分析，从而找到存在的问题和差距。例如，从当月的"客户抱怨登记表"中发现排名第一位的是"接待人员服务态度差"，这就需要去具体了解确认此情况，并考虑是否要对接待人员进行服务意识或接待技巧的培训。

（二）文献研究法的优缺点

文献研究法有以下一些优点：①所花费时间较少；②成本低，便于收集；③信息质量高。文献研究法的主要缺点：①无法显示问题的原因和解决办法；②文献、资料所反映的大都是过去的情况而不是现在的情况或有关变化的信息；③从大量的技术性很强的资料中去作分析，难度比较大。

（三）运用时应注意的问题

运用文献研究法时应注意以下几个问题：①文献的收集要全面、系统，要涵盖从组织层面到工作层面再到个人层面的各方面资料和数据，这要求公司平时就做好人力资源信息系统的建设和维护；②注意数据和资料的客观性和准确性，对文献上记载的数据和事实进行必要的核对；③引入科学的统计分析方法对文献资料进行分析。

第三节　胜任力模型与培训需求分析

培训需求分析是员工培训与开发活动中的一项重要环节，近年来，培训需求分析的重大进展在于基于胜任力的培训需求分析的提出和应用，即考虑组织战略、组织环境等变量对培训需求分析的影响。下面在介绍有关胜任力和胜任力模型的概念的基础上，重点介绍一下基于胜任力的培训需求分析的特点和一般程序。

一、胜任力模型的内涵

（一）胜任力的概念

胜任力是指能将某一工作或组织中表现优异者与表现一般者区分开来的个人潜在的、深层次特征，它可以是动机，特质，自我形象，态度或价值观，某领域的知识、认知或行为技能，即那些可以被可靠测量或计数的、并且能显著区分优秀绩效和一般绩效的个体特征[①]。

上述胜任力的概念主要包含 3 个方面：深层次特征、引起或预测优劣绩效的因果关联和参照效标。深层次特征是指人格中深层次、持久的部分，它所显示的行为方式和思维方式具有跨时间、跨情景的稳定性，能够预测多种情景中人的行为。因果关联是指胜任力能引起或者预测个体的行为、绩效，它是导致人的绩效深层次的原因。参照效标是衡量某特征预测其在现实情境中工作优劣的效度标准，它是胜任力内涵中最为重要的方面。

（二）胜任力模型

胜任力模型是指担任某一特定任务角色所需要具备的一系列胜任力的总和，它是胜任力的结构形式[②]。通常，胜任力模型被描述为在水面飘浮的一座冰山，即胜任力的冰山模型。

---

① 叶茂林，杜瀛. 2006. 胜任特征研究方法综述[J]. 湖南师范大学教育科学学报，4.

② 薛琴. 2008. 胜任力及相关概念辨析[J]. 商场现代化，3.

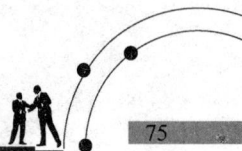

该模型的水上部分代表表层的特征,如知识、技能等,这些特征容易被发现和测量,也容易通过培训来改变和发展;水下部分代表深层的胜任特征,如社会角色、价值观、自我概念、特质和动机等,这些特征较难被发现和测量,但却是决定人的行为及表现的关键因素。表3-5是某企业培训师的胜任力模型。

表3-5 某企业培训师的胜任力模型

胜任力的维度	胜任力描述
个人效力	表现个人自信:相信自己有能力处理好培训,即使在具有挑战性的情况下,也可以使学习变得容易。它包括独立行动、寻求挑战和处理极具挑战性的情况等行为
	表现适应性:具有适应和有效完成工作的能力,要根据情况变化的需要来调整教授方法。具体行为包括在不明确的情况下有效工作,以及在紧张和压力下进行建设性的工作
	表现对秩序和质量的关注
	追求上进和自我发展:要表现出一种想要促进学习以及个人和他人发展的愿望和意图
对顾客的了解程度	确定顾客的需要:在作出决定和采取行动前充分理解和考虑顾客(培训参加者、主办人和外部顾客等)的需要
	具有分析能力和概念性思维
技术或功能性专长	基本知识:了解本领域的基本组成
	能够胜任的知识:表现出对本领域工作知识的掌握
	熟练掌握的知识:对该领域知识具有熟练的掌握,有能力通过融合其他领域的知识来扩展自己的知识
辅助技能	促进学习:能够创造一个有助学习的环境,能够使用多种多样的讲授技巧和辅助工具来促进学习和自我发展。这种胜任力的外在行为表现为有进行介绍的能力
	相互理解:能够理解他人没有说出或表达一半的思想、感觉和顾虑
演讲发挥技能	高水平的讲授

资料来源:大卫·D迪布瓦. 2005. 胜任力[M]. 北京:北京大学出版社:202-205.

二、基于胜任力的培训需求分析的特点

采用胜任力思维来进行培训需求分析,对员工个人职业发展和组织发展都具有重要意义,它能够更有效地提高培训需求分析与企业战略目标的一致性,避免盲目培训带来无效甚至消极的后果。

基于胜任力的培训需求分析吸收了传统培训需求分析的3层次结构,以及定性和定量的评估方法,并在此基础上有所改进。在进行基于胜任力的培训需求分析之前,必须开发出一套结合对特定知识、技能和个人特质等描述的胜任力模型,作为评估个人目前能力和需要加强到什么程度的依据;这样确定出来的培训内容和程序,一方面能够满足企业当前对岗位的要求,另一方面又适应企业发展的需要,按照企业未来发展的要求来重构任务与职责,确认岗位要求。

与传统培训需求分析相比而言,基于胜任力的培训需求分析具有以下几个特点。

(1)提供任务分析和人员分析的组织背景,以组织分析统领其他两个层次的分析。

(2)从较多注重绩效差距、缺点分析等消极因素,向注重胜任力等积极因素的方向转移,具有范式转移的意义。

(3)调整培训与组织的长期匹配,并与组织战略、经营目标紧密联系。

（4）关注优秀员工的关键特征，具有较高的表面效度，容易被受训人员接受。

（5）强调培训方法分析，提倡"内隐"学习模式。

三、基于胜任力的培训需求分析模型的构建

一般地，基于胜任力的培训需求分析主要包括以下几个步骤。

1. 确定组织培训需求

确定组织培训需求主要包括确定组织的核心技术能力、核心运作能力和学习文化的分析。以上3个方面组成识别组织的标识，体现整个企业的集体学习和绩效能力。另外，在分析组织的核心胜任力时，培训需求必须与组织战略、目标、文化等相结合，保证将要建立的胜任力模型适合本企业文化。最后，应对组织环境和变量进行分析，以预测组织的发展和工作任务的变化，推测组织未来发展所需要的职位胜任要求。

2. 确定任务和群体培训需求

确定任务和群体培训需求主要包括确定绩效标准、确定访谈样本、收集资料、确认工作任务特征以及胜任力要求和验证胜任力模型5个步骤。例如，首先通过对利润率、销售额、成本等硬指标，以及主管评价、同事评价、下属评价和顾客评价等软指标的关注，以确定绩效评估标准。绩效评估标准确定以后，再选择工作表现优秀的样本和一般的样本作比较，通过观察样本、行为事件访谈等，区分优秀业绩者与一般业绩者的关键行为。而后再运用关键事件分析技术、问卷调查方法以及统计分析技术等确认工作任务特征和胜任力要求。最后，应对胜任力模型进行验证，考察假设的胜任力是否能有效区分业绩优秀者与业绩一般者，进行研究的效度检验。

3. 进行个体分析

根据上述第二步确定的胜任力模型，通过对个体进行培训需求调查和访谈，收集分析关键事件，通过对员工技能、知识和态度等方面的了解来决定员工是否需要培训以及需要培训什么内容。

4. 培训方法需求分析

基于胜任力的培训有别于传统的模式，因为"内隐知识"依靠经验的积累而获得。所以，进行方法的需求分析与确认胜任力结构同样关键。在正式进行培训时，应尽量采用仿真程度较高的方法进行培训，如师徒制、现场学习、情景模拟等方法。

5. 剪裁培训程序

完成上述4个环节以后，则会进入正式的培训。培训要与员工职业生涯、组织发展和后备计划等有机结合起来，选择合适的培训内容，进行科学合理的安排。

美国联邦人事管理局的公务员胜任力矩阵

美国联邦人事管理局开发出的公务员胜任力矩阵（见图3-3），说明了公务员无论在哪一个层级都必须具备的基本能力，而基层、中层、高层除了具备较低层级主管人员所具备的能力外，各层级还需具备较低层级需要具备的其他能力。

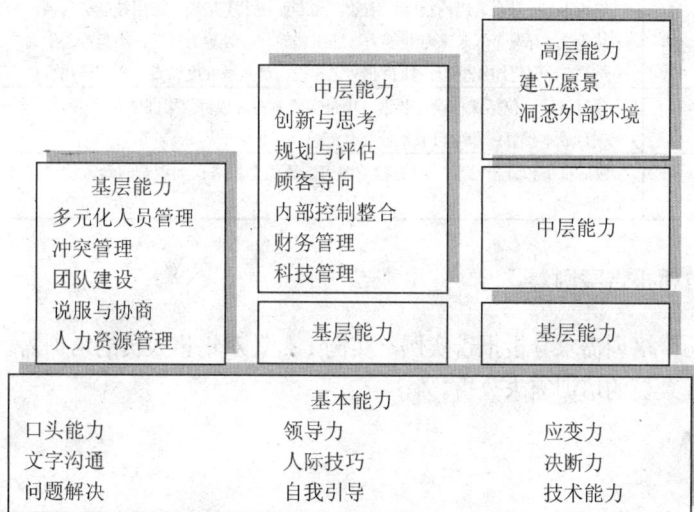

```
                              高层能力
                              建立愿景
             中层能力          洞悉外部环境
             创新与思考
             规划与评估
             顾客导向
 基层能力     内部控制整合        中层能力
 多元化人员管理  财务管理
 冲突管理      科技管理
 团队建设
 说服与协商    基层能力          基层能力
 人力资源管理

                  基本能力
 口头能力      领导力            应变力
 文字沟通      人际技巧          决断力
 问题解决      自我引导          技术能力
```

图3-3　美国联邦人事管理局的公务员胜任力矩阵

（资料来源：徐芳. 2009. 培训与开发理论及技术[M]. 上海：复旦大学出版社：130.）

这样，根据胜任力模型来确定培训需求并进行员工胜任力开发，寻找员工实际胜任力水平和理想胜任力的差距，从而对症下药，使员工的培训与开发工作具有更强的针对性。当然，建立胜任力模型是一个非常困难的过程，不仅需要外脑的介入，还需要企业自上而下，全员共同思考和努力，并需要经过不断修正，才能最终形成科学实用的胜任力模型。

第四节　培训需求分析报告的撰写

一、培训需求分析报告的框架设计

培训需求分析报告没有固定的格式，一般地，培训需求分析报告包括以下几个方面的内容，见表3-6。

表3-6　培训需求分析报告的内容

报告包括的内容	具体描述
报告提要	对报告要点的概括
培训需求分析实施的背景	通过对企业短期绩效提升派生的培训需求和长期发展潜在的开发需求分析，为培训需求项目确定方向、目标和标准，有效地发挥培训与开发干预活动的战略支持作用

续表

报告包括的内容	具 体 描 述
开展培训需求分析的目的和性质	• 培训成果与绩效差距的连接 • 培训目标的制定 • 培训项目设计及实施的依据 • 培训项目效果评估的基础
培训需求分析实施的方法和流程	• 8 种信息收集方法 • 实施流程：组织分析、任务分析、人员分析
培训需求分析的结果	• 总体结论：决定是采用培训与开发干预还是其他管理手段解决绩效差距等问题 • 结论 1：提升个人当前技能和绩效，如专业技术类培训、通用技能类培训、强制性培训 • 结论 2：开发个人未来专业能力，如工作轮换、领导力开发、小组行动学习 • 结论 3：促进组织变革，如企业文化建设、员工敬业度调查、六西格玛
项目建议	• 项目设计：包括课程设计要素、项目实施方式、项目效果评估等 • 项目成本预算，即项目成本分类及汇总
附录	包括收集和分析信息时用的相关图表、原始资料等，如调查问卷、访谈记录、绩效档案、行业标准等

二、培训需求分析报告实例

下面介绍两个培训需求分析报告实例，实例 1 是针对销售人员的培训需求分析，实例 2 是关于中层管理人员的培训需求分析。

实例1

销售人员培训需求分析报告

某外资保险公司在 2007 年年末对一线销售人员采用问卷调查法进行培训需求分析，发放给所有销售人员调查问卷 1072 份，收回有效问卷 982 份。经过对这些答卷的统计和分析，形成了下述培训需求分析报告，作为 2008 年开展销售培训计划、实施和评估的依据。

一、背景信息

1. 销售人员的工作经验

公司现有的 1072 名销售人员中，从来没有从事过保险销售的人员有 457 人，占销售总人数的 42.6%。这一数据说明了自 2005 年中国保险行业对外资开放后，由于大批外资保险企业的进入，造成近两年对保险销售人员的大量需求，而劳动力市场又不能满足这一需求时，相当一部分没有保险销售背景的人员被招募进企业，带来普遍的销售行为不够专业的问题，导致老顾客投诉率上升甚至退保，而新客户开发成功率也远低于行业平均值。

对这些没有从事过保险销售的销售人员，公司应提供保险基础知识，有别于工业品和快速消费品的保险销售的技巧，制订培训后行动计划，促进培训成果加速转化成销售行为，从而提高销售业绩。

2. 销售人员的学历

982 份有效调查答卷显示了目前公司销售人员的学历情况，见表 3-7。

表 3-7 公司销售人员的学历

学历 人数及所占比率	博士	硕士	本科	大专	职高	高中	初中	其他
人数/人	0	9	68	179	365	253	97	11
所占比率/%	0	0.9	6.9	18.2	37.2	25.8	9.9	1.1

由此可以看出,一线销售人员的学历主要集中在职高和高中两个层次,占总销售人数的63%,面对这样低的学历水平,有必要进行系统的培训,提高他们的知识水平和销售技能。

3. 销售人员的职位分布

982名一线销售人员如果按职位分类,其统计结果见表3-8。

表 3-8 销售人员职位分布

职级 人数及所占比率	总监级	经理级	客户主任级	客户代表级
人数/人	23	132	256	571
所占比率/%	2.3	13.4	26.1	58.1

根据表中的职级分布,可以划分两大类:管理人员(总监+经理)和直接面对客户的销售人员(客户主任+客户代表),对两类人员的培训应有所区别。

二、分析方法

采用问卷调查方法。调查问卷的编制完全采用集团公司的标准模板,内容根据国内的实际情形组织和编排。

(调查问卷见附件)

三、分析结果

在有关销售技巧培训的需求问题中,有7个比较突出的问题,见表3-9(按所占比率的大小排列)。

表 3-9 销售技巧培训的需求

培训需求 人数及所占比率	如何促成客户签单	如何发现潜在客户	如何消除客户异议	如何接近客户	如何维护客户关系	如何介绍产品/服务	如何与客户沟通
人数/人	670	649	572	390	375	275	219
所占比率/%	68.2	66.1	58.2	39.7	38.2	28.0	22.3

四、结论和建议

1. 需求分析结论

根据本次需求分析,可以得出下列结论。

(1)一线销售人员学历普遍较低,需要补习相关基础知识。

(2)有42.6%的销售人员来自非保险行业,应对其进行保险行业基础知识的培训。

(3)36%的销售人员还在试用期内,应加强新员工的入职引导。

(4)有43%的销售人员对完成销售指标没有信心,需要加强对管理者进行管理技能如目标设定、沟通和激励等技巧的培训。

(5)有46%的销售人员认为公司的营运活动没有以客户和销售为中心,需要在公司战略和文化上进行变革。

2. 培训项目建议

（1）培训项目/课程建议。根据上述调查、分析和结论，对一线销售人员的培训建议如下：①按照技能和态度进行两个类别的销售培训。②按照职级分两批分别进行管理技能（管理人员）和基础销售行为（一线销售人员）的培训。

具体培训项目/课程内容见表3-10。

表3-10　培训项目/课程内容

培训项目/课程名称	培训主要内容	参 加 对 象
销售的"临门一脚"	捕捉客户购买信号，及时获取保单	客户主任和客户代表
发现客户从身边开始	寻找和锁定目标客户的方法	客户主任和客户代表
如何消除客户异议	接受客户异议，发现异议背后的原因	客户主任和客户代表
接近客户的九大途径	用不同的方法接近不同的客户	客户主任和客户代表
产品/服务基础知识	以客户为中心的产品和服务价值介绍	客户主任和客户代表
卓越客户服务	用服务赢得客户的尊重和忠诚	所有销售人员
销售目标管理	目标设定的基本原则和测量方法	总监和经理
团队领导技能	领导、激励、人际关系等	总监和经理

（2）培训项目/费用预算（略）。

五、附件

培训需求分析调查问卷（略）。

（资料来源：葛玉辉. 2011. 员工培训与开发实务[M]. 北京：清华大学出版社：57-60.）

实例2

中层管理人员技能培训需求分析报告

一、培训需求分析实施背景

某年某月，对企业中层管理人员进行年度培训需求调查，了解到企业现任的中层管理人员大部分在现任的管理岗位上任职时间较短，并大多是从基层管理职位或各部门的业务骨干中提拔上来的。

通过需求调查分析，把管理技能的提升列为中层管理人员培训的重点内容之一。

二、调查对象

企业各职能部门主要负责人（共计40人）。

三、调查方式及主要内容

1. 调查方式

调查方式分为访谈和问卷调查两种。

（1）访谈。由人力资源经理作为培训需求分析的主要负责人，同企业各职能部门负责人（共计40人）分别进行面谈，并与企业部分高层分别就这40人的工作表现进行沟通。

（2）问卷调查。问卷调查共发出40份，回收有效问卷35份。

2. 调查主要内容及其分析

（1）从表3-11可以看出，50%的中层管理者到现任岗位的任职时间都不足1年，说明其管理经验尚有待提高。

表3-11　岗位任职时间调查表

任 职 时 间	1~6个月	6个月~1年	1~2年	2年及以上
中层管理者人数/人	4	16	8	12
所占比例/%	10	40	20	30

（2）管理幅度。从表3-12中可以看出，20%的中层管理者直接管理的人员在10人及以上，40%的中层管理者直接管理的人员在4~6人，目前有8个管理者没有直接管理下属，但只是暂时的，企业对这部分业务正在进行调整或重组。因此，管理者角色认知是其必备的管理知识之一。

表3-12　管理幅度调查表

管 理 幅 度	无	1~3人	4~6人	6~10人	10人及以上
中层管理者人数/人	8	0	16	8	8
所占比例/%	20	0	40	20	20

（3）制订工作计划。从访谈及问卷中获得的信息来看，大多数中层管理者是以月或季度作为单位制订工作计划，很少有人制订长期规划。从与他们访谈的信息中得知，在制订具体计划的过程中，如何围绕总目标制订具体的可行性计划、如何确保计划的实现等问题还存在着诸多不足之处，但重要性程度综合平均得分为0.92分（满分为1分）。

（4）有效授权与激励。授权与激励是管理者的重要管理技能之一，根据培训需求调查的结果来看，35人都表示自己会给予下属一定的权限并激励员工，但是在工作中具体如何操作，40%的人员表示希望得到此方面的培训。

（5）高效团队的建设。如何带领及组建一支高效的团队，60%的人员表明缺乏这方面的技巧。

（6）员工培训。所有此次培训对象的管理者都会选择对员工进行培训，但是只有10%的人员制订了员工培训计划且认真执行，10%的人员制订了员工培训计划但没有落到实处，70%的人员对员工培训随意性较大，10%的人员认为没有时间对下属进行培训。由此可以看出，他们都意识到对下属进行培训的重要性。但真正落实的比较少，且对于培训技巧的掌握还需要学习。

四、培训计划建议

1. 时间安排

培训时间：5~7日，共计3天。

2. 课程设置安排

中层管理人员课程设置安排，见表3-13。

表3-13　中层管理人员培训课程安排一览表

培 训 课 程	培 训 课 时
管理者的角色定位与主要工作职责	2
部门工作计划的制订和执行	4

续表

培 训 课 程	培 训 课 时
有效的授权	4
员工激励	4
高效团队建设	4
培训技巧	3
如何与上级领导进行有效的沟通	2
如何与下属员工进行有效的沟通	2

资料来源：孙宗虎，姚小凤. 2010. 员工培训管理实务手册[M]. 北京：人民邮电出版社：15-17.

复习思考题

1. 培训需求分析的含义及作用是什么？
2. 培训需求分析的内容是什么？
3. 如何从组织层面、任务层面、人员层面进行培训需求分析？
4. 培训需求分析的方法有哪些？

案例讨论

S汽车销售公司的培训需求分析

企业培训的目的是保持和改善员工绩效，提高员工的满足感和安全水平，并建立优秀的企业文化和形象。目前，国内越来越多的企业已经把培训纳入企业核心发展部分，对员工培训的重视和投资较以前有很大提高。然而问题仍然存在。根据中国人力资源开发网"2005年中国企业培训现状"调查报告所提供的资料，由于我国企业培训需求分析不足，培训目标不明确，培训内容的选择随意性大，导致65%的企业需求和培训脱节，培训效果不理想。培训需求分析是培训设计流程的首要环节，后续各环节的进行都需要以培训需求结果为条件，做好培训需求分析对做好企业培训意义极大。本案例是安徽省某品牌汽车销售公司（以下简称S公司）对其年度培训需求进行了调查分析，并针对问题给出了相关的建议。

一、培训需求分析的方法

本次调查目的是了解员工目前培训需求状况，为内部培训计划提供参考依据，为各部门拟订培训计划提供参考。其调查对象为S公司各部门员工，调查形式采取问卷式调查。本次调查共发放调查问卷40份，有效问卷33份，有效率为82.5%，其中领导层16份，部门员工17份；老员工（入公司6个月以上）28份，新员工（入公司6个月以内）5份。调查内容主要以下内容。

（1）通用知识（共10项）的重要程度排序。
（2）培训形式（共8项）效果排序。
（3）培训时间调查。
（4）员工发展意愿调查（多选）。
（5）各部门专业知识需求（填写）。

（6）影响公司发展的问题（填写）。

二、S公司年度培训需求分析的结果

S公司主要从组织分析、任务分析、人员分析这3个层面对本公司的年度培训需求进行了调查和分析。

（一）组织分析

图 3-4 给出了关于影响公司发展问题的调查结果，这些问题涉及制度的执行、部门间的协作、有效的激励方式、团队合作、质量控制的系统性、目标是否明确、产品质量、人力资源、采购配套体系、产品开发及变更过程的控制、用户对产品质量及售后服务(含备件供应)满意度等。通过组织分析，确定公司整体目标主要有6个：实现销售目标、提高服务质量、培养领导队伍、学习先进企业、提高管理质量、提高创新能力。据此确定与公司整体目标相适应的培训，包括销售人员培训、提高服务品质、提升领导力、加强管理与不断创新。

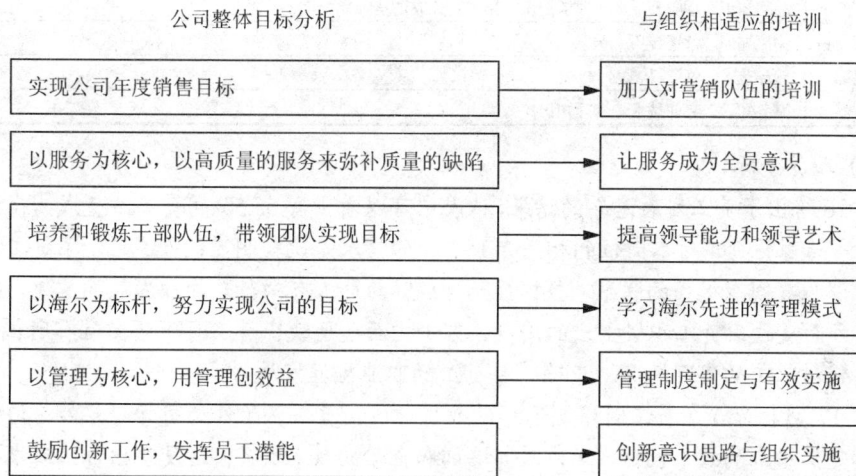

公司整体目标分析　　　　　　　　　　　　　　与组织相适应的培训

实现公司年度销售目标	→	加大对营销队伍的培训
以服务为核心，以高质量的服务来弥补质量的缺陷	→	让服务成为全员意识
培养和锻炼干部队伍，带领团队实现目标	→	提高领导能力和领导艺术
以海尔为标杆，努力实现公司的目标	→	学习海尔先进的管理模式
以管理为核心，用管理创效益	→	管理制度制定与有效实施
鼓励创新工作，发挥员工潜能	→	创新意识思路与组织实施

图3-4　组织分析结果

（二）任务分析

调查显示出了通用知识的重要程度（见表3-14）。从得分结果分布上我们发现，员工在产品知识、商务礼仪、汽车知识等项目上有较高的得分，说明员工认为产品知识、商务礼仪和汽车知识的重要程度较高，在工作中非常需要这方面的知识和技能，需要考虑加大培训力度。但是在安全知识、英语、质量知识等项目上得分较低，尤其在安全知识上得分较低，只有 100 分，这说明员工在安全、外语、质量等方面意识较为淡薄，需要进行广泛宣传，以此来转变员工的态度，增强员工的安全意识，另外还要设置安全方面的相关课程。从表3-15中还可以看出，员工几乎没有其他必备通用知识需求（仅为6分），说明公司的通用知识培训课程安排较为周密。

员工对培训时间的要求见表3-18。员工更倾向于周末培训和完全脱产培训，选择下班后培训的比例较低。公司内部培训课程大多数安排在下午下班以后，那时员工比较劳累，希望得到足够的休息时间，也需要处理工作与家庭的关系，很难专心接受培训。选择培训时间需要综合考虑组织情况和员工的实际生活问题。

表 3-14　员工对通用知识的重要程度

通用知识重要程度	产品知识	商务礼仪	汽车知识	企业文化	法律法规	公文写作	质量知识	外语	安全知识	其他知识
得分	233	202	183	171	163	160	143	124	100	6

注：根据员工对培训内容需求的排序情况进行数字统计，第 1～10 位分别计分为 9～0，得分越高，需求量越大。

表 3-15　各部门专业知识需求

部　门	知　识　需　求
备件公司	物流管理、产品知识、财务管理、绩效管理、现场管理、IT 知识、信息系统、包装工艺
特销部	商务谈判、财税知识、营销技巧
客户服务部	汽车构造知识、消费者心理学、汽车召回管理办法、客户投诉处理技巧 管理及沟通技巧、消费者权益保护法、客户理念
综合管理部	绩效管理、劳动关系管理、薪酬福利管理、员工的培训与开发、公共关系处理
品牌推广部	品牌知识、行业分析、心理学知识、品牌实践成功案例
物流部	物流知识、营销技巧
市场研究部	领导艺术、管理科学
服务技术部	财务知识、专业技术、管理知识

（三）人员分析

表 3-16 给出了员工发展意愿的结果，从表中可以看出有 55.5%的员工希望成为岗位专家和技能特长专家。员工对本岗位的相关专业知识的需求是比较明显的，这显示了员工发展意愿和培训课程之间有很强的联系。数据显示 40.7%的员工有向行政管理发展的意愿，比例较大，这一方面反映出员工积极上进的态度，另一方面也反映出员工对于该岗位有所偏好。因此，需要针对员工的实际情况，正确引导员工的职业生涯发展。

表 3-17 数据显示了员工对培训形式的效果评价，员工认为外公司学习、外派培训、导师指导和轮岗培训的效果较好，认为内部培训和自学的效果最差。这反映出员工对本公司或本岗位知识更新需求增大，需要根据公司发展战略和管理革新，更新培训课程设置。员工认为内部培训的效果较差，需要引起公司综合管理部的重视，针对这一现象进行反思，对公司内部培训系统进行深度系统分析并加以优化改进。员工认为到外公司工作学习的培训效果最好，这一点需要引起注意，需要对公司员工流动率进行分析之后再做分析。导师指导的方式在经验传递、人际交流方面具有优势，但是需要选取理论知识和实践经验都比较丰富的优秀员工为新员工的导师。自学的方式依靠员工利用业余时间进行学习，需要员工自我监督、自我努力，干扰因素比较多，因此实施培训时尽量避免使用这种形式。

表 3-16　员工发展意愿的调查

员工发展意愿	向行政管理发展	成为本岗位专家	成为技能特长专家	熟练岗位业务
所占比例/%	40.7	33.3	22.2	14.8

表 3-17　员工对培训形式效果的评价

培训形式	外公司学习	外派培训	导师指导	轮岗培训	行业研讨	脱产培训	内部培训	自学
得分	136	129	124	124	112	108	75	56

注：根据员工对各种培训形式的效果排序情况进行数据统计，第 1～8 位分别计分为 7～0，得分越高，效果越好。

　　员工对培训时间的要求见表3-18。员工更倾向于周末培训和完全脱产培训，选择下班后培训的比例较低。公司内部培训课程大多数安排在下午下班以后，那时员工比较劳累，希望得到足够的休息时间，也需要处理工作与家庭的关系，很难专心接受培训。选择培训时间需要综合考虑组织情况和员工的实际生活问题。

表3-18　培训时间的调查

培训时间	周末培训	完全脱产	下班后培训	其他意见
所占比例/%	38	38	17	7

三、建议与启示

　　企业培训方案的设计是以培训需求分析为基础的，它与组织和个人的业绩分析及目标设计紧密相联。根据以上需求分析，对S公司员工培训给出以下一些建议（见图3-5）。

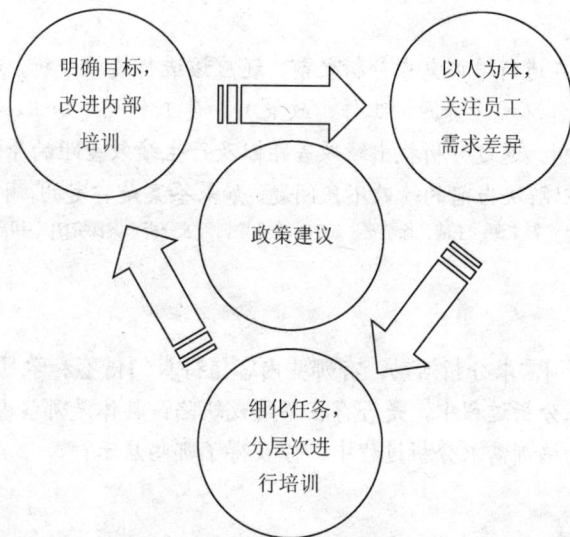

图3-5　有关培训建议

（一）明确目标，改进内部培训

　　将实现销售目标、提高服务质量、培养领导队伍、学习先进企业、提高管理质量、提高创新能力等作为公司员工培训的整体目标，据此确定与整体目标相适应的培训，并不断重视改进公司内部培训。内部培训是公司最常用的培训方式，而现实状况显示员工对内部培训的评价较低，这就需要培训部门从自身找原因，进行深入分析。应当从以下几个方面进行思考：存在的问题是否可以通过培训解决？培训是否具有针对性？内部培训是否可以提高员工工作绩效？培训要素（培训内容、培训方法、培训讲师、培训时间等）是否符合员工需要？员工是否有机会应用培训所学？从而找出影响培训效果的因素并加以控制和改进，提高内部培训的效果。

（二）细化任务，分层次进行培训

　　企业员工培训通常分为知识培训、技能培训和管理培训，由于培训目标、培训内容、培训对象、培训环境以及培训资源不同，决定了培训课程应具有多样性及针对性，培训内容应进行差异化的设计，培训应分层次进行：技能操作类员工的培训重点应该放在操作技能、职业道德和专业知识理论上；专业技术类员工的培训重点为新知识、新理论、新技术和新应用；管理类员工的培训重点应该是现代企业管理理论、团队管理和沟通、战略研究等方面；营销服务类员工的培训重点是产品和产品知识、销售技巧、纠纷处理和商务礼仪等，应广泛收集汽车营销案例，编制手册，供销售人员学习。同时，应完善培训激励机制，合理安排培训时间，鼓励员工积极参与培训，为参训员工创造良好的培训环境。

（三）以人为本，关注员工需求差异

员工在年龄、性别、学历和起点水平等方面存在较大差别，对培训要素的偏好以及学习接受力也存在差异。因此，在进行培训需求分析时，不仅需要分析员工对培训内容的需求，同时还需要分析员工的个体特征、学习偏好以及员工对培训要素的需求，如培训讲师、培训方法、培训形式、培训时间和环境等。培训应依据各层次员工的特点和需求差异设计适合的培训要素，提高员工的满意度和培训的针对性，形成良性循环，激发员工参训的积极性，进而提高组织培训绩效。

值得注意的是，在进行培训需求分析之前，还应该进行绩效分析，对组织环境（利益相关者、竞争者）、工作环境（资源、工作、政策）、员工个人（知识、技能、动机、期望、能力）等因素进行分析。通过分析找出绩效差距以及产生绩效差距的原因，并对原因进行剖析，确定培训是否可以解决当前的绩效不良问题。如果答案是肯定的，则可以进行培训项目。

（资料来源：王清，徐金贤. 2009. 企业培训需求分析个案探究[J]. 中国人力资源开发，8：68-71.）

【讨论题】

1 上述案例的培训需求分析活动，有哪些内容值得我们借鉴和学习？

2. 在该培训需求分析过程中，是否存在不足或缺陷？具体是哪些内容？请举例说明。

3. 从上述案例的培训需求分析过程中，你获得了哪些启示？

第四章　培训与开发设计

教学目标

陈述培训与开发计划制定的程序，描述年度培训计划的内容体系，陈述培训课程设计的原则，演示课程设计的主要要素，描述培训课程开发的流程，运用课程设计、单元课设计、PPT 设计的基本原理

教学要点

培训开发的程序、培训开发计划的内容、培训课程设计原则、培训课程设计要素、单元课设计的要素、PPT 制作

关键词

培训开发计划　培训课程设计　课程设计　单元课设计
PPT 设计

医药企业年度培训计划的制定

在医药企业，销售人员在某种程度上代表着企业的形象，直接为企业创造利润；销售人员作为企业将产品推向市场的桥梁，承担着高强度的销售任务和回款压力，这也使得部分销售人员呈现出淘汰率高、流动性大、难以管理等特点，对销售人员培训的主旨、内容、形式也因此不同于对其他部门员工的培训。

尽管越来越多的医药企业开始重视对销售人员的培训，但是培训效果却不尽如人意，究其原因，是缺少完善的培训体系，缺乏对培训的有效计划，没有将培训工作系统化、规范化。大多数企业的销售人员培训计划年年定，但真正能按照培训计划来指导培训工作的企业却很少。有些企业花了很大力气来组织大家培训，但一谈到年度培训计划大家都怨声载道。为什么年度培训计划成了企业不疼不痒的、留之无味弃之可惜的"鸡肋"了呢？关键在于大家都对年度培训计划的目的不明确，造成了在思想上和指导理念上有所偏差。

几乎所有培训的书籍都告诉我们，培训是指公司为了方便员工学习与工作有关的能力而采取的有计划的活动。这些能力包括对成功的完成工作至关重要的知识、技能或者行为。培训的目的在于让员工掌握培训计划所强调的那些知识、技能和行为，并且将知识、技能和行为应用到他们的日常工作活动之中。我们知道，培训是通过"某种有计划的活动"产生"新的能力"，并把这种"新的能力"很好地运用到日常工作中去，这样就需要对培训工作进行很好的规划。培训计划的制订是一个科学的过程，在日常工作中应该注意如下几个问题。

培训前做好需求调查。进行培训需求调研最好的方式就是问卷调查。调查问卷的设计一定要简单而且容易回答，并能激发起销售人员的兴趣。此外，对于职位技能的培训，除了调查问卷外，还必须结合访谈，向各级管理者和他的上下级进行调查，结合绩效评估表、技能培训需求调查表、重点人群的抽样面谈等方式，确定销售人员岗位技能差距和重点的技能培训项目。此外，作为培训组织者和策划者还应该清楚，不是所有的人都适合接受同一个培训，也不是所有的培训都适合同一个人，更不是所有人都有学习和培训方面的主动意愿。你需要区分哪些人应接受哪些培训。

对培训课程进行分类管理。医药企业的培训课程一般可以分为基础篇、技能进阶篇、实战提升篇。我们可以按照进入公司的时间长短逐级安排：根据医药企业的具体情况，或安排内训或送学员外出参加一些公开课。尤其是企业高层、产品经理，大多可以通过参加行业内组织的公开课来完成能力提升，部分销售精英也可以通过外出参加某些公开课作为企业对他们的奖励。

做好培训时间安排。根据销售人员工作性质的特点，建议将销售人员的培训每年安排2～3次，每次1～2天，可以利用开销售会议的时候集中培训。也可以安排在节假日之后，因为这个时候销售人员大多人心涣散，也是跳槽比较集中的时间段。企业通过组织集中培训，一方面提升他们的技能，另一方面也可以通过培训调整大家的心态，回到自己的区域市场后就会像充过电的马达一样自动运转了。

选择合适的培训公司和培训师。当医药企业确立了培训需求、学员细分、课程分类和培训时间安排后，就可以选择培训公司和培训师了。医药企业在选择培训老师的时候，一定要做的一件事情就是要亲自和培训老师在电话里或在本地约见进行沟通与交流。也可以提前设计几个培训里可能要解决的问题，询问他如何理解这些问题，有什么好的解决方案、课程的结构和培训方案，以及给哪些企业做过两次以上的培训等等，这时就基本可以判断出这位培训师是否能胜任某次培训要求了。

培训师应该根据企业现有产品特点和营销模式、营销团队特点、经营状况，对企业进行诊断咨询，以便于更恰当、更精确地为医药企业量身定做出培训课程课件。

制订培训计划的解决方案并做好培训预算。制定培训解决方案，有如下几个步骤：明确方案涉及的培训项目；评估现有的培训资源、资金、课程、师资等；确定培训重点项目和常规项目，确定培训工作的重点；确定出哪些培训课程自主开发，哪些外购或定制；最后确定自有师资的培养数量、培训系统的建设，作出培训计划和培训预算。

（资料来源：吴庆. 2010. 浅议医药企业销售人员年度培训计划的制定[J]. 中小企业管理与科技，08.）

一个组织要开展任何一项活动，在活动推广实施之前都必须制订相应的计划。培训与开发活动始于周密、合理的计划。但是，如何设计周密、合理的培训与开发计划呢？

第一节　培训与开发计划的设计

在培训与开发计划的设计上，应遵循培训与开发的系统性、适应组织的战略与企业文化、兼顾员工培训与员工提高、理论导向与实践导向结合等原则。

一、培训计划的类型

很多成功的组织对培训的重视体现在系统的培训计划制订中。这些组织针对不同层次的要求，制订一系列的培训计划。有根据本组织的战略目标设计的长期培训计划，有每年制订的年度培训计划，有按照培训项目制订的项目培训计划，以及具体到每一培训课程的课程计划。

以培训计划的时间跨度为分类标志，可将培训计划分为长期、中期和短期培训计划三种类型。这三者之间是一种包含关系，中期培训计划是长期培训计划的进一步细化，短期培训计划则是中期培训计划的进一步细化（见图4-1）。

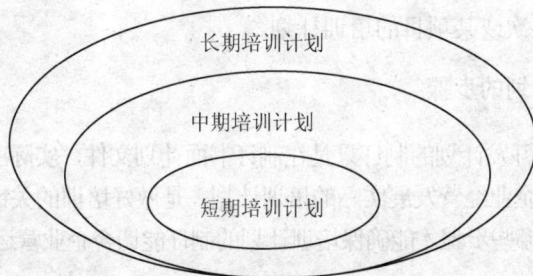

长期培训计划

中期培训计划

短期培训计划

图4-1　培训计划的类型

（一）长期培训计划

长期培训计划从组织战略目标出发，在充分考虑组织以及员工个人的长远目标的基础上，明确培训所需达到的目标与现实之间的差距和培训资源的配置等方向性和目标性的问题。长期培训计划的重要性在于明确培训的方向性、目标与现实之间的差距和资源的配置，此3项也是影响培训最终结果的关键性因素，应引起特别关注。一般长期培训指时间跨度为3～5年的培训计划（也有的时间跨度达到5～10年），时间过长有些变数则无法作出预测，时间过短也就失去了长期计划制订的意义。

长期培训计划需要明确的事项：①组织的长远目标分析；②个人的长远目标分析；③外部环境的发展趋势分析；④目标与现实的差距；⑤人力资源开发策略；⑥培训策略；⑦培训资源的需求；⑧培训资源配置；⑨培训内容整合；⑩培训行动步骤；⑪培训效益预测；⑫培训效果预测。

（二）中期培训计划

中期培训计划（时间跨度一般是1～3年）起到了承上启下的作用，是长期培训计划的进一步细化，同时又为短期培训计划提供指导和依据。因此中期培训计划并不是可有可无的，其实践意义重大。

中期培训计划需要明确的事项：①培训中期需求；②培训中期目标；③培训策略；④培训资源配置；⑤培训资源需求；⑥培训内容整合；⑦培训行动步骤；⑧培训效益预测；⑨培训效果预测。

（三）短期培训计划

在制订短期培训计划（时间跨度一般是1年及1年内）时需要着重考虑的两个要素是可操作性和效果。因为没有短期培训计划的落实，组织的中、长期培训目标就会成为"空中楼阁"。

短期培训计划需要明确的事项：①培训的目的与目标（why）；②培训时间（when）；③培训地点（where）；④培训者（who）；⑤培训对象（whom）；⑥培训方式（how）；⑦培训内容（what）；⑧培训组织工作的分工和标准；⑨培训资源的具体使用；⑩培训资源的落实；⑪培训效果的评价。

除非特别指明，一般所指的培训计划大多是短期培训计划，并且从目前国内组织的培训实践来看，更多的是某次或某项目的培训计划。

二、制订培训与开发计划的步骤

表面上看，培训与开发计划的制订只是在制订书面计划文件，实际上并没有这么简单。制订出可行、实用、切合企业经营发展实际的培训计划，是做好培训的关键第一步，是成功培训的必备条件。那么通过哪些步骤才能确保培训计划的制订能切合企业营运工作实际呢？[①]

1. 做好准备

将上年度培训计划的实施情况汇总起来，进行 SWOT 分析，找出机会点作为改进方向。

① 黄静. 2008. 四步走：制订卖场培训计划[J]. 现代家电，17：40.

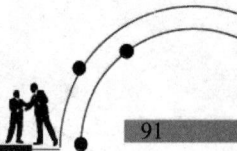

之后对培训计划制订的时间点进行规划。利用公司管理干部会议,传达年度培训计划制订的方向及进程,为培训需求调查的展开及计划制订做好铺垫。

2. 调查需求

该环节的重点在于了解培训的需求,具体采用的工具是培训需求分析。做好培训需求分析,前提之一是必须了解企业发展战略和目标,以及由此产生的对员工的知识、能力、素质等要求。前提之二是了解各岗位或职务的能力素质模型。前提之三是了解员工个人发展的期望,以兼顾企业和员工的利益。

首先,由公司人力资源部门负责征求管理层对培训工作的意见,根据管理层的决策来确定公司下一年度培训的方向及重点,并取得管理层的支持。

其次,召开各部门培训计划制订的推进会议,通过与各部门主管进行面对面的有效沟通,了解各部门对培训项目的需求,收集并确定各部门培训项目的信息,为日后培训计划制订及培训项目的推行并取得各部门配合创造条件。

同时在公司各部门内展开个人现状及希望获得哪些培训、对培训形式的要求等方面的培训需求问卷调查以提升员工工作技能、更有效达成工作目标,以便在收集各部门及员工培训需求的同时了解公司员工目前素质、岗位技能以及与岗位要求之间的差距,确定培训的方向。

以上步骤不仅有助于深入了解培训的需求,也有利于协调培训的各方面资源,在培训时间、培训内容、培训目标、培训方式等等方面取得共识,保证培训工作的顺利推进。

3. 明确主题

汇总调查问卷信息并进行数据分析,明确培训项目的信息,包括培训名称、培训方式、培训对象的范围。结合公司年度人力的需求,根据 SMART 原则从公司经营和管理工作实际出发,以突出季度、月度经营和管理工作重点,明确培训计划的项目主体,如新进员工培训、销售人员培训、晋升性培训、公司急需推行的专案培训、员工需求的培训、软技巧课程的培训等。

4. 沟通修订

培训计划制订完成后,由公司人力资源部门负责召开培训计划可行性确定的专项会议,就培训计划制订的目的、预期达到目标、培训计划在实施过程中可能出现的问题以及需要解决的一些问题等等与公司管理层及各部门主管进行汇报、沟通,获得管理层及培训相关部门的确认及支持。必要时做出调整和修订,为更好的推行培训计划,展开培训工作打好基础。

培训计划确定后要由人力资源部门负责按计划行程实施相关培训,在计划推进过程中根据公司经营工作需求以及上级培训单位的培训要求随时调整公司培训计划,确保计划的实施能切合公司的发展要求。

三、年度培训计划的内容体系

(一) 培训目标

培训目标是指培训结束时,希望学员通过学习能达到的知识水平、能力水平或者态度水平等。目标描述是培训的结果，而不是培训的过程，所以重点应放在学员该掌握什么，而不是愿意教什么。明确的目标可以增强学员学习的动力，也为考核提供标准。

1. 制定培训目标的意义

（1）确定培训内容与培训方法的基本依据。企业在组织培训活动中常犯的一个错误就是在既定的培训主题之下，把一些看似相关其实价值不大甚至是毫无价值的东西罗列在一起，看似培训了不少内容，其实收效甚微。究其原因就是培训目标不明确，不能基于既定培训目标去组织必要的培训素材，选择相应的培训方式。

（2）培训活动效果评估的主要依据。企业在培训与开发效果评估中存在的问题，在于没有明确、客观的依据可遵循，这是导致企业培训效果评估流于形式的主要原因。没有制定明确的培训目标，也就不可能基于培训目标得出相应的评估指标。

（3）有利于引导受训者集中精力完成培训学习的任务。培训目标是组织培训活动的基本意图与期望，带着明确的目的去学习和盲目去学习在效果上存在很大差别。

2. 培训目标的要素

培训开发与设计的目标通常包含3个部分：业绩表现、环境条件和评价标准（见表4-1）。

（1）业绩表现。业绩表现是课程目标最主要的要素之一，它是指学员在接受培训后可以完成的任务。业绩表现陈述常见的开头语是"学员将能……"。业绩表现应该体现在行为方面，用"说明"、"执着"、"计算"这样的行为动词来描述绩效。

（2）环境条件。条件是指员工完成任务所需的设备、材料、操作手册等，也就是学员达到目标规定的要求需要具备哪些条件。

（3）评价标准。规定一个标准，是为了能够更有效地测量培训结果，如对操作速度、准确率等的测量，在对目标陈述中，要明确地列出这些标准（见表4-1）。

表4-1　评价培训目标设定的标准

项　目	内　容
业绩表现	目标应该指出为了胜任某项工作，受训者具备的能力或能够提供的产出
环境条件	目标应该说明某项作业的重要环境条件
评价标准	如果可能的话，目标应指出可接受的受训者的作业水平
举例	·能够辨别和理解6个领导力模型和理论 ·在给定的10个客户访谈场景中，以100%的正确率来启动客户拜访程序（应用正确的步骤）

以上3个方面是确定培训课程目标时不可缺少的，如果缺少了上述某个成分或者各成分编排不当，目标的有效性和可验证性会因此而削弱。同时，培训课程目标要避免以下两点：①仅仅是培训者想做的，而不是参与者想做的；②听起来效果很好，但实际意义却含混不清。

课程目标必须具有明确性和可验证性。课程目标只有定得明确、具体，才能对达到目标的进程有清晰的认识，才能有利于正确地选择课程内容，妥善地组织课程实施，也才能真正地为课程评价提供可验证的依据。下面是一个快速的小测验：测试可验证性（见表4-2）。

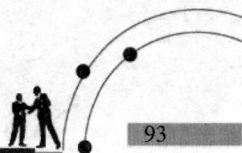

表4-2　小测验

下面的陈述中，哪一项是可以验证的？
1. 到本单元结束时，学员将能够描述由 5 个步骤构成的流程。
2. 到本单元结束时，学员将知道如何将原木拼装在墙体上。
3. 培训期间，学员将了解财务客户使用的 4 种产品。
4. 到本单元结束时，学员将能够计算圆的周长。
5. 到本单元结束时，学员将意识到青霉素过敏反应的 3 个警告信号

资源来源：众行管理顾问有限公司. 2007. 企业培训手册[M]. 北京：机械工业出版社.

答案：1 和 4 是明确的并且是可以验证的，而 2、3、5 是不能验证的。

3. 培训与开发目标的分类

（1）组织总体培训与开发目标的制定。总体目标是从组织层面上设定培训与开发的目标，可采用指标法，如 ASTD 法和人力资源指标法。

ASTD（American Society for Training and Development，美国培训与发展协会）法，即美国培训与开发协会设定的指标，该协会每年都会发布培训与开发评估指标，以便于企业进行内部水平、企业层面的对比，了解企业在培训与开发上存在的差距或优势。

ASTD 培训与开发指标具体详见表 4-3。

表4-3　ASTD 培训与开发指标

项　　　目	内　　　容
1	企业的培训总费用
2	每个应培训员工支出的培训总费用
3	技术培训费用占培训总费用的百分比
4	报销的学费占总培训费用的百分比
5	其他费用占培训总费用的百分比
6	培训总费用占企业总报酬的百分比
7	实际接收培训的人员占应接受培训人员的百分比
8	应培训人员与培训者的比率
9	每个应培训人员的总培训时间
10	课堂培训时间占总培训时间的百分比
11	技术学习时间占总培训时间的百分比
12	支付给外部培训供应商的费用占总培训费用的百分比
13	全职和兼职培训师的薪酬占总费用的百分比
14	预期效果的回报率
15	以知识或技能为基础的薪酬支付
16	员工发展计划
17	技能证书
18	员工胜任力档案

（2）培训与开发项目目标的制定。培训与开发目标可分为若干层次，所以培训与开发项目目标的设定也依层次而不同。培训与开发层次划分有不同情况，下面重点讨论两种：①从某一培训活动的总体目标到某项学科的直至每堂课的具体目标，逐层具体。一般而言，培训目标主要分为五大类，见表 4-4。②采取菲利普斯"五级六指标体系"设定培训与开发的目

标，表 4-5 提供了一个工作表。

表 4-4　培训目标的分类及示例

目标的类型	示　例
知识	受训者应能在入职培训之后，清楚地了解本组织的创始人、主要发展历程、组织结构，初步了解组织的财务报销、休假、晋升、绩效评估等各项制度，并能准确地了解各部门间的工作与沟通关系
态度	所有的受训者应明确：有效的入职培训能减少新进员工的麻烦，提高其对组织的归属感，并能从全局层面认识其工作的重要性
技能	受训者应能准确地使用工作手册和员工手册，在遇到生病、出差等情况时，了解如何按规定行事
工作行为	受训者能将其所了解的组织使命、员工基本行为规范、工作安全等知识，运用到其处理与同事、客户关系的工作中去。如经过×××专题的培训，学员能够确定小组成员中谁在客户拜访过程中表现的缺乏信心，以便在应用过程中为其提供辅导
组织成果	通过入职培训，使员工试用期间流失率降低 5%

表 4-5　"五级六指标体系"的级别及关注点

评估目标的级别	目标的关注点
一级：对培训的反应/满意度，以及所计划的行动	规定培训实施后，学员对培训的满意程度；学员将如何运用新知识和新技能
二级：学习结果	规定学员应该从培训中获得的知识和所需技能的提高程度
三级：培训的应用和实施	规定培训结束后，学到的知识和技能应用到工作环境中，必须实现怎样的行为变化
四级：培训对业务的影响	规定培训结束后，业务指标将发生怎样的变化和改善
五级：培训的投资回报率	规定比较成本和收益，实施培训项目所带来的投资回报率
无形收益	规定无法转化成货币价值的四级指标作为无形收益

（二）培训时间及地点

1. 培训时间

（1）选择培训时机。培训的时机选择是有讲究的，滞后于社会的发展、同业竞争对手的发展、组织自身的发展、部门及其岗位工作需要的培训是被动的，但过于主动、超前开展培训也是不可取的。

选择什么时候需要就什么时候进行培训似乎具有可行性，然而，这道理显而易见，事实却并非如此。许多组织往往是在时间比较方便或培训费用比较低的时候进行培训，而不是在组织需要培训的时候开展这项工作，这就使得培训的"预备"作用大打折扣。

这里可以举一个简单的例子。假设公司买了一套新的计算机系统，要想学会使用该系统需要 1 天时间的培训，卖方可以在下周某一天提供培训。为了从所花费的资金中获得最大收益，组织可采取的一种策略是"让所有员工都参加培训"，尽管有些员工要到下个月才使用该系统。从眼前看，这是一个合算的决定，但它很可能会演变成时间和资金的浪费。因为，对于那些不需要马上使用该系统的员工来说，即使学会了，到使用时也可能早已忘记。组织要么对他们再培训一次，要么让他们在尝试错误中逐渐积累经验，为此有可能付出高昂的"学费"。

确定恰当的培训时机，是在设计培训计划时常常需要考虑的问题。企业一般会把培训安排在以下时机：①新员工入职时；②企业技术革新时；③销售业绩下滑时；④员工升职时；

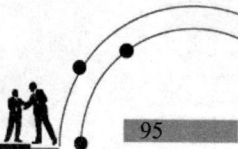

⑤引进新技术、开发新项目时；⑥推出新产品时。

（2）决定培训的持续时间。不同的培训对时间的需求差别很大。影响培训持续时间的因素包括以下几个方面：①培训内容。通常一些短期培训可以介绍主要议题和当今技术发展状况，也可讨论简单的议题。系列培训能为学员提供总结和再强化的机会，因而适用于传授较深和较难的内容。②培训费用。封闭式培训要求学员在培训地吃住，因而，学员的花费更多，但学员往往也更愿意接受一些更加复杂的培训。③学员素质。学员素质高，接受能力和学习能力强，培训持续时间可短，否则，应适当延长，以保证受训者对学习内容的充分消化、吸收。④学员的工作与休闲时间的分配。大部分培训都是在工作时间进行的，但也可考虑利用员工的休闲时间。由于此举会涉及经济补偿的问题，因此组织首先要征得学员的同意。

2. 培训地点的选择与准备

培训场地是实施培训的场所，这也是培训内容开发的一部分。一个好的培训场地应该包含以下因素：①舒服且交通便利；②安静、独立且不受干扰；③为受训者提供足够大的空间使他们可自由移动，让他们清楚地看到其他同事、培训人员和任何想看到的东西或培训中使用的范例（如录像、产品样品、图表、幻灯片）。

另外，如果是外训，培训场地的地理位置也是要考虑的因素之一。例如，场地所在之处要有比较便捷的交通，或提供专门交通服务。有些大型的培训项目，组织方或承办方的财务规则可能要求必须在两地实施。组织则不得已，常常是将培训场所与住宿场所分开。那么，场地的选择就要特别注意，住宿与培训地点间的距离不宜太长，两地之间的交通要有保障。（有关培训场地的准备的详细内容请参加本书第五章。）

（三）培训内容及课程

1. 培训内容

培训内容应服务于培训要达到的目的和目标。每一种知识和技能都是通过相关课程的教学来完成的，因此，培训的内容一定要科学，既要考虑培训的系统性，又要考虑适用性，还要考虑超前性，并根据不同的对象和不同的时间有所变化。

2. 确定培训内容的依据

（1）以工作岗位标准为依据。员工都有工作岗位的标准和要求（包括知识、技能、工作态度等）。这些标准和要求是员工上岗的基本标准，若员工不具备他所要上岗的岗位标准和要求，就应该通过培训达到上岗标准。

（2）以生产/服务质量标准为依据。质量是组织的生命，不同的生产/服务/质量标准对组织有着不同的人力资本结构的等级的要求。在当今科技知识迅猛发展的时代，生产/服务质量标准也在不断更新和提高，使组织的生存和发展始终处于一个不断变动的经济技术环境之中。作为组织人力资本的员工，当然也脱离不了组织所处的环境，在知识、技能和工作态度方面必须与这种不断变动的外部环境相适应，不断更新知识、提高技能，以满足生产质量标准的要求。

（3）以组织的发展目标为依据。组织发展目标的确立必然对组织人力资本结构和等级提出要求。这可从两个方面来看：①当某项工作的目标要求与职工现有知识、技能、工作态度出现差距时，就有必要进行培训；②当组织的目标与实现这个目标所必需的人力资本条件出现差距时，为消除差距就必须组织培训。

3. 确定培训内容与项目的分析方法

（1）任务分析法。该方法通过对某项任务进行系统分析，找出工作难点或质量控制点，以此来确定相应的培训内容提要、项目和方法。采用这种方法，首先要把一个任务进行分解，再逐项分析，进而判断各项的难度和重要性。然后，根据企业或某单位人力资源现状模拟操作分析，确定完成这项任务的质量控制过程和环节，这些控制环节就是要培训的内容和项目。

（2）缺陷分析法。如果组织在生产/服务过程中，某项工作易发生事故、缺陷较多，那么，就要通过对事故和缺陷所产生的原因进行分析，找出哪些因素与人力素质有关。然后，以组织的岗位标准和生产/服务质量标准为依据，结合组织现在的人力素质现状，对职工的知识、技能、工作态度进行对比分析，确定培训项目，以及确定培训哪些知识、技能。

（3）技能分析法。技能分析法主要是针对组织非管理人员工作的分析。内容包括以下几方面：①工作设施与员工身体条件是否相适应；②工作环境对员工生理和心理是否有影响；③员工的工作态度是否端正、积极性是否高涨；④对员工工作过程进行详细分析。通过以上分析，找出差距，确定培训项目和内容。

（4）目标分析法。当一个组织确定其发展目标后，为实现这个目标，必然对组织的人力素质提出标准和要求，即理想状态的人力素质。对理想状态的人力资本的结构和等级与现实状态的人力资本的结构能力进行比较分析，找出差距，确定培训项目及内容、方法。

（四）培训师选择

培训师在培训与发展过程中具体承担培训与发展任务，是向培训者传授知识与技能的人。培训教师素质高低、意愿能力以及对培训与发展等的选择是培训工作取得成功的关键，也是培训准备工作的重中之重。（培训师方面更详尽的内容，请参见本书第五章。）

（五）培训对象

培训对象就是培训目标的适用的对象，虽然人人都可以被培训，所有员工都需要培训，而且大部分人都可以从培训中获益，但由于企业的资源有限，不可能提供足够的资金、人力、时间作漫无边际的培训，因此，所有员工不一定都需要培训到同一层次或同等程度，或安排在同一时间培训，必须有指导性地确定企业急需的人才培训计划，根据组织目标的需求挑选被培训人员。

在选择培训对象时必须考虑员工掌握培训内容的能力以及他们在回到工作岗位以后应用所学习内容的能力。这不仅是一个重要的员工激励问题，同时也是一个重要的效率问题。如果员工在培训过程中没有获得应有的收获或者他们回到工作岗位无法应用所学内容，那么这不仅在员工个人心理上会产生强烈的挫折感，同时也会使组织培训花费白白浪费。

一般而言，组织内有 3 种人员需要培训。

（1）可以改进目前工作的人。培训的目的是使他们能更加熟悉自己的工作和技术。

（2）有能力而且组织要求他们掌握另一门技术的人。考虑在培训后，安排他们到更重要、更复杂的岗位上。

（3）有潜力的人。组织期望他们能掌握各种不同的管理知识和技能，或更复杂的技术，目的是让他们进入更高层次的岗位。

列出培训对象后，最好能立即列出该对象的相关资料，如平均年资、教育背景、共同特质、曾参加过的培训等。

（六）培训教材及其他工具设备

培训教材是学员在培训期间获取知识、提高技能的重要工具，也是培训的具体依据，是衡量培训质量的重要标准之一。培训教材包括教科书、讲义、案例资料、音像资料、电子课件等。

通常来说，培训需要的各种工具设备包括纸、电脑、投影仪、按计划的座位布置、学员名牌或名字架、产品样品、游戏道具或演示道具等视觉辅助器具。

（七）培训方式

1. 选择培训方式的一般原则

当考虑要采用何种培训方式时，首先要考虑受训者当前具有的专业水平。图4-2描述了学习连续体，表明如果受训者是一个新手，通常情况下需要更多指导式的或以指导为中心的培训方式；相反，如果受训者具有一定的专业水平和工作经验，一般情况下需要更多探讨式的或体验式的培训方式。

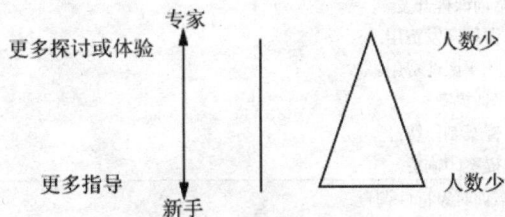

图4-2 学习连续体与培训方式选择

（资料来源：德西蒙·R L，沃纳·J N，哈里斯·D M. 2003. 人力资源开发[M]. 3版. 北京：清华大学出版社：192.）

从图4-2中可以看出，随着专业水平的增加，理想的培训方式转向更多探讨式或体验式的方式。由于体验式或探讨式的培训需要较多的时间才能完成，当受训者人数较多时，这种方式就变得不适用了。因此，为了保证培训与开发项目的有效性，在培训设计时，首先要确定学员处于这个连续体的什么位置，据此设计相应的培训方式，以期给所有受训者提供指导和帮助。通常，需将培训设计成探讨体验式和指导式结合运用的过程。例如，综合运用讲座、讨论、案例学习、角色扮演、商业游戏等方式。

2. 培训方式的种类

具体内容参见本书第七章内容。

（八）培训费用的预算

企业投入多少资金用于培训，直接影响着培训开发初期规划以及培训开发的实际效果。如果企业的培训预算不能够支持培训计划，培训目标制订得再规范、再有效也没有意义。当前企业对培训开发的投资正在从过去的随机任意逐步走向预算管理。

1. 培训开发预算的构成

预算主要由 5 部分构成，包括以下几个方面：①培训场地费及设施；②培训相关人员的食宿费；③培训器材、教材费；④培训相关人员工资以及外聘讲师讲课费；⑤交通差旅费。

依照培训流程，培训过程中可能发生的培训费用还可以进一步细分。表 4-6 提供了一个这方面的实例，它从培训前期的工作、培训准备、培训实施、培训后期效果评估 4 个环节将培训费用细分为培训需求调查、培训课程开发、培训提案、培训对象特性调查、场地与器材、教案与教材准备、讲师与助手费用、学员费用、培训实施中的其他必要开支、培训效果评估等 12 项子类。

表 4-6　培训过程中可能产生的培训费用

培训的基本流程	子流程及可能产生的费用
培训前期的工作	1. 培训需求调查 (1) 调查问卷设计与印刷； (2) 访谈提纲设计； (3) 调查实施产生的费用。 2. 培训课程开发 (1) 课程开发费用； (2) 购买课件费用。 3. 培训提案 (1) 提案制作费； (2) 提案印刷费
培训准备	1. 培训对象特性调查 (1) 学习风格测试费； (2) 管理风格测试费； (3) 性格倾向测试费。 2. 场地与器材 (1) 场地租赁费； (2) 设备租赁费； (3) 必要器材购买； (4) 易耗品购买
培训准备	1. 教案与教材准备 (1) 讲义制作； (2) 视频教材制作。 2. 其他 笔记本、记录笔
培训实施	(1) 讲师与助手费用　差旅住宿费、讲师费。 (2) 学员费用　往返交通费、学员住宿费。 (3) 其他必要开支　茶点、餐饮费、奖品或小礼品
培训后期	培训效果评估　后期培训效果跟踪和工作指导

2. 培训开发预算的确定

首先是确定年度培训开发预算的核算基数。通常情况是将企业过去一年的销售收入、利润额、工资总额作为年度培训开发预算的核算基数。国际大公司的培训总预算一般占上一年总销售收入的1%~3%，最高的达7%，平均为1.5%，而国内企业，相对比率一般要低得多。在市场竞争比较激烈的行业，如IT、家电，有些大企业培训费用能够占到销售额的2%左右，一般规模在十几亿左右的民营企业，其培训费用大概是0.2%~0.5%，甚至不少企业在0.1%以下。

据ASTD统计，1993年培训预算占工资总额的比例，通用电器是4.6%，摩托罗拉是4.0%，美国工业平均值是1.0%。国内的会计核算一般是将工资总额的1.5%作为教育培训经费，以月薪4000元的职工为例，每年的培训费用只有4000×12×0.015=720元。就目前国内的培训市场价位来说，连两天公开课的费用都不够，更何况在很多地方，这个1.5%中的近一半还要上交给政府的有关部门，按照国内会计核算计提的培训经费对中小企业来说很少。

确定了培训的核算基数和比例也就实现了培训费用的总额控制，但在具体的预算编制过程中要遵循哪些预算方法呢？通常在企业中广泛使用的方法有传统预算法和零基预算法两种。

（1）传统预算法。传统预算法是指承袭上年度的经费，再加上一定比例的变动。这种预算法核算较为简单，核算成本低，国内的很多企业都采用这一方法。但是按此法预算的逻辑假设是上年度的每个支出项目均为必要，而且是必不可少的，因而在下一年度里都有延续的必要，只是需在其中的人工和项目等成本方面有所调整而已。

这种预算方法的确为公司降低了预算工作本身的成本，但是它的缺点也是显而易见的：①这样的假设步骤得出的预算，必然会出现相应的不良倾向。当培训经理年底开始作预算时，往往会以上年实际支出为基础，再增加一笔金额，巧妙掩饰后作为新计划提交给高层领导审批。主持审批的领导，明知预算里有"水分"，但因不能透彻了解情况，只好不问青红皂白，大砍一刀，随后开始一个讨价还价的过程。这种"砍一刀"的做法，使有经验的预算人员有意把预算造得大大超过实际需要，以便"砍一刀"后还能满足需要，而那些老老实实者则叫苦不迭，只好明年跟着"学坏"。这样做钱花了不少，效果却平平常常。②此预算方法往往不需要作任何的公司培训需求调查和公司员工能力诊断分析，因此实际上的培训并不能真正做到"对症下药"。

（2）零基预算法。从预算学的发展看，零基预算法最先是由美国德州仪器公司的彼得·菲尔于1970年提出，然后由美国乔治亚州政府采用，取得了很好的成效，其后广为企业界所应用。所谓零基预算是指在每个预算年度开始时，将所有还在进行的管理活动都看作重新开始，即以零为基础，根据组织目标重新审查每项活动对实现组织目标的意义和效果，并在费用—效益分析的基础上，重新排出各项管理活动的优先次序。资金和其他资源的分配是以重新排出的优先次序为基础的，而不是采取过去那种外推的办法。

而就编制培训预算而言，零基预算法要求在编制前回答以下一些问题：①公司的目标是什么？按公司目标分解的每一位员工的知识、能力、技能等的要求是什么？员工的知识、能力和技能与公司的要求有何差距？培训要达到的目标又是什么？②各项培训课题能获得什么收益？这项培训是不是必要的？③可选择的培训方案有哪些？有没有比目前培训方案更经济、更高效的方案？④各项培训课题的重要次序是什么？从实现培训目标的角度看到底需要多少资金？

从零基预算的步骤来看，它是基于对公司发展战略、员工培训需求调查分析、员工能力诊断分析基础上的，预算更具有科学性、针对性。

零基预算的突出的优点在于有利于管理层对整个培训活动进行全面审核，避免内部各种随意性培训费用的支出；有利于提高主管人员计划、预算、控制与决策的水平；有利于将组织的长远目标和培训目标以及要实现的培训效益三者有机的结合起来。

但是零基预算法的缺点也影响了它的广泛推广，一方面企业制定预算的过程中需要花费大量的人力、时间和物力，预算成本较高；另一方面在安排培训项目的优先次序上难免存在着相当程度的主观性。

显然，零基预算法也存在一定的局限性。尽管如此，我们还是可以依照零基预算法的思想和方法来慢慢努力，一点一点来改进培训预算工作，朝着更加精确的方向去做。只有这样，组织培训开发的预算能力乃至培训开发的整体水平才会在精确思维和发展思维的推动下得到更快的提高。

3. 企业培训开发预算的工作要点

（1）统计受训对象信息。受训对象不同，培训的方式和方法也就不同，这会直接关系到培训预算的费用多少，因此统计受训对象信息成为培训预算工作的第一要点。

（2）区分受训对象，合理划分投放比例。受训对象信息收集完毕后对受训对象进行区分。划分出中高层培训人员及相关名单，要根据公司的发展方针和员工比例合理划分预算投放比例。虽然在确定培训预算时，可能会采用人均培训预算的方式，但是在预算的分配时往往不会人均平摊，按照重点培训与全员培训结合的原则，可以将70%的培训费用花在30%的员工身上，甚至将80%的费用用于10%~20%人员的培训。

企业一般都会将培训预算向企业高级经理和骨干员工倾斜，这样做是合适的。因为多数企业中80%的效益是由20%的员工带来的。另外，高级经理及骨干员工提高了管理及技术水平，可以有效地带动普通员工提高工作能力，这种自上而下的推动远比由普通员工自下而上的推动要容易的多。

这种培训预算的不平均性可能会导致普通员工的不满。所以在公布预算分配时，最好以部门或培训项目来分配，人均分配数额仅作为培训预算的一种计算方法。

（3）划定内、外训比例。确定投放比例后，预算进入关键阶段，必须对内、外训比例进行确定。根据国外经验，企业内训将成为企业培训的发展方向。企业培训预算的使用一般可以做如下考虑：如果包括企业内部人员的费用在内，企业的总预算应这样安排，30%为内部有关人员的工资、福利及其他费用，30%为企业内部培训，30%为派遣员工参加外部培训，10%作为机动；如果不包括企业内部人员的费用在内，企业的总预算常规做法是，50%为企业内部培训，40%为派遣员工参加外部培训，10%作为机动。

（4）培训预算的实施跟进。培训预算的落实是人力资源部或培训部的责任，而要落实培训预算，必须有详细的培训计划来支持。最高管理层一旦宣布了下一年度的培训预算总额之

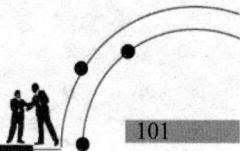

后，人力资源部或培训部应进行跟进，制订出公司年度培训计划，详细列明预算的分配及使用的项目，以及完成预算的时间表或期限。不能在期限内完成，最高管理者应要求培训部说明，共同修订培训计划，以跟进落实该项预算。

4. 国内企业培训开发预算的 4 个层次

很多企业高层对如何对企业培训进行有效的预算颇为头痛，清华大学职业经理训练中心副主任、首席培训专家章哲认为，国内企业培训预算可依据情况分为 4 个层次。

第一层，是最低的培训预算，也就是老板安排自己参加培训。随着企业发展到一定程度，老板感觉到自己的知识和能力不够用了，自我提高的愿望开始萌发，于是安排自己去学习，参加一些论坛或培训班，或给自己安排读一个 MBA 或参加一个 MBA 课程班、短训班等。这种预算是老板自己做预算，自己批准，严格意义上说，这不叫做培训预算，因为它实际上是老板自己学习，没有涉及企业员工。

第二层，老板开始给下属、给员工出钱做培训。但不是采取预算的方式，而是采取一事一议的方式。当前什么方面紧急需要提高业务水平，赶快找人组织培训，或者就是临时发现有一个培训师或某培训机构搞的活动不错，于是老板拨出一笔经费，安排去参加。

第三层，已经进入培训预算阶段。这些公司在年初时大体会根据当年的销售和利润状况安排出一笔预算用于培训，但是由于公司并没有很完整的培训架构，也没有专职的培训经理，培训预算的花费还很不细化。这种培训预算是一种软约束。

第四层，主要是指跨国公司。公司的培训体系都比较完备，每年对于高层领导、中层干部、基层员工参加的培训都有比较详细的安排。所以它的培训预算基本上是硬预算，像公司的营销支出费用一样。

（九）培训效果评估

这个部分常常被忽视。在培训计划中明确培训效果评估的项目、评估的方案及评估技术、评估阶段设计，有助于提高培训效果评估的系统性和科学性，有助于有计划、有步骤地实施培训评估，更好地保证培训的效果。有关培训效果评估的项目设计、评估方案选择、评估技术等内容在本书第七章进行详细讨论。

大量的实践证明，事先是否制订了培训计划，或在培训计划制订过程中采取了何种方式，与相关人员的沟通如何等，都将直接影响培训的效果。现在越来越多的专业培训工作者希望掌握培训计划技术和工作要领，以提高培训计划的成功率。下面这则材料可以提供这方面的启示。

阅读资料

如何提高培训计划的成功率

费尽苦心，好不容易才做成的计划，如果在决策时不被采用，那么这番努力将会白费。虽然可以聊以自慰地说"这是交学费，增长经验"，但总归是对所花费的资源的浪费，同时还会带来一定程度的挫败感。

计划一经提出，就应以获得采用为目标，这才是一个计划人员正确的态度。那么，怎样提高成功率呢？

1. 事前做好充分练习

在策划书提出之前，做足充分准备。其中一个较好的做法就是"模拟问答"，事先设想别人可能会提出质询或讨论的问题，把它们列出并草拟答案。

经过这种模拟练习后，你本身没有觉察到的，或被疏忽掉的问题，或难以说明的事项、计算错误、内容矛盾等，都可以趁这个机会找寻出来。

如果是几个人组成一个小组来准备计划书，可以把小组的人分开，一部分当质询者，另一部分当回答者，进行"模拟问答"。如果在这个假想的评审会都无法说服对方，那么在真正的评审会上被否认的可能性就很大，需对这些问题症结进行全面的再思考和修正。

2. 懂得"营销"

曾经有一位管理策划人员发牢骚说："我们公司的领导什么也不懂，真是烦死人。好不容易才完成的计划书，他连看都不看，对我们的设想也不加以了解，每一次开口就问：'喂，你这培训要花多少钱？'真是气死人了！"

事实上，这是很寻常的事，在每一家公司里都会遇到。你除了发火之外，还应该想到和承认：一个无法说服领导的计划，肯定存在缺陷。你不能要求领导怎么样，而只能去适应他。这是做下级的不成文的规矩。

就好像你公司的产品，如果顾客不感兴趣，你显然不能命令顾客来买，而只能另外动脑筋。

提出计划与销售产品十分相似，领导就是你的顾客，而计划就是你的产品。既然如此，你应该运用你学过的全部营销手段，来使你的"产品"获得成功。

3. 自信

在汇报现场，你的态度、应对方式，对于计划能否得到采用具有决定性的影响。

下面是一些对你的态度和行动应注意的提示。

（1）要对自己的计划充满自信，而这自信要表现在态度和应对上。如果有人质问："你未将某某因素考虑进去。"这时，你千万不可支吾其词，或无言以对，应该充满自信斩钉截铁地说："不错，您这种看法很有道理。不过这个计划的主要目的是这样的，而且是在这种条件下拟定的。对于您的看法，我们下次一定把它考虑进去。"如果能在模拟问答时多加练习，肯定会大有帮助。

（2）对于反对意见不要正面反驳，从而演变为情感上的争议。这时，要用沉着的态度应对，所以在说话技巧上要避免使用直接否定语，如"不，这是错误的"或"不、绝对不会有这种事情"，而应该说："您这种看法的确很对，不过在本计划里，关于这一点是……，所以我认为这不是很重要的理由，因此就把它省略了。"即你要学会用肯定的语言来讨论。

4. 把握决策人员的水准

在提出计划时绝对不能忽略的，就是要把握好决策者的理论水准，然后有的放矢。

有一家公司，在提出全面培训的计划后，由于全体人员都是大学以上学历，而且具有很

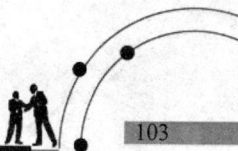

强的数学能力，因此在计划书上使用的说明，动不动就是数字，而且还有很多复杂的图表。对于小组的人这是很容易理解的，可是那些听的人当中，有一大半人都讨厌复杂的数字，因为他们不具备这方面的理解能力。

比如说，对数图就是一个很典型的现象。我们知道对数图在说明问题的本质时是很有用的，但对领导们来说，他们可能连对数是什么都不知道，或者早已忘记了。这样，一个对计划的说明会往往演变成初级数学课，效果自然可想而知。

在这种情况下，如果你能事先了解决策者的理解能力，就不会发生这种令人尴尬的现象了。你只要利用与他们旗鼓相当的方式，就能很好地引起他们的共鸣。

5. 消除评审人员的敌意

要使计划得到承认与采纳，很重要的一个技巧是"化敌为友"。也就是说，将决策人员纳入我们的工作阵营，让他们以某种方式参与计划的拟订，让他们也提出自己的意见或建议，而且要把它运用在计划之中。这么一来，他们就会赞成这项计划，至少不便反对了。

要设法让决策者正式加入。你应在开始之时，就很有礼貌地造访决策者，把计划的意图向他们说明，并征求他们的希望和意见。在计划过程中，也要向他们表达自己的想法，请求他们给予建议。然后把这些建议和意见纳入计划之中，有必要的话，可引用他们的原话。在计划完成以后，你就可以拿着计划书前去拜访他们，并向他们致谢说："您的建议我们已经引用在策划里，使得这项计划能够圆满完成，真感谢您！"这样子，他们就更可能变成我们的合作伙伴。

有些计划人员采用更为巧妙的方式。他首先做好一个计划，内容都是一些对方讨厌或可能反对的东西，然后去拜访他们。当然，往往遭到对方批评。为了使效果更好，计划人员还装成坚决维护自己的计划的样子，同对方辩论。等到争辩得差不多了，诚恳地承认错误，再把对方的意见统统纳入自己的计划书中，并再度拜访决策者。这样，对方连欢迎都来不及，根本就不会反对了。

6. 尽可能利用工具

为了将计划顺利地向决策层推销，就必须制作各种说明及说服用的工具，如果你单单将计划书提出，用口头来说服，效果通常会不太好。

一般最常用的工具是简报和电脑，还可用录像等手段。简报的内容可以是图画、图表、文字等，这些都是很直观很具体的东西。现在应用电脑的情况越来越多，利用一些专门用来演示的软件可起到相当好的效果。

7. 对待否定与批评的技巧

当你提出计划时，如果事先慎重地进行模拟问答、事先协调等工作，顺利通过的可能性就很大。但实际上，在汇报现场，最使计划人员头疼的并不是质问，而是否定语。例如，"不管怎样都没法拨出这项预算"，"这不适合我们公司的实际情况"，"这样得不偿失"。像这样的意见随时都会出现，计划人员就难免激动而变得意气用事。

此外，你要有坚持到底的决心，有位公司经理说，他对计划一定先退回一两次再说，如果退回之后，计划不再被提出，那么就可以判断：策划人员没有自信，也没有坚持到底的决心。这种计划对经营者来说是毫无魅力的，只有积极地卷土重来的才是真正的计划。

当然，我们反对这种颇具风险的做法，但是作为计划人员和具体实施人员，充满自信、不怕否定、再接再厉是必需具备的素质。

四、培训计划的范例

案例启迪

某公司 2010 年培训计划

第一部分　需求调查[①]

1. 需求调查概况

1.1　问卷调查

自 2009 年 11 月起，人力资源部在公司范围内进行了 2010 年培训需求调查，此次调查共发出问卷 381 份，回收问卷 276 份，其中经理级问卷 22 份，主管级 39 份。

1.2　需求访谈

2009 年 11 月 20 日～12 月 10 日，人力资源部对 13 个部门（包括财务部、审计部、事业部、信息管理部、网络部、市场部、运营部、法务部等）经理级、主管级共计 63 人进行了访谈。

2. 调查数据分析

2.1　团队现状

调查数据显示，管理团队中有 28% 的经理级、32% 的主管级认为，目前团队突出的问题是计划性不足、目标不明确。计划性差是位列首位需要解决的问题。

统计数据还显示，有 44% 的经理级、11% 的主管级认为，自身的管理瓶颈主要在于不知如何快速提升员工的能力，这一问题分别位列经理级、主管级认为自身的管理瓶颈的第一位和第二位。

2.2　关于培训方式的调查

大部分人认为有效的培训方式是小组讨论。

2.3　关于培训内容的调查

2.3.1　培训内容的类别

通过调查发现，各部门对于部门内部业务提升、专业能力提升的培训需求较大。

2.3.2　培训内容

（1）根据调查显示，主管级认为在以后的工作中，经理级需在以下几方面安排培训，依次为部门工作目标设定及任务的执行、全面思考的思维训练模式、知识型员工的管理、变革管理。

（2）根据调查显示，经理级认为在以后的工作中，主管级需在以下几方面安排培训，依次为创新思维、工作目标的设定及任务的执行、全面思考的思维训练模式、员工辅导。

（3）根据调查显示，主管级认为在以后的工作中，员工需在以下几方面安排培训，依次

为呈现能力提升、全面思考的思维训练模式、从西游记看团队精髓。

（4）根据调查显示,员工在以下方面需提高:超过一半的员工不知道公文写作该如何完成。

第二部分 培训计划

1. 培训目的

提高各层管理者的通用管理技能,为干部提供专业技能的学习机会;为更多的员工提供可供选择的多种培训课程;增加内部讲师的授课权重,培养内部讲师队伍。

2. 培训主题

纵深: 在 2009 年培训内容覆盖面广的基础上,课程内容向纵深挖掘,增加培训时间或组织系列性培训,保证培训效果。

实效: 通过培训前期需求调查、后期考核、效果跟踪等措施,保证培训效果。

3. 培训安排

3.1 新员工培训

根据培训基地工作制订计划。

3.2 干部集训营

3.2.1 培训对象

副总监级、经理级、主管级

3.2.2 培训时间

2010 年 3 月、4 月、5 月、6 月、9 月、10 月、11 月、12 月,每月 15 日

3.2.3 培训内容

①职业素养类、管理技能类、专业技能类课程;②经理级培训有 6 门必修课,累计培训 3.5 天; 主管级有 4 门必修课,培训 3 天;③为全体干部提供通用选修课 4 门,培训 4 天;④为部分部门提供专业选修课 4 门,培训 4 天。

3.2.4 选课要求

（1）每人全年至少参加 6 天培训,包括必修课和选修课。必修课为当年必选课程。如因工作安排不能参加现场培训,可到人力资源部借阅光盘。每次培训后安排考核,考核通过后,方认可该次培训课时。光盘学习后也需进行考核。

（2）年度内参加培训未达到要求时间的,没有资格晋升,也没有资格参加年终评优。年度内调岗的员工或新入职员工,根据年度内工作时间,算出最低课时要求:到岗时间在 3 个月以下的,至少参加 1.5 天培训;4~6 个月的,参加 3 天培训;7~9 个月的,参加 4.5 天培训;10 个月以上的,参加 6 天培训。

3.2.5 培训形式

①课堂讲授;②互动: 提问和回答;③讲师演示 + 学员实操;④多媒体演示:影像资料;⑤小组讨论; ⑥案例研讨; ⑦角色扮演; ⑧情景模拟。

3.2.6 培训跟踪

每次培训后,人力资源部推荐与培训内容相关的书籍,保证培训效果。

3.2.7 培训评估

（1）一级评估: 针对学员对课程及学习过程的满意度进行评估。所有课程都必须进行评估,课程结束后填写《培训满意度调查表》,并在结束后 3 个工作日内完成总结。

（2）二级评估：通过组织考试或实地操作等进行评估。每次培训后均需安排考核或思考题，考核题目由培训师提供，要求能覆盖培训的重点，满分 100 分。60 分以下不及格，不能取得本次课时。

（3）三级评估：根据实际情况，部分课程完成学习后，针对学员回到工作岗位后，其行为或工作绩效是否因培训而有预期中的改变进行评估；需要直线主管的配合与协助。

3.3　全员选修课

（1）培训对象：副总监级（含）以下员工。

（2）培训时间：2010 年 2 月、4 月、6 月、8 月、10 月、12 月每月 20 日。

（3）选课要求：人力资源部在开课前发全员培训通知，符合条件的员工可报名，报名人数在 40 人（含）以上，方可开课；人力资源部根据场地等条件按报名顺序安排员工参加培训；报名人数超过 120 人的，将选择时间开第二次班。

（4）培训评估：一级评估。

3.4　晋升培训

（1）培训对象：经过晋升为主管级（含）以上、且在新岗位处于试用期的员工。

（2）培训时间：2010 年 3 月、5 月、7 月、9 月、11 月每月 10 日。

（3）晋升培训为必修课程，如开课时未能学习，须在下次培训安排补修。

（4）培训评估：一级评估、二级评估。

3.5　各部门培训支持

（1）每次课程提供视频或音频的网络下载或光盘借阅，以供参训人重复学习、当期时间不方便以及新到岗人员的学习。

（2）部门内部主管级以下员工因工作需要或业绩优秀，希望参加经理级、主管级课程现场培训的，可通过部门申请（每个部门每次可申请 1 人），报人力资源部，人力资源部根据场地安排控制名额。想看光盘的员工可到人力资源部借阅光盘学习。

（3）各部门专业培训支持：各部门年度内可申请一次部门专业培训，使用内部培训师或外请培训师均可，人力资源部负责资源协调和相关支持。人力资源部将根据工作计划，每月安排一个部门的培训支持。

4.　培训讲师的选择和管理

4.1　培训讲师的选择

4.1.1　内部讲师

①为充分开发内部讲师资源，2010 年增加内部培训师授课权重，课程开发优先内部讲师选课；②专业课程设置内部讲师+外部讲师共同讲授；③经理级以上员工可申请报名内部讲师，人力资源部进行讲师评估，参照《内部培训师管理制度》。

4.1.2　外部讲师

选择具有丰富的专业知识、良好的沟通呈现能力的讲师。

4.2　培训讲师的管理

4.2.1　内部讲师工作流程

①选课：符合标准的内训师根据课程清单、自身优势，选择课程。②课程开发：内训师针对选择的课程，和人力资源部沟通培训目的，制定课程大纲、培训 PPT。③试讲/竞聘：

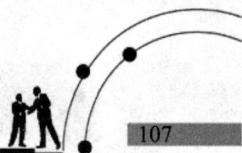

培训前安排内训师在小范围进行试讲，试听人员对讲师的培训进行效果评估；如有多个培训师讲课内容相同，优先选择效果评估排名靠前的，排名第二的讲师备选。④调整：人力资源部对讲师的讲课内容、授课风格等提出改进建议，内训师进行调整。⑤培训实施。⑥评估：学员对课程及学习过程的满意度进行评估。填写《培训满意度调查表》，满意度在80%以上的，选择时间再开班。

4.2.2 外部讲师

①针对外部培训师建立外部培训师资库，将培训师基本信息备案存档。②培训前，增加和外部讲师的沟通，主要针对公司的情况和本行业的情况，使培训师更多了解公司，增加培训针对性。③培训中，要求培训师在培训中至少举3个本行业的案例，增加与公司的联系。④培训后，根据学员评估情况，满意度在88%以上，选择时间再开班。

对本培训计划范例的评价：

该年度培训计划从培训需求调查开始，在确认了培训需求之后，制定了企业全年的培训安排，该计划突出了不同层次员工、不同类型员工培训计划的差异性，强调了培训跟踪和评估，注重培训的效果，在考虑跨年度培训延续性的同时，明确了今年培训的重点目标。如果能够对全年的培训做一个初步的预算核算，对培训场地、培训设施等培训条件再作进一步的交代，就更完美了。

第二节 培训课程的设计

培训课程设计，又称培训课程开发，是培训组织在培训课程设计和授课指导方面所做的一切工作，是一个可持续发展而且可以变通的过程。课程设计或开发探讨的是课程形成、实施、评价和改变课程的方式和方法，是确定课程、改进课程的活动和过程。

一、培训课程设计原则

（1）课程的选择应与培训目标一致。要有一种既定的连续性的政策和计划目标，来避免课程计划的分散，保证培训课程的整体性。

（2）应设计固定与机动两种形式的课程。培训应当以员工的需要和兴趣为基础开设一些固定的课程作为核心课，而且为了满足其新的需要和兴趣，还应开设一些可能临时加设的机动课程，使培训课程不致沉闷老套。

（3）课程应照顾学员中大多数人的需求。课程设计应当尽力提供能使各种学员感兴趣的课程。

（4）可操作性强。课程要在计划好的时间完成目标要求，就必须使其具有可操作性，否则只会空对空，徒劳无功。

（5）课程设计要密切联系组织与员工实际。那种为时髦而设立的对组织、员工并无实质帮助的课程应坚决删除。

（6）课程的讲师要慎重选择。再时兴、有用的课程也会因拙劣的教师而降低效用，因此，如果财力充沛，就绝不要在这个方面吝啬金钱，因为优秀教师的回报是迅速而显著的。

二、培训课程设计要素

在确定了培训需求和培训计划与目标后，需要寻找、挑选、设计或开发出满足需求的培训课程。培训课程开发的广义含义包括对培训内容本身、培训方式、培训媒介、培训资源等一系列与培训有关的元素的开发。课程设计的任务是构建一门课程的形式与结构。课程设计主要包含以下要素。

1. 目标

课程目标提供了学习的方向和学习过程中各阶段要达到的标准。它们经常是通过联系课程内容，以行为术语表达出来，而这些术语通常属于认知范围。一般课程的教学大纲中，最常用的有如"记住"、"了解"、"熟悉"、"掌握"等认知指标，以至于忽视"分析"、"应用"、"评价"等较高级的认知行为目标。在实际中常被忽略的还有一些情感领域的目标，如价值、信念和态度等。

2. 内容

在课程内容组织上，有两点尤其重要，这就是范围和顺序。顺序指内容在垂直方向上的组织。范围指对课程内容在水平方向上的安排。范围要精心地限定，使内容尽可能地对学习者有意义并具有综合性，而且还要在既定的时间内安排。

3. 教材

教材要以精心选择或组织的有机方式将学习的内容呈现给培训者。在学科课程中，教科书是最常用的教材，也几乎是必备的，在教科书的选择上，主要是内容丰富，针对性、实用性、操作性强。

4. 模式

课程的执行模式，主要指的是学习活动的安排和教学方法的选择，旨在促进培训者的认知发展和行为变化。

5. 策略

一个被普遍运用的教学策略是"判断－指令－评价"。在这一策略中，教师分析学生的学习进展情况，判断他们遇到了什么困难，对学习顺序的下一个步骤作出指令。当学员完成指令后，教师作出评价，确定他们是否掌握了课程设计的学习内容。

6. 评价

学科课程的评价重点放在定量的测评上，衡量可以观察到的行为。例如，在报告学习者的学习状况时，常常用 A、B、C、D 等人们假定能表明某种程度的成就的字母等级表示。

7. 组织

除了集体授课制以外，分小组教学也经常被课程设计者运用，分组教学为因材施教的个性化教学提供了某种可能。

8. 时间

课程设计者要巧妙地配置有限的课程时间,培训师要使学生在整个课程执行期间积极地参与学习活动,把课堂时间看成是最有价值的。

9. 空间

空间主要是指教室,还有一些特殊的空间可以利用,如图书馆、实验室、艺术室、研讨室、调研场所、运动场等。

三、培训课程开发流程

培训课程开发,就是培训开发师依据培训计划书的培训目标、课程大纲以及学员的状况分析,选择和组织课程的内容。图 4-3 是对课程开发流程的描述。

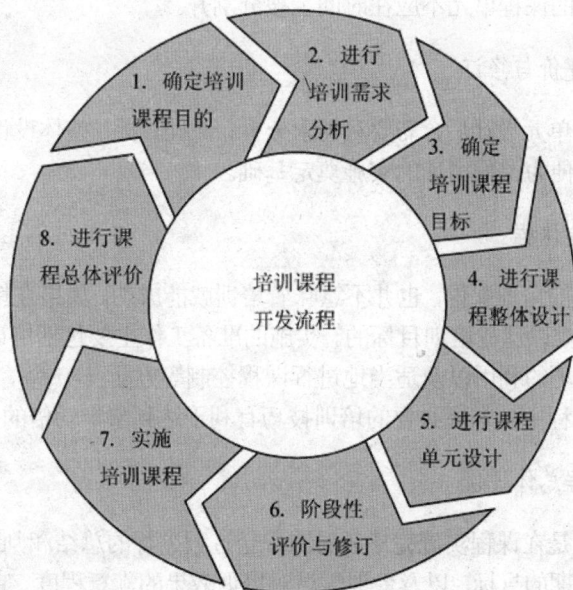

图 4-3 培训课程开发流程图

(一)确定培训课程目的

确定课程开发的目的是说明员工为什么要进行培训。因为只有明确培训课程的目的,才能确定课程的目标、范围、对象和内容。

(二)进行培训需求分析

培训需求分析是课程设计者开发培训课程的第一步。进行培训需求分析的目的是以满足组织和组织成员的需要为出发点,从组织环境、个人和职务各个层面上进行分析,从而判断组织和个人是否存在培训需求以及存在哪些培训需求。

（三）确定培训课程目标

培训课程的目标是说明员工培训应达到的标准。它根据培训的目的，结合上述需求分析的情况，形成培训课程目标。

（四）进行课程整体设计

课程整体设计是针对某一专题或某一类人的培训需求所开发的课程架构。进行课程整体设计的任务包括确定费用、划分课程单元、安排课程进度以及选定培训场所等。

（五）进行课程单元设计

课程单元设计是在进行课程整体设计的基础上，具体确定每一单元的授课内容、授课方法和授课材料的过程。

课程单元设计的优劣直接影响培训效果的好坏和学员对课程的评估。在培训开展过程中，作为相对独立的课程单元不应在时间上被分割开。

（六）阶段性评价与修订

在完成课程的单元设计后，需要对需求分析、课程目标、整体设计和单元设计进行阶段性评价和修订，以便为课程培训的实施奠定基础。

（七）实施培训课程

即使设计了好的培训课程，也并不意味着培训就能成功。如果在培训实施阶段缺乏适当的准备工作，也是难以达成培训目标的。实施的准备工作主要包括培训方法的选择、培训场所的选定、培训技巧的利用以及适当地进行课程控制等方面。

在实施培训过程中，掌握必要的培训技巧有利于达到事半功倍的效果。

（八）进行课程总体评价

培训课程评估是在课程实施完毕后对课程全过程进行的总结和判断，重点在于确定培训效果是否达到了预期的目标，以及受训学员对培训效果的满意程度。它跟培训评估有一定的交叉的地方，但是培训课程评估不能简单等同于培训效果评估。

阅读资料

"五层次"培训课程的设计及目标

培训课程的设计既要有针对性，又要有灵活性。不同类型课程在设计上是有区别的。根据我国著名人才学专家王通讯提出的人才开发的五个层次，即知识更新、技能补充、思维变革、观念转变和潜能开发，一些培训专家将我国企业培训课程设计的案例进行了归纳。

1. 知识培训项目设计

企业知识培训项目目的在于使学员了解和掌握与工作相关的原理和事实。知识培训的主

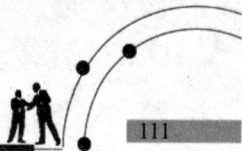

要任务是对学员进行知识的补充与更新。知识培训课程设计的主要目标是解决"知"的问题。

2. 技能培训项目设计

技能培训从广义上讲，是通过学习和训练，将工作所需要的能力培养成一种稳定、流畅的行为和思维习惯。技能培训课程设计的主要目标是要解决"会"的问题。

3. 思维变革培训项目设计

思维的心理学定义为"头脑对现实事物间接的和概括的加工形式，它以内隐的或外显的动作或语言形式表现出来"。定式的刻板性强烈地限制了人根据实际情况灵活的思考问题和解决问题的能力。定式一旦形成，就不容易被打破。思维培训的主要任务在于使受训者摆脱旧的思维定式，能用新的思维模式去思考问题。其课程设计的主要目标是要解决"创"的问题。

4. 观念转变培训项目设计

观念一般指人们对客观事物形成的主观和稳定的观点和信念。观念对人的态度和行为起着重要的作用。观念转变培训项目的目的是使学员改变与客观事实或外界环境不相适应的观念，使其更有效的解决问题。因此，观念转变课程设计的主要目标是要解决"适"的问题。

5. 潜能开发培训课程设计

潜能一般是指人未意识到的自身潜在的能力或能量。潜能是一个综合的心理品质概念，它所包含的内容或形式是多方面的，如感知、直觉、气质、性格、情绪、灵感、梦想等。有人估计，人的潜能占人的总能力的80%。潜能开发的任务是要将那些未知的、功能强大的能量开发出来。潜能开发培训属于最深层的培训内容，由于涉及许多未知的因素，不能采取灌输和传授等一般的培训方法解决。因此，潜能开发培训课程设计的目标在于要更多的引导学员通过亲身经历和体会去体验、领悟、发现和获取。

（资料来源：李德伟. 2006. 人力资源培训与开发技术[M]. 北京：科学技术文献出版社.）

四、课程的自主开发与外部甄选

（一）自主开发与外部甄选

自主开发培训是指企业自己拥有培训中心和相应的管理与培训师队伍，可以自主举办培训，一般由企业人力资源部或培训部（或培训中心）设计课程，确定培训师和授课对象。一般而言，有关企业内部规章制度、产品和技术知识、业务流程、行销技巧、工作知识等，大都以自主开发为主。

外部甄选培训是由社会上的培训机构来实施培训，主要领域是各种专业管理领域，例如生产管理、现场管理、采购管理、品质和体系管理、财务和设备等专项管理，基本上以外部甄选为主。

培训首先应立足于企业自身来进行，但是以自主开发为主的培训模式，主要适用于培训力量强、专业培训多的大企业和部分成熟外企。存在的问题：企业培训的模式陈旧，观念不新，不利于学员开拓思路，全方位地接受新知识。

企业自主开发培训虽然具有方便和适用性强等特点，但是由于大多数中小企业受到人力、资金、时间等限制以及企业面临内部变革等因素的影响，对要求多、层次广的培训需求，绝大多数无法有效应付，特别是当这些企业自身对存在的问题还缺乏准确的把握时，更应该借助外部力量解决问题。因此，为了在激烈竞争的市场环境中生存和发展，提升员工的素质和企业的竞争力，外部甄选培训正在成为一种潮流。

外部甄选专业化水平较高，技术手段先进，宏观视野开阔，但是无论培训机构具有多么丰富的经验，由于和企业接触的时间较短，很难在培训中提供非常富有针对性的培训课程。所以需要在深入细致地了解企业的状况和培训需求之后，才有可能提供量身定做的培训服务，协助企业通过提升人员素质和管理方法的实战性、可操作性等来提高企业的市场竞争力。

企业应该确定以内部自主开发为主，外部培训为辅的方针，先进行内部培训，再根据需要，把本企业难以独立完成的培训外包出去，通过外包培训来加长不同理论中的短板，使内外培训二者有效结合，优势互补，两条腿走路。

（二）课程供应商的甄选

详细内容请参见本书第五章第三节的相关内容。

第三节　培训课的设计

一、课的含义

课是进行教学或者培训活动的最小单位，一个教程或者课程是由一系列的课系统构成的，各节课总体应该构成完整的体系，并完整地反映培训中的感知材料、理解材料。

课程描述具体包括课程名称、目标学员、目的陈述、课程目标、地点、时间、预先准备的培训设备以及培训教师名单。表4-7给出了"开展有效的绩效反馈面谈"一课的课程描述。该课程是为管理者设计的，课程目的是让管理者能够与其下属开展有效的绩效评估反馈面谈。

表4-7　课程描述

课程名称	开展有效的绩效反馈面谈
目标学员	管理人员
学习目的	让管理人员能直接与其下属开展有效的绩效反馈面谈
学习目标	管理人员能够利用问题解决方法进行绩效反馈面谈
总共时间	1天
每次培训参与人数	20～25人
地点	不固定
先决条件	无
培训教师	卡罗琳·奥康奈尔

资料来源：雷蒙德·A诺伊. 2008. 雇员培训与开发[M]. 3版. 徐芳译. 北京：中国人民大学出版社：127.

二、课程目标

课程目标是培训课程对学员在知识与技能、过程与方法、情感态度与价值观等方面的培养方面期望达到的程度或标准，也就是说培训结束后学员应达到的预期水平。

1. 课程目标的定义

课程目标提供的是培训开发方向及其过程中各阶段要达到的标准，经常通过联系课程内容，用行为术语加以表达，而这些术语通常属于认知范围。一个完整的课程目标包括行为主

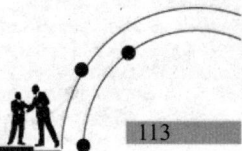

体、行为动词、行为条件和执行标准 4 个要素，简称 ABCD 形式。

（1）A（actor）：行为主体，即学员。

（2）B（behavior）：行为动词，即执行的行为。

（3）C（condition）：执行的前提条件。

（4）D（degree）：执行标准，即用可测定的程度描述执行标准。

实例：到本课程结束时（执行的前提条件），学员（行为主体）将能够描述（行为动词）这个由 5 个步骤构成的流程（执行标准）。

2. 制定课程目标的原则

课程目标是指培训开发结束时或结束后一段时间内组织可以观察到并以一定方式可以衡量的具体行为表现。它关注的是学员学到了什么，而不是培训师教授了什么，因此在制定课程目标时应遵循 SMART 原则，具体内容见表 4-8。

表 4-8 制定课程目标的 SMART 原则

原 则	说 明
S（specific）	明确性、特定具体的：用具体的语言清楚地说明要达到的行为标准
M（measurable）	可衡量性：应该有明确的数据作为衡量达到目标的依据
A（achievable）	可以达到的：要根据学员的素质、经历等情况，以实际工作要求为指导，设计切合实际、可达到的目标
R（realistic）	实际性：在目前条件下是否可行、可操作
T（timed）	时限性：目标是有时间限制的，没有时间限制的目标没有办法考核，或者考核的结果不公正

三、课的类型

由于企业的培训受个体、组织和社会等多种因素的影响，因而培训课程的设置也应该依据培训性质、培训对象和培训时期的不同而不同，在企业培训的课程设计中的课程类型大体可以分为 5 种。

1. 学科课程

学科课程是以学科知识为中心设计的课程，它分别从各门学科中选择部分内容，确定一定教学时间和学习期限来完成。此类课程充分地注意到各门学科本身的内在联系，在学习中则有侧重于各学科领域所使用的基本概念的研究及其运用。在学习方法上，严格按教育学和心理学的规律来组织教学，既注重学员思维能力发展，又注意知识的积累、储备。因而，学科课程具有很强的科学性、系统性、连贯性，适合于正规的学校教育与培训。

2. 综合课程

综合课程也称合格课程或广域课程，它是将几门相邻学科知识进行合并，既保留学科课程分科教学的长处，又克服了学科课程过细的问题，最适合以提高综合素质为目标的企业培训。

3. 活动课程

活动课程又叫经验课程，是一种与学科课程相对应的课程。其特点是一般以学员的兴趣和动机为基本出发点,以发展自己为中心来组织培训内容,培训师在教学活动中的作用仅仅是参谋、主持或顾问。活动课程的基本知识和技能的学习主要是围绕各种活动进行,即在"实践"中学。该类课程适用于以发展个性、特长为目标的各类教育与培训。

4. 核心课程

核心课程也称轮形课程,是以人类的基本活动为核心而组织的课程,它以一个学术领域主题为核心重新组织有关学科材料,从而形成学科之间的新联系。它介乎于学科课程与活动课程之间,也类似于小综合课程,不同的只是以一个核心主题为中心进行综合。该类课程适合以研究型为目标的教育与培训。

5. 集群式模块课程

集群式模块课程,又称为活动中心课程,它是借鉴 MES(模块化技能培训法)、CBA(以能力为基础的教育模式)和"双元制"等国际职业教育课程模式的基础上,根据市场经济特点和成人教育的内在规律,研究开发出来的一种培训课程模式。该类课程以提高受训者素质为目标,以岗位技能培训为重点,既强调相关职业通用知识与技能的传授,又强调特定职业、职位的知识与技能的培养,集群式模块课程适用于我国目前的职业教育和职业培训。

主要特点:①宽基础,即部分课程集合了相关职业所需求的知识与技能。②活模块,即部分课程专门针对某一特定职位或工种所必备的知识与技能。③重实际,即课程的设计思想以职业为导向,从职业岗位的需要出发来组织培训内容。④互结合,即课程提倡班级培训的组织形式与能力本位培训的组织形式相结合、基础知识教学和职业能力训练相结合。

集群式模块课程广泛适用于我国目前的职业教育和职业培训。

四、单元课的设计

假设培训师已经把课程分成了若干单元,并且对这些单元进行了排序,下一步的任务就是具体地将一节课设计出来。具体的工作如下:①陈述课的目标,划分课的学习结果。②列出打算使用的教学事件。③列出每个教学事件赖以完成的媒体材料和活动。④注明培训师的作用和各种教学建议活动。

阅读资料

单元课详细的课程计划

详细的课程计划是为培训者提供培训的有关培训活动内容和顺序的指南。课程计划包括培训期间将要进行的各项活动的先后秩序及管理细节。表4-9给出了一个课程计划,它提供了培训活动内容的一览表,这有助于保持培训活动的连贯性,而不论培训者是否发生变化。课程计划还有助于确保培训者和学员了解课程和项目目标。大多数培训部门都有拟好的书面培训课程计划,保存在笔记本或电子数据库当中。由于课堂计划可以以文件形式分发,因此受训者和培训部门的客户可以共同分享有关信息,以便了解关于项目活动和目标的详细信息。

表4-9 详细课程计划

项目名称：进行有效地绩效反馈面谈
课程名称：在反馈面谈中应用问题解决模式
课程长度：一天
学习目的：1. 准确描述绩效反馈使用的问题解决模式的8个步骤
2. 准确演示绩效反馈角色扮演的8个步骤
目标学员：管理人员
预先准备：受训者方面：无
指导者方面：熟悉绩效评估反馈面谈中使用的倾听与反馈技能及问题解决法
房间布置：扇形座位摆放
所需资料和设备：录像机、幻灯片、投影仪、铅笔、"绩效评估面谈"录像带
评估和任务分配：角色扮演，阅读题为"实施有效的绩效评估面谈"的文章
备注：在培训前两周将预读文章发下去

课程活动内容	指导者活动	学员角色	时间安排
课程介绍	主讲	倾听	上午 8:00～8:50
观看关于3种绩效反馈类型的录像		观看	上午 8:50～10:00
休息			上午 10:00～10:20
讨论每种方法的优缺点	辅导者	参与	上午 10:20～11:30
午餐			中午 11:30～下午 1:00
讲解问题解决法的8个步骤	主讲	倾听	下午 1:00～2:00
角色扮演	看学员演练	练习使用关键行为	下午 2:00～3:00
结束	回答问题	提问	下午 3:00～3:15

五、PPT 的设计

培训课件（又称PPT）是培训师在正式授课时展示给所有学员看的内容，它一方面能吸引学员的注意力，另一方面能帮助培训师把握下一部分的讲解内容。在开展培训的过程中，PPT 是开展现场培训使用频率最高的培训材料。在授课过程中使用 PPT 主要有以下 3 个作用：①提示，有利于讲师把握训练节奏；②承接，帮助学员梳理学习框架；③调动，调动学员视觉感知功能。

（一）培训课件的内容构成和设计

培训课件的内容设计是课件设计的核心。表 4-10 列出了培训课件的主要构成要素。

表4-10 培训课件的主要构成要素

封 面	学 习 目 标	目 录	正 文	备 注
1. 课程标题和副标题 2. 课程讲师姓名及联系方式 3. 讲授时间	阐述通过本课程的学习，学员要达到的学习目标，包括知识要求、技能要求和态度要求	提炼授课内容的各个构成部分的主题，明确重点，包括总目录和分目录	正文标题和正文内容，正文内容是对正文标题的细化说明，包括理论内容、案例及其他资料等	备注页对幻灯片的相关内容进行解释、提示和说明

进行 PPT 内容设计时，应满足以下 4 个方面的要求：①列出要点；②做到每一个页面表述一个主题；③每一页的讲解逐渐深入；④每一页内容尽量不要超过 7 行，每一行不要超过 10 个字；⑤使用项目符号或其他编号，以使层次保持清晰。

（二）PPT 课件美化技巧

1. 色调选择符合"四要求三因素"

要善于利用不同的颜色来增强效果并活跃气氛。进行幻灯片的色调设计时，应满足如图 4-4 所示的 4 个要求。

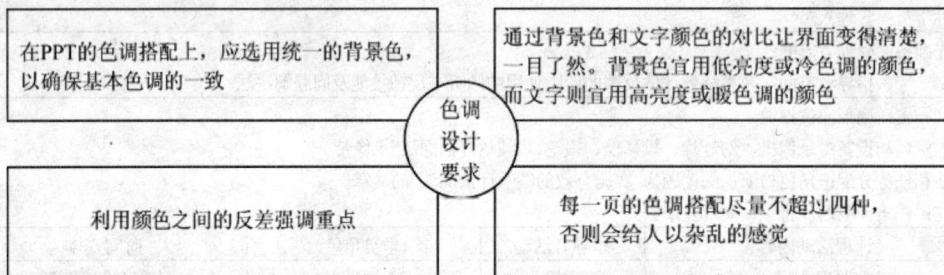

图 4-4　幻灯片设计的 4 个要求

2. 文字

标题和关键文字的大小应该在 42～48 磅。重点语句应采用粗体、斜体、下划线或色彩鲜艳字，以示区别。尽量使用图形和表单表达内容，避免出现纯文字内容。不要采用模糊不清的文字。

3. 图表

PPT 中使用的图表分为两种：一种是恰当运用图表以说明文字之间的逻辑关系；另一种是对文字进行补充说明和支持，包括数据图、流程图等。避免采用模糊不清的图表。

点缀的图形图案，可以通过绘图软件、扫描、拍摄、网络下载等途径获取。在作辅助说明的图表中引用非数字论据时，可以使用流程图、矩阵等图形；引用数字论据时，可采用表格、柱状图、线形图等图形。

4. 声音

在 PPT 中加上背景声音，如在切换幻灯片、提示学员注意时，可以起到渲染气氛、提请注意的作用，要选择轻柔悦耳的声音，不要选择刺耳的噪音。

培训师还可以用软件制作声音文件添加到 PPT 中，如添加自己朗读的案例、其他人说话的声音等，这些"额外"的声音可以使培训变得生动有趣。

5. 演示效果

良好的演示效果能帮助培训师恰当地阐释自己的讲课内容，起到锦上添花的作用。幻灯片之间的切换效果最好不要超过 3 种，而每张幻灯片的构成元素之间避免使用超过 3 种以上的演示效果，以免分散学员的注意力。

6. 备注页

PPT 有一个很有用的"备注"功能，即每一张幻灯片都对应一个 Word 形式的备注。毕

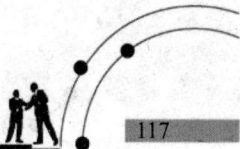

竟 PPT 呈现的仅仅是一个提纲，究竟该怎样讲，该讲些什么，还需要培训师按照逻辑顺序牢记在脑中。这个时候不妨在备注页中记上一些关键步骤和提醒自己的内容，以防在培训现场突然卡壳。

复习思考题

1. 长期、中期和短期计划的主要区别有哪些？
2. 描述编制培训开发计划的程序。
3. 一个完整的培训开发计划一般包括哪些要素？
4. 课程设计主要包含哪些要素？
5. 如何设计课程目标？
6. 单元课设计的具体要素有哪些？
7. 如何设计一个好的PPT？

案例讨论

如何设计与开发培训课件

本公司为了引起员工对自身身体健康的关注，开设了一门"健康自我管理"（下文简称"健康"）课程，以期员工们在工作和生活中合理安排自己的作息时间，使用一些简便的方法锻炼身体，保持身心健康，以更饱满的情绪状态投入到工作中。下面是关于该课的设计与开发过程。

在课程设计阶段，我们依次做了4件事情：①确定培训策略；②分析学习内容（确定表现性目标）；③设计教学事件；④绘制"心电图"。

开展任何一项培训课程必须先明确学习目标，即我们要从中得到什么？我们设定学员"陈述，演示"等表现性目标。在"健康"课程中将学习目标设定为陈述自我健康管理四大基石的具体内容，操练日常适量运动的几种具体方法等。

在确定表现性目标之后，我们通过分析学习内容来设计教学顺序。以加涅的关于学习类型的AMICV理论，即attitude（态度）、motive（动作技能）、intellectual（智慧技能）、cognitive（学习技能）、verball（言语技能）为指导，再结合成人一天中注意力变化的规律，将课程"心电图"先绘制出来。

心电图以10个不同刺激度的教学事件为纵坐标，从低到高排列：①阅读；②讲师讲座；③学员发言；④大组讨论；⑤小组讨论；⑥案例分析；⑦角色扮演；⑧自我测评；⑨学员练习；⑩情景模拟等。而横坐标是成人学习五步法：①引起注意；②学员参与学习活动；③学员分享；④学员总结；⑤学以致用。通过群策群力，设计好课程的"心电图"，并且增加了刺激度5以上的课程时间的百分比。一般来说，成人的刺激度的设置和学员注意力变化规律是反向的。

在成人学习五步法中，让笔者印象最为深刻的是要在破冰阶段就引起学员注意，让学员了解"what is it for me"，即我在该课程中能得到什么，能达到何等收益，以及增强学员信念"you can do it"。学完该门培训课程，你就可以拥有健康的生活和工作方式，并且在认真学完该课程后，每个人都可以做到。而在"健康"课程中，我们通过高刺激度的健康测评，让大家了解到自己的健康状态如何，并坚定信心，在学习一些常用的运动方式后坚持练习，就可以拥有健康。

课程开发有 17 个要素（即吸引注意、激发学习动机、建立学习信心、回顾、关联、绘制课程结构图、设置认知目标、解读模块、编辑教材、绘制图表、呈现新知识、举例、练习、反馈、总结、测试、在岗练习），我们可以通过心智模型的通用课程要素及差别课程要素对 17 个要素进行分类。前七大要素属于通用课程要素，后七大要素属于差别课程要素。"健康"课程在设计和开发过程中，将 17 个课程开发要素理论运用其中。

通用课程要素分为下列 4 个环节。

（1）设计动机要素。针对 17 要素之要素 1~3，包括吸引注意、激发学习动机以及建立学习信心。

（2）温故而知新，是指我们在学习新知识前，需要将之链接到已有的先行知识，以便于存储到长时记忆中。这就要求我们应用要素 4 和 5，即回顾和关联。回顾指通过提问、案例分析等引导学员回忆已有的相关知识，关联即通过陈述、图片、提问等方式向学员说明新旧知识的关系。例如，在"健康"课程中，就通过食物金字塔等色彩鲜明的图片，成功地向大家推广了合理膳食的新概念。

（3）设置认知目标，包括要素 6~8，即绘制课程结构图、设置认知目标和解读模块。比如，在拟定课程内容结构图和课程设计大纲时，对整个课程的时间分配提前做好量化管理。

（4）通用课程要素的最后一个环节，应用到要素 9 和 10，即编辑教材和绘制图表。

我们把差别课程要素主要分成 3 大类，即呈现新知识（应用要素 11 和 12，即呈现新知识和举例），设计教学活动（应用要素 13 和 14，即练习和反馈）和设计评估方法（应用要素 15 和 16，即总结和测试）。比如，在"健康"课程设计中安排适量运动模块，让学员在讲师的带领下，练习头部米字操、全身大树参天操，并通过纠错、鼓励和肯定等方式进行反馈，并在试讲中收到良好效果。尤其在课程推出之后我们对应课程目标进行了跟踪测试和问卷调查，从课后评估结果来看，对比我们在课程设计之初设定的学习目标，学员们对管理自身健康的重视程度（attitude）较课前上升了 33%，对适量运动的几种常用方式能够在课程结束 6 个月后仍旧能演示正确。学员、讲师尤其是公司管理层感觉到本次"健康"课程设计、开发和实践确实收益匪浅。

第 17 要素，即在岗练习，与笔者设计的"学以致用"相互呼应。学员在学习之余，在工作和生活中都逐渐开始调整自己的作息时间，使用一些简便的方法锻炼身体，并不断影响身边的家人或朋友，这是本课程最大的成功之处。

（资料来源：张开颜. 2011. Sourcing 人力资源课程设计与开发之实践[J]. 现代商业，5：89.）

【讨论题】

你从"健康自我管理"课程的设计与开发过程中得到的最大启示是什么？"健康自我管理"设计与实施中最成功的是哪个方面？

第五章 培训与开发实施

教学目标

陈述培训开发实施前需要准备的基本事项，描述培训师资源合理选择和配置的基本要领，描述选择培训外包机构的原则

教学要点

如何编制培训实施进度表、如何做好正式实施培训前各方面的准备工作、如何建立企业内部培训师队伍、如何选择外部培训机构

关键词

培训实施进度表　培训准备　培训师　培训外包

西门子公司的员工培训

在员工培训方面，西门子公司创造了独特的培训体系。西门子公司对员工进行培训的根本目标是使他们能够从容应付来自各方面的挑战。为此，西门子公司为员工设计了各种各样的有效培训。

1. 新员工培训

新员工培训又称第一职业培训。西门子公司在这一方面投入甚多，以保证企业发展有足够的一流技术工人。在第一职业培训期间，新员工要接受双规教育：一周中 3 天在企业接受工作培训，两天在职业学校学习知识。这样，新员工不仅可以在工厂学到熟练的技巧和技术，而且可以在职业学校受到相关基础知识教育。西门子公司早在 1992 年就拨专款设立了专门用于培训工人的"学徒基金"。现在，公司在全球拥有 60 多个培训场所，如在公司总部慕尼黑设有西门子学院，在爱尔兰设有技术助理学院，他们都配备了最先进的设备，每年培训经费近 8 亿马克。目前共有 1 万名学徒在西门子公司接受第一职业培训，大约占员工总数的 5%。第一职业培训保证了员工进入公司后具备很高的技术水平和职业素养，为西门子的长期发展奠定了坚实的基础。

2. 大学精英培训

西门子公司平均每年接收全球大学毕业生 3000 名左右，为他们制订了专门的培训计划。进入西门子公司的大学毕业生首先要接受综合考核。考核内容既包括专业知识，也包括实际工作能力和团队精神，公司根据考核的结果安排适当的工作岗位。在此过程中，西门子公司从每批大学生中选出 30 名尖子生进行专门培训，培养他们的领导能力，培训时间为 10 个月，分 3 个阶段进行：第一阶段，让他们全面熟悉企业的情况，学会从互联网上获取信息。第二阶段，让他们进入一些商务领域工作，全面熟悉本企业产品，并加强他们的团队精神。第三阶段，将他们安排到下属企业（包括境外企业）承担具体工作，在实际工作中获得实践经验和知识技能。

目前，西门子公司拥有 400 多名这样的"精英分子"，25%正在接受海外培训或在国外工作。大学经营培训计划为西门子公司储备了大量的管理人员。

3. 员工在职培训

西门子公司努力塑造"学习型企业"。为此，西门子公司特别重视员工的在职培训，在每年投入的 8 亿马克培训费中，有 60%用于员工在职培训。在西门子公司员工的在职培训中，管理教程培训尤为独特和有效。西门子公司的员工管理教程分为 5 个级别，各级培训都以前一级培训为基础，从第五级别到第一级别所获技能依次提高。

通过参加西门子公司管理教程培训，增强了企业和员工的竞争力，达到了开发员工潜能、培养公司管理人才的目的。

西门子公司的员工培训计划涵盖了业务技能、交流能力和管理能力的广泛领域，为公司储备了大量的生产、技术和管理人才，从而提高了公司整体竞争力，成为西门子公司不败的重要保证。

（资料来源：中国人力资源开发网）

思考：西门子公司为确保培训取得既定的效果在组织实施方面采取了哪些措施？

培训与开发实施是培训与开发工作的主要阶段，是具体实施培训与开发计划、落实培训与开发目标的过程，根据培训与开发的目标和计划，高效地组织和整合企业内外培训资源运用于培训与开发的项目，对随时出现的问题加以控制和解决，并合理管控培训与开发的成本。有资料显示，培训的成效40%取决于培训开发计划的订定，60%则取决于培训开发的实施。本章在培训与开发设计的基础上，侧重探讨如何做好培训前的准备工作、如何制定培训实施控制表、如何有效调配企业内外培训师资源、如何实施培训外包。

第一节　培训实施的阶段工作

培训实施一般分为培训前、培训中和培训后3个阶段的组织实施工作（见图5-1）。在培训实施前，主要是做好各项准备工作，包括组织准备、编制培训实施方案、资料和设施准备、宣传沟通、协调反馈等。如果培训工作采取委托专业培训机构或大专院校的方式，双方还要签订培训协议。在培训实施中，主要做好培训师、培训硬件等内外培训资源的协调，搞好培训过程的质量和成本控制，做好培训纪律的管理，保证培训的效果。在培训后，按预先安排有计划地开展培训效果的评估，培训资料存档，后期培训沟通和意见反馈等。

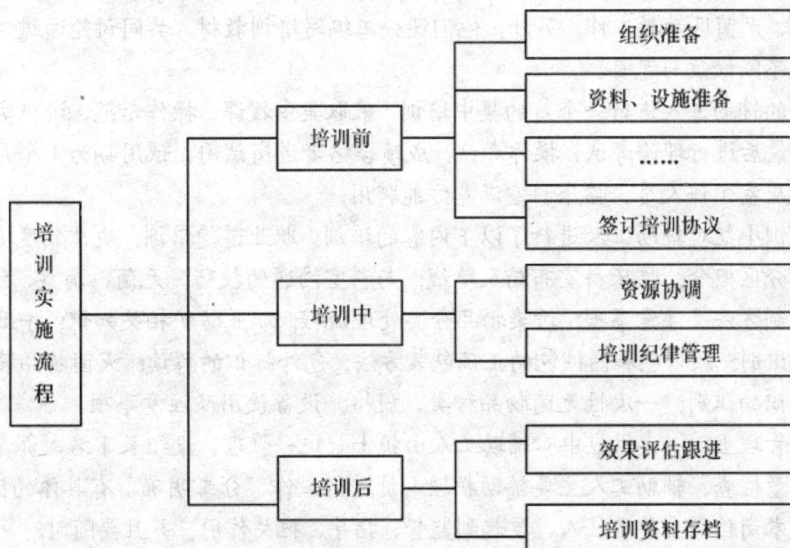

图 5-1　培训实施流程

一、培训实施前的准备

正式实施培训前需要做好各种准备工作，准备工作做得越细致越到位，培训效果就越能得到保证。

（一）组建培训项目小组

组建培训项目小组，做好成员的分工与协作，是培训组织实施的重点之一。准备阶段的培训项目小组，主要职责是协调培训中各项工作安排。要明确培训的分工与职责，确保各司其责，分工协作。

案例启迪

某医院消毒供应中心辅助工人培训项目小组的分工

某医院消毒供应中心于 2008 年进行重建，开展集中供应工作，负责全院重复使用医疗器械的清洗、消毒、灭菌、发放工作。为了节约用人成本，提高工作效率，聘用辅助工人协助护理人员工作，取得了良好的效果。辅助工人均来自该医院物业公司，人事关系、保险、待遇均由物业公司统一管理。10 名辅助工人为初中以上学历，没有任何医学背景，年龄 18～45 岁，男 4 名，女 6 名。他们负责保洁、下收下送、辅料包装、灭菌器、清洗器的装载与卸载、辅助器械包装等工作。为提高辅助人员的消毒供应专业水平和工作质量，医院对聘用的辅助人员进行了有针对性的岗前专业培训。在对辅助工人进行正式培训之前，医院成立了培训小组。由某科护士长、1 名带教组长、3 名带教老师 5 人组成培训小组。小组成员分工明确，由护士长、带教组长制订培训计划，小组成员讨论通过，3 名带教老师分别负责去污区、清洁区、无菌区带教工作。另外，他们还分工编写培训教材，共同讨论通过，根据需要及实际问题不断修改与完善。

被录用的辅助工人进行一个月的集中培训。采取集中授课、操作示范、进班实际操作等培训方式。最后进行理论考试、操作考试，成绩合格者进岗试用，试用期为 1 个月。工作质量达标，供应室工作人员、临床科室满意方能聘用。

医院培训小组对辅助工人进行了以下内容的培训：职业道德培训；规章制度培训；消毒供应中心的分区概念；临床科室布局及路线；与科室沟通的技巧；无菌、消毒、清洁概念；消毒液的配制方法及注意事项；污染物品分类处理流程；职业防护相关知识；手卫生相关知识；器械的识别；敷料包和器械包的正确包装方法；包外标识的解读；灭菌物品装载注意事项；化学标识的识别；一次性无菌物品种类、规格；设备使用及注意事项。

在人员管理上，消毒供应中心辅助工人由护士长统一管理，设组长 1 名，负责考勤、排班、工作质量检查。辅助工人主要辅助护理人员进行工作，分工明确，有具体的岗位职责，护理人员是本岗位的主要责任人，要起到监督、指导、把关作用。并且要随时对问题进行纠正，保证工作质量。

通过培训，辅助工人能够胜任既定岗位的工作，节省了护士编制，弥补了消毒供应中心护理人员体力不足的缺点。

（资料来源：王洪俊，李保华，宋玉红. 2010. 医院消毒供应中心辅助工人培训与管理[J]. 中国病案，11：7.）

该医院辅助工人的培训是成功的，但对于许多大中型企业的培训项目而言，培训过程要比这复杂得多，因而在培训组织工作的难度上也大得多。一般要按照培训开发实施过程中所

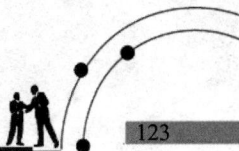

有涉及工作的类别进行分工，然后安排某一方面比较专长或擅长的人员具体负责相关工作的落实，培训管理者随后及时跟进和沟通，以便及时发现问题并采取纠偏措施。

有的企业，培训小组成员保持相对固定，一般包括公司培训管理员、部门培训兼职管理员、授权讲师、公司领导等，负责培训工作的计划、组织、执行与评估。

（二）做好培训通知下发的工作

在培训计划制订后，最好第一时间通知相关学员及相关岗位负责人，以便他们可以针对培训做好工作计划安排。而不要等到计划审批通过后再处理，那样只能使学员或相关部门工作处于被动状态，不利于培训工作的展开，以及整个企业的运作。

（三）编制培训实施方案书

1. 培训实施方案书

一份详细的培训实施方案书可以从主题、组织、实施过程、内容和注意事项等方面保证培训实施顺利进行，并对培训过程进行有效控制。

在编制培训实施方案书时，要注意以下几点。

（1）本次或本期的培训名称要详细、明确，不要含糊不清。

（2）培训实施方案的目的要简明扼要，重点突出。

（3）应当写清楚受训人员所属部门、职务、姓名等基本情况；如果是团队形式，应当写出团队名称、负责人情况和团队成员情况。

（4）培训实施方案的内容应当容易理解，表达方式简单明了，必要的时候可以用图表进行说明。

（5）培训实施方案书应当详细阐述培训实施方案的预期效果，并说明取得这些效果的原因。

培训实施方案书一般包括方案名称、方案实施者姓名、方案制订日期、方案实施目的、方案实施的经过说明等 10 项内容（见表5-1）。

表5-1 培训实施方案书的必备项目

序 号	项 目	内 容
1	方案名称（策划主题）	
2	方案实施者姓名（小组名称、成员名称）	
3	方案制订日期	
4	方案实施目的	
5	方案实施的经过说明	
6	方案实施内容的简要说明	
7	方案实施内容的详细说明	
8	方案实施步骤说明	
9	方案实施的期待效果和预测效果	
10	可供参考的文献、案例等	

2. 培训实施进度表

培训实施进度控制表体现了一个培训项目在实施过程中的实际进程，以确保培训按计划进行。

　　培训实施进度表并没有一个标准模式，但从有利于操作的角度来衡量，培训实施进度表一般应包括每项培训活动的起止时间，培训的内容或子项目，每项培训活动的目标、负责人等。下面是某机构的一则实例。该机构将整个培训进程划分为3个阶段：集中培训前的网上预习阶段、集中培训阶段、集中培训后至正式培训前的在线辅导答疑阶段。

案例启迪

培训实施进度范例

（1）网上预习阶段（表5-2）

表5-2　预习阶段培训进度表

日　期	任　务	活　动	目　标	主　持
月　日 至　月　日	准备工作	各省发通知，遴选培训者并上报信息表，平台生成并下发账号	发通知、选代表、报名	项目办
	登录平台体验功能	领取账号，登录平台了解各栏目内容	了解网页栏目，进入论坛区发帖回帖	项目办
月　日 至　月　日	了解工作内容	"培训计划"——培训项目实施方案、"管理员工作手册"、"团队工作手册"、"技术人员工作手册"、"学员学习指导手册"	了解"培训计划"——培训项目实施方案，初步了解各级管理员的工作职责及学员学习任务	项目办
	浏览课程体验学习	浏览课程模块，重点选学推荐专题	初步了解课程内容	项目办

（2）集中培训阶段

集中培训时间为3天，共计19学时。详细安排如表5-3。

表5-3　培训阶段进度表

日期	时间	活　动	主　要　内　容	学时	负责人
月　日	白天	报到	报到，安排住宿	全天	项目办
	上午	开班典礼	领导讲话：培训计划启动动员	1	行政领导
第一天	下午	领导报告	培训的领导做本地教学改革或发展的专题报告	2	业务领导
		平台操作	1. 平台操作培训； 2. 操作体验，如何点评和判定优秀作业，如何发现、收集和解决学员问题； 3. 宣讲各角色工作手册	3	继教网培训人员
第二天	上午	培训学科内容	1. 培训的宗旨、理念与模式； 2. 学科课程结构、内容及特色； 3. 学科专家就课程内容具体分析并提出学习要求	3	继教网学科专家
	下午	培训远程研修方式及过程指导	班主任、辅导教师	1. 如何发起、组织班级研讨和视频研讨； 2. 如何编辑简报发挥管理功能、如何组织研讨； 3. 如何批改作业，如何发现、收集和解决学员问题	3	继教网培训人员
			省级专家	1. 如何组织在网上进行研修活动； 2. 如何撰写学科简报； 3. 如何点评作业	3	
第三天	上午	专家报告	关于专业化或者学科知识的专题讲座	3	拟请知名专家
	下午	分组讨论	分组进行课题研讨，交流远程培训组织方法与技巧	1	继教网培训人员+学科专家

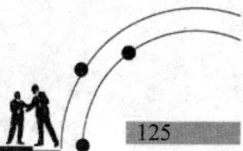

（3）远程在线辅导阶段（集中培训后至正式培训前）

集中培训结束后到在正式远程培训之前登录培训平台，进一步熟悉培训课程，熟悉平台的学习流程，模拟演练作业批改及简报制作、视频会议组织等远程培训的辅导管理方法。如果有问题，还可以在平台中提出，培训专家团队将及时辅导答疑。

3. 编制培训的相关文件

各种培训开发文件有员工培训需求调查表、员工培训申请表、学员签到表、培训考勤表、学员自我评估表、培训满意度调查表等。

在各种培训文件中，培训开发应急预案越来越受到人们的重视。培训开发过程中往往会出现一些事先可能难以预料或难以控制的问题或变故，需要在编制培训开发方案的同时，准备一套甚至多套应急预案。

应急预案需要全面地就以下可能出现的问题进行考虑，并准备相应的应急措施。①停电；②教室变动；③培训师变动；④学员的接送和交通突然出现问题；⑤学员住宿、进餐突然发生变化；⑥天气的变化；⑦多媒体及相关设备发生故障；⑧其他问题等。

（四）召开培训动员会，做好心理准备

召开培训项目动员会的目的，一是进行培训重要性的宣讲，以统一思想和认识，使大家重视培训工作并给予积极配合；二是对所有培训准备工作进行具体安排，把每项工作落实到具体人。

在所有培训前的培训动员会议中，一定要有由高层领导主持的培训启动会，充分阐述培训对公司的意义和对学员职业发展的价值，激发学员的学习热情，强调公司对培训的重视和严格管理制度，要求各部门负责人给予时间上的支持与配合。

培训的成功与否，与学员的心理状况密切相关，培训前要做好各方面人员的心理准备。学员要做好心理准备，培训师要做好心理准备，培训辅助人员也要做好心理准备，就是学员的主管或负责人也要做好心理准备（提前安排好学员的工作，为学员专心学习提供时间保障）。只有所有参与其中的人都重视培训工作，并投入最大的激情和努力，才能取得最佳的培训效果。

在学员方面，需要的心理准备包括以下几个方面。

（1）一定要有"成败在此一举"的决心和必胜信心。有了坚定的决心，然后与其他成员、培训负责人多交流，充分了解培训特点和安排，做好自己的时间安排，从现在开始到考试想尽办法、尽可能排除其他干扰。

（2）学员参加培训要有"归零"、"空杯"心态。

（3）培训不是来参加学术研讨会，是来参加培训。要集中注意力，以学习为主。

（4）当觉得老师讲得乱时，这说明老师对这门学科演绎的方式与自己不同，要相信老师比自己强，而且要想办法跟上老师的思路，看老师是怎样将知识连起来的。如果学员能够通过听老师讲课，把老师所讲知识充分吸收，就能更好地结合实际，达到培训的效果。

（5）培训本身是在走捷径，不可能有更好的捷径了，所以上课时的态度很重要，不能有投机心理。

在培训师方面，培训师需要投入最大的努力做好课前准备。

在培训辅助人员方面，培训辅助人员要在整个培训期间都保持饱满的工作热情并提供细致周到的服务。

（五）进行培训教材和素材的准备

1. 培训教材的准备

培训教材的来源渠道一般有以下 3 种途径。

（1）购买现成的教材。在市面上各类学习资料有很多，内容也非常丰富，可以直接选用。但是选取培训教材时需要注意，最全面的培训教材不一定就好，有时候就某一特定问题编写的教材往往更适合。

（2）改编教材。为了使现成的教材更适合培训，可以对市面的教材进行一定的修改，使其与培训更好地契合。

（3）自编教材。如果要进行大量教学和培训工作，或者希望自编高质量的教材，那么就要搜集相关资料，请教专家，把想法转变为具体的教材。

自编教材可以由讲课人根据培训目标和任务自己准备教材，由培训学校审定、确认。在确定教材主题的情况下，编写好基本的提纲。根据提纲在企业内部采集图片、数据表格、指令看板、具体产品作为载体进行讲解；还可演示一些优秀的题材案例，设计一些现场互动题目或者沙盘类游戏，组织一些小组竞赛，培训后进行周期性验收。自编教材也可能是由企业专门组织力量，编写企业内部教材。（注意：这种内部教材是企业的宝贵财富，一定要保密。）

准备培训教材时需要考虑的因素包括课程内容的差异性、培训对象的差异性、培训对象的兴趣与动力、培训手段的可行性。

针对不同的培训类型，教材编写有不同的要求。例如，以促销活动为背景的培训，培训教材重在活动细节的量化设计，要将各种可能出现的问题进行设想演练，以确保促销活动顺利进行；以企业文化作为培训主题，培训教材则要侧重如何达成积极向上的团队共识、振奋士气的设计；以提高销售技巧为培训主题，培训教材则应更侧重于情景互动的设计，内容应是贴近终端，源于终端，才能让导购员和销售人员学有所得，学以致用，从而改变不良的销售心态；以行业市场为主题的培训，培训教材则须侧重于综合内容设计，内容以拓宽视野、提高自信心等为主。

2. 各类素材的准备

培训的主要目的是为了使学员保持学习兴趣，理解并能够记住所学习的技术和知识。学员容易记住出现频率高的信息，而不同来源的信息，人们接受的概率也有所差别：20%是听到的；30%是看到的；50%是看到并听到的；70%是做过的[1]。

为了使培训真正有效，就必须让学员能够看、听、说，要尽可能多演示，创造学员参与其中的机会。具体要求如下：①阅读材料——与幻灯片保持一致，提供帮助学员可以做笔记

---

① 徐芳. 2005. 培训与开发理论及技术[M]. 上海：复旦大学出版社：158-160.

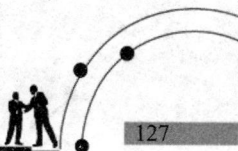

的材料和课后参考阅读的资料。②视觉材料——幻灯片、场景、标语、照片、图画、录像片等，要求醒目、清楚、美观。③听觉材料——包括令人感兴趣的词汇、音乐、声音、幽默、故事、对话等，注意音调的变化、节奏的快慢程度、音量的大小及发音的清楚程度。④感觉材料——包括情绪、可以实践的活动等，应是可以闻、可以品尝、可以触摸的。⑤培训教师个人——培训教师根据自己的习惯选用适合自己的学习要点标注、注释等。

3. 测试题目的准备

测试题目是衡量学员学习收获的一种有效方法。其主要作用如下：评价学员所面临的问题以及困难，对学员进行激励，考察培训中的指导材料、培训内容、培训方法以及活动设计是否存在问题，评价学员培训后的收获和表现。

测试细则是评估个人完成培训目标程度的具体说明。主要有明确测试的用途、测试的目标和目的、如何进行测试，并说明测试结果的应用。

测试题目是用于检验学员受训后知识、技能以及绩效状况的一系列问题的评价方法和手段。加涅将学习成果分为5类：言语知识、智力技能、运动技能、态度、认知策略。测试题目可以采用下列类型的题目：判断对错、选择、写短文、填空、配对、现场演示、口头回答、角色扮演等。

（六）培训场地以及辅助设备的准备

1. 培训场地的准备

（1）培训场地的选择与准备。培训场地是实施培训的具体场所。一个好的培训场地具有以下特点：①舒适且交通便利；②安静、独立且不受干扰；③为学员提供足够的可以自由移动的空间，以便学员可以看到其他学员、培训者、培训中使用的各种可视材料。

场地选择好之后，就要做场地的准备工作。在场地准备过程中需要注意的细节包括房间的结构、照明、墙与地面、反光、天花板、电源插座、音响等（见表5-4）。

表5-4　培训场所准备时应考虑的细节

细　节	应考虑的内容
噪声	检查空调系统噪声，临近房间和走廊及建筑物之外的噪声
房间结构	使用近似方形的房间，过长或过窄的房间会使受训者彼此难以看见、听见或参与讨论
照明	光源应主要是日光灯，灯光要可以控制。要保证光线充足，这样学员才有精神学习。作为培训师和培训组织者，要知道哪些开关是控制哪些灯的，可以随时调节灯光，让培训现场感觉更好。安排好现场的灯以后，培训师要现场感受一下，从让学员舒适的角度来调整
墙与地面	会议室应铺地毯，要使用相同色调，避免分散注意力。另外，只有与会议有关的资料才可以贴在墙上
反光	检查并消除金属表面、电视屏幕的镜子的反光
天花板	天花板最好高10英尺（约3米）
电源插座	房间里间隔6英尺（约1.8米）设置一个电源插座，电源插座旁边还应放一个电话插头。培训者应能够很方便地使用电源插座
音响	检查墙面、天花板、地面和家具反射或吸音情况。与三四个人共同调试音响，调节其清晰度和音量

资料来源：Finkel C L. 1996. Meeting Facilities[M]. 3rd. New York：MeGraw-Hill：978-989.

音响最好要培训师事先亲自试用。因为不好的音响，会非常影响培训师的情绪和学员的热情。培训师在课程开始之前，亲自试用，可以保证效果。

（2）培训场地座位的安排。培训场地座位的安排要根据学员之间及培训教师与学员之间预期的交流类型来定。座位设置一般有 U 形、V 形、圆形、鱼骨架形和阶梯形 5 种安排方式。表 5-5 对上述 5 种座位安排方式的优缺点进行了详细的说明。

表 5-5　座位安排方式的优缺点对照

座位安排方式	优　点	缺　点
U 形	便于学员观看；给人一种严肃认真却无胁迫的感觉；讲师可以走进 U 字中间进行讲解	比较正式，易让学员拘谨；后排学员离屏幕远；前排学员要转一定角度看屏幕，容易导致颈部不适
V 形	视线最佳；便于讲师和学员接触	需要空间大，适用于学员人数较少的培训
圆形	鼓励学员最大程度地参与；讲师与学员之间较易沟通；不易闲聊，不会形成非正式小团体	不容易找到圆型的桌了；一些学员的视线受阻；给人临时拼凑的感觉
鱼骨架形	空间利用率高，适用于人数多时；适合所有学员观看屏幕；讲师可以沿着"鱼脊"走	一些学员的视线会被遮挡；易形成有负作用的小团体；后排学员离屏幕远；讲师与学员之间的沟通效果较差
阶梯形	视线和音响效果佳；空间利用率高；适用于讲座型的报告培训	讲师与学员之间的沟通效果差；有较强的大学教室的感觉；需要专门的教室

阅读资料

桌椅摆放要便于学员讨论

培训的桌子不能摆成教室的样子，而是尽量要摆成小组讨论的形态，座位冲着讲师。这样的摆放，可以把学员的注意力集中在讲师身上，也可以方便学员互相交流，从而学到更多知识。但要注意，每个小组最多 7 个人，学员太多会影响小组讨论的效果。摆放学员的桌子，最好把抽屉冲着学员，这样学员比较方便放物品。如果现场空间过小，学员坐着不舒服，互相之间就会有干扰。在这种情况下，只用一个桌子，或换成小桌子，或干脆不用桌子，要保证学员可以活动的空间足够大。对学员和讲师来说，培训现场的空间越大越好，大空间便于讲师安排活动，也有助于学员保持舒适状态。讲师放电脑和投影仪的桌子，要和投影幕布垂直，而不是横着。横着的话，讲师大多数时间都在桌子后面，不方便走出来，也会在讲师和学员之间形成障碍。在放得下东西的前提下，讲师的桌子要尽量要小，空间要尽量大。

2. 培训辅助设备的准备

通常来说，培训需要的辅助设备包括卡片、固定页、高射放映机、电子卡片、黑板、白板、幻灯片、电视和 DVD、电脑与多媒体、物件和物品等（见表 5-6）。此外，培训辅助设备还包括纸、学员名牌或名字架、游戏道具或演示道具等。

使用视觉辅助设备开展培训原因如下：①视觉神经对大脑的控制比听觉神经大 25 倍；②哥伦比亚大学的研究报告证明，我们学习的感官来源有 85% 来自视觉；③视觉辅助器具能更好地点明主题、节省时间、吸引注意力、加深记忆印象。

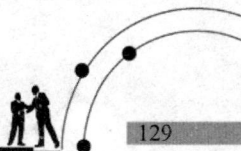

使用视觉辅助设备的原则：①保持简洁；②图表文字大小适中；③每张文字不超过8行；④一次只看一张；⑤在图表上做注记；⑥不要挡住听众视线；⑦演讲者始终是核心，而不是辅助设备。

表5-6　常用辅助设备

辅助设备	说　明	优　点	缺　点
卡片	• 适用于人数不超过25人的群体 • 只记录有待再参照的信息 • 按一定的逻辑顺序张贴卡片 • 提前准备好一些 • 使用标签 • 说话时站在卡片旁边，面向学员 • 水性彩笔不会渗透卡片纸 • 运用各种彩色笔和深色 • 每页不超过15个词，按清单或栏目方式书写	• 书写清晰 • 纠正错误 • 卡片可以自然地加以运用 • 记录下学员的原话原词	过度使用卡片会削弱对话
固定页	如果黏性不强，使用胶带把它们贴到墙上	方便、易用	只能用干性可擦笔书写
高射放映机	• 把放映机放在房间的边上 • 把焦距调到最佳清晰度 • 备带一个灯泡和一段电线 • 运用大号的清单式或栏目式书写（每张片子6~8行） • 把片子编号 • 在幻灯片夹子上作上记号 • 把片子内容复印，散发给学员 • 片子底部1/3部分保持空白 • 讲解时指片子而非屏幕	适用于大规模的培训群体（如200人以上）	• 避免换片子时强光对学员的刺激 • 避免速度太慢
电子卡片	只运用干性可擦笔	• 可以只按一个键而复制卡片页	• 更改容易 • 受限于设备
黑板	运用粉笔	• 容易修正错误	• 粉笔粉尘影响
白板		• 容易更改错误	只能用干性可擦笔书写
幻灯片	• 携带一个备用灯泡和一段绝缘电线 • 练习使用该设备	• 演示效果好	片子容易倒置和放错方向
电视和DVD		可以找到或买到很好的DVD	向大班演示时，运用大屏幕或多个屏幕
电脑与多媒体	• 避免在终端机上设置太多 • 保持"以学员为中心"，而不是"以数据资料为焦点"	• 方便 • 易用 • 演示效果好	• 设备出现故障，培训就难以进行 • 设备运行环境要求较高
物件和物品	在学员间传看，然后让他们独自思考和演示	• 方便 • 易用	学员容易将注意力集中在物件和物品

在培训前期，为避免工作中出现漏洞，应做到分工明确、责任到人，组织者需按照事先设计好的"辅助设备准备工作检查表"对辅助设备一一进行检查和记录。培训前期辅助设备准备工作检查表范本见表5-7。

表 5-7　培训前期辅助设备准备工作检查表

名称	培训器材准备											
	使用与否		来源			使用数量	准备人	准备完成日期	设备调试人	调试日期	检查人	检查日期
	是	否	租用	外购	内部设备							
投影仪												
麦克风												
投影幕布												
扬声器												
白板												
Mark 笔（双色）												
水彩笔												
摄像机												
录像带												
DVD												
电视机												
录音笔或采访机												
延伸插座												
光源												
条幅												
姓名牌												
游戏道具												
不干胶贴纸												
磁条												
白纸												
参考资料												
培训手册												
培训证书												
小礼品												

注：本检查表供培训组织者进行培训前期的相关工作检查，可能某些设备并不一定在本次培训中用到。

二、培训实施中的组织管理

作为学员上级主管，有义务保证学员培训期间的工作得到妥善安排，保证培训出勤率及质量。

作为培训活动的执行者，要做到以下几个方面。

（1）在每次课程前要确保后勤工作的质量、现场设备的正常等，为方便统计且不遗漏任何细节工作，可制作一个检查统计表格。

（2）一定要做好学员考勤记录，并观察学员的培训表现。

（3）及时反馈培训信息，做好培训计划的变更工作。

（4）做好突发事件的应急处理。

（5）当培训计划发生变动时，应及时通知学员，并提供补救措施。

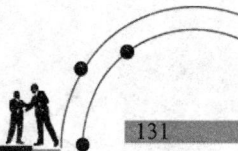

作为培训开发主管，要做到以下几个方面。

（1）可以通过旁听或参加培训活动，及时了解培训开发的项目是否正常进行。

（2）举办培训例行会议，与各级主管和培训人员讨论培训事宜，听取各方面意见和建议，及时修改培训方案。

作为培训师，按照预先确定的培训目的和目标设计培训的内容，制作培训课件，展开培训工作，根据学员的反应做好培训方案的调整工作。

三、培训实施后的组织管理

培训实施后，培训组织者将培训实施报告、考勤记录等上报给学员所属职能培训负责人及部门经理，并抄送人力资源部备案，进行培训评估和跟进；对于培训中使用到的课件及其他有价值的资料进行存档管理。

第二节　培训师资源的调配

培训师是培训体系中最重要的组成部分，是培训的基石和可再生力量。优秀的培训师在培训中应该扮演好教师、演员、教练和咨询顾问 4 个角色。一个合格的培训师需要有深厚和渊博的知识，激励他人、建立关系、变通、沟通、诊断问题，并找出解决方法等多方面的能力。

一、培训师的角色定位

（一）教师

从培训师的字面上理解，"师者，传道、授业、解惑也"，培训师首先是教师，因此无论是教授学员如何成功做人，还是教授学员有关销售、管理或财务的技巧，都要具备教师一样的专业知识和授课技巧。

（1）培训师的课程应当是系统而明确的，如同教师的教案一样，每个课程都围绕着一个中心，说明一个问题。例如，讲授营销课程，如果要做成教案，估计其厚度就如同 MBA 教材一般，不可能在一天或几天的培训课中系统地讲解。因此，培训师应当结合学员的需要，将课程重点集中在自己擅长的点上，最忌讳按照培训者主观逻辑拼凑的课程讲解，既没明确主题也不具备完整性。

（2）具备教师的课堂讲解能力。讲解需要把一个观点、一个问题深入浅出地剖析清楚，无论是深奥还是浅显都能让学员明了培训师所要阐发的观点意图。例如，某一位企业讲财务课程的培训师，其本身就是企业的管理人员，虽然其在做财务工作时取得很大的成就，能很好地完成各种财务工作。但是，由于财务不像其他岗位那样要多多与人交流，加上财务课程本身涉及数据、理论、方程式等较多，因此在讲解时学员常常感到似懂非懂。

（二）演员

培训师的职责除了传授知识，更是要让学员接受知识。传授与接受是两个截然不同的概念，就像同在一个课堂学习的学生最后获得的知识量完全不同一样。传授只是一个教的过程，而接受是学的过程。那么怎样才能让学员将培训师传授的知识理解、记忆并掌握？

（1）像演员一样始终吸引受训者的注意力。许多培训大师的课程，大多动作幅度较大，表情丰富甚至夸张。如果在生活中，估计大多数人很难接受这种说话方式，可是培训课堂上却需要培训师的这种"表演"。此时，培训师已经不是课下"某老师"，而是课堂教学中的一个演员。培训师需要用这种方式吸引学员的注意，让学员全身心地投入到对课程的理解和体会上来。

（2）将课程用表演的方式演绎出来。同一个课程，有经验的培训师可将其演绎的淋漓尽致，充分调动学员的热情，让学员在不知不觉中投入。而同样内容的课程换成一个经验欠缺的培训师上课时，就无法吸引学员的兴趣，甚至使其感觉内容枯燥，形式做作，让学员产生抵触情绪。

就企业培训的一些销售课程来说，很多企业集团既有销售高手，也有既通晓销售知识，又有销售经验同时也能言善辩的人才，但是为什么仍然需要借助专业的培训师呢？因为同样的话从不同的人嘴里说出来，或者用不同的表达方式给人的感觉是不一样的。专业的培训师就像给这些知识加上了华丽的包装，原来一些朴素的知识或道理由不起眼变成了金玉良言，通过培训师的演绎，这些知识让受训者感觉"如此重要"以至于在今后的实际工作中会牢牢地记住，这就达到了培训的目的。

（三）教练

培训师除了教师知识以外，更为重要的功能是教练功能。对学员的培养和训练就体现在整个培训过程中，如培训训练、体验式教学、游戏教学时对学员能力的训练，就需要培训师对学员精心辅助、引导，让学员身体力行地参与到培训项目中来。

（1）体现教练的示范性。在培训课程中，除了讲解很多时候也采用角色扮演法。例如，教授沟通技巧课程，培训师就会让学员分组采用课程的角色扮演法，以此来发现学员在该项技能运用中的问题。此时，培训师就会自己示范，请学员扮演极难沟通的客户故意刁难，然后看培训师如何采用所授技巧予以化解。

（2）体现教练的耐心指导。优秀的培训师对于学员知识的掌握较为负责，如果有学员掌握知识较慢，培训师会主动予以指导，一次次地辅导学员准确运用技巧，直到每个学员掌握基本的工作要领。

（四）咨询顾问

优秀的培训师也是企业的咨询顾问，可以根据企业状况提出培训课程及培训重点的建议。培训师大多有自己擅长的领域，如教授销售课程的培训师以前大都有不错的销售业绩，在销售领域有着丰富的实践和理论基础，所以他能有自己独特的教课和行销技巧。

（1）具备顾问级的专业知识和丰富经验。如果说培训师只是人云亦云，将其他人讲的课程复述出来，那他一定不可能成为优秀的培训师。优秀的培训师应该是自己专业领域的专家，不是简单的照搬，而是对知识、技巧的灵活运用，授课时能旁征博引、充分阐释，遇到学员的实际问题也能凭丰富经验与知识予以准确解答。

（2）具备知识顾问的诊断、咨询功能。培训师既然教授学员解决问题的知识和技巧，那

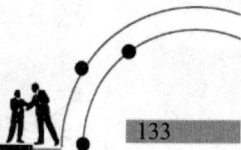

么自己必然对该知识和技巧要有熟练的掌握，更应在企业的实际问题的诊断中体现出"师"的水平。往往一堂课后学员都会找到问题所在及解决问题的方法。

另外，很多课程在开展培训前，培训师只有先诊断出企业或学员的问题所在，才能提出相应的有针对性的课程建议及培训方案。

二、优秀培训师的基本素质

（一）深厚的理论知识、过硬的教学经验和实战经验

培训是一个双向沟通的过程，培训师首先要有能力回答学员提出的各种各样的问题，所以培训师必须是一个学识渊博的人。其次，一名优秀的培训师向学员传递的是一种工作的思路和方法，而不是空洞的不着边际的泛泛之谈。培训师对企业的人事管理、市场管理和财务管理等各方面都要有一定深度的认知和独到的成功经验。

（二）激励他人的能力

培训师应能够意识到学员的发展需要并激励他们认同自己的情感和价值观。优秀培训师能激发学员内在的动力，而不是使用外在压力。培训师的信念是使学员发挥自己的潜能。成功的企业培训师善于激励和鼓励那些犹豫不决和失败的人勇于承担风险和建立安全网络。

（三）建立关系的能力

培训的成功与否很大程度上取决企业培训师和学员之间的关系是否融洽。企业培训师应当是可接近的、友好的、值得信任的，把培训看作是很重要的事，并且乐于助人的，能充分地表达自己的想法，必须全神贯注于自己的任务而不计得失。

（四）变通的能力

培训师有其固定的课程安排，但其日程是可以灵活变动的。培训师与学员一起，确定优先考虑的事情和目标，并制订行动计划以实现行为的改变。然而，这一日程安排并不是固定不变的，出色的企业培训师能够调整日程并且进行"课外"培训以适应个人的不同需要。

（五）沟通的能力

培训师应该拥有广泛的人际交往和沟通能力，并对他人的担忧表示出敏感和耐心。因为许多人在与合作者、同事和客户产生交流困难时常采用培训这种方式。培训师要能够对学员的世界观、价值观、恐惧和梦想表示出赞同和理解；培训师要能够聆听，提出能激发学员热情的适当的问题，并经常作出清晰的、直接的反馈。重要的是，培训师必须愿意进行坦诚的交流，能够清楚地识别出不受欢迎的行为，同时也不能过于顾及学员的反抗情绪或担心使他们难堪、不喜欢。

（六）诊断问题并找出解决方法的能力

培训师应该收集学员的有关资料，以便决定他们的特定需求。虽然评估和会谈的技巧可

以通过学习获得，但一位成功的培训师所拥有的素质使他们能够更有创造性地利用这些信息，诊断学员的问题所在，或提出令人振奋的解决办法。这些素质包括以下几个方面：①能真正了解所询问的问题；②能意识到什么是错误以及应该做什么；③将理论运用于实际环境的能力；④创造性地提出新的观点和以新的视角看问题；⑤独特的和新奇的解决问题的能力。

（七）人格魅力

在培训过程中，培训师的道德行为规范、个人修养、兴趣、礼仪等都会在学员面前表现出来。这些因素构成了培训师特有的人格魅力，直接影响培训的效果。

培训师的人格魅力是其综合素质的集中体现。优秀的培训师有着积极向上的人生态度和正确的价值观，具有热情、诚实、幽默、耐心、灵活和冷静客观的特质。

阅读资料

培训师的类型

决定培训师水平高低有 3 个维度：知识和经验、培训技能以及个人魅力。根据这 3 个维度，可以将培训师分为 8 种类型——卓越型、专业型、技巧型、演讲型、肤浅型、讲师型、敏感型和无能型。这 8 种类型的培训师在上述 3 个维度上的表征详见表 5-8。

在组织实施培训时，最好聘请卓越型培训师，或者选择专业型、技巧型和演讲型培训师。如果请到肤浅型、讲师型、敏感型以及无能型培训师，往往会后悔莫及。

表 5-8　8 种类型培训师之比较

类　型	知 识 经 验	培 训 技 能	个 人 魅 力
卓越型	√	√	√
专业型	√	√	×
技巧型	×	√	√
演讲型	√	×	√
肤浅型	×	√	×
讲师型	√	×	×
敏感型	×	×	√
无能型	×	×	×

注："√"表示在此方面培训师表现较好；"×"表示在此方面培训师表现较差。

三、培训师的来源渠道

培训师的来源一般有两种渠道，即内部人员和外聘。内部讲师主要负责专业技能与企业文化的培训，外聘讲师主要负责新理念、新思想的培训。

内部和外聘讲师的比例应依据培训的实际需求，尽可能做到内外搭配合理，相互学习、相互促进，形成一个和谐高效的精英团队[①]。

内部讲师和外聘讲师的优缺点对比详见表 5-9。

---

① 王成，王玥，陈澄波. 2010. 从培训到学习：人才培养和企业大学的中国实践[M]. 北京：机械工业出版社.

表 5-9　内部讲师和外部讲师的优缺点对比

类　型	优　点	缺　点
内部讲师	·培训成本低 ·对企业实际情况较熟悉，培训有针对性 ·培训责任心较强，培训易控制 ·可以和学员进行有效的沟通	·选择范围小，权威性不高 ·不能引起学员的兴趣 ·易受企业现状的影响，缺少新思想、新观点
外部讲师	·选择范围大，培训者较专业，具有丰富的培训经验，可提升培训档次 ·不受企业管理理念的影响，可带来新的观点和理念 ·易营造学习气氛，促进培训效果	·培训成本高 ·偏重于理论知识，而忽视了实际操作技能和企业文化的培养 ·易选错培训者，对企业不熟悉，培训的内容可能不适用，针对性不强

　　培训者无论来自公司内部还是外部，都需要有专业技能和培训经验。如果组织利用内部专家进行培训，那么必须强调的是，应该让他们尽量用比较具体的方法来传授课程内容（如运用案例），尤其是当学员对培训内容不了解的时候。另外，让管理者和员工作培训者，可以使培训内容更有意义，他们了解公司内部情况，所以让他们作培训者可以使培训内容与学员的实际工作更接近。

（一）内部培训师的培养

　　内部培训师，指的是除人力资源部之外的其他部门的兼职培训师。选拔兼职培训师是一项具有创造力的工作，做好这项工作，将对人力资源的开发与培训具有巨大的推进作用[①]。

　　1. 建立内部培训师队伍的必要性

　　首先，建立内部培训师队伍是人力资源培训与开发体系的重要组成部分。
　　其次，充分利用内部培训力量能够有效降低培训成本。如今，许多企业把人力资源培训与开发的某些项目实行外包。培训外包作为培训与开发的有效途径之一是无可厚非的，但是，培训项目外包和充分利用内部培训资源两者相比，哪一个效益更大呢？
　　众所周知，评价一个培训项目效益的好坏，其标准是培训效果与培训投入的比例。用一个公式表示为培训收益＝培训效果÷培训投入。如果其他条件不变，培训投入越大，则培训的效益越小。如今的顾问公司或者咨询公司一般都有专门给企业进行培训的业务，但他们的收费都是相当高的，而如果充分利用企业内部的培训资源，所需要的费用就会大大降低。因此，在培训效果相同的条件下，充分利用企业内部资源的效益比企业培训外包的效益更好，而利用企业内部培训资源一个很重要的途径就是建立内部培训师队伍并发挥其作用。
　　最后，利用内部培训师力量能够有效加强开发与培训的效果。

　　2. 建立内部培训师队伍的过程

　　内部培训师队伍的建立一般要经过以下过程。
　　（1）进行工作动员。这是建立内部培训师队伍的首要环节。因为这些培训师都是兼职的，

① 王宝伟. 2004. 绿城集团员工培训与职业发展实施方案[D]. 郑州大学管理学院：11.

本职工作是主要的。做好这项工作，必须要在动员的基础上，争取其所在部门的支持，征得本人的同意。

（2）各个部门上报有资格的培训师候选人员名单，培训部门对候选人进行筛选。在前期动员工作的基础上，人力资源培训部门或培训的组织者就要着手实施选拔工作。这是建立内部培训师队伍关键的一环。

（3）培训部门负责对培训师队伍进行培训技能方面的培训。对所有培训师队伍的组成人员进行培训，是建立内部培训师队伍的最重要环节之一。这不仅关系着初步建立的培训师队伍能否有效地发挥应有的作用，而且关系着人力资源开发与培训的效果。

（4）企业高层管理机构或高层管理者对培训合格后的人员进行培训师的资格认定测试后，要对这些组成人员进行正式的资格确认。这一最后环节标志着培训师队伍最终建立起来。

（5）人力资源部将其培训资格归档并录入个人人事资料，从而成为绩效考核、晋升和薪酬评定等方面的依据。

案例启迪

九牧王内部讲师队伍的建设

九牧王（中国）有限公司一直致力于中高档男士服饰的开发与生产，该公司十分重视内部培训师的培养。连续 3 年，公司每年都会在其内部选拔出 20~30 名员工，将他们培养成内部培训师。该选拔主要面向公司各部门的管理层，只要在公司工作满一年，并自认为在某一领域有独到的见解，都可以报名。报名者需先准备讲义，并制作成幻灯片进行试讲，公司会成立专门的评委小组对其进行选拔。经过初选的讲师，公司会请国内著名的培训师对其进行三四天封闭式的培训，培训完再进行考试。最后，九牧王"内部讲师认证委员会"会对每个讲师进行认证，根据个人考试成绩和资质，分别颁发初、中、高 3 级"九牧王内部讲师证"。

（二）外部培训师的选择

1. 外部培训师的选择方法

培训管理者应根据每个培训项目的具体需求选择德才兼备的培训师。

外部培训教师的筛选方法见表 5-10。

表 5-10 培训教师的筛选方法

方 法	目 的
让培训教师做一次培训	全面了解其知识、经验、培训技能、个人魅力，再对其去留作决定
要求提供一份培训教师简历	通过简历，可以知道其受过什么教育，有什么经验，从事过什么工作，主持过什么培训
提一些问题	如对培训方法的熟悉程度，是否了解企业职能部门的运作，是否知道培训与一般教育的区别，怎样达到本次培训的目的等，以了解其实际水平
要求制定一份培训大纲	从大纲中，可以知道其是否熟悉培训，是否知道培训技能，是否善于通过培训达到企业目标

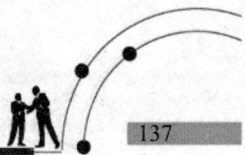

2. 外部培训师的选择渠道

在外部培训师的筛选中，还需要做到广开门路，不拘一格。要通过各种渠道获取相关信息，信息越多、范围越广，选择到优秀培训师的机会就越大。具体的选择渠道有以下几种：①参加各种培训班；②旁听高等院校专家教授的讲座；③通过熟人介绍；④通过中介服务机构和专业培训组织介绍；⑤通过专业协会；⑥通过网络或者借助媒体广告联系和招聘培训师。

3. 外部培训师的关系维护

人是受情绪影响的，外部培训师也需要进行关系维护。保持与外部培训师良好的人际关系，有助于增强培训的效果。特别是优秀的培训师，由于聘请其培训的单位很多，空档时间有限，保持与其的关系有利于把握时间的主动权。做好与外部培训师关系的维护，需要做好以下工作。

（1）培训前多沟通。向培训师多介绍企业文化背景、学员期望、公司高层对培训的期望、学员信息等。

（2）培训时服务周到。尊重培训师，对其工作给予认可和感谢；及时反馈培训中出现的问题；给予一些人性化的关怀，如端茶倒水、准备好各种培训所需设备用具等。

（3）培训后及时反馈。培训结束后一周内把学员和公司领导对课程的评价报告反馈给培训师。

（4）外聘讲师的培养。对一些非常适合本企业文化和水平，学习能力又很强的优秀外聘培训师，可以让他们融入企业的内部讲师队伍，让他们参与一些本企业特殊课程的开发，长期担任本企业的培训讲师。

（5）长期关系的维护。在培训结束后进一步保持和培训师的联系，在节假日送去问候和祝福，举办一些培训师交流会，年底年初赠送领导签字的小礼品，给优秀培训师颁发优秀培训师证书等。

第三节 培训外包

一、培训外包的内涵及形式

培训外包，是企业把培训与开发的一些核心职能（如培训计划和培训方案设计、培训课程设计、课程讲授、培训现场组织、培训效果评估等）委托给专门的培训机构，由专门的培训机构负责制订培训计划、办理报到注册、提供后勤支持、设计课程内容、选择讲师、确定时间表、进行设施管理、进行课程评价等事宜，或者负责其中部分事宜。培训外包因为聘请专业培训机构做专业的事情，往往能使培训与开发活动以更低的费用、更好的管理、更佳的成本效益进行，并且责任更清晰。与此同时，培训外包还有助于企业把更多的精力投入到自己熟悉的业务领域，以维护企业的核心竞争力。当然，是否采取培训外包，还是要通过科学的决策分析来最后决定。

培训外包有两种形式：主题式外包和年度外包。前者是专门的培训机构按照委托方的需求，围绕培训目的（主题），紧密结合委托方的实际情况，为对方量身定制个性化的培训解决方案。后者是培训机构结合委托方的经营战略和人力资源战略，拟定培训规划和年度培训计划，以自己专业化知识和集团采购的优势，协助委托方以低成本组织实施培训计划。

二、培训外包流程

培训外包的工作是经由培训需求分析、确定培训外包方式、确定培训外包项目、挑选培训服务商、接受并评价"计划书回复"、寄送项目计划书、考核并决定培训服务商、签订培训外包合同、跟踪质量控制等一系列环节来完成。

（一）进行培训需求分析

无论是选择外包，还是由自己组织，都必须进行培训需求分析。在对培训外包的成本进行考查的前提下，再决定是否选择外包。

（二）确定培训外包的方式

人力资源部经过讨论决定采取培训外包的方式后，还需报送上级审核和批准。

（三）决定培训外包项目

在上级领导认可和批准培训外包后，人力资源部就要考虑把哪些项目外包出去。把哪些项目外包出去应根据企业目前的培训能力、培训预算、培训内容而定。如果企业正处在急速发展期且急需培训员工时，可以适当考虑外包某些或全部培训活动；如果企业处于精简状态，可以将整个培训职能外包出去，或只将培训职能的部分工作外包出去。

决定外包项目后，培训负责人起草《培训项目计划书》。项目计划书中应具体说明所需培训的类型、将参加培训的员工以及提出一些有关技能培训的特殊问题。项目计划书起草应征求多方意见，争取切合企业培训的要求。

（四）挑选培训服务商

起草完项目培训计划书后，人力资源部要根据培训项目的具体内容和要求寻找适合的培训服务商。

（五）寄送项目培训计划书

找到适合的外包服务商之后，人力资源部要把项目培训计划书寄送给外包服务商。

（六）接受并评价计划书回复

在培训服务商回复项目计划书后，人力资源部要对回复进行评价。

（七）考核并决定培训服务商

在与培训服务商签订有关培训外包合同之前，可以通过专业组织或从事外包培训活动的专业人员来了解、考查该服务商的证明材料。在对可选择的全部对象都做过评议之后，再选定一家适合自己的服务商。

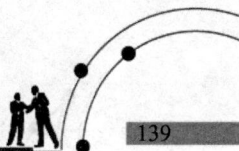

（八）签订培训外包合同

双方经过谈判、协商，就培训外包达成共识，在对合同条款进行充分讨论并确认后签订培训外包合同。为确保合同的严谨性，在签订合同之前，应先让企业自己的律师进行审查，还可请专业会计或财务人员审查该合同以确定财务问题以及收费结构。

（九）跟踪质量控制

在培训活动外包之后，还要定期对服务费、成本以及培训计划的质量等项目进行跟踪监控，以确保培训计划的效果。这需要建立一种监控各种外包培训活动质量和时间进度的机制。

三、选择培训外包的原则

企业如何选择合适的培训外包商，应遵循什么标准，以下 11 个原则可供参考：①成本；②资格证明；③行业背景；④经验；⑤经营理念；⑥实施培训的方法；⑦培训内容；⑧现实的产品；⑨结果；⑩支持；⑪对项目计划书的要求。

选择培训供应商遵循的原则见表 5-11。

表 5-11　选择培训供应商的原则

原　则	具体内容
成本	价格要与培训项目的内容和质量相称
资格证明	包括资格认证、学历和其他能证明培训提供者专业能力的资料
行业背景	在相关领域从事经营的时间长短和经验
经验	培训提供者以前有哪些客户，与这些客户的合作是否成功，能够提供哪些证明人
经营理念	培训提供者的经营理念是否与组织相符
实施培训的方法	培训提供者采用哪些培训方法和技术
培训内容	项目和资料的主题和内容如何
现实的产品	包括培训项目的外在感观、示范材料是否提供中试项目
结果	预期的结果如何
支持	尤其是在项目实施和售后服务方面的支持力量如何
对项目计划书的要求	外部培训机构提供的服务是否与组织希望对方在项目计划书中体现的内容一致

这些原则中的各原则所占的比重与特定管理人员相关，如一些管理者希望寻求最好的供应商，那么他们会更加考虑供应商的经验与客户列表。其他的管理者青睐于明星机构，注重供应商的领导地位以及在各种媒体中的宣传。

四、企业选择培训外包时应考虑的因素

（一）本公司的专业水平

组织缺乏专业性的知识、技能、态度或其他方面的需求时需要设计与实施人力资源开发项目。

（二）时效性

雇佣外部机构来推进流程实施非常适时。

（三）培训学员数量

一般来说，培训学员数量越大，组织自己设计项目的可能性越大；反之，选择外部培训机构的可能性越大。

（四）培训课程

如果培训课程涉及商业秘密、隐私时，人力资源开发部门应该利用内部培训者实施项目。

（五）成本

人力资源开发部门必须考虑成本因素，但也需要结合其他因素。

（六）人力资源开发活动规模

人力资源开发部门的规模越大，对外部培训机构培训项目设计、执行、实施等方面的评估越严格。

（七）其他因素

其他一些因素也会使得组织利用外部培训机构来执行技能培训。

五、培训外包合同

培训外包合同必须明确合作双方的权利、义务和责任，并对双方认为重要的其他事宜进行约定。双方的权利、义务和责任依据企业外包的事项不同而不同。在下面这则示例中，企业选择的是把培训课程的设计和讲授、培训现场的组织与协调、培训教室桌椅的布局和摆放等外包给专业培训机构。

阅读资料

×××公司培训项目外包合同范例

甲方：×××公司人力资源部

乙方：×××培训机构

双方秉承合作共赢的信念，经平等协商，就乙方的培训师为甲方提供内训课程讲授服务事宜达成一致。

一、培训说明

乙方安排培训师为甲方讲授培训课程，乙方培训师应认真备课，负责按时为甲方学员提供专业化、具有实用性和针对性的优质培训。甲方负责培训场地和所需培训工具、器材，乙方负责培训学员的组织和管理工作。

1. 讲师介绍：＿＿＿＿＿＿＿＿＿＿＿＿＿＿＿＿＿＿＿＿＿＿＿＿＿＿。

2. 授课时间：　　　年　　月　　日至　　　年　　月　　日每天下午　　点

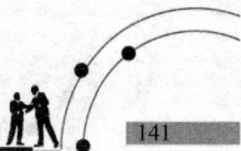

至 点。

3. 授课地点: _____。

4. 课程名称: _____。

5. 授课对象: _____ (具体内容参见"学员名单")。

二、甲方权利和义务

1. 甲方负责落实培训筹备、组织和实施工作，指定培训负责人员，具体工作如下。

（1）对参加培训人员的组织与管理。

（2）落实培训时间、场地。

（3）准备参加培训人员的名单，以及培训所需投影仪、音响、话筒、灯光、插座、电池、白板、白板笔、白报纸十张、学员用桶装水、纸杯、横幅会标等。

2. 做好学员培训需求调查分析，与乙方保持联系，落实培训安排，协助乙方培训师的现场教学活动，协助乙方提高授课质量。

3. 对培训师及其课程的宣传以乙方提供的内容为标准，不宜夸大宣传。

4. 指导、安排和督促培训工作，包括提出培训要求，安排具体授课时间、地点。

5. 承担乙方培训的全部费用。

6. 甲方由于和乙方合作所得到的乙方以及乙方培训师的信息必须予以保密。

7. 本合同签订后一年以内，甲方如果再次需要与乙方或乙方的培训师合作，必须与乙方直接签订新的合同，不得与乙方以外的单位或个人以及乙方的培训师私下交流与合作，否则，甲方应当按照本合同双倍金额作为违约补偿金赔付给乙方。

三、乙方权利和义务

1. 乙方在合同签订后，给甲方提供准确、真实、合法的培训师个人资料，并于培训日期两个工作日前将课程 PPT 文件的电子版提供给甲方。

2. 乙方负责派出助理协助甲方制作培训人员座签以及打印、装订培训教材，并负责培训现场的组织、协调以及培训教室桌椅的布局和摆放。

3. 乙方应按照预定时间开始课程培训，并为甲方提供良好的培训服务。

4. 安排好培训师的行程、教材、电脑。

5. 就培训需求、内容和要求与甲方进行提前交谈、深度沟通。

6. 负责提供培训调查问卷。

7. 负责提供培训结业证书。

8. 收取培训费用。

9. 乙方培训师讲授的课程拥有自主知识产权。未经乙方许可，甲方不得对乙方培训师授课过程进行复制（录像及其他方式），否则，乙方有权中止授课。

四、费用

1. 付款金额。甲方在本合同生效并收到乙方所开正式发票后一日内，甲方以支票形式向乙方支付人民币 元（大写 元整）（含税）。

2. 发票: 本合同所有款项，乙方应向甲方提供正式发票。

3. 汇款方式规定如下。

（1）名称: _____培训机构。

（2）开户行：_____。

（3）账号：_____。

五、合同变更、终止、议付与索赔

1. 若甲方未能按期支付乙方培训费用，每逾期一日，乙方可以要求甲方支付相当于当期逾期未付培训费用的1%作为违约赔偿金。

2. 甲方若将乙方资料泄露给其他第三方，乙方有权对此要求甲方付出不低于万元的经济赔偿。

3. 如果因意外因素导致培训课程内容或时间等因素有变化，乙方应及时通知甲方并及时协调解决。

4. 如果因乙方原因导致培训课程延迟或取消，乙方应向甲方支付培训服务费用的50%作为违约赔偿金。

5. 甲乙双方任何一方违反本合同义务，造成对方或第三人受到损害时，违约方应承担损害赔偿责任。

6. 乙方依本合同之各项约定对甲方负有赔偿或支付义务时，甲方可自行从应付培训费用中扣除。

7. 一方违反本合同义务经另一方通知后仍未改正者，另一方有权解除合同并要求违反合同方承担由此造成的一切损失。

六、保密规定

甲乙双方对本合同及因与对方签订及履行本合同的过程中，直接或间接知悉对方或其母及其子公司，关联企业的产品制造方法、产销价格、交易对象及其他机密信息等均有保密义务，任何一方违反本条义务时，应赔偿对方或其母及其子公司，关联企业因此所受的一切损失。

七、其他约定

1. 乙方保证培训课程之文字、图表、图片等内容完全由其自行完成所得，或者已取得第三人合法完整的授权，无侵害他人专利权、著作权、商标权、商业秘密或其他知识产权的情形。

2. 如乙方培训课程之文字、图表、图片等内容有任何侵害第三人的专利权、著作权、商标权、商业机密或其他知识产权引起第三方侵权诉讼或主张权利时，由乙方处理侵权事宜。乙方负责辩护或和解的费用。

3. 对前项侵权行为的争议，乙方同意使甲方免于承担任何责任及费用，包括辩护费用、和解赔偿及依法院判决乙方应支付的损害赔偿金。

4. 本合同及其附件构成甲乙双方的唯一协议，替代双方之前所达成的任何口头约定、协议、备忘录等相关文件。任何对本合同的修改应在双方代表书面签署后生效。

5. 任何一方对基于本合同而产生的任何权利的不主张并不代表其对此权利的放弃。

6. 甲乙双方相互独立，并不因本合同而产生任何代理、雇佣、合伙和合资关系。

7. 本合同任何一方在未征得对方以书面的方式明确表示同意之前，任何涉及本合同所规定的权利和义务的转让均属无效。

8. 双方同意本合同的解释及履行依中华人民共和国法律。因本合同所产生的争议，如不能以友好协商方式解决，双方同意以乙方所在地人民法院作为第一上诉法院。

9. 本合同一式二份，经双方授权代表签署后生效，双方各执一份为凭，具有同等法律

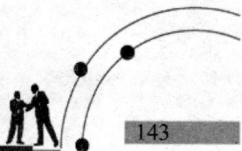

效力，自双方授权代表签章或签字之日起生效。

甲方：_____公司　　　乙方：_____培训机构

联系人：　　　　　　　　　　　　　　　联系人：

联系地址：　　　　　　　　　　　　　　联系地址：

邮政编码：　　　　　　　　　　　　　　邮政编码：

电话：　　　　　　　　　　　　　　　　电话：

传真：　　　　　　　　　　　　　　　　传真：

授权代表：　　　　　　　　　　　　　　授权代表：

年 月 日　　　　　　　　　　　　　　　年 月 日

（资料来源：www.doc88.com.）

复习思考题

1. 在培训实施前需要做好哪些准备工作？

2. 如果培训人员是 20 人或 100 人，你认为如何布置培训现场最合适？为什么？

3. 培训实施方案的基本内容有哪些？

4. 优秀的培训师应具备哪些条件？

5. 如何培养企业内部的培训师？

6. 如何遴选优秀的外聘培训师？

7. 选择专业培训机构的原则是什么？基本流程如何？

案例讨论

有趣的改变

做培训的人都知道，对于一些比较枯燥的内容，如企业制度、工艺流程等，要想取得好的培训效果是一件费脑筋的事情。我们公司是制造皮鞋的，所以对于销售人员的培训，必须有皮的结构、皮的鉴别、皮的工艺过程等内容，这样才能够方便与顾客的沟通。为了吸引受训者，公司决定到环境优美的山庄作培训，受训者都积极报名。可是培训结束后，我们发现，受训者除了对美景和美食印象深刻外，对培训内容却了解很少。但是这种培训是非常重要的，怎么做才能使我们的培训效果达到预期目的呢？后来，公司尝试了一次改变，而且还将培训费减少了一半。我们在组织受训人员时发给每个人一张意大利进口皮，并且告诉受训者这张名贵的皮可以给你的家人或朋友做一个小礼物，如钱包或精致的女士小皮包，但是需要学员们亲自到工厂里去做。结果真的令人难以置信，学员们一进工厂就兴致勃勃地问工人如何做、如何染色、如何鉴别真皮等。有些学员还把他们的处女作放到办公室里当作装饰品。经过这样的培训，他们真的将有关皮的知识都牢记在心了。

（资料来源：王少华，姚望春. 2009. 员工培训实务[M]. 北京：机械工业出版社：74.）

【讨论题】

这一先一后是两种截然不同的培训效果，试分析导致这种鲜明反差的原因是什么。

第六章　培训与开发的方法和技术

教学目标

　　描述各种在职培训技术，阐述脱岗培训技术的类型及运用要点，陈述 E 化培训技术的特点，阐述在选择培训方法时的评价标准

教学要点

　　在职培训技术、脱岗培训技术、E 化培训技术、各种培训方法的运用要点及其优缺点、影响企业选择培训方法的因素

关键词

　　导师制　教练　工作轮换　讲授法　案例讨论法　研讨法　角色扮演　示范操作法　游戏法　竞赛法　虚拟培训　E-Learning

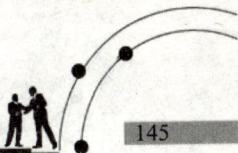

导入案例

头大的竞赛

小张参加了一次领导力的企业内训，培训师带来了两位助理。在课程开始时，两位助理就给大家展示了两个记分牌（见表6-1），将所有培训学员分为4组，每张记分牌上有2组。

表6-1　团队成绩记分牌

组别	评估标准	评估标准	评估标准	……	……	……	……	……	评估标准
A									
B									

注：格子中是盖章的位置。

大家一看，记分牌上密密麻麻地画满了格子，对应了近10项评分标准。

助理拿出几个章展示给大家，说："每个组的表现分由团体和个人两部分组成。记分牌上显示的是团队分数，个人分数会记录在'个人表现评估表'中。大家请打开讲义第一页，里面的那张卡片就是评分表（见表6-2）。在培训过程中，我们会及时给与评估和奖励，并分别用刻有5、10、20这3种数字的章，在记分牌上相应的位置盖章，作为大家的团队成绩。每一天的培训结束后，我们会有大礼包送给优胜的团队和个人。"

表6-2　个人表现评估表

姓名：

注：格子中是盖章的位置。

不知道是否是对大礼包感兴趣，大家对竞赛规则非常感兴趣，要求助理详细讲解。于是，在学员们不断提议下，助理根据要求修改了竞赛规则，将原来的9项评估改为5项，并明确了各项指标。此时，小张看看表，时间已过去50分钟。

在培训过程中，只要有人主动回答问题，培训师马上宣布得分，然后停下来，等两位助理跑过来给回答问题的学员在"个人表现评估表"上盖章。到下午时，大概是为了赶进度，培训师不再停下来，而学员们还是回头看看美女助教从教室后面跑过来盖章，然后目送助教回到教室后面的座位上去。

当然，在培训过程中，用哪个数字的章来盖是有争议的。但培训师说，这世上没有绝对的公平。学员们也就不再坚持。但每次盖章后，小组就会把个人和团队的章合计一次，排排名，比较一下，再憋足了劲等着下一轮……

一天6小时的课程很快就结束了，大家手里的"个人表现评估表"和记分牌上面盖满了密密麻麻的章。两位助理花了15分钟计算出了优秀个人和团队。宣布时，其他小组均不服，认为是计算有误,最后又只好像选举唱票一样又花了 25 分钟重新合计一次。发放奖励大礼包时,获奖的团队和个人非常开心,其他几组则在讨论规则的不合理性。

小张很郁闷,因为一天培训下来,自己印象最深刻的竟是竞赛规则,而培训内容却完全没有了印象。

(资料来源:苏平. 2010. 培训师成长手册:课程开发实用技巧与工具[M]. 西安:西安交通大学出版社:159.)

在培训过程中,选择恰当的培训技术和方法,并充分合理运用,是培训设计和培训实施环节的重要任务之一。现行的培训方法和培训技术五花八门,上面的案例体现了竞赛法在培训中的运用(当然这是一则失败的实例)。应该看到,每种培训方法和技术既有优势也有局限性,要发挥好它们的正面作用,培训组织者和培训师首先要全面地了解每种培训技术和方法的使用方法及特点,然后再结合具体的培训目的、培训内容、企业条件等作出合适的选择。

第一节　在职培训技术

在职培训(on the job training, OJT)是指为了使员工具备有效完成工作任务所必需的知识、技能和态度,在不离开工作岗位的情况下,对员工进行培训,也称为"在岗培训"、"不脱产培训"等。许多企业通过在职培训来培训员工。这通常表现为安排新员工跟着有经验的员工或主管人员学做工作,由这些有经验的员工或主管人员来实施培训。常用的在职培训方法主要有师带徒、导师制、工作轮换、教练、行动学习等[①]。

一、师带徒

师带徒(apprenticeship)是一种最传统的在职培训方式。最早的师带徒培训没有一定的方法和程序,新员工只是从观察和体验中获得技能,因而见效相当迟缓。后来的师带徒在指导方式上有了一定的改进,主要是由一名经验丰富的员工作为师傅,带一到几名新员工。通常在需要手工艺的领域中使用这种培训,如管道工、理发师、木匠、机械师和印刷工等。培训期限依据所需技艺的不同要求而不同,常见的师带徒培训所需时间见表 6-3。

表 6-3　代表性的手工艺职业师带徒培训所需时间

职　业	年　数	职　业	年　数	职　业	年　数
烘焙师	2	木匠	4	陶工	5
理发师	2	锁匠	4	印刷工人	5~6
铁匠	2	机械师	4	照相制版师	5~6
摄像师	3	电工	4~5	排字工人	6
装饰师	3	乐器制造者	4~5	雕刻师	7
泥水匠	3~4	工具制造者	4~5	打井工人	8
泥瓦匠	3~4	水管工	5	金属版雕刻师	5~10
厨师	3~4	煤气管工	5		

资料来源:黄天中. 1976. 人事心理学[M]. 台北:三民书局.

在师带徒传授技能的第一个环节中,经验丰富的师傅常常会通过询问或要求演示来了解

[①] 洪亮. 2001. 美国的企业管理培训[J]. 经营管理者,07;关于行动学习的内容请参见本书第二章的描述,本章不再做进一步介绍。

新员工是否懂得某一操作的技能。如果答案是否定的，他就会先口头传授告诉培训对象应该做什么，应该怎样做。接着，培训者会亲手示范，一边操作一边讲解动作或操作要领。在培训者认为已经将某一操作技能的要领完全告诉并示范给培训对象后，会要求培训对象练习或跟着做。最后，培训者检查培训对象的学习成果，并决定是否需要重新开始第一传授环节（见图6-1）。

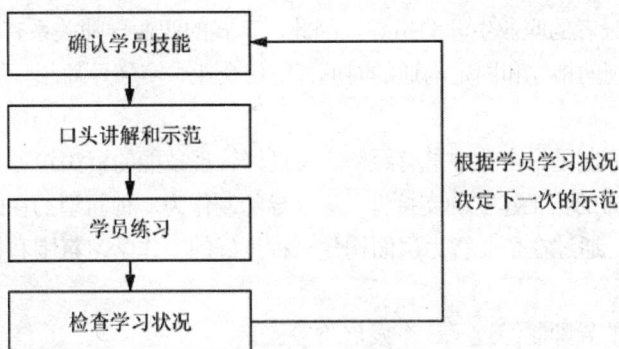

图 6-1　师带徒流程

师傅在进行讲解时必须注意以下几点：①讲清楚关键工作环节的要求；②讲清楚做好工作的原则和技巧；③讲清楚需避免和防止的问题和错误。

师带徒培训的主要优点：当师傅因退休、辞退、调动和提升等原因而离开工作岗位时，企业能有训练有素的员工顶上，从而不影响工作效果或效率。另外，师带徒培训通常能在培训者与培训对象之间形成良好的关系，有助于工作的展开。

师带徒的主要不足：该培训仅对培训对象进行某一特定技能的培训，随着新技术和新管理方法在企业中的应用，不少员工可能会失去原有的工作，其他企业则可能认为员工技术太单一而不愿聘用他们。再者，师徒带是师傅与徒弟两个人之间的关系，"带会徒弟饿死师傅"这种传统的消极观念会在一些培训者的头脑中作祟，在一定程度上影响技能的传授。

一般而言，师带徒培训的有效性取决于3方面：师傅、徒弟和组织。师傅应具有较强的沟通能力、监督和指导能力，以及宽广的胸怀；徒弟应虚心好学，积极主动与师傅建立和保持友好的工作关系；企业组织应为新员工选择合格的师傅，并对师傅的培训工作给予充分的肯定和必要的奖励。

随着师带徒培训在实际工作中的应用，其外延和内涵也在不断丰富和发展。接下来讨论的导师制就是师带徒的一种延伸与发展。

二、导师制

（一）导师制的内涵及发展

导师制是传统师带徒的现代演绎版本，既是师带徒在应用领域中的扩展，从手工艺领域扩展到所有有关知识、技能的领域，又是师带徒在指导范围上的扩展，指导的内容不仅包括知识、技能，也包括品行、态度等方面。

在西方，导师（mentor）的概念已有相当长的发展历史，是指为被领导者提供指导、训练、忠告和友谊的个人。指导者与被指导者之间的这种导师关系发展到现在，已有正式和非正式的区别。非正式的导师关系对被指导者的职业发展有着深刻的影响，更侧重于对价值观的培养与职业发展的指导，并且主要是指导者和被指导者之间的私人行为，自行选择，没有指定目标，较少培训与资助。正式的导师制则源于组织的期望，经企业的安排建立，指导关系是结构化和合约化的，有一定的持续时间，既涉及培养被指导人的核心胜任力和动态的能力，也涉及对被指导者的职业生涯的指导。因此，正式的职业导师关系有清晰的指定目标、可量度的结果、正规的指导和固定沟通的时间。现代企业中实施导师制一般都属于正式的导师制。

通常，企业导师制是指企业中富有经验、有良好管理技能的资深管理者或技术专家，与新员工或具发展潜力的员工建立的支持性关系。导师制作为一种新型的在职培训方法，也是一种人才开发机制，通过在企业智力层面构建一种良好的工作学习氛围和机制，培养满足企业发展所需的人才。

在企业中实行的导师制经过了 3 个发展阶段。

（1）新员工导师制。建立导师制的最初目的是充分利用企业内部优秀员工的先进技能和经验，帮助新员工尽快提高业务技能，适应工作岗位的要求。导师辅导的范围包括专业技术、管理技能及一些个人生活问题。

（2）骨干员工导师制。随着企业的不断发展，对人才的需求也越来越旺盛。为了帮助骨干员工快速成长，挖掘他们的潜力，进一步开发企业人才，企业实行骨干员工导师制，由企业的中高层管理人员或高级专业人员担任骨干员工的导师。

（3）全员导师制。在新员工导师制和骨干员工导师制实施的过程中，导师制在职业生涯规划与发展中的作用越来越明显，作为被辅导者能够提升技能，而作为辅导者能够提升管理能力和领导力。因此开始推行全员导师制，使得辅导成为员工日常工作不可缺少的一部分，上级对下级的工作辅导成为一种责任和义务，并且和绩效、培训等相结合，形成职业生涯促进系统。

（二）导师制的各个系统

1. 导师选聘聘用系统

根据绩效考核和能力评估对每一名员工进行评价，对于评价结果优秀、认同并能宣导公司文化、愿意通过辅导工作来提升他人同时提升自己的员工才可以做新员工的导师。骨干员工导师更多的是直接上级。

2. 导师管理评价系统

全员导师思想的引入，使得每个上级都成为其下级的导师。辅导下级是上级的工作职责，并且在个人目标计划中体现，通过被辅导者能力的提升来评价其辅导效果，并在绩效考核中作为一项绩效指标，在职位评估中作为衡量管理能力的依据。最后导师制的评价结果是和激励机制挂钩。从这个意义上讲，导师管理体系是和其他模块交叉并共同发挥作用的。

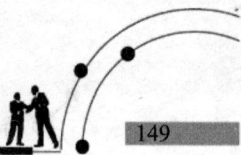

3. 导师辅导交流系统

包括导师辅导技巧培训、导师辅导工作指导手册、导师经验交流活动。导师辅导技巧培训是这样的，新员工导师通常以辅导技巧为主，骨干员工导师通常以教练技术为主，同时对导师进行公司文化和策略的宣讲和培训；导师辅导工作指导手册是具体描述了导师各个阶段应该做哪些工作并进行记录的工作手册；导师交流活动包括导师经验分享座谈会、导师问题研讨座谈会等。

（三）导师制的优点及前提条件

1. 导师制的优点

导师制的优点如下：①培养出符合自身发展要求的人才，最大限度地发挥人才的潜能，使员工对自己的发展前途和空间充满信心，有效地防止人才的无序流动，也有利于降低人才招募和甄选的成本；②促使组织内知识和技能得到扩大和传播，促进不同专业领域人员的沟通和交流，完善企业学习型组织的建设，发挥团队竞争优势；③提供组织发展所需的人才保障，解决引进人才的"水土不服"问题，缩短引进人才的"同期化"，在增强企业内部凝聚力的同时，可满足公司后续发展的人力资源需求。

2. 实行导师制需具备的前提条件

对企业而言，实行导师制必须具备以下几个条件。

（1）要保证组织内部有足够的可胜任导师的人员。他们要有丰富的工作经验、高超的专业技能、开阔的视野，能够为学员提供全面的帮助。做到这一点，就需要加强对导师的培养。很多企业实施导师制只是为了让新员工更快地提升技能，但在实施的过程中出现了很多问题，如导师的积极性不高、不知道如何进行辅导、因为工作忙没有时间进行辅导等。其原因一是导师没有进行辅导技巧的培训，二是导师没有能从辅导工作中看到自己领导力提升。也就是说，如果导师只有输出，没有输入，必然会影响导师制的效果。

（2）被指导者要具有较强的可塑性和提升的潜力，有能力并愿意通过这种方式来提升自己的水平。

（3）导师制的指导计划要与组织的目标密切相连，通过导师制的实行，使被指导者与企业共同成长和发展。

（4）建立导师各个系统。很多企业在实施导师制的时候感觉它是舶来品，很难在中国的企业落地生根，结果是做了很多表面文章，大都因效果不好而夭折。其原因是导师制作为一项人力资源解决方案不可能单独发挥作用，必须和其他模块协同，并借助于各个子系统，才能发挥最大的效用。

三、教练法

（一）教练法的侧重点在于激发员工的潜能

在人们的固有意识中，教练技术历来就是为体育界人士设计的，只有运动项目才设有专职的教练，比如足球、网球、跳水、射击等。随着人们对体育运动越来越多的青睐和投入，教练技术也越来越受到人们的关注，一些有远见卓识的企业管理者已经将运动场上的教练方式应用到企业培训中来，并形成了一种崭新的教练培训方式。特别是近几年来，经过国外学者的悉心研究与实践，"教练法"已经成为欧美企业家提高生产力的最新的有效培训技术。

阅读资料

"教练"的由来

"教练"原本是体育领域的一个名词，将它用于企业管理还有一段故事。

20 世纪 70 年代，美国网球教练添·高威声称可让一个完全不会打网球的人在 20 分钟内学会打网球。此事引起了美国 ABC 公司的兴趣，他们决定派记者进行现场采访。网球教练找来一个很胖且从来未打过网球的女人。他让这个女人不必去管用什么姿势击球，只需把注意力放在网球上，当网球从地面弹起时，先叫一下"打"，然后挥拍击球就行了。果然，在短短 20 分钟内，胖女人学会了自如击打网球。网球教练解释说他并没有教她打网球的技巧，只是帮助她克服了自己不会打球固有的意识，她的心态经历了由"不会"到"会"的转变，就是这么简单。这个过程在电视上播放之后，引起了 AT&T 公司高层管理者的兴趣。他们把添·高威请到公司来给经理们讲课。网球教练最初以为会到网球场上去，不料却被带到了会议室。在授课过程中，经理们不停的在笔记本上记录着。下课后，网球教练发现经理们的笔记上找不到与网球有关的字眼，满篇都是企业管理的内容。原来，AT&T 的管理者们已经将运动场上的教练方式转移到企业管理上来了。就这样，一种崭新的培训技术——"教练"诞生了，添·高威也因此被人们认为是将教练技术从体育领域应用到企业管理的第一人。添·高威在哈佛大学学习期间就是一名网球队的领队，他的著作《网球的内在诀窍》被公司认为是最早研究在商业中引进教练技术的经典之作。

教练方法是一种由管理人员与专业顾问进行的一对一的培训方式，其本质是培训、指导、激励。

专业教练是一群注重承诺、对人热诚、有丰富人生经验和事业成功的人士。他们不仅拥有杰出的成就，更通过教练去帮助他人获取成功。

企业教练不只是一种知识训练或是一种技巧训练，它更着重于"激发人的潜能"，注重一种态度训练。企业教练并不是解决问题的人，而是为培训对象提供一面镜子，使培训对象洞悉自己。利用教练技术反映出培训对象的心态，使培训对象理清自己的状态和情绪，并就其表现的有效性给予直接的回应，使其及时的调整心态、认清目标，以最佳状态去创造业绩。

（二）教练方法的步骤及实施要点

教练方法的实施步骤见图 6-2。

在实施教练过程中，培训教练需要做到 3 点：①指导培训对象作出计划、策略，以及引导培训对象思考为什么要做、如何做、做的后果如何；②指出培训对象所不能或没有设想到的状况等；③持续的引导与客观意见的反馈。

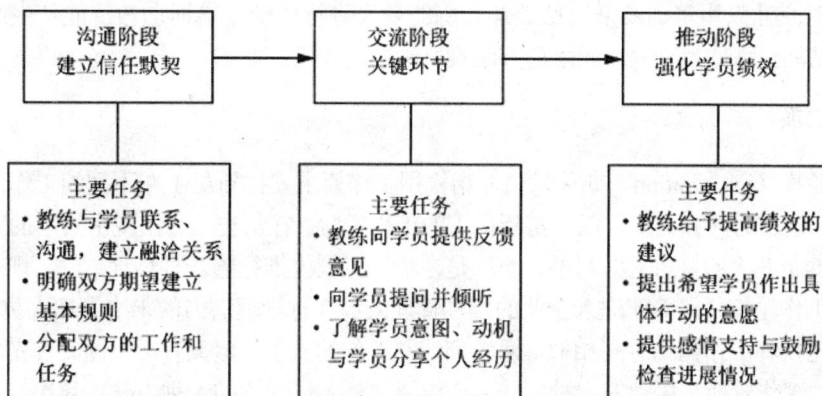

图 6-2　教练方法的实施步骤

为此，教练必须掌握 4 种主要技能：

① 聆听的能力。研究表明，人的内心活动 80%以上是通过语言、情绪和身体等非语言的形式表达出来的。这就要求教练有见微知著的洞察力，善于倾听培训对象的心声。

② 发问的能力。教练通过一系列中性的提问了解培训对象的心态，但仅仅以提问的方式又远不足以完全开启培训对象的"心扉"，还必须具有巧妙启发、提问的能力。

③ 区分的能力。教练必须具备相当的区分、识别能力，才能帮助培训对象"还原"一个真实的"我"。

④ 回应的能力。通过聆听、发问和区分技巧了解到培训对象真实的态度和动机之后，接下来要做的就是把培训对象"纯真"的状态回应给他，且回应必须是客观且富有建设性的。

（三）教练法的适用情况及优势

在企业中，适合采用教练培训方式的员工主要有以下几类：①希望提高工作绩效、使工作更有效率、向往成功的人；②希望生活改变，但尚没有方向、目标和途径的人；③长期在工作压力下生活的人。

在传统的培训中，培训师以指令式为主，喜欢给意见，注重解决短期内出现的问题。教练则以人为本，着重于激发潜能，让对方发挥积极性，找到最合适自己的方法，有效而快捷地达到目标。教练将帮助人们打破思维定式，重新审视周边的环境，并协助他们制定清晰的行动计划。如果人们还不清楚目标是什么，专业教练将与他们一起把目标找出来，并设立非常明确的步骤去达成结果。培训对象将从教练那里得到鼓励，设立目标，追求他们的理想。教练通过巧妙而适当地发出挑战，激起培训对象的求胜欲望。在追求理想遇到困难的时候，可以从教练那里得到帮助。在培训对象迷茫不知所措的时候，教练可以为他们分析情态与形势，指出正确的方向。教练提供新的学习方法，以帮助他们更快掌握知识，同时允许他们决定选择什么方法来学习。在这种培训方式中，教练需要通过精巧细致的培训策略和富有魅力的人际交流技巧，在他们和培训对象之间建立良好的伙伴关系，互相信任以便开展工作。

1999 年欧洲教练会议提供的调查资料显示，在所有运用教练的公司中，有 77%的主管认为，采取有系统的教练能够降低员工流失率及改善整体表现。《公众人事管理》公布了一项报告，对企业只用培训及采用培训加教练的效果进行比较，培训加教练能使生产力提升88%。可见，教练作为一种在职培训方法具有独特的作用和影响。

四、工作轮换

工作轮换（job rotation）亦称轮岗，指根据工作要求安排新员工在不同的工作部门工作一段时间，通常为一到两年，以丰富新员工的工作经验。在历史上，出现于日本的工作轮换主要以培养企业主的接班人为目的，而不是在较大范围内推行的一种培训方法。现在，许多企业采用工作轮换是培养新进入企业的年轻管理人员或有管理潜力的未来管理人员。

工作轮换和工作调动有些相似，两者都涉及工作的变动，但又有所不同。首先，两者的目的不同，工作轮换是培训的一种方法，工作调动是人员配置的一种方法；其次，工作调动从时间上来讲往往较长，工作轮换则通常是短期的，有时间界限；最后，工作调动往往是单独的、临时的，而工作轮换往往是两个以上的、有计划进行的。

工作轮换的作用主要体现在3个方面：①工作轮换能丰富培训对象的工作经历，培训对象能在短时间内从事不同的工作，如人力资源管理人员到销售部门工作一段时间，了解销售人员的工作内容和职责。②工作轮换能识别培训对象的长处和短处，通过工作轮换，企业能了解培训对象在不同工作中的表现、专长及兴趣爱好，从而更好地开发员工的潜能。③工作轮换能增进培训对象对各部门管理工作的了解，改进各部门之间的合作。在工作轮换培训中，员工能了解并掌握各种不同的工作和决策情境，这种知识面扩展对完成跨部门的、合作性的任务是很有必要的。

然而，这种方法也有一些潜在的问题。因为员工在每一工作岗位上停留太短、所学不精，以至于他们觉得自己更像是某个部门的参观者而不是该部门的一员。由于他们的工作水平往往不高，因此可能影响整个工作小组的效率。同时，员工认识到他目前的环境是临时性的，不久就会换到别的岗位上，于是很可能在该工作上敷衍了事。此外，在其他员工观摩某个轮换到他们部门的人或与该人一同工作时，可能会对他产生不满，而将来该人可能会成为他们的老板，因而可能影响将来的工作关系。

尽管有的不足之处，但一般而言，工作轮换有助于年轻管理人员或预备管理人员扩展其管理知识和技能、了解整个企业的情况。许多企业在招募新管理人员后，把他们安排到企业内不同的部门和岗位上进行轮换。例如，摩托罗拉公司普遍实行工作轮换制度，使新员工能够得到多方面的锻炼，培养跨专业解决问题的能力，也便于新员工发现最适合自己的工作岗位。

企业提高工作轮换的有效性应着重注意以下几点：①在为新员工安排工作轮换时，应考虑培训对象的个人能力及其需要、兴趣、态度和职业偏好，从而选择适合的工作。②工作轮换的时间长短取决于培训对象的学习能力及学习效果，而不是机械地规定时间长短。③配备有经验的指导者，应受过专门的培训，具有较强的沟通、指导和督促能力。指导者负责为受训者安排任务，对其工作进行总结、评价。

美国橡胶和轮胎公司在新员工工作轮换培训方面做得很成功。该公司工作轮换培训的主要特点是：工作轮换与培训对象的经历、受教育程度、职业爱好相匹配；培训时间跨度为6～15个月，每个培训对象工作轮换的具体时间取决于该对象学习的速度和效果；工

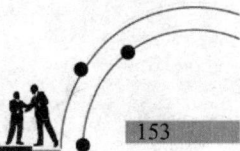

作轮换开始前有 3 个星期是新员工导向培训，其中有一个项目与高层管理者讨论他们的职业兴趣，然后选择一些专业部门，分配安排 6 项任务，一项任务通常为期一个月；培训对象选择分配的某个专业工作作为自己的职业发展目标。

第二节　脱岗培训技术

脱岗培训是指在任何工作场所之外的空间（可以是会议室、礼堂等）举办的培训。一些大的公司投资设立专门的培训中心进行培训，如摩托罗拉、麦当劳等。有些培训中心像企业大学一样，提供丰富的培训内容。

一、讲授培训法

讲授属于传统模式的培训方式，指培训师通过语言表达，系统地向学员传授知识，期望这些受训者能记住其中的重要观念和特定知识，并将知识运用于实际工作。

适用范围：内容上，适用于各类学员对学科知识、前沿理论的系统了解以及受训人员较多的情况。

有的企业看到某位专家在媒体上发表了很有见地的文章，或者是某领域的资深专家，就请来给员工做讲座，结果常常是大失所望。学员们会反应：内容太深奥，授课方式太单一，课堂气氛太沉闷，大家昏昏欲睡。因为"一言堂"式的讲授不适合有着不同知识、经验、阅历和判断力的成年人。培训的最终目的还是学以致用，只有激发起学员的学习兴趣方能使他们乐于接受知识，即使运用讲授法也要通过各种方式激起学员的兴趣和注意力。

（一）讲授法的运用要点

1. 做好演讲前的准备

（1）主题不要过于分散，重点要突出。
（2）内容整理要有系统性，条理清晰。
（3）充分准备素材、所用描述和例证。
（4）应尽量配备必要的多媒体设备，以加强培训的效果。
（5）用明确和熟悉的字眼来制造图像。

2. 增强演讲魅力的技巧

（1）充分考虑学员的兴趣。
（2）给学员以真诚的赞美。
（3）与学员要相互配合，用问答方式获取员工对讲授内容的反馈。这是取得良好讲授效果的重要保证。
（4）采取低姿态。

（二）讲授法的优缺点

优点：①有利于学员系统的接受新知识；②容易掌握和控制学习的进度；③有利于加深

理解难度大的内容；④运用方便，可以同时对许多人进行培训。

缺点：①讲授内容具有强制性，学员无权自主选择学习内容；②学习效果易受培训师讲授水平的影响；③由于主要是单向性的信息传递，缺乏教师与员工之间必要的交流和反馈，学过的知识不易被巩固，故常被运用于一些理念性知识的培训；④学员之间不能讨论，不利于促进理解，学过的知识不易被巩固。

二、案例研究法

案例研究法指为参加培训的员工提供如何处理棘手问题的书面描述（即案例），让员工分析和评价案例，提出解决问题的建议和方案的培训方法。目的是训练学员具有良好的决策能力，帮助他们学习如何在紧急状况下处理各类事件。

案例研究法中有两类案例。第一，描述评价型。描述评价型即描述解决某种问题的全过程，包括其实际后果，不论成功或失败。这样，留给学员的分析任务只是对案例中的做法进行事后分析，以及提出"亡羊补牢"性的建议。第二，分析决策型。分析决策型即只介绍某一待解决的问题，由学员去分析并提出对策。本方法更能有效地培养学员分析决策、解决问题的能力。

案例研究法的步骤如下（见图6-3）。

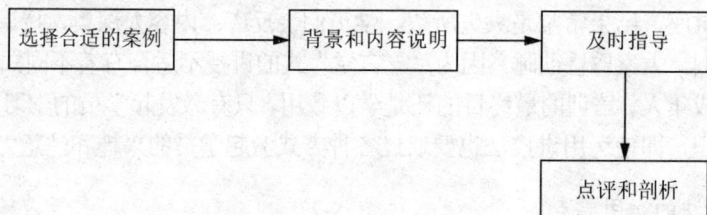

图6-3　案例研究法的步骤

（一）要求

（1）事先对案件做好充分的准备：①经过对受训群体情况的深入了解，确定培训目标。针对目标收集具有客观性与实用性的资料加以选用，根据预定的主题编写案例或选用现成案例。②案例应具有真实性，不能随意捏造，并且要和培训内容相一致。③案例中应包含一定的管理问题，否则便无学习与研究的价值，教学案例必须有明确的教学目的。

（2）向培训对象提供一则描述完整的经营问题或组织问题的案例，向受训者提供大量背景资料。为了保密起见，有关的人名、单位名、地名可以改用假名，但其基本情节不得虚假。有关数字可以乘以某掩饰系数加以放大或缩小，但相互间比例不能改变。

（3）及时指导。在正式培训中，先留给学员足够的时间去研读案例，引导他们产生"身临其境"、"感同身受"的感觉，使学员如同当事人一样去思考和解决问题。关注学员讨论动向，发现学员讨论偏题应及时修正。

（4）要对各小组的讨论进行点评，对解决方案进行剖析，引导学员深入思考。

（二）优点

（1）员工参与性强，变员工被动接受为主动参与，可以开发员工在有效沟通和积极参与

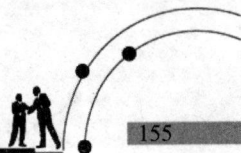

方面的能力、制定决策的能力。

（2）将员工解决问题能力的提高融入到知识传授中，有利于使员工参与企业实际问题的解决。

（3）它提供了一个系统的思考模式，正规案例分析使学员得到经验和锻炼机会，在个案研究的学习过程中，接受培训可得到另一些有关管理方面的知识与原则。

（4）教学方式生动具体、直观易学，容易使员工养成积极参与和向他人学习的习惯。

（三）缺点

（1）每一个案例都是为既定的教学目的服务的，缺乏普遍适用性，不一定能与培训目的很好地吻合。

（2）对案例质量的要求较高，难以选择合适的案例；案例数量有限，并不能满足每个问题都有相应案例的需求；案例的来源往往不能满足培训的需要。

（3）有时案例中与问题相关的资料可能不甚明了，影响分析的结果。

（4）案例的准备需要时间较长，且对培训师和员工的要求都比较高。

（5）案例无论多么真实，但它毕竟是使学员以当事人的角度去考虑，因而不必承担任何责任，不能像当事人那样承受种种压力，不可避免地存在失真性。

三、研讨法

所谓研讨法，是指由指导教师有效地组织研习人员以团体的方式对工作中的课题或问题进行讨论，并得出共同的结论，由此让研习人员在讨论过程中互相交流、启发，以提高研习人员知识和能力的一种教育方法。

集思广益是讨论法的基础，只有收集众人之智慧，并相互激发，才可达到$1+1>2$的创造性效果。其关键是畅所欲言，通过自由思考，能产生各种各样的想法，然后把这些想法综合起来解决某一问题。按照费用与操作的复杂程序又可分成一般研讨会与小组讨论法两种方式。研讨会多以专题演讲为主，中途或会后允许员工与演讲者进行交流沟通，一般费用较高，而小组讨论法则费用较低。

（一）要求

（1）每次讨论要建立明确的目标，并让每一位参与者了解这些目标。

（2）要使受训人员对讨论的问题产生内在的兴趣，并启发他们积极思考。

（3）在大家都能看到的地方公布议程表（包括时间限制），并于每一阶段结束时检查进度。

（二）优点

（1）强调员工的积极参与，鼓励员工积极思考，主动提出问题，表达个人的感受。这有助于激发员工的学习兴趣并使员工的能力得到开发。

（2）讨论过程中，教师与员工间、员工与员工间的信息可以多向传递，知识和经验可以相互交流、启发，取长补短，有利于员工发现自己的不足，开阔思路，加深对知识的理解，促进能力的提高。据研究，这种方法对提高受训者的责任感或改变工作态度特别有效。

（3）受训人员集思广益，共享集体的经验与意见，有助于他们将受训的收益在未来实际业务工作中得以思考与应用，以建立一个有系统的思考模式。

（三）缺点

（1）运用时对培训指导教师的要求较高。

（2）讨论课题选择的好坏将直接影响培训的效果。

（3）受训人员自身的水平也会影响培训的效果。

（4）不利于受训人员系统地掌握知识和技能。

研讨法适用于企业内所有员工，其培训目标是提高能力、培养意识、交流信息、产生新知，比较适宜于管理人员的训练或用于解决某些有一定难度的管理问题。它作为一种企业培训员工的教育方法，以其显著的培训效果，在实际应用中占有非常重要的地位，它与讲授培训法并称为职业培训两大培训法。

四、角色扮演法

（一）角色扮演法的运用特点及流程

1. 特点

角色扮演是在一个模拟的工作环境中，在未经预先演练的情况下，指定学员扮演某种角色，按照其实际工作中应有的权责来担当与其实际工作类似的角色，模拟性地处理工作事务，借助角色的演练来理解角色的内容，从而提高处理各种问题的能力。这种方法比较适用于训练态度仪容和言谈举止等人际关系技能，如询问、电话应对、销售技术、业务会谈等基本技能的学习和提高，适用于新员工、岗位轮换和职位晋升的员工，主要目的是为了尽快适应新岗位和新环境。

2. 流程

（1）确定一个明确的目的。在演练之前，要明确即将要练习的目标。角色扮演以培养学员能力为核心，该能力必须与学员工作相关。

（2）发展一个故事大纲。故事大纲是角色扮演中要使用的剧本，有两种类型：一是有剧本的故事；二是没有剧本的故事。根据培训的目标，角色扮演可以策划成有剧本的或没有剧本的。对前者，要求学员表现得清晰明确；对后者，学员可以自由发挥。

（3）提供清楚的说明材料。为确保角色扮演成功，要向学员提供如何演这个角色的清楚的指导大纲。

（二）角色扮演法的 3 个关键职务及各自职责

角色扮演法中有 3 种职务：导演、角色扮演者、观察者。他们各自的职责如下。

（1）导演的主要职责：确定演员和观察者名单；鼓励学员，让他们经常有所发现；促进学习与评估。

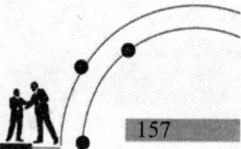

（2）角色扮演者的职责：角色扮演者，又称主角或配角。其主要职责是按照导演的要求、预先确定的原则和程序扮演分配的角色，体验角色的工作任务及工作技巧。

（3）观察者的职责。根据事先设计的行为量表对角色扮演者进行评价。

（三）增强角色扮演的趣味性的方法

要增强角色扮演的趣味性，可采取以下办法（以电话销售培训为例）。

（1）采取三人组。将学员分成三人组，一个扮演客户，一人扮演销售员，一人扮演观察员，使用一份行为量表。第一个角色扮演结束后，接着扮演第二个角色，直到所有学员扮演完所有的角色。

（2）循环赛。学员围城一个半圆形坐在培训师面前。导师扮演客户，学员扮演销售员。从坐在培训师左边的学员开始，每次客户回答的时候，下一个学员就接起电话。这样依次轮流直到打完为止。

（3）对决赛。把学员分成两组，一组扮演客户，另一组扮演销售员，每个小组出一位学员代表本组扮演自己的角色，其余成员坐在其后。如果一位代表无法继续，其他成员可代替他（她）接电话。每位成员必须至少演示一次。

此外，在运用角色扮演法的过程中还必须注意以下问题：①角色扮演的关键问题是排除参加者的心理障碍，让参加者意识到角色扮演的重要意义，减轻其心理压力。演出前要明确议题所遭遇的情况，谨慎挑选演出员工与角色分配，培训人员应鼓励员工以轻松的心情演出。②培训师要为角色扮演准备好材料以及一些必要的场景工具，使演出员工与观众之间保持一段距离，确保每一事项均能代表培训计划中所教导的行为。③为了激励演练者的士气，在演出开始之前及结束之后，全体员工应鼓掌表示感谢。演出结束后，教员针对各演示者存在的问题进行分析和评论。④角色扮演法应和讲授培训法、研讨法结合使用，才能产生更好的效果。

（四）角色扮演法的优缺点

角色扮演法在实现培训目标上有诸多优势。

（1）员工参与性强，员工与教员之间的互动交流充分，能激发员工解决问题的热情，使员工各抒己见，提高员工培训的积极性。

（2）可增强学习的多样性和趣味性，特定的模拟环境和主题有利于增强培训的效果。

（3）通过扮演和观察其他员工的扮演行为，能够提供在他人立场上设身处地思考问题的机会，从而发现不足并可以学习各种交流技能。

（4）通过这种方法，参加者能较快熟悉自己的工作环境，了解自己的工作业务，掌握必需的工作技能，尽快适应实际工作的要求。

（5）通过模拟后的指导，可以及时认识自身存在的问题并进行改正，可避免可能的危险与尝试错误的痛苦。

但角色扮演法也存在以下局限性。

（1）角色扮演法效果的好坏主要取决于培训教师的水平。

（2）场景的人为性减弱了培训的实际效果，扮演中的问题分析限于个人，不具有普遍性。

（3）演出效果可能受限于员工过度羞怯或过深的自我意识，容易影响员工的态度，而不易影响其行为。

五、操作示范法

操作示范法是部门专业技能训练的通用方法，一般由部门经理或管理员主持，由技术能手担任培训员，以现场向受训人员简单地讲授操作理论与技术规范，然后进行标准化的操作示范表演。利用演示方法把所要学的技术、程序、技巧、事实、概念或规则等呈现给员工。员工则反复模仿实习，经过一段时间的训练，使操作逐渐熟练直至符合规范的程序与要求，达到运用自如的程度。操作示范法的基本流程见图6-4。

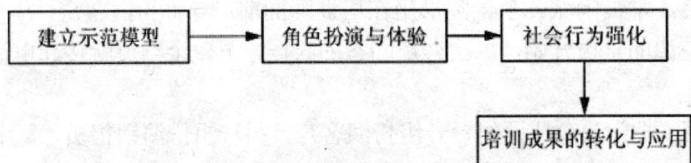

```
┌──────────┐    ┌──────────┐    ┌──────────┐
│ 建立示范模型 │ → │ 角色扮演与体验 │ → │ 社会行为强化 │
└──────────┘    └──────────┘    └──────────┘
                                      │
                                      ↓
                              ┌──────────────┐
                              │ 培训成果的转化与应用 │
                              └──────────────┘
```

图6-4　操作示范法流程

适用范围：适宜对中层管理人员、基层管理人员、一般员工的培训。

培训目标：根据培训的具体对象确定培训内容，如基层主管指导新员工，纠正下属的不良工作习惯，使学员的行为符合其职业、岗位的行为要求，提高学员的行为能力，使学员能更好地处理工作环境中的人际关系。

要求：①培训前要准备好所有的工具，搁置整齐，让每个学员都能看清示范物。②教练一边示范操作一边讲解动作或操作要领。示范完毕，让每个受训者反复模仿实习，对每个学员的试做给予即时反馈。

优点：①通常能在培训者与培训对象之间形成良好的关系，有助于工作的开展。②一旦师傅调动、提升，或退休、辞职时，企业能有训练有素的员工顶上。

缺点：①不容易挑选到合格的教练或师傅，有些师傅担心"带会徒弟饿死师傅"而不愿意倾尽全力，所以应挑选具有较强沟通能力、监督和指导能力以及宽广胸怀的教练或师傅。②这种方法有时显得单调且枯燥，因此培训员可以结合其他培训方法与之交替进行，以增强培训效果。

六、头脑风暴法

头脑风暴法是一种通过会议的形式，让所有参加者在自由愉快、畅所欲言的气氛中，针对某一特殊问题，在不受任何限制的情况下，提出所有能想象到的意见，自由交换想法或点子，并以此激励与会者的创意及灵感，以产生更多创意的方法。

培训目标：培训对象相互启迪思想、激发创造性思维，它能最大限度地发挥每个参加者的创造能力，提供解决问题的更多更佳的方案。

（一）要求

（1）准备一个舒适而无干扰的场地，并寻找一个热诚而又有激励与统合技巧的培训人

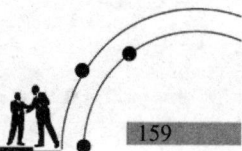

员。参与者人数不要多于 8 人，给予时间限制，让参与者感受到压力。

（2）思路要尽可能自由，一个新颖的、异想天开的主意本身虽然很少能够直接构成创新方案的一部分，但是它有助于培训人员获得一个全新概念，打破常规。这是一条最难遵循的原则，因为他要求每个人无论如何必须做到不草率做出判断。

（3）想出尽可能多的主意，努力追求数量有助于产生好的、高质量的主意。想出的主意越多，就越有可能从这些粗泛的想法中找到你真正想要的东西。讨论过程要有记录，激励员工间的资讯交流与辩论，鼓励良性竞争。

（4）讨论之前禁止参与者发表任何意见，先提出各种主意而不考虑其价值、可行性及重要性，讨论之后，鼓励员工选出最佳意见并进行比较。

（二）优点

（1）头脑风暴法能平等自由发表意见，能激发创造性思维火花，适合任何人的参与和贡献，使参加培训的员工不断涌现新的设想。

（2）通过联想思维，可以对原有问题产生新的解决方法。

（3）能最大限度地鼓励员工发表意见，调动员工的积极性，启发员工的思考能力并丰富其想象力。

（三）缺点

（1）头脑风暴法要求参与者有较好的素质，否则所得的部分意见可能一文不值。

（2）多数员工可能拘泥于旧有的观念，不愿踊跃发言。

（3）头脑风暴法实施的时间成本是很高的。

七、视听教学培训法

视听教学是指针对某一特殊议题所设计的，利用现代视听技术（如投影仪、录像、电视、电影、电脑等工具）对员工进行培训。现在的视听教学多强调应用电脑科技，配合光碟设备，以满足员工个别差异、自学步调与双向沟通的需求。

（一）要求

（1）准备适当的教学软件、电脑与其他辅助设施，如 CD-ROM 或触摸式监视器等，依讲课的主题选择合适的视听教材。

（2）播放前要清楚地说明培训的目的，依据播映内容来发表个人的感想或以"如何应用在工作上"来讨论，最好能边看边讨论，以增进理解。

（3）学习结束后召集员工进行讨论或问题解答，讨论后培训师必须做重点总结或将如何应用在工作上的具体方法告诉学员。

（二）优点

（1）视听教材适合重复与大量使用，从而能更好地适应受训人员的个别差异和不同水平的要求。

（2）由于视听培训是运用视觉和听觉的感知方式，并且教材内容与现实情况比较接近，不单单是靠理解，而且是借助感觉去理解，直观鲜明，所以比讲授或讨论给人更深的印象。

（3）教材生动形象且给员工以亲近感和真实感，所以也比较容易引起学员的关心和兴趣。

（三）缺点

（1）视听设备和教材的成本较高，且容易过时。

（2）有时员工处于消极的状态，反馈和实践较差，一般可作为培训的辅助手段。

（3）制作耗费相当的时间（以 CD-ROM 为例，每小时的教学至少需要 400 小时的设计与发展）。

（4）学员受视听设备和视听场所的限制。

八、游戏法

培训游戏根据主题和目标不同，侧重点不同，主要有创新游戏、团队协作游戏、领导力游戏、沟通游戏、企业文化游戏、会议游戏等。在运用游戏法时，即使是同一个游戏，也应因培训对象的基础不同、素质和能力不同，使用不同的方法。

游戏法要求受训者在游戏中收集信息、进行分析和决策。常用于商业管理中决策类型的培训。

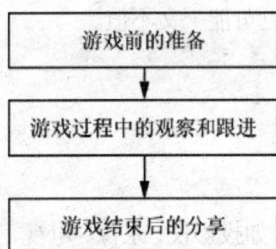

图6-5　培训游戏法流程

（一）培训游戏法的流程

培训游戏法的流程见图 6-5。

1. 游戏前的准备

（1）说明游戏的目的。要进行必要的说明，如为什么要做这次游戏，活动中的角色与工作有什么关系。

（2）说明游戏规则。要讲清楚游戏规则的道理，使学员予以配合。

（3）事先准备游戏所用道具。

（4）确保游戏没有伤害性和屈辱性。

2. 游戏进行中的观察和跟进

（1）确保游戏规则得到执行。

（2）观察每个组的表现。

（3）恰当回应出现的问题（解释规则、处理抱怨、应对抵触）。

3. 游戏结束后的分享

（1）说明活动过程中所观察的重点。

（2）培训师说明活动目的与过程的关联性。

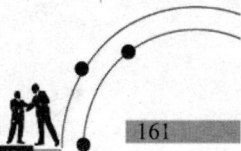

（3）请学员发表感想与启示。

（二）游戏培训法的要求

（1）游戏不是为了耗时间，是为主题服务。因此不要以游戏本身作为培训的目的而使之成为一种单纯的游戏，而应将其纳入培训计划作为辅助教学的方式。同时应慎重考虑游戏在整个课程中的插入位置，避免使其前后内容不紧凑，无法连贯培训计划的前后。

（2）培训师最好能熟知各游戏的特征（目的、效果、观察要点等），然后在订立培训计划时反复斟酌在哪一阶段的培训过程中加入哪一种游戏。

（3）游戏中必须有一定的游戏规则，并且需要培训师能根据规则掌握游戏的进度，并且要有洞察团体及个人行为的能力。

（4）作为培训师，在游戏训练中指导者应是游戏的组织者、旁观者和协助者。在游戏过程中指导员应把握参与游戏的"度"，既不能对游戏方法不闻不问，又不能过分热情地参与游戏。这是由于培训员在游戏中还有其他职责，他除了让游戏顺利开展外还应注意现场状况，掌握各种情况的变化。

（5）游戏的设计需要涉及竞争的内容并且有一定的深度，游戏需要有一定的结局，并且能启发受训员工的思考。

（三）培训游戏法的优缺点

优点：①把游戏加入到培训中，可以改变培训现场气氛并且由于游戏本身的趣味性，还能提高员工的好奇心、兴趣及参与意识；②可以在游戏过程中，通过参加者的互相配合，团结合作，改善人际关系，增加团体的凝聚力；③可以使员工深刻理解、联想对现实的启示。

缺点：①游戏有时过于简单化；②游戏法培训对事先准备即游戏设计、胜负评判等都有相当的难度要求；③游戏的实施过程比较浪费时间。

阅读资料

培训游戏举例

1. 造房子

目标是让学员领会到协调、合作、计划、交流的重要。参加人数每组 4～6 人，也可 4～5 人，练习时间为 25 分钟。各小组所需工具为剪刀一把，塑料胶带一圈，A4 废纸 100 张（可以包含 5 张各种颜色的彩纸）。

（1）游戏过程。在练习之前，各小组各造一栋纸房子，房子将推销给讲师；房子要标准、高、大、稳、美；造房子的时间有 25 分钟；当 25 分钟之后，各小组须派一人上台推销他们所建的房子；讲师将以糖果支付房款。

（2）共同讨论。需要共同讨论的论题：是否向客户（讲师）澄清要求；是否有领导者；是否有做计划；是否进行了有效分工和授权；成本是否很高（用了多少纸）。

这一游戏可用在解决问题的技能、团队合作之中，整个练习需耗时 45～60 分钟。

2. 结网托物

目标是让学员领会到计划、协调、合作、交流的重要。参加人数为每组 6~8 人，可有 2~3 组。学员练习时间约为 20 分钟。各小组所需工具为：大线团，各组一个，可乐或其他饮料一听。

（1）游戏过程。各小组有 20 分钟的时间进行准备，小组成员可用身体的任何部位，将线结成网；将可乐罐放在网上，保持一分钟不掉下来。

（2）共同讨论。需要共同讨论的论题可以是是否有指挥者、是否有协助者、是否互相合作。

这一游戏可用在良好的分工、解决问题的技能、团队合作中，整个练习需耗时 30~45 分钟。

3. 信任背摔

目标是团队建立信任。参加人数和学员练习时间随意。

游戏过程：学员围成一个圈，有一个学员站在中间；中间的学员询问周边的学员是否准备好了；周边的学员准备好后，中间的学员可以笔直地倒向任何方向，不能移动脚步；周围的学员要接住中间的学员，并轻轻地转向其他方向。每一个学员都可以做中间的学员。

这个游戏可以用在团队合作中，可以帮助队员练习建立信任。10 个队员轮流做一遍约需要 15 分钟。

九、竞赛法

竞赛法即近年来流行的说法"PK"，是根据一定的标准和制度，在学员之间展开竞争，最后评选出优秀的团队，并予以奖励。管理类、销售类、一些知识类较强的培训比较适合采用这种方法。

常用的竞赛法是游戏竞争法。游戏竞争法即在分组游戏的过程中，以某项或多项目标的完成速度、质量为评估标准，使参加游戏的各组展开竞赛。

竞赛法在近几年也走进了娱乐化的误区，本章导入案例就是一个典型的例子。很多培训者为讨好学员，一味追求热闹、开心、气氛好，将竞赛当成了培训的主旋律。

在运用竞赛法时要注意以下环节和要点：①在竞赛之前要让学员对培训内容有所了解；②规则和评估标准应尽量简单，以紧扣培训主题和内容，能够激发学员学习积极性为好；③平衡学员的实力，力求各小组的实力相当，尽可能在学员性格、基础和能力上取得平衡；④评分的结果力求公正；⑤严格控制竞赛过程，避免出现偏差和发生突发事件；⑥游戏结束时，培训师负责引导学员、启发、总结、提升游戏的内容，学员们积极回顾，分享游戏感悟，体会游戏与工作的关系。

培训师在引导学员做总结时可以从"情况"、"结果"、"应用"3 个方面进行启发：①情况。你经历了什么？②结果。有什么收获呢？③应用。游戏和现实生活、工作可以建立什么关联？

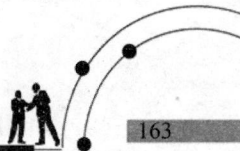

十、自我培训法

自我培训的一般含义是自己做自己的老师，自己给自己讲课，对自己进行训练，达到教与学的统一。自我培训的根本含义是激励员工的自我学习、自我追求、自我超越的动机，这同时也是一种激励，激励员工超越自我、实现自我的愿望。

在自我培训体系中，学员根据自己的需要，设定学习目标，选择学习方法，并评价自己的学习结果。而培训者的职责在于帮助学员更好地管理自己的学习活动。

要想真正实现员工的自我培训，企业必须全面做好各方面的准备，建立健全培训激励机制，从制度上对员工的自我培训进行激励。例如，对员工的技能改进、学业晋升实施奖励，对技能水平达到一定高度的员工进行晋升，通过各种形式的竞赛、活动，对员工进行确认和表扬等，都是些不错的手段。

自我培训的方法很多，企业员工可以根据自己的实际情况具体实施。下面简单介绍几种常用的自我培训方法。

（1）周末的员工课堂。一般企业的周六、周日是休息日，可以专门拿出一些时间组织员工学习。学习的方式有很多，可以是员工就自己的本职工作谈感受谈体验，每个人都是自己本职工作的专家，而往往自己的本职工作很少被别人了解。每个人都认为自己的工作重要，对别人的工作缺乏了解，也缺乏尊重。通过每周六的互补学习，既互相学习了知识，增长了见识，也加强了彼此的沟通，在以后的工作中，同事们也能多一份了解，多一份谅解。通过周末的员工课堂，既增进了同事们的感情，也增长了员工的知识，提高了员工的技能，是一项一举多得的活动。

（2）鼓励员工深造。在工作之中，员工自己所学专业与所从事的工作之间有着很大的差距，存在着很多的专业缺口，有的根本就是转行，半路出家。所以这些人在从事实际工作时，都或多或少地感觉到了一些压力，感觉力不从心。

为了跟上时代的步伐，为了不被别人取代，员工就必须有针对性地选择既是自己工作需要，又是自己比较薄弱的专业进行充电，使自己多掌握几项技能和本领。所以，企业可以不失时机地出台一些政策，鼓励员工继续深造，对深造的成果进行奖励，形成人人学习、人人追求上进的良好局面。

（3）利用互联网。鼓励员工从互联网中获取信息和知识。互联网是一个信息共享、联系外界的工具。只要企业采取适当的办法，进行适当的引导，就能发挥互联网的强大优势。比如规定合适的开网时间，到开网时间，工作任务不急的员工可以查阅资料、阅读新闻、浏览信息等。

（4）鼓励员工读书。自我培训的适用情况：①员工培训需求分析千差万别；②员工对培训项目反应冷漠、缺乏动力；③面向全体营销人员的培训方案，因为营销人员的工作流动性大、难以集合而无法有效开展。

十一、虚拟现实法

虚拟现实法是指利用虚拟现实技术生成实时的具有三维信息的人工虚拟环境。培训学员通过运用某些接受和响应该环境的各种感官刺激而进入其中，并可根据需要通过多种交互设备来驾驭该环境以及用于操作的物体，从而达到提高培训对象各种培训中获得感性知识和实际经验。

虚拟现实通常是以计算机为基础开发的三维模拟，通过使用专业设备（佩戴特殊的眼镜和头套）与观看计算机屏幕上的虚拟模型，学员可以感受到模拟情景中的环境，并同这一环境中的要素，例如设备、操纵器和人物等进行沟通。它可以刺激学员的多重感觉，有的设备还具有将环境信息转变为知觉反应的能力。例如，可以通过可视界面、可真实地传递触觉手套、脚踏和运动平台来创造一个虚拟的环境。利用各种装置，学员可以将运动指令输入电脑，这些装置就会让学员产生身临其境的感觉。

（一）优点

（1）虚拟现实可以为受训者提供大量的感性经验，模拟真实的生活情景，给予学员在受控坏境中检验各种假设的机会，这样在操作中既不承担现实世界的后果，又不浪费资源。例如，具有一定危险性并且联系费用昂贵的培训内容。

（2）虚拟现实的环境与真实工作的环境没有太大的差异，可以让学员进行连续性的学习，还可以帮助其增强记忆。

（二）缺点

设备和设计方面的问题都可能使学员所获得的感觉是错误的，例如空间感是失真的，触觉的反馈不佳，或感觉和行为反应的时间间隔不真实等。由于学习者的感觉被扭曲，他们可能会出现被称为模拟病的症状，如恶心、眩晕等，也可能使学习者回到现实工作场景时把握不住真实世界的空间和时间。

对以上各种培训方法，我们可按需要选用一种或若干种并用或交叉应用。由于企业人员结构复杂、内部工种繁多、技术要求各不相同，企业培训必然是多层次、多内容、多形式与多方法的。这种特点要求培训部门在制定培训计划时，就必须真正做到因需施教、因材施教、注重实效。

十二、考察法

考察法是以直接观察为特点的了解社会实践的一项培训活动。以视、听、记为主，从生动、具体的时间对象中开阔视野，丰富实际知识，接受形象化的教育。

该方法常用于培训新进员工和公司的管理人员和技术人员，用于增强他们的管理、技术等方面的感性知识，并可以培养受训者的观察能力，并适合于对销售技能、服务技能、作业技能等内容的培训。

第三节　E化培训技术

一、E-Learning 培训的特点[①]

20世纪末到21世纪初的第三次科技革命是以信息技术为核心的，包括微电子、通信、电子计算机、人工智能、光导、光电子等一系列高科技的大发展。互联网的出现奇迹般将全

① 谢晋宇. 2005. 人力资源开发概论[M]. 北京：清华大学出版社：211-212.

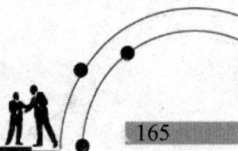

世界联系在一起，把人类社会带入了一个全新数字化文明时代。在此背景下，E-Learning 得以兴起和发展，它是人类学习方式、学习观念转变的最重要的标志之一。

所谓 E-Learning，就是网络培训。简单地说，就是在线学习或网络化学习，即在线教育领域建立互联网平台，学员通过计算机上网，通过网络进行学习的一种全新的学习方式。它包括因特网在线学习和内部网在线学习两种基本方式。

这种方式离不开多媒体网络学习资源，网上学习社区及网络技术平台沟通的网络学习环境。网络学习环境中汇集了大量的数据、程序、教学软件、兴趣讨论组、新闻组等学习资源，形成了一个高度综合集成的资源库。而这些学习资源对所有人都是开放的。一方面，这些资源可以为成千上万的学习者同时使用，没有任何限制；另一方面，所有成员都可以发表看法，将自己的资源加入到网络资源库中，供大家共享。这一平台能为企业创建学习型组织奠定良好的基础。

阅读资料

网络化学习改变了人力资源开发与培训

网络化学习的实现得益于技术的发展，目前许多员工都在以不同的方式利用网络化学习或者用它进行各种培训。

例如，美国保险业犯罪管理局监管的美国国家保险业犯罪培训研究院给保险从业人员、起诉人员以及执法人员提供网上课程，教他们如何预防犯罪。目前已有上千人使用了该课程。W.R.Grace 在 Grace 全球学习中心使用了网络化学习，对分布在世界各地的 6000 名员工全天候开放。

海岛虾屋也在其 7 家餐馆使用了网络化学习，从而缩短了高人员流动率行业中经理们花在员工适应期上的时间，而且课程资料英语版和西班牙版都有。

在运输业，网络化学习的使用遵从强制性培训规定。美国航母每年为其 24 000 名航空服务人员提供有关飞行安全证书方面的在线课程，课程修满情况由一个中央数据库进行监控。Union Pacific 铁路公司利用网络化学习确保其 18 000 名铁路乘人员通过培训达到联邦政府的要求，该铁路公司可以对通过技能测试的员工给予奖励，因为他们的网络化学习和薪酬支付系统是联系在一起的。

其他产业也有效地使用了网络化学习。国际独立杂货商联盟通过 IGA 学员提供网络化学习机会，并建立了杂货商资格的 3 个等级。银行、金融和会计行业也开设多种课程，包括导数、信用、固定收入证券等。

所有这些例子中，员工们都认为相对于传统的课堂培训，网络化学习大大降低了学习成本。

1. 网络培训的优点

（1）基于网络的培训，彻底打破了时空的限制，员工可以随时随地通过网络接收培训。

（2）网络培训在一定程度上减少了甚至避免了传统培训所必需的差旅费、住宿费以及误工费等，从而大大降低了培训成本；成本的大幅度降低使全员培训成为可能，有利于全体员工综合实力的提高。

（3）方便、高效的网络培训方式使不同知识背景和工作经验的员工统一在相对一致的知识和技能层面成为可能，同时有利于在企业内部形成一种健康向上的、统一的企业文化，增强企业凝聚力。

（4）基于网络的培训课程更新速度快，使员工能够跟随知识经济的发展步伐，在第一时间掌握最新、最实用的工作技能。

（5）个性化的网络培训课程方便员工从不同的侧面提高自己的综合素质，为自身的职业发展奠定良好的基础，从而提高公司的业绩，并加强员工队伍的稳定性和人力资源的储备。

2. 网络培训的缺点

（1）不是所有的学习都能通过网络发送，尤其是当学员需要了解或给出微妙的行为暗示或认知过程时更是如此。

（2）网络培训对员工的自我管理和控制、自我效能要求高。

（3）对于学员来说，网络培训往往会存在判断的问题、伦理的问题和距离的问题。

阅读资料

E-Learning 被应用到管理发展培训

管理培训是 IBM 重要的业务问题，是 IBM 适应新经济的战略的一部分。因此，E-Learning 是公司总体培训途径中的关键部分。

位于纽约 Armonk IBM 总部的全球管理发展经理 Nancy Lewis 说，"通过 E-Learning，我们能用以前 1/3 的成本提供 5 倍于从前的内容。"对于 3 万多名 IBM 经理而言，E-Learning 是管理培训计划中必不可少的。所有的一线经理必须参加一项分为 4 个层次的战略培训，这项培训的前 6 个月几乎全部是在线完成的。

IBM 邀请哈佛大学的研究人员对其培训计划进行了一次偏好的调查。在参加 E-Learning 培训之前，当询问经理们希望的培训方式时，他们大多数选择了教师或面对面的学习。但是参加完基于 E-Learning 的培训之后，大部分经理选择 E-Learning 为喜欢的模式。Lewis 说："反应要比预期的好。在完成培训后，许多使用者还不想离开在线的合作区。"经理们学习了如何利用机会向同事寻求建议和共享共同面对的挑战方法。

IBM 4 个层次的 E-Learning 计划从第一层开始，经理们分为 24 人一组，同时进行。不过组内的成员并不需要面对面在一起。培训内容通过公司内部网随时在线提供。该计划的关键部分就是给经理们传授要成为 IBM 经理所需的基本概念。

第一层培训的工具是即时表现支持。能够让经理们访问到大量的问题库、答案和案例，阐述共同关注的问题，评估、保留人才和冲突解决方法。

第二层培训是交互式的学习模型，有超过一打的情景模拟。在这里，较老练的经理在线指导新经理们。模拟让学员有机会交互式地体验各个主题，如商业准则、工资和福利、员工技能培养。在一些模拟中，有超过 5000 个屏幕的内容。进一步的模拟深入诸如多元文化、人才保留等领域。哈佛商学院出版社为此提供了一些内容，芝加哥认知艺术则帮助建立了模

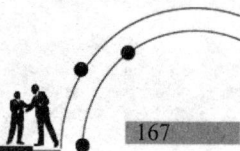

拟的场景。

进入第三层培训，经理们开始合作。通过前两层培训后，各组经理们使用 Lotus Learning Space 进行交流，作为一个小组来解决问题。在任何时候，会有许多 24 人的小组在同时学习。

第四层培训，将参加某一管理课的同事组织起来，进行为期一周的课内实验活动。与传统的培训相比，它的区别在于没有教师讲课。从前课堂讲课的内容通过在线发布，学员要通过有关内容的在线测试，在参加实验之前还要完成指定的作业。在实验中，需要经理们作为一个小组，面对面地解决问题。第四层培训一般在进行了 6 个月的 E-Learning 之后进行。

IBM 的 Lewis 说，学员们说他们再也不要"参加一个仅仅是传授基本信息的讨论班"了，因为信息传授可以在线进行。IBM 的培训开发小组深入研究听众、主题和组织的需求，建立了在内容提供和交互交流之间平衡的系统。这样作为公司财务报表带来的好处就是——IBM 节省了从前传统培训 2/3 的花费。

二、E-Learning 培训的 5 个水平

网络培训可以为虚拟现实、动感画面、人际互动、员工间沟通以及实时视听提供支持。它可分为 5 个水平，见表 6-4。

表 6-4 网络培训的层次

层 次	具 体 描 述
沟通交流	用于培训者与学员的沟通，如课程通知、作业、问题等。也可用于合作型教学，如小组讨论、论坛，甚至放松聊天等
在线学习	凭借超文本（网络通用语言），培训者可以创建一个超链接图书参考资料库，学员可以使用所有类型的培训材料，包括产品手册、安全手册及技术资料等
需求评估管理与测试	通过网络，培训者可以进行培训需求评估（如人员分析）、在线注册、培训前测试，培训后测评、评分、评价以及保存记录等，并且测验分数可以高效快速地反馈给学员和管理者
计算机辅助培训	有权限的员工在任何需要的时候（无论白天或夜晚）可以下载并实施基于计算机的培训项目，培训文件资料包及其发送方法均可通过网络实现
多媒体培训	实施的互动媒体可以通过新的程序语言发布，学员可以体验到具体声音、动画和视频的互动课程

资料来源：Kruse K. 1997. Five levels of Internet-Based Training [M]. Training & Development, 2: 60-61; 德西蒙·RL，沃纳·JN，哈里斯·DM. 2003. 人力资源开发 [M]. 3 版. 北京：清华大学出版社: 213.

最简单的层级是加强培训者和学员者之间的沟通，较为复杂的层级是对培训进行实际传送。此外，学员可以利用网络上的其他资源，与其他学员一起分享信息，并将自身的知识和对培训的感悟储存到数据库里，从而为公司其他雇员提供帮助。

三、E-Learning 培训项目的设计规则[①]

培训人员在开发网络培训时需考虑开发规则、指导成效规则、学员自行控制规则、链接规则、共享规则等 5 类设计规则（见表 6-5）。其中开发规则与网络培训的建立方式有关；指导成效规则与创造积极的学习环境有关；学员自行控制规则指学员对进度、传

① 刘光蓉，杜小勇，王琰等. 2009. E-Learning 系统中课程知识本体的构建与实现[J]. 情报学报，4.

递方式以及项目参与程度的控制能力；链接规则指对其他资源的获取能力；共享规则指彼此沟通的机会。

表 6-5　网络培训项目的设计规则

层　次	具　体　描　述
开　发	培训项目的目标是提高工作绩效； 项目的开发应以对学员的需求、技能、知识和工作环境分析为基础； 音乐、图表、画面、动画和录像应促进学习而又不会产生副作用； 培训内容要与现实紧密结合； 要对终端用户进行培训检测（经理、潜在的学员、专家）； 要通过雇员和专家来提供与内容相关的案例、练习及作业
指导成效	学员拥有练习的机会，并能通过问题、练习、作业和测试来获得反馈； 项目中要加入对学习结果的评估； 通过真实的案例来阐明抽象的概念； 要让学员了解在工作中运用培训成果时将会遇到的障碍，以及克服这些障碍的方法； 要通过多种案例、练习和实践来达到培训目标
学习者自行控制	要为学员提供学习内容安排表，从而让学员按照自身的需求自行控制培训进度，并便于了解其他资源； 学员可以就某些问题的答案、解答方法及反应与他人进行比较； 在对学员的知识、技能、相关经验评价的基础上，学员可以选择在任何时间、地点开始培训
链　接	学员可以充分了解和获取相关材料和其他附加资源（如图、表、其他网址）
共　享	学员有机会同培训人员、同事、其他学员和专家进行网上沟通，这些均可以通过电子信箱、聊天室或公告栏进行

资料来源：雷蒙德·A 诺伊. 2001. 雇员培训与开发[M]. 徐芳译. 北京：中国人民大学出版社：162.

表 6-5 中的设计规则强调，使用网络这种培训方式并不能确保培训的有效性。有效的网络培训首先应对需求进行彻底的评估，对学习目标有充分的了解。而且，还应将声音、语句、图表进行综合，从而确保其能对大多数使用者产生吸引力，并且通过提供有益的培训资料，设定沟通目标，为学员创造练习和获得反馈的机会等创造一个良好的学习环境。

四、开发有效的网络学习的技巧

运用好网络培训最需要关注的 3 个问题是培训需求评估、培训设计和方法选择、培训评估（见表 6-6）。

表 6-6　开发有效的网络学习的技巧

关 注 问 题	网络学习技巧
需求评估	1）确认网络学习和企业经营需要之间的联系； 2）说服管理层投资； 3）确保员工有机会运用网络技术； 4）向信息技术专家咨询系统需求； 5）确认具体的培训需求（知识、技能、能力、行为）
设计与方法	1）结合学习原则（实践、反馈，有意义的资料，吸引学员主动参与，激发多种感官兴趣）； 2）保持学习模块简短； 3）根据网络宽带设计课程或增加网络带宽； 4）避免使用插件；

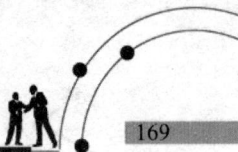

续表

关注问题	网络学习技巧
设计与方法	5) 允许学员开展合作； 6) 考虑采取混合指导法； 7) 使用游戏和仿真模拟，以增强学员的兴趣； 8) 合理组织学习材料
评估	1) 确保学员和管理者共同承担完成课程和学习的责任； 2) 在大规模开展网络学习前，开展一次正规的评估（试验性测试）

第四节 培训方法的选择

一、不同培训方法之间的比较

不同的培训方法，所需要的师资力量、培训投入、培训时间和学员素质各有不同，产生的培训效果也有所不同，具体的比较可参见表6-7。

表6-7 不同培训方法的比较

方 法	师资要求	培训投入	培训时间	对学员的要求	培训效果
课堂讲授	高	少	可长可短	水平较一致较好	较好
研讨法	较高	少	较长	有一定的工作经验	好
案例研究	较高	较少	较长	有一定的工作经验	不易见效
角色扮演	不高	少	较长	能积极参与并把握角色	较好
操作示范	高	较少	较长	无特殊要求	好
头脑风暴	不高	少	较长	需要积极发表自己的见解	较好
视听教学	低	较少	可长可短	对培训内容有一定了解	较好
E-Learning	低	较多	较长	有初步工作经验、会电脑	好
游戏	较高	少	较长	能积极参与并有创新意识	较好
自我培训	低	较少	长	需要有自我学习的积极性	好
虚拟现实	不高	较多	可长可短	能积极参与并有一定工作经验	好

二、影响企业选择培训方法的因素

企业在选择培训方式时，经常考虑的因素有以下几方面。

（一）培训目标

要根据培训目标来选择恰当的培训方法。通常企业的培训目标有更新知识、培训能力（包括工作技巧、工作技能和经营决策能力等内容）、改变态度等。具体的培训目标与培训方法的对应关系可参见表6-8。

表6-8 培训目标与培训方法的对应关系

培训目标	培训方法	原 因
知识更新	· 讲授法 · 视听教学 · E-Learning · 自我学习	知识性培训涵盖内容较多，且理论性强，讲授法都能体现其逻辑关联性，对于一些概念性、专业术语等内容需要通过培训师的讲授以便学员理解。视听教学能够增加直观的感受便于深刻理解。E-Learning 和自我学习原则可作为补充

续表

培训目标	培训方法	原　因
培养能力	·角色扮演 ·案例分析 ·头脑风暴 ·研讨法 ·操作示范 ·虚拟现实	技能培训要求学员掌握实际操作能力，如销售技能、生产作业技能等，学员经过角色扮演、操作示范和虚拟现实反复练习，能使技能熟练到运用自如。而以培训企业中级以上经营管理人员的经营决策能力为培训目标时，则应选择案例分析、研讨法、头脑风暴，通过案例研究、事件讨论开拓思维来增加解决实际问题的能力
改变态度	角色扮演 游戏法	态度培训如采用课堂讲授法会使学员感到空洞，角色扮演能体现学员的态度。采用游戏式培训可以使学员通过共同参与的活动游戏，在轻松愉快的游戏中得到启发，使学习转变为学员的主动行为

（二）培训内容

不同的培训课程内容需要采用不同的培训方法。不同培训课程下培训方法的选择可参见表 6-9。

表 6-9　不同培训课程下培训方法的选择

序　号	课程培训内容	适合培训方法
1	领导艺术	研讨法、案例研究、头脑风暴等
2	战略决策	案例研究、研讨法、课堂讲授等
3	企业管理	课堂讲授、自我培训等
4	产品知识	课堂讲授、研讨法、视听教学、自我培训等
5	营销知识	课堂讲授、研讨法、自我培训等
6	财会知识	课堂讲授、专题讲座、操作示范等
7	生产知识	课堂讲授、E-Learning、案例研究等
8	资本运作	课堂讲授、案例研究等
9	礼节礼貌	课堂讲授、角色扮演等
10	品牌管理	课堂讲授、案例研究等
11	管理技能	角色扮演、模拟训练、自我培训等
12	销售技能	角色扮演、头脑风暴、虚拟现实等
13	服务技能	角色扮演、模拟法、视听教学法等
14	人际沟通能力	角色扮演、游戏法、虚拟现实等
15	创新能力	头脑风暴、模拟训练等
16	商务谈判技能	角色扮演、研讨法
17	团队精神	游戏法等
18	服务态度	游戏法等

资料来源：刘晓妍. 2007. 吉林省中小企业管理型人才在职培训研究[D]. 长春：东北师范大学.

（三）培训预算

任何培训都需要投入一定的人力、物力和财力。培训需要投入的成本包括经济成本、时间成本、精力成本和机会成本，企业能够和愿意投入到培训和开发中来的资本限制了培训方法和技术的运用。

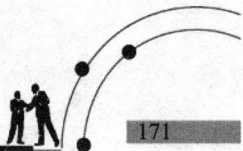

（四）企业的实力和规模

对于一些中小企业，更多选择商学院的教师或咨询顾问进行培训，或就企业出现的问题进行培训解决，经常是快要出问题或出现问题后才着手实施；而一些大型企业和外资企业一般具有系统的培训规划，定期就某些领域聘请业内知名的培训师进行培训，而且采用不同方式的培训，如情景练习、户外拓展训练、沙盘模拟等，通过体验式培训提升员工的团队精神和实际解决问题的能力。

（五）可以运用的培训资源

选择某种培训方法和培训技术，前提条件是企业能够运用这种资源，在培训方法和培训技术资源贫乏的情况下，企业往往舍弃最优方案而选择次优方案。

复习思考题

1. 常用的培训方式与技术有哪些？
2. 简述常用的在职培训技术。
3. 工作指导培训有哪几个步骤？
4. 简述常用的脱岗培训技术。
5. E-Learning 培训的特点和策略是什么？

案例讨论

多样屋：E-Learning 先行的店长培养模式

多样屋的英文名 TAYOHYA 源自于日语，是多种多样的意思。多样屋由台商潘淑真女士于 1998 年创建于中国上海。成立之初，多样屋就致力于为中国家庭提供实用性强、时尚新颖、体贴入微的时尚家居商品，希望持续为千家万户带来多种多样的家具商品和完美的生活体验。目前，多样屋商品已覆盖厨房客餐、卫浴系列、家纺床用、居家摆设等家居生活的各个方面，在全国 160 个城市开设了 400 多家门店，成为国内时尚家居行业的领军品牌之一。

一、店长 100% 来自内部培养

2009 年 12 月，多样屋人力资源总监史庆新告诉《培训》杂志，在多样屋 600 多名店员中，65% 都在门店工作，"400 多家门店完全依靠总部来管理难度很大，因此店长的角色非常重要，对上要向总部传递市场的终端信息，对下要领导好门店员工的各项执行落实工作"。

多样屋商品数量超过 5000 多种，如果从外部招聘店长，很难在短时间内适应门店的管理工作，因此多样屋的店长 100% 来自内部培养，即使要开新店，也是从老店调人过去担任店长。

史庆新表示，多样屋的导购如果自身素质比较好，磨练半年左右开始就可以升任实习店长，如果绩效符合要求的话，3～6 个月后就能够转正。这样对于优秀的导购来说，只需要半年到 1 年的时间，就能够实现自己的店长梦。

二、立体多维度的培训支持方案

在通往店长的发展历程中，多样屋提供了很多种方式的培训：①现场培训，由业务督导在巡视各门店时进行；②人力资源部组织的培训，上海的店长直接到上海的总部参加培训，外地的店长则通过视频或 E-Learning 的方式进行学习。用史庆新的话来说，多样屋构建了集教战学习手册、区域中心培训、教练时时教导、信息平台发布、培训督导体系、区域视频会议、E-Learning 学习平台于一体的多维度的培训支持方案，来支持员工的成长和企业的发展所需要的人才储备。

史庆新表示，所有这些培训都必须通过相应的考试才算正式完成。考试方式有三种：首先是现场行为观察考试，由督导执行；其次是知识库的上机考试，这个题库是由人力资源部自己构建的，针对导购、店长等不同的职位都有不同的题库；最后是情景模拟测试。

三、E-Learning 先行助推店长成长

针对多样屋的员工的地域跨度大、知识更新频繁等特点，多样屋采取了 E-Learning 先行的培训战略。2007 年，多样屋的 E-Learning 平台正式上线，当时拥有 15 门核心课程系列，经过了 2008 年的建设期和 2009 年的整合期，该平台的核心课程系列数量达到了 25 门，多样屋计划到 2010 年使核心课程系列达到 35 门。

多样屋的核心课程包括公共类、专业类、管理类、加盟类、品牌知识类 5 个大类，其中公共类培训多样屋的规章制度、企业文化等内容；专业类则按员工所处的级别培训初级管理或中高级管理人员；加盟类则涉及加盟管理、门店终端等内容；品牌知识类则介绍多样屋自有的 3 个品牌，即多样屋（TAYOHYA）、SPLUS、SUSAN'S GARDEN 以及在多样屋的阿原肥皂、CRISTEL 等品牌的知识。这五大类的课程基本涵盖了店长能力要求的各个方面内容。

通过多样屋有效的培养体系，很多从导购成长起来的店长已经升到了更高职位，徐汇店的导购王女士就是这样一个例子。在升任徐汇店店长之后，王女士一路前行，她现在在多样屋的职位是负责多样屋全国业务督导的经理。

（资料来源：http://www.100xuexi.com.）

【讨论题】

1. 多样屋运用了哪些培训技术？
2. 如何构建立体多维度的培训支持方案？
3. 多样屋有效的培养体系是什么？

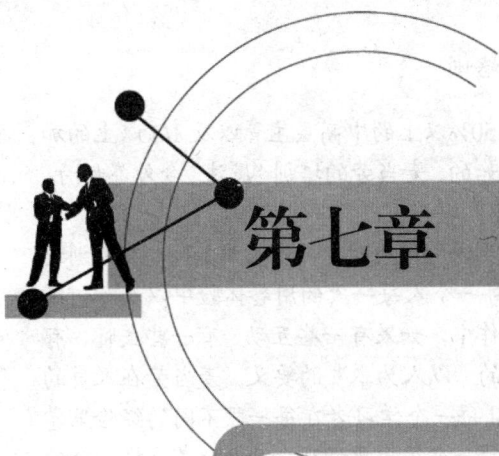

第七章　培训效果评估

教学目标

掌握什么是培训效果评估，了解事前评估、试验性测试与事后评估的应用，明确培训效果评估的设计方案的使用，运用培训效果评估数据的收集方法

教学要点

培训的效果评估、事前评估、试验性测试与事后评估、柯克帕特里克评估模型、菲利普斯评估模型、培训有效性评估的设计方案、培训效果评估的数据类型、培训效果评估数据的收集方法

关键词

培训效果（有效性）评估　柯克帕特里克评估　菲利普斯评估模型　培训投资的 ROI 计量方法

麦当劳的员工培训

在麦当劳的企业里，有超过75%的餐厅经理、50%以上的中高层主管以及1/3以上的加盟者及平台员工在麦当劳的职业生涯是由计时员开始的。麦当劳的培训"魔法"令外界好奇。

一、价值观与培训

企业的价值观会影响培训的成效。麦当劳最主要的价值观就是"以人为本"，在培训过程中注意如何把麦当劳"以人为本"的价值带入到每一个人每一次的用餐体验中以及如何落实到每一天的实际工作中去。员工在传递服务的工作中，如果有一些互动，有一些关怀，有一些感受，会做出更好的业绩，而这也就是麦当劳的"以人为本"的要义。麦当劳在人员的发展上，就是要"传授一生受用的价值与技能"。让每一个学习者在每一段不同的经验里学到一生受用的价值观和技能，这是麦当劳人员发展的一个很重要的观念。也就是这样一个价值观，造就了麦当劳培训与人员发展系统的成功。

二、认定培训利益

麦当劳创始人雷克罗克先生说过一句经典的话："If we are going to anywhere, we have got to have some talents.And I am going to put my money into talents"（无论在哪里，我们都需要人才，并且我们要不断为人才投资）。1976年麦当劳的创始人就开始在员工的发展上做投资，麦当劳认定培训能带来利益。第一，相信有最好培训、最好生产力的麦当劳团队能够在顾客满意度上达成企业目标。第二，强调在正确的时间提供正确的培训，因为培训的价值在于对员工生产力的大幅提升，同时由于麦当劳的培训也提供给加盟经营者，而加盟经营者在麦当劳的系统里占有很大的部分，这对加盟者的生产力提升也有很大帮助。第三，如果可以有效率地运用培训投资，对于麦当劳的股票投资人也会产生一定的效益，这也是麦当劳企业对投资人的责任。第四，通过良好的培训，就能将麦当劳的标准、价值、信息以及想要作出的改变被员工所接受，这对整个系统的持续经营相当重要。

三、培训不只是课程

麦当劳的培训发生在真实的工作里面，而不是一个课程。强调对人员策略的重视，主动地执行培训计划，并且把麦当劳的培训和人员自我的梦想期望结合在一起。培训还强调员工的参与、认同和高度责任感。在麦当劳香港汉堡大学的课程中，有一堂课叫做"与成功有约"，目的是让高层主管有机会分享成功经验，同时也帮助未来经营领导者的成长与培训。

四、4个层次的评估

培训的最后一个环节就是"衡量"，培训的效果与企业的成果有没有结合，这是一个关键。麦当劳有很好的培训需求分析，针对需要培训的部分去设计，同时要评估培训的成果是否达到组织的需要。

第一是"反应"，就是检查在上课结束后，大家对于课程的反应是什么，如评估表就是收集反应的一种评估方法，根据反应调整课程。

第二是对讲师的评估和对学员的测试。每一位老师的引导技巧都会影响学员的学习。每一次课程结束后，都会针对老师的讲解技巧来做评估。在知识方面，汉堡大学也有考试。上课前会有入学考试，课程进行中也会有考试，主要想测试大家通过这些方式究竟保留了多少

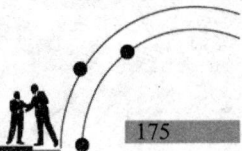

知识，以了解培训的内容是否符合组织所要传递的内容。汉堡大学还非常重视学员的参与，会把学员的参与度量化，并成为员工评估方法。汉堡大学还对每天的课程作调整以适应学员的学习需求。

第三是"行为"。检查员工在课程中学到的东西能不能在回到工作岗位以后改变行为、达到更好的绩效。麦当劳有一个双向的调查，上课前会先针对学员的职能作一些评估，再请他的老板或直属主管作一个评估。培训3个月后，再作一次评估，以便把职能行为前后的改变进行比较来衡量培训的成果。这样评估所花的成本较大，而且分析起来也比较困难，所以很多企业都选择放弃。

第四是"绩效"。课后行动计划的执行成果和绩效有一定的关系，每一次上完课，学员都必须设定其行动计划，回去之后必须执行，执行之后会由其主管来为其做鉴定，以确保培训与绩效结合。

（资料来源：佚名. 2006. 拆解麦当劳培训"流水线" [OL]. 牛津管理评论. http://oxford.icxo.com/htmlnews/2006/11/16/968937_3.htm[2006-11-16].）

麦当劳的培训得以成功，不仅仅是因为它有很好的培训需求分析，预先设计了有针对性的培训方案，还因为它非常重视并建立起一套系统的培训效果评估机制，用以检验培训的成果是否达到组织的需要。培训不是为了培训本身，培训是为了服务于企业的业务发展、服务于员工的职业发展，只有通过评估，才知道培训是否有价值。

第一节　培训效果评估的意义

一、培训效果评估的含义及类型

（一）定义

培训效果评估旨在运用预先设计的培训方案，对培训活动的有效性进行测量和评价。培训效果，或者说培训有效性（training effectiveness），是企业和员工从培训中获得的收益。对员工个人来说，收益意味着学到新的知识，或者掌握了某种新技能，或者开启了新的思维。对于企业来说，收益意味着者员工工作效率的提高，销售额的增加，顾客满意度的提高，等等。

在目前的社会经济环境下，培训有效性从经济层面扩展至社会层面，开始关注对社会效益的影响。培训有效性体现在3个层面上：员工层面、组织层面及社会层面[①]。

基于这一观点，对培训效果评估可以作出如下定义：系统地收集必要的描述性和判断性信息，对培训在员工、组织和社会3个层次上的收益进行评价，以益于作出选择、使用和修改培训项目的决策。

（二）培训项目的价值判断

培训效果评估关注的是价值判断。不同的研究者或实践者会从不同的利益角度来判断培

---

① 本书将培训有效性定义为：培训有效性是指员工个人、公司/组织与社会从培训中获得的收益。在员工个人层面，收益意味着学到新的知识或技能；在组织层面，收益包括销售的增加、顾客满意度的提高等；在社会层面，收益表现为社会责任的增加，社会公平的提升等社会效益。

训的价值，因此会采用不同的评估标准。这些标准也被称为培训成果或标准，它们是指用于评估项目有效性的准则或尺度，这些标准必须是与工作相关的。总体上，对一个培训项目的价值判断有以下 4 种[①]。

（1）对培训活动本身进行的价值判断。例如，"你学到了什么？"或者"培训师的教学方法是否有效？"

（2）在培训结束后，对学员的实际工作情况进行的价值判断。如"学员在工作中使用了什么新技术？"或者"为什么学员没有能够在工作中运用他们在培训中学到的新技术？"

（3）在培训结束后，对组织绩效指标进行的价值判断。这些指标包括经营指标（如废品率、质量）、财务指标（如给定资源水平下的产量）、人事指标（如时间观念的增强）。

（4）对学员与工作没有直接关系的一些表现进行价值判断。例如，评估学员的道德表现、社会责任感等，评价学员的行为是否符合"机会均等"的理念。

表 7-1 总结了上述 4 类评估价值判断的内容、关注的重点和使用的价值标准。

表 7-1　评估的价值标准

内　容	评估的重点	价值标准
1. 培训活动中的评估，中心是学员或培训师	· 判断学员的表现 · 告诉学员其学习成果 · 衡量培训中学员的变化 · 告诉培训师其培训方法和培训方案的优缺点 · 课程结束后对学员能力的评价	· 快乐/兴趣 · 知识或行为改变的结果 · 知识或行为改变的结果 · 方法或方案的有效性 · 知识水平或行为表现
2. 培训后对学员工作情况的评估，中心是学员和工作场景	· 学习目标是否与培训需求一致 · 学员运用知识或完成工作任务过程中表现出来的行为变化 · 影响学员在工作中运用所学知识的因素 · 个人学习和进步	· 培训与工作的相关性 · 设计和方法的有效性 · 设计和方法的有效性 · 个人进步或成长；职业发展
3. 对效益的整体评估，中心是绩效评估	· 组织绩效的变化 · 学员实施个人行动计划的情况 · 培训的成本效益 · 培训与组织使命战略的一致	· 经营/财务/人事指标的变化 · 工作中新知识的运用；绩效指标的变化 · 成本—收益比较 · 政策间的一致性
4. 对组织经营所处环境中的社会、文化、政治或伦理因素的评估	· 培训对国家繁荣的贡献 · 社会成本和收益 · 培训伦理、哲学或政治的基本原理	· 可获得的训练有素的劳动力；培训政策和国家战略之间的配合 · 培训社会效果的成本收益比较 · 态度变化；组织文化变化；社会经济趋势变化；雇用模式变化

资料来源：纽拜 T. 2007. 培训评估手册[M]. 戴晓娟译. 北京：中国劳动和社会保障出版社：26-27.

二、培训效果评估的必要性

（一）反映培训对于组织的贡献

人力资源管理部门在组织中向来被认为是"成本中心"，通过有效性评估，特别是在作

---

① 纽拜·T. 2007. 培训评估手册[M]. 戴晓娟译. 北京：中国劳动和社会保障局出版社：22-27.

一些定量的分析后，可以看到培训投资的收益，并以此体现人力资源部门或培训部在组织中的重要作用。

（二）决定继续进行或停止某个培训项目

在组织的实际运行中，一方面企业或组织的发展是动态的，由此所引起的培训需求也具有动态性；另一方面，培训项目的内容和主流的培训方式与技术不断地发生变化。因此，组织通过有效性评估，可以觉察哪些培训项目已经不再适合组织的实际情况，应该停止，哪些培训项目还值得继续实施等。另外，培训的有效性评估和培训需求评估有关，即培训有效性的信息可以为下一轮的培训需求评估提供信息和参考。

（三）获得如何改进某个培训项目的信息

通过评估，可以对培训的设计、培训内容、讲授方式等方面有进一步的了解，并可以对现有的培训课程、所选用的培训方法和技术进行修改完善，以使其能够更好地满足学员的要求。通常会从以下几个方面来获取这些信息。

（1）课程内容满足学员要求的程度如何？

（2）讲师是最合适的吗？

（3）讲师是否采用了最有效的方式来保持学员的兴趣？

（4）培训设施怎样？

（5）培训时间安排合适吗？

（6）培训项目的协调性？

（7）其他改进建议。

三、培训效果评估的内容体系

根据培训评估时间选择的不同，可以将培训效果评估分为事前评估、试验性测试与事后评估[①]。这3种培训效果评估的具体作用差异显著。

（一）事前评估

事前评估提供了有关如何使培训项目更理想的信息。事前评估通常用于收集培训项目的定性数据、包括对培训项目的看法、信任和感觉。这些信息的收集是通过调查问卷以及与潜在学员/或管理人员的访谈来进行。这些管理人员是购买或者是为了学员参加培训计划支付经费的人。进行事前评估，要求雇员和管理者实际参与计划或预演培训内容。事前评估有助于保证培训项目组织合理且运行顺利，同时也可使学员能够很好地学习并对培训项目满意。

（二）试验性测试

试验性测试是与潜在学员、管理者或其他顾客（购买培训项目的人）预先试行一项培训项目的过程。例如，要求他们预演或试验性测试一项网上培训计划。当他们结束这项计划后，

---

① 雷蒙德・A 诺伊. 2001. 雇员培训与开发[M]. 徐芳译. 北京：中国人民大学出版社：106-107.

让学员和管理者就项目中使用的图表、录音、声音、界面或进入方式是否有助于（或干扰）学习进行评价。从预演中获得的信息可由项目开发人员用于在向全体受训人员推行项目前对项目进行改进。

（三）事后评估

事后评估是用以衡量学员参加培训项目后改变程度的评估，即学员是否掌握了培训目标中确定的知识、技能、态度、行为方式或其他成果。事后评估还包括对公司从培训中获取的货币收益（也称作投资回报）的测量或培训效用（非货币收益）的测量。事后评估通常应用测试、行为打分，或绩效的客观评价标准如销售额、事故发生数或开发专利项目等来收集定量数据。

通过上述 3 种评估的描述，明确以下问题。

（1）明确培训项目的优势和不足。包括判断项目是否符合学习目标的要求，学习环境的质量状况，及培训成果在工作中是否得到了运用。

（2）评价培训项目的内容、日程安排、场地、培训者及使用的资料，看看它们是否有助于学习和培训内容在工作中的应用。

（3）明确哪些学员从培训中获益最多，哪些人获益最少。

（4）通过了解参与者是否有意愿向他人推荐该培训项目，为何要参与该项目，即对该项目的满意度，收集有助于推销该培训项目的信息，从而明确项目的成本和收益。

（5）比较进行培训与不进行培训（如重新设计工作或优化员工甄选系统）的成本与收益。

（6）对不同培训项目的成本和收益作一个比较，从而选择一个最优计划。

四、培训评估的干预作用

上述原因是基于单个培训项目而言的，从整个组织的培训有效性上分析，一个组织的培训兴衰取决于该组织的大气候。

组织内培训的发展可以表现为恶性循环，也可以表现为良性循环。人力资源培训与开发的时间表明，系统的培训评估能使企业的培训发生巨大的变化，使培训从恶性循环到良性循环。

"恶性循环"中列出的情形可能持续好几年，由于培训声誉不高，人们对它的期望值也很低，这一循环的最终结果就是培训部被解散。良性循环恰恰相反。评估资料树立了培训部门的信誉，即使通过评估找出了现有的培训问题，那也表明培训师在认真提高培训水平。在寻求组织中其他部门的支持时，对以前业绩的诚实评价再加上想做的更好的愿望，比假装什么都不需要改变更能打动人。在能打破恶性循环模式方面，系统的评估是一个强有力的工具。而在初始阶段可以通过使用外部咨询专家来进行这一工作，因为他们能将新思想带入一个僵化的、一切都"想当然"的环境[1]。

当然，良性循环和恶性循环只是极端状态，多数组织表现出的是介于两者之间某个位置的状况。但是这些循环确实反映了现实生活，因此对经理和培训师来说，关键问题是利用系统的培训使组织的培训情况更接近良性循环[2]。

---

[1] 纽拜・T. 2007. 培训评估手册[M]. 戴晓娟译. 北京：中国劳动和社会保障出版社：49.

[2] 同[1].

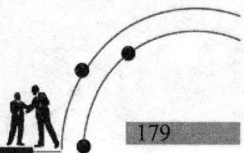

第二节 培训效果评估流程与信息获取

一、培训效果评估流程

培训效果评估主要由 7 个步骤组成：作出评估决定、制订评估方案、收集评估信息、数据整理和分析、撰写评估报告、评估结果沟通、决定项目未来。

（一）作出评估决定

在作出评估决定之前，必须开展以下工作。

（1）进行评估可行性分析。如果评估本身的成本高于培训项目的成本，就不具有经济意义，建议采取一个大概的、主观的评估。

（2）明确评估的目的。即决策者和项目管理者要向工作人员表达评估的意图。这很大程度上影响了评估方案的设计。

（3）选择评估者。评估者有两类人：内部评估者和外部评估者。如果企业内部缺乏评估技术，不妨聘请外部评估者。聘请外部评估者的过程也是一个学习的过程。

（4）明确参与者。参与评估的人包括培训对象、培训组织者、外部专家等。

（二）制定评估方案

培训评估方案需要明确的项目有以下几点。

（1）培训评估的目的。

（2）评估的培训项目。

（3）培训评估的可行性分析。

（4）培训评估的价值分析。

（5）培训评估的时间和地点。

（6）培训评估人员确定。

（7）培训评估的方法。

（8）培训评估的标准。

（9）培训评估的推进步骤。

（10）培训评估的工作分工与配合。

（11）培训评估的频率。

（12）培训评估的报告形式与反馈。

培训评估报告最核心的内容是选择培训评估的方法、评估的设计、评估的策略。评估策略是重中之重，要回答谁来评估、什么时候评估和在什么地方评估的问题。

（三）收集评估信息

评估信息的来源渠道有组织业绩记录，学员，学员的主管、下属、服务对象，学员所在团队或同事小组，内部或外部团队。信息获取的具体方式与评估设计、信息收集方式等有密切关系。

（四）数据整理和分析

数据整理分析的常用统计方法有集中趋势分析、离中趋势分析、相关趋势分析。

（五）撰写评估报告

1. 撰写初稿

从开始撰写报告初稿到向上级呈报报告期间要完成以下工作。

（1）起草报告初稿、修改完善初稿。

（2）召开相关人员共同参加的评估会议（相关人员包括培训项目的管理者、实施者、项目顾问、培训学员、学员的领导或下属等）。

（3）共同讨论报告的真实性和结论的合理性，确保报告的客观性。

（4）根据评估会议收集的各方面意见修改报告。

（5）向上级呈报报告。

2. 在撰写报告时需注意的问题

（1）要用辩证的眼光来分析问题。

（2）要在下结论之前确定真凭实据。

（3）要考虑到培训评估者本人可能存在的偏见。

（4）要考虑到培训的短期效果和长期影响。

3. 培训效果评估报告的结构与核心内容

培训效果评估报告一般由 8 个方面构成。

（1）一般信息。这部分的核心内容包括两方面：①背景信息的介绍。通过对项目需求分析的概括来说明评估的基础以及重要的结论和意义；提供培训项目的大纲。②评估目的。对照预先设定的目标，评价培训项目所带来的贡献大小，而不是判断培训投资是否合理或培训项目是否有必要继续存在。

（2）评估方法。这部分的核心内容包括：①评估的级别；②投资回报率流程；③数据收集；④鉴别培训效果；⑤将数据转化为货币价值。

（3）数据转换及分析。这部分的核心内容包括两方面：①财务数据；②非财务数据。

（4）项目成本。核心内容包括：成本阶段和分类矩阵。

（5）结果。核心内容包括：①一般信息；②结果 1——反应/满意度，行动计划；③结果 2——学习成果；④结果 3——应用与实施；⑤结果 4——对业务的影响；⑥结果 5——投资回报率；⑦结果 6——无形收益。

（6）障碍与促进因素。

（7）结论与建议。

（8）附录。附的核心内容是补充资料。在报告的附录部分，附上原始资料及相关图表，如调查问卷、访谈记录、绩效档案、行业标准、技术模型等。

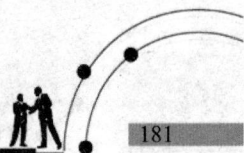

（六）评估结果沟通

1. 开展评估结果沟通的意义

把培训评估的结果与培训相关人员进行沟通十分必要，因为培训利益相关者都有权利和义务知道培训和开发究竟产生了哪些结果，还存在什么问题。对于高层管理者，需要了解培训项目的成本和收益，并以此来决定是否继续支持项目的实施。对于学员的直接上司，需要了解学员在知识、技术和能力等方面的提升情况，为培训成果的转化创造条件。对于学员，需要将自己与过去进行比较，与平均水平进行比较，与期望标准进行比较，了解自己的不足，为继续学习找到方向。对于培训师，需要了解课程的设计、实施以及培训环境对培训效果的影响，以便对项目的不足作出进一步的改进。对于培训管理者，需要掌握培训与开发流程的综合效果，通过跨部门的沟通协调，使培训开发活动融入企业经营管理中。

2. 评估结果沟通的内容

针对与培训相关的不同人员要运用不同的沟通策略，以提高沟通的针对性（见表7-2）。

表7-2　沟通对象及内容

沟通对象	沟通内容
高层管理者	· 培训项目的背景、结果及建议 · 最好有投资回报率数据（第五级评估结果） · 至少提供业务影响的数据（第四级评估结果）
一线经理	· 培训项目的目标、项目大纲及目标达成率 · 最好有对业务影响的数据（第四级评估结果） · 至少提供培训实施（应用）的数据（第三级评估结果）
学员	· 最好提供培训后学员行为改变的数据（第三级评估结果） · 至少提供对培训知识和技能掌握程度的数据（第二级评估结果）
培训师	· 最好提供培训实施（应用）的数据（第三级评估结果） · 最好有对业务影响的数据（第四级评估结果） · 至少提供学员对课程的反应数据（第一级评估结果） · 至少提供学员对培训知识和技能掌握程度的数据（第二级评估结果）
培训人员	全部评估内容及细节

（七）决定项目未来

根据评估结果，采取以下后续措施：保留并实施评估效果好的项目；对某些环节有缺陷的项目进行改进；暂停甚至取消评估效果差的项目。

二、培训效果评估信息获取方法

（一）数据类型

在开展培训效果评估时必须依据各种数据，如顾客的投诉次数、工作人员的错投次数、返修产品件数、排版错误数、赞成性反应、顾客满意度等数据。这些数据可以归纳为两大类：硬性数据和软性数据。其中，前4个指标为硬性数据，后两个指标为软性数据。硬性数据与软性数据为培训评估的两类主要数据来源。

1. 硬性数据

硬性数据是指那些客观的、理性的、无争论的事实，是培训评估中非常希望掌握的数据类型。硬性数据大多来源于有关员工或他（她）所在组织在工作和业务上的产出、产品和工作的质量、发生的各类成本以及消耗的时间等 4 类数据（见表 7-3）。它一般具有以下特点：①一般是定量化的数据；②容易测量；③衡量组织绩效的常用标准；④比较客观；⑤比较容易转化为货币价值；⑥衡量管理业绩的可信度较高。

表 7-3　硬性数据的主要来源

产　　出	质　　量	成　　本	时　　间
生产的数量		预算的变化	运转周期
制造的吨数		单位成本	投诉的应答时间/次
装配的件数	废品	财务成本	设备停工时间/次数
售出件数	次品	流动成本	加班时间
销售额	退货	固定成本	每日平均时间
窗体加工数量	出错比率	营业间接成本	完成所需时间
贷款批准数量	返工	运营成本	贷款的处理时间
存货的流动量	缺货	延期成本	管理时间
探视病人的数量	产品瑕疵	罚款	培训时间
申请的处理数量	与标准的差距	项目成本节约	开会时间
毕业的学员数量	生产故障	事故成本	修理时间
任务的完成数量	存货的调整	规划成本	效率
订货量	工作完成的比例	销售费用	工作的中断时间
奖金	事故数量	管理成本	对订货的回应时间
发货量	客户投诉	平均成本节约	晚报告时间
新建的账目数量			损失的时间（天数）

资料来源：徐芳. 2005. 培训与开发理论及技术[M]. 上海：复旦大学出版社：278.

2. 软性数据

由于培训效果有时有一定的滞后性，因此硬性数据的结果需要经过一段时间后才能表现出来，因此，有时组织还必须借助于软性数据进行评估。软性数据具有以下特点：①难以量化；②相对不容易测量；③作为绩效测评的指标，可信度较差；④在多数情况下是主观性的；⑤不容易转化为货币的价值；⑥一般是行为导向的。

软性数据通常来源于反映组织的氛围、员工的满意度、新技能的掌握和运用情况、工作习惯、发展以及创造性（见表 7-4）。

表 7-4　软件数据的主要来源

数据来源	内　　容
组织氛围	不满的数量、歧视次数、员工的投诉、工作满意度、组织的承诺、员工的离职比率
满意度	赞成性反应、工作满意度、态度的变化、对工作职责的理解、可观察到的业绩变化、员工的忠诚程度、信心的增加
新技能	决策、问题的解决、冲突的避免、提供咨询的成机会、倾听理解能力、阅读速度、对新技能的运用、对新技能的运用意图、对新技能的运用频率、新技能的重要性

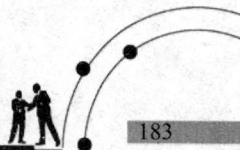

续表

数据来源	内　　　容
工作习惯	旷工、消极怠工、看病次数、违反安全规定、沟通破裂的次数、过多的休息
发展	升迁的数量、工资的增长数量、参加的培训项目数量、岗位轮调的请求次数、业绩评估的打分情况、工作效率的提高程度
创造性	新想法的实施、项目的成功完成、对建议的实施量、设定目标

资料来源：徐芳. 2005. 培训与开发理论及技术[M]. 上海：复旦大学出版社：278-279.

（二）数据收集方法

要进行有效的评估，必须要采用一定的方法来收集相关数据。具体选择什么样的方法收集数据，一方面，要根据评估目标及需要收集的评估数据类型而定；另一方面，还要考虑评估者的时间和偏好。表 7-5 是一些常用的评估数据采集方法，包括问卷调查、访谈、关键事件评估、测验等。

表 7-5　培训与开发项目评估的数据收集常用的方法

方　　　法	方　法　描　述
问卷调查	一种收集主观信息的问卷，旨在了解学员对培训的主观评价，包括培训的反馈问卷
访谈	通过和一个或多个人进行交谈，以了解他们的信念、观点和观察到的东西
关键事件评估	通过直接观察人们在关键条件下的工作行为来收集信息
测验	在结构化条件下了解学员已掌握的培训知识和完成某项任务的熟练程度，包括书面测验和操作性测验

资料来源：纽拜·T. 2007. 培训评估手册[M]. 戴晓娟译. 北京：中国劳动和社会保障出版社：79、95、122、167.

1. 问卷调查

问卷调查适用于检查培训目标与工作任务相匹配的程度；评价学员在工作中对培训内容的应用；了解学员偏爱的学习方法以及对培训师所使用教学方法的态度。如果已经确定问卷是最适合的评估方法，其主要操作有以下 6 个步骤。

（1）明确要通过问卷调查了解的信息。

（2）设计问卷。

（3）进行预调查，并对问卷进行修改与完善，必要时重新设计问卷。

（4）正式实施问卷调查，实施对象应该是从相关总体中抽出的一个具有代表性的样本。

（5）对回收的有效问卷资料进行分析。

（6）报告调查结果。

设计好的正式调查问卷应具有一定的结构（见表 7-6），结构包括指导语、记分标准、问卷项目等。注意在问卷中尽量少使用开放性问题。

问卷调查法有其优缺点，具体表现如下。

优点：单位成本较低，允许从大样本中收集信息；资料编码更直接，更可能以匿名的方式进行；回收的资料比较便于分析处理，如可以设计成机读卡；当调查对象分散在各地时也可很方便的进行；可避免访谈人员的偏见，如有选择地提问；当需要封闭式提问时是最适合的方法。缺点：可能回收率很低和（或）需要大量的事后"催促"才能收回资料；依赖于调查对象对自己所处环境、个性特点和思考能力的认识，如他们必须能够简单地表达出相当清晰的观点；问题受到调查对象文化水平的限制；不具有灵活性，如不太容易改变已经完成的问卷设计；有过于简化资料且存在设计盲点的可能；设计和测试都很花费时间。

表 7-6　调查问卷举例

这是一份快速反馈培训评估的问卷。希望通过这份问卷来了解你的学习状况，了解你对培训教师以及组织者的看法，了解你对课程内容和培训方法的意见和建议。请在每道题后最能代表你看法的相应选项上画圈。对于开放性问题，请在相应的位置写出，如果空间不够，可另页补充。

"1"表示"完全不同意"					
"2"表示"完全同意"					
"3"表示"不确定"					
"4"表示"比较同意"					
"5"表示"完全同意"					
1. 你认为这部分的培训内容对你有用。	1	2	3	4	5
2. 你认为培训教师的讲授很好。	1	2	3	4	5
3. 你认为培训学员的参与积极性高。	1	2	3	4	5
4. 你对培训环境满意。	1	2	3	4	5
5. 你对培训有什么意见或建议？					
6. 请说明本次培训中应该删减的内容与应该增加的内容。如果方便，请说明原因。					

2. 访谈

访谈方法的应用范围很广，可以了解学员对某培训方案或学习方法的反应；了解学员对培训目标、内容与自己实际工作之间相关性的看法；检查学员将培训内容在工作中应用的程度；了解影响学习成果转化的工作环境因素；了解学员的感觉和态度；帮助学员设立个人发展目标；比较组织战略和培训之间的一致性；为下一步的问卷调查做准备。

设计与实施访谈的步骤与问卷调查方法十分相似，主要有以下几种：①决定需要何种信息；②设计访谈方案；③测试方案效果，必要时重新设计；④全面实施；⑤对访谈资料进行分析；⑥报告调查结果。

访谈方案是指评估人员在访谈中要提问的问题清单。访谈问题分开放性问题、封闭性问题和反馈性问题3类。开放性问题如"你对这样的培训有什么感受？""你能说出你的工作现在发生了什么样的变化吗？"，封闭性问题如"你什么时候参加的谈判技能课程？"，反馈性问题如"你对培训师有一些……的看法？"。

访谈法有其优缺点，具体表现如下。

优点：可以及时对问题作出解释并检查理解是否正确；访谈可以实现双向沟通，以确保对问题的解释和澄清；可以进行事先没有进行到的询问，可以对问题进行深入的追踪调查；当需要开放式提问时是最合适的方法。

缺点：访谈成本较高，不是经济的调查方法；实施访谈和分析资料非常耗费时间，这通常限制了样本规模；访谈的效果更多的依赖于访谈者的能力，如与访谈对象迅速建立融洽关系的能力，使访谈对象倾诉真言的能力。

3. 关键事件评估

关键事件评估可以完成多种任务，特别适用于根据行为变化来进行培训评估时，可以说

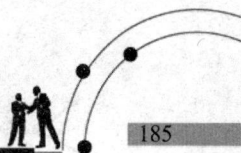

没有其他方法能像关键事件评估这样检验培训对学员绩效的影响。

收集关键事件评估的资料时多采用访谈法。收集资料的过程应遵循以下原则。

（1）提供资料者（调查对象本人或者观察调查对象行为的人）只需要对所描述行为的成功或失败进行简单判断。

（2）对观察者进行培训。

（3）必须观察实际行为，这样能最大程度地减少主观性。

（4）和绝大多数评估一样，如果把分析与适当的控制和培训前后的变化测评结合起来，调查结果的可信度将会提高。

访谈由一名有熟练访谈技巧的人员和对工作行为非常了解的观察者或当事人在一对一的基础上共同工作，一起探询关键事件行为的细节。对观察者和当事人的访谈提纲内容基本相同，只是问题的提问方式有一些变化。应用举例见表7-7和表7-8。

表 7-7 关键事件评估举例（访谈观察者）

1. 引言
引言包括访谈目的、保密条款、访谈记录方法、与访谈对象建立融洽关系。
2. 请考虑你最优秀的职员。你认为他们最出色的做法是什么？要描述其实际行为，他或她做了或说了什么以及结果如何。（必要时深究更明确具体的细节）
3. 具体做什么？
4. 该行为在什么时候发生？
5. 该行为发生的背景是什么？
6. 该行为的结果是什么？
7. 为什么你会觉得它说明了员工的工作有效性？
8. 你所说的员工职位是什么？
9. 你自己直接观察到该行为了吗？
10. 你直接看到了行为的结果吗？
结束语
非常感谢您的合作！请您在访谈记录上签名，以确保访谈记录内容的真实可靠。

资料来源：纽拜·T. 2007. 培训评估手册[M]. 戴晓娟译. 北京：中国劳动和社会保障出版社：124.

表 7-8 关键事件评估举例（访谈当事人）

指导语：
您好，现在总部培训机构正在评价内部顾问技能培训项目（IASP）的效果。我们希望通过参加过IASP的人员了解该项目。您正好是我们选出的访谈对象中的一员，所以需要占用您的一些时间，请您抽出一些时间支持我们的工作。谢谢您！
这次访谈的内容仅作为培训有效性评估的材料，不涉及其他目的和用途，请您不必有所顾虑。对于访谈内容我们会严格保密，请您放心。在访谈结束时，我们会请您在访谈记录上签字，以保证记录内容的真实可靠。
1. 简要描述参加IASP后，您作为一名内部顾问成功的解决过的最难问题。（发生了什么？和什么人有关？结果是什么？）
2. IASP中的哪些内容有助于您应对您在1中描述的困境？
3. 您认为该困境给您带来的最大障碍是什么？
4. 简要描述参加IASP后，您作一名内部顾问处理的最不成功的一件事。（发生了什么？和什么人有关？结果是什么？）
5. 指出由于培训不足对您在4中描述的失败有什么影响。
6. 您是否经常遇到1和4中描述的情形？
①_____ ②_____
结束语
非常感谢您的合作！请您在访谈记录上签字。

资料来源：纽拜·T. 2007. 培训评估手册[M]. 戴晓娟译. 北京：中国劳动和社会保障出版社：125.

关键事件评估也有其优缺点，具体表现如下。

优点：其突出优点是具有很高的表面效度，它以行为标准来评价调查对象的工作业绩，因此，观察过程中主观推测成分较少；这种方法允许调查对象用自己的语言和根据自己的观点报告他们的经历，而不是评估人员强加的观点，因此，调查对象提供的信息往往能够十分全面地描述细节和涵盖关键的工作任务。

缺点：评估效果要依靠观察者和访谈者的能力；很容易由于语言表达不当导致信息扭曲；访谈对象在提供关键事件的例子时，有可能没有说出真相；由于对事件资料进行有效和无效分类是一个主观过程，可能由于访谈对象的能力而发生错误和偏见；该方法需要花费大量的时间和精力，特别是主要依赖访谈方法时更为费时费力；该方法由于只评价关键要素，不能达到对全部日常工作进行评价的目的。

4. 测验

测验评估包括书面测验与操作测验。书面测验用于了解学员已掌握的知识，该方法对培训和评估的贡献：在培训期间向学员反馈有关信息；考察一段时间内的学习成果；培训师可借此了解学员是否消化了他们所学的知识，判断教学方法是否奏效；书面测验可以对能力进行验证。培训初期的书面测验可以起到鼓励讨论的作用，还可以使学员对学习目标敏感起来，并且可以强化学习效果。

操作测验的作用在于让学员了解他们的学习成果，只要学员把知识转化为实践，就要用到操作测验。通过测验可以看出学员完成任务的质量（不管该任务是用车床制造出一个椅子腿还是用打字机打一封信）。操作测验也可以测量学员体力或脑力劳动作业的准确性、完成的速度和完整性、计划能力以及识别（比方说，机械部件）能力。

书面测验和操作测验是互补的，单一的书面或操作测验都是绝对不够的。

无论是书面测验还是操作测验的设计都要遵守相关的操作步骤，纽拜提出书面测验的 7 个步骤以及操作测验的 15 个步骤[①]，详细信息参阅纽拜的《培训评估手册》。

无论是书面测验还是操作测验，都存在各自的优缺点。

书面测验的优点：购买成本低；容易记分；可迅速批改；容易实施；可进行大样本的评估。

书面测验的缺点：可能会带来威胁感；测验分数也许与工作绩效不相关；测验结果可能会受到文化因素影响。

操作测验的优点：具有较高的表面效果；能强化学习效果；鼓励学员在工作中应用培训内容；能让指导老师和学员了解教学效果。

操作测验的缺点：耗时；成本高；需要做大量的现场准备与监督工作；学员之间难免互相观察，评分的可靠性不强；中途可能会损坏设备。

除上述常用的评估方法外，有时还采用行动分析法与成本收益分析等。行动分析法是根据行为培训目标，用结构化、前后一致的方式观察行为，从而对特定技能或技能组成部分的使用情况进行客观判断。成本收益分析通过识别预期成本，并对预期成本和预期结果的货币

---

① 纽拜·T. 2007. 培训评估手册[M]. 戴晓娟译. 北京：中国劳动和社会保障出版社.

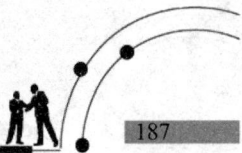

价值进行权衡。这些方法也都有各自的缺点，所以在评估时要注意选择，应当充分考虑几种方法的优缺点并加以综合运用。

第三节 培训效果评估的经典模型

一、柯克帕特里克评估模型

（一）柯克帕特里克的培训评估模型的内容

柯克帕特里克培训评估模型，是最著名的评估框架。这种工具不仅实用而且易于贯彻到企业实际的培训评估中。它不仅观察学员的反应和检查学习结果，还衡量学员培训前后的表现和公司经营业绩的变化。该模型将评估分为反应、学习、行为及结果4个层次（见表7-9～表7-11）。

表7-9 人力资源培训评估模型

模　　型	培训评估指标
1. 柯克帕特里克（Kirkpatrick）(1967，1987，1994)	4个层次：学员反应、学习成果、工作行为、经营业绩
2. CIPP（高尔文，1983）	4个层次：情境、投入、过程、产品
3. CIRO（沃尔等人，1970）	4个层次：情境、投入、反应、产出
4. 布林克霍夫（Brinkerhoff，1987）	6个阶段：目标设定、项目策划、项目实施、及时的产出、中间产出或结果、产生的影响和价值
5. 布什内尔的系统方法（Bushnell，1990）	4个活动集合：输入、过程、输出、结果
6. 克里格尔、福特和萨拉斯（Krieger，Ford，Salas，1993）	学习结果的分类框架：将学习结果分为认知、技能和情感3类，提出了测量每一类结果的指标
7. 考夫曼和凯勒（Kauferman，Keller，1994）	5个层次：反应、获取、应用、组织产出、社会贡献
8. 霍尔顿（Holton，1996）	5类变量以环境要素、结果、能力要素及他们之间的关系：次级影响、动机要素
9. 菲利普斯（Phillips，1996）	5个层次：反应和行动改进计划、学习、学习成果在工作中的应用、经营业绩、投资回报
10. 刘易斯（Lewis，1996）	3个因素：情境、过程及结果
11. 普瑞斯克和托瑞斯（Preskill，Torres，1999）	把评估性调查与研究作为一种方法，强调评估是一个学习过程
12. 斯旺森和霍尔顿(Swanson，Holton，1999)	结果评价体系包括绩效结果、学习结果、认知结果，以及结果评价流程、结果评价计划制订、衡量结果的工具

资料来源：德西蒙·R L，沃纳·J N，哈里斯·D M. 2003. 人力资源开发[M]. 3版. 北京：清华大学出版社：231；斯旺森·R A，霍尔顿·E F.2008. 人力资源开发[M]. 王晓晖译. 北京：清华大学出版社：281-282；Lewis T A. 1996.Model Thinking About theEvaluation of Training[M]. Performance Improvement Quarterlu，9(1)：3-22.

表7-10 柯氏评估模型的层次

层　次	标　准	重　点
1	反应	学员满意程度
2	学习	知识、技能、态度、行为方式的收获
3	行为	工作中行为的改进
4	结果	学员及组织获得的经营业绩

资料来源：徐庆文，裴春霞. 2004. 培训与开发[M]. 济南：山东人民出版社：232.

表 7-11　柯氏评估模型的衡量方法

评估层次	主要内容	可询问的问题	衡量方法
一级评估 反应层评估	观察学员的反应	•学员喜欢该培训课程么？ •课程对自身是否有用？ •对培训师及培训设施等有何意见？ •课堂反应是否积极主动？	问卷、评估调查表填写、评估访谈
二级评估 学习层评估	检查学员的学习结果	•学员在培训项目中学到了什么？ •培训前后，学员知识及技能方面有多大程度的提高？	评估调查表填写、笔试、绩效考试案例研究
三级评估 行为层评估	衡量培训前后工作表现	•学员在学习基础上有无改变行为？ •学员工作中是否用到培训所学？	由上级、同事、客户、下属进行绩效考核、测试、观察和绩效记录
四级评估 结果层评估	衡量公司经营业绩变化	•行为改变对组织的影响是否积极？ •组织是否因培训而经营得更好？	考察事故率、生产率、士气

1. 反应

第一层次评估学员反应，指学员在培训中和培训后形成的一些感受、态度及意见，这些反应可以作为评价培训效果的依据。这个层次关注的是学员对项目及其有效性的知觉，涉及培训的各个方面，如培训的目标是否合理，对培训材料、培训师、设备、方法等的感受等均是培训评估需要考虑的重要因素。用这个层次的指标来评估培训项目的局限在于，它只能反应学员对培训的满意度，不能证明培训是否实现了预期的学习目标。

对于学员反应方面信息的收集通常采取问卷、课后会谈、电话跟踪、课后讨论会以及课堂讨论等形式进行。企业通常采用让学员填写《学员意见反馈表》的形式来收集这方面的信息。收集信息的时间可以在每一部分内容结束时，每天结束时，每一课程结束时或几周之后。收集的信息可以帮助课程进行修改，或者作总结和报告。

2. 学习

第二层次评估学习成果，指培训后的测试，是用来衡量学员对原理、事实、技术和技能的掌握程度，即学员是否掌握了培训目标中要求他们掌握的知识和技能。这是一个非常重要的指标，许多组织都希望通过有效的培训项目达到这个指标。

要了解学员的学习成果，通常采用的测试方法包括笔试、技能演示和工作模拟等，或采用角色扮演等形式请学员将所学习的内容表演出来。收集时间为事前或事后的考试，培训中或追踪效果的考试。该层面评估有利于所获得的知识技能是否能成功地应用于工作中，其结果可以用来改进培训课程。

3. 行为

第三层次评估工作行为，指学员接受培训后与工作相关行为的改变，及学员是否在实际工作中运用到从培训中学到的知识和技能。这一层次实际上评估的是培训迁移的程度。组织培训的目的是为了提供员工的工作绩效，因此，受训员工在培训中获得的知识和技能是否应用于实际工作，能否有效地实现学习成果与实际应用之间的转化，是评价培训效果的重要效度标准。

在测量这个效度的指标时，信息的收集可以采用问卷，与员工、同事或经理的访谈等形

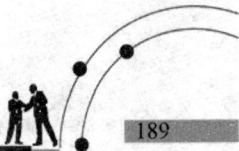

式。例如，可以通过学员的上级、下属、同事和客户对他进行评价（360度评价）以及参与学员本人对接受培训前、后与工作相关行为的变化进行评价。信息收集的时间分为培训前和培训后两个时间段，培训后评估的时间应该在学员回到工作岗位3～6个月进行，因为，从培训到行为迁移时间上存在一个滞后的"睡眠效应"。评估设计应采用有对照组的对比设计。

4. 结果

第四层次评估企业绩效是否得到改善，这涉及对组织绩效改进的监控。例如，经过培训以后，企业的成本是否节省了，产品质量是否提高了，盈利是否增多了，服务水平是否上升了等。对大多数经理来说，他们希望培训工作至少要达到这个标准。然而，这个层次的指标是较难评估的，因为除了员工的绩效还有许多因素会影响组织的绩效。

通常情况下，在测量结果层次的指标时需要收集和分析经济和运营方面的数据，信息的收集可以采取问卷、分析操作的结果、投入-产出分析等形式。这个层面的信息收集的时间分为事前和事后的测试，并应该设立对照组。

柯氏培训评估模型提出后，该模型在企业中得到了广泛应用。许多企业（如美国电话电报公司）都采用了类似的4层次评估。但遗憾的是，在长期的人力资源开发评估研究中经常发现大多数的组织并没有同时在这4个层次上收集信息。例如，在美国培训与开发协会（ASTD）发布的《美国2000年各州行业报道》中，有一项对500个组织进行的调查，结果发现：77%的组织对受训者的反应进行了测量，36%的组织对学习成果进行了测量，15%的组织收集了有关工作行为改变的信息，只有8%的组织采集了结果层次的数据。更令人惊讶的是，即使是那些被ASTD誉为"培训投资领袖"的企业，对这4个层次指标的使用情况也只略微高出整体水平，使用率分别是80%、43%、16%和9%。这些调查结果表明，目前，组织对人力资源开发项目的系统性评估，尤其是对工作行为改变和经营结果这两个层面的评估仍是一个严峻的课题[①]。

（二）柯氏模型的假设

柯氏模型基于以下4个重要的假设（见图7-1）。

（1）培训评估有4个不同的准则，分别是反应、学习、行为和结果。

（2）这4个准则的排列是依据培训评估所获得信息价值的依次递增性。

（3）反应层次最常采用，因为这个层次的评估非常容易；而结果评估则较少采用，因为该层次评估难度大。

（4）这4个准则之间存在着层次秩序的交互关系，也就是说，若受训者的反应是正面的，他们可能学习更多；学习的越多，他们的行为改变的越多；如果他们的行为改变，这通常是绩效改善的标志。

从上述4个重要假设来看，如果受训者对培训项目的评价是积极的，那么说明员工参加以后的培训就比较容易。如果受训者不喜欢这个培训项目，或者认为自己并没有学到什么知识（即使他们实际上有收获），那么他们在培训中的学习动机就会受影响，并且可能不太愿意将学到的知识或技能运用于工作中。这样的话，在培训中所学就无法迁移到实际工作中，

---

① 徐芳. 2005. 培训与开发理论及技术[M]. 上海：复旦大学出版社：270.

因而，培训就不能促进组织效益的增加。

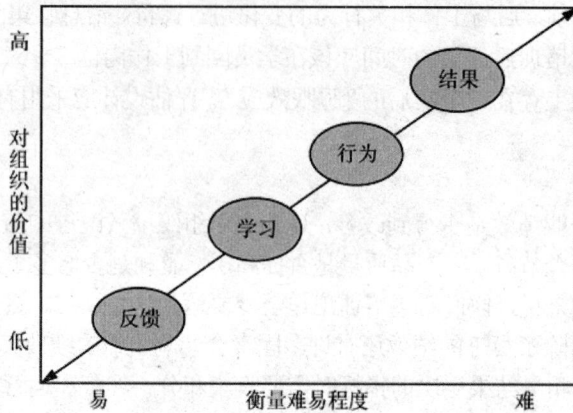

图 7-1　柯氏模型的评价的难度与对组织价值的关系

（资料来源：赵曙明. 2008. 人力资源管理[M]. 11 版. 北京：电子工业出版社：189.）

（三）柯氏模型的拓展

爱罗格（Alliger）和詹尼克（Janek）的研究发现，有 12 项研究试图说明各个层级之间的相关关系，但是，这些研究并没有发现反应层次和其他 3 个层次之间存在的关联。例如，反应的好坏并不能预测学习、行为和结果的相应变化。Alliger 等在 1997 年再次对培训效标关系进行分析，主要针对柯氏模型中的反应和学习层次进行了扩展（见表 7-12）[①]。他们认为，柯氏模型中的反应层次仅仅是从情感上进行评估的，而对培训效用大小的反应则更加重要。因为效用型反应与培训迁移的相关更大。在学习层次上，原柯氏模型仅仅注重受训者当时陈述性知识学习的评估，而受训者的程序性知识掌握得如何直接影响培训迁移的程度，并且他们得出了效用型反应与培训迁移的相关要比传统评估中的学习与培训迁移的相关要大。

表 7-12　拓展后的柯氏评价 4 层次模型

层 次 标 准	评 估 内 容
反应层次	情感反应
	效用判断
	瞬时反应
学习层次	知识保留
	行为/技能在培训情境中的显示
行为层次	迁移
结果层次	结果

资料来源：徐庆文，裴春霞. 2004. 培训与开发[M]. 济南：山东人民出版社：233.

二、考夫曼的 5 个层次评估模型

考夫曼认为培训能否成功，培训前各种资源的获得是至关重要的，因而应该在模型中加

---

① 关于培训效果评估. http://blog.sina.com.cn/s/blog_53b99fb7010008r3.html[2007-03-06].

上这一层次的评估，并且培训所产生的效果不应该仅仅对本组织有益，它最终会作用于组织所处的社会环境，从而给社会和组织带来效益。因而，考夫曼对柯克帕特里的4层次模型进行了扩展，即增加了第5个层次——评估社会和顾客的反应，以及培训的可行性（见表7-13）。该评估模型超越了单个组织的范畴，重视培训的正外部性，其目的是评估培训项目给社会带来的价值，这在一定程度上与目前所强调的企业的社会责任相吻合。从这一点上分析，考夫曼的5层次评估模型有可能成为今后企业培训评估所依据的主要模型框架。

表7-13　考夫曼的5层次评估模型

评 估 层 次	评 估 内 容
第5层次—社会产出	社会和顾客的反应、结果和回报
第4层次—组织产出	对组织的贡献和回报
第3层次—应用	组织内个体效用和小群体（产品）效用
第2层次—获得	个体和小群体技能与胜任力
第1b层次—反应	方法、手段和过程的可接受度和熟练度
第1a层次—培训可行性	人力、财务和物力资源投入的质量和获取性

资料来源：徐庆文，裴春霞. 2004. 培训与开发[M]. 济南：山东人民出版社：233.

　　基于企业从经济人向社会人的转变，社会要求企业承担的社会责任在增加，特别是在低碳经济时代，社会面临着巨大的减排压力。在这种环境下，企业要主动承担起节能减排的任务，这就要求企业在技术上进行变革。组织的变革，特别是技术或工艺上的变革必然派生出新的培训要求，使企业实施培训活动。对于这类培训有效性评估的关键是要超越单个组织的范围，应该将培训成果放到大的社会环境中去分析，即培训评估的核心是考夫曼5层次模型中的社会产出。

三、菲利普斯培训效果评估模型

（一）菲利普斯培训效果评估流程

　　菲利普斯（Phillips）把培训效果的评估分为10个步骤：制定培训目标、确定评估计划和基础数据、培训期间的数据收集、培训结束后的数据收集、培训效果鉴别、将数据转化为货币、确定培训成本、确定无形收益、计算投资回报率、实施业务影响研究（见图7-2）。

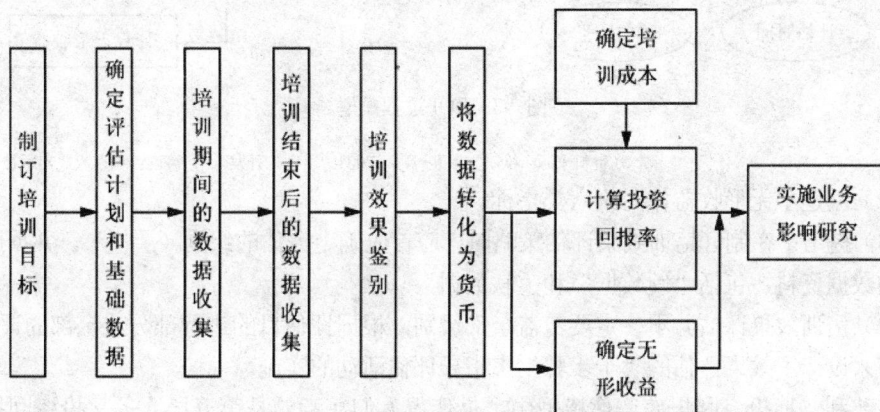

图7-2　菲利普斯培训效果评估"十步骤"

（二）菲利普斯培训效果评估模型

菲利普斯提出了从 5 个层次 6 类指标进行培训效果评估的理论（见表 7-14），6 类指标依次是反应和行动改进计划、学习、学习成果在工作中的应用、经营业绩、投资回报，前 4 个层次与柯氏模型一致。

表 7-14　菲利普斯模型的级别及数据重点

评估级别及指标类型	数据的重点
一级：对培训的反应/满意度，以及所计划的行动	培训项目、培训人员和评估结果将如何得到应用。数据内容有学员对培训项目、培训人员的满意度，学员参加培训后制订的行动计划等
二级：学习结果	学员及有利于学习的支持性机制。数据内容有学员的测试成绩、操作熟练度等
三级：培训的应用和实施	学员、工作环境和有助于学习内容得以应用的支持性机制。数据内容有学员在培训结束后在工作中行为的变化、运用新知识或新技术的频率等
四级：培训对业务的影响	培训对组织绩效所产生的影响。主观数据内容有顾客满意度的增加、员工敬业度的提高、顾客保有率的增加；客观数据内容有成本的减少、产出的增加、时间的节省等
五级：培训的投资回报率	培训所产生的用货币形式来体现的收益
无形收益	培训所产生的用非货币形式来体现的收益。如组织承诺的增加、团队合作的改进、顾客服务的改善、冲突的减少、压力的减轻等

（三）菲利普斯培训效果评估模型的贡献

（1）将柯氏模型的第四个层次进一步量化形成了第五个层次的评估概念，将培训与开发活动的结果转化为货币价值，提出投资回报率评估模型（见图 7-3）。

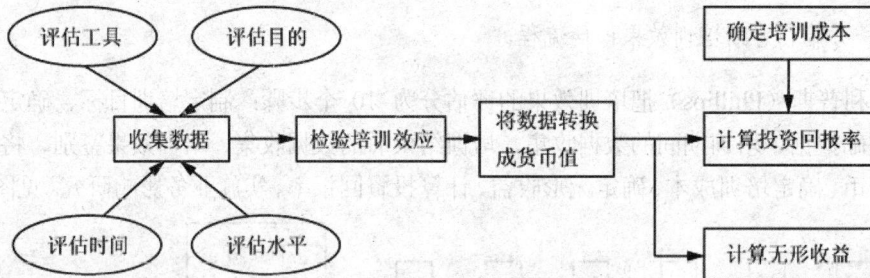

图 7-3　ROI 过程模型

（资料来源：徐庆文，裴春霞. 2004. 培训与开发[M]. 济南：山东人民出版社：236.）

（2）创建了无形收益作为第六类指标。

（3）提出了在制订培训效果评估策略时，应首先确定评估的级别（层次），并据此收集相关的数据资料，包括"硬数据"和"软数据"。

（4）培训效果评估并不一定要覆盖全部级别，根据评估目的进行部分或全部的评估。

（5）设计了效果评估的"十步骤"来指导评估活动的实施。

在菲利普斯投资回报率评估模型中，最值得人们注意的是第五层次——投资回报的评估，该评估的基本框架即 ROI（return on investment，投资回报率）框架（见图 7-3）。

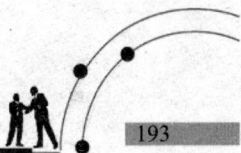

通常在培训结束后，绝大多数的公司只是报告培训费用支出、培训时间及培训覆盖的人员数量，而没有提及培训对公司带来的价值、实训中所学到的知识技能及由培训带来的投资回报。由于组织越来越倾向于把培训看作投资活动，特别强调培训的成本与收益评估，因此，ROI 过程成为评估的关键部分。

ROI 分析认为，培训对组织产生了积极的影响，但是所付出的成本也许太高，在评估一项培训项目的价值时，不仅要计算它的效益，还要计算它的成本。ROI 通常表示成一个百分数或成本与净收益的比率。图 7-3 是 ROI 方法实施培训评估的全过程，从数据收集开始，以 ROI 计算结束。

$$培训的投资回报率（ROI）＝培训净收益÷培训成本$$

（四）菲利普斯投资回报率举例

例如，如果某培训项目的总收益是 1 000 000 元人民币，总成本是 500 000 元人民币，该培训项目的投资回报率是

$$ROI = \frac{1\,000\,000 - 500\,000}{500\,000} \times 100\% = 100\%$$

该项目的投资回报率是 100%，即每投入 1 元人民币，取得 1 元的净收益。

第四节 培训效果评估方案的设计方法

案例启迪

培训经理 W 的想法对吗

某人民医院近期准备对窗口服务人员开展人际沟通技巧培训。培训经理 W 思索起来，若在培训前先做一次摸底考试，即可了解学员的具体水平，然后酌情安排培训师，这比从前随便请一个要强得多。等培训完再做一次测验，看看学员的长进如何。不久培训结束了，经过对比，他发现学员的人际沟通知识并没有显著提高。他便开始怀疑这名培训师的水平了。培训经理 W 的思路显然是对的。他巧妙设计了评价方案，先后两次测量比一次测量提供更多的信息。这样对培训效果就有了深入评价，获得了一个"不合常理"的结论。有关培训效果评价方案的设计其实远不止一种。

表 7-15 总结了常用的培训评估设计方案。

表 7-15 培训有效性评估方案设计

设计方案	评估对象	评估（测量）是否进行	
		培 训 前	培 训 后
单组设计			
后侧设计	培训组	否	是
前侧-后侧设计	培训组	是	是

续表

设计方案	评估对象	评估（测量）是否进行	
		培训前	培训后
时间序列设计	培训组	是，分时间进行多次	是，分时间进行多次
对照组设计			
后侧对照组设计	培训组和对照组	否	是
前侧-后侧对照组设计	培训组和对照组	是	是
时间序列对照组设计	培训组和对照组	是，分时间进行多次	是，分时间进行多次
所罗门设计	培训组A	是	是
	培训组B	无	是
	培训组A	是	是
	培训组B	无	是

资料来源：石金涛，唐宁玉，顾琴轩. 2008. 培训与开发[M]. 北京：中国人民大学出版社：149；诺伊·A R. 2001. 雇员培训与开发[M]. 徐芳译. 北京：中国人民大学出版社：17.

一、单组设计

（一）后测设计

1. 后测设计模式

后测设计模式见图 7-4。

图 7-4　后侧设计模式

后测设计仅在学员参加培训之后对其进行测量。这种方式得到的信息可以了解学习效果，但由于不知道培训前学员的知识和技能水平如何，所测量的结果很难说是学员在培训中学到的东西，因此，不能说明培训的有效性。

2. 应用举例

【例 7-1】　某公司在内部进行全面的绩效考评与薪资结构的调整，这一调整包括市场营销部。由于公司的绩效考评与工资结构一直执行向市场营销部倾斜的政策，因此，市场营销部现行的绩效考评与信息结构和公司内部其他部门之间具有较大的差异。这次调整将取消对市场营销部的倾斜政策。为了防止这一变革在市场营销部内部引起不满，人力资源部对该部门的全体员工（56 人）进行了关于绩效考评与薪酬结构调整重要性的培训。基本数据与结果见表 7-16。

表 7-16　后测设计的应用（$n=56$）

测量	平均赞成性反应（M）	最高分	最低分
培训后	7.69	9	6

注："9"分为非常赞成，"1"分为非常不赞成，从"9"分至"1"分赞成性依次减小。

从该案例中，无法得知该部门培训前的赞成性反应，也无法知道该部门与其他部门赞成性反应的差异，因此，无法分析培训是否有效。这提示在培训评估的实践中应该避免采用这种方案设计。

（二）前测–后测设计

1. 前测–后测设计模式

前测–后测设计模式见图 7-5。

图 7-5 前测–后测设计

这种设计是指在培训前对学员在某方面的知识、技能或态度进行测量，在培训后再对其进行测量，通过前后的变化来解释培训的效果。这种设计比第一种后测方案进步的地方在于它多了前测，这样就可以进行前后的差异检验，通过统计分析来说明培训的效果。不足之处在于，由于没有控制组，分析出来的差异可能不是由培训造成的，而是由于其他方面的变化，如工作态度的变化很可能不是由于企业文化培训导致，而是由于公司的经营条件发生改变，或采用了新的奖金制度所致。

2. 应用举例

【例 7-2】 某银行在全行内开展"以客户为中心，开展优质服务"活动，在各支行的柜台工作人员中随机抽出部分（$n=32$）员工，对他们进行了为期一周的优质服务脱产培训，培训内容为怎样改善服务质量，提高客户的满意度。从工作记录中可知，培训前一年，这些参与者的平均投诉为 6.22 次，培训后一年之内平均投诉为 3.28 次。经过统计与检验发现，培训前后的平均投诉次数具有非常显著的差异（$p<0.001$）。基本数据与统计结果见表 7-17。

表 7-17 前测–后测设计的应用

测 量	投诉平均数	SD	t 值	p 值
培训前	6.22	3.97	7.099	0.000***
培训后	3.28	2.61		

*** 表示 $p<0.001$。

该案例的统计结果表明，培训前、后的顾客投诉率具有非常显著的差异（$p<0.001$），说明培训是有效的。

（三）时间序列设计

1. 时间序列设计模式

时间序列设计模式见图 7-6 和图 7-7。

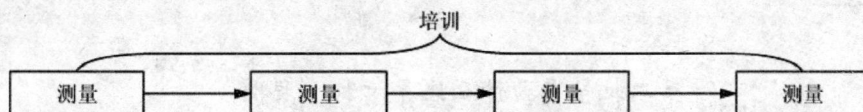

图 7-6 时间序列设计

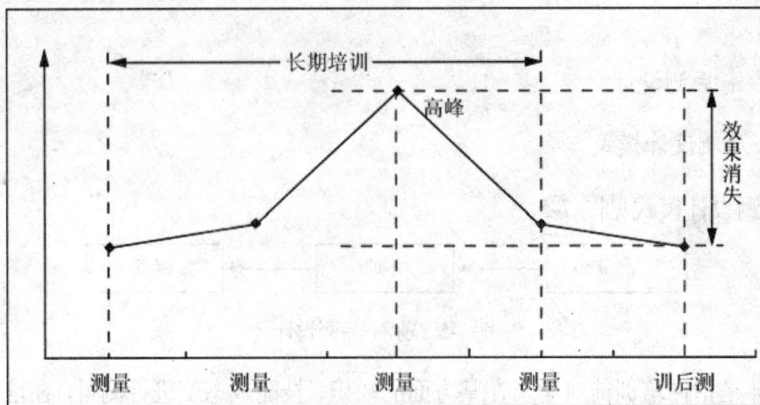

图 7-7　时间序列坐标

　　这种设计将时间因素引入方案设计，是为了在评估培训效果时排除其他非培训因素的干扰效果（如员工自身的成熟因素等）。时间序列设计指在培训前一段时间和培训后的一段时间里对学员在某方面进行多次测量，以观测培训的效果。它的一个假设是如果学员在培训前变化与在培训后变化两者之间存在差异，则可以认为这种变化是由培训引起的。

　　2. 应用举例

　　【例 7-3】　2011 年 1 月，某邮局决定全年内在全局开展"减少挂号邮件的投递差错"活动，4 月份招聘了一批新投递员。他们到岗工作满 3 个月时投递错误仍然较高。8 月份，总局在各支局新进的这批投送人员中随机抽出部分投递员，对他们进行了为期 2 周的脱产培训，培训内容为怎样减少投递差错。基本数据与统计结果见表 7-18。

表 7-18　时间序列设计的应用（$n=32$）

测　量	错投次数（$M\pm SD$）		培训前变化	培训后变化	t 值	p 值
	培训前/后 3 月	培训前/后 1 月				
培训前	3.22 ± 2.08	3.00 ± 2.06	0.22 ± 1.18	—	-0.983	0.333
培训后	1.38 ± 1.10	1.94 ± 1.66	—	0.56 ± 1.27		

　　统计结果表明，虽然培训后错投次数减少量比培训前减少量要大，但是培训前错投次数变化量与培训后错投次数变化量之间没有显著差异（$p>0.05$），说明培训没有效果，可能是员工自身业务熟练的原因，即成熟因素导致的行为变化。

二、对照组设计

案例启迪

第二批学员为什么比第一批"聪明"

　　某制药公司举办计算机网络知识培训，由于种种原因只能分批培训。当轮到第二批受训时，培训师发现学员比第一批"聪明"许多，无师自通。原来第一批学员受训期间，公司的网络工程已完工。出于对网络的好奇，员工们早已尝试上网浏览，并且他们还借阅了第一批学员的教材，"自学成才"。人事经理 A 经过上述分析，立刻将随后三批的培训时间缩短至一天，培训成本大大节省。A 的做法是正确的，倘若采取原来的思路，学员们也许又要抱怨培训师的水平了。

（一）后测对照组设计

1. 后测对照组模式

后测对照组模式见图 7-8。

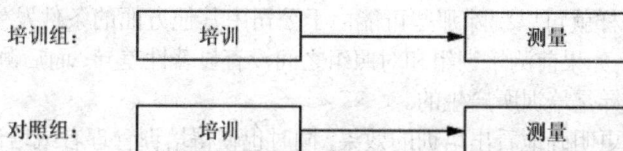

图 7-8 后侧对照组设计

这种设计中增加了对照组来比较两组的差异。但在培训前没有对培训组和对照组进行测量，只在培训后对两组在某方面的知识、态度或技能进行评估，这两组在这些指标上的差异被认为是由于培训导致的。该设计的假设是培训组和对照组在培训前没有差异，而且都经历了除培训外的其他组织过程，这样可以排除一些培训外的干扰因素。但和第一种仅有后测的设计同样存在的问题是，对培训学员以往的水平没有测量，很难评估到真正的学习效果。

2. 应用举例

【例 7-4】 续例 7-2。因在全行开展该活动，许多员工的优质服务意识都有所增强，为了分析培训是否有助于提高顾客的满意度，随机在全银行内抽取 64 名员工，其中 1/2（32人）是参加培训的员工，另外 32 人为未参加培训的员工作为对照组，根据柜台商服务评价器的记录进行分析。基本数据与统计结果见表 7-19。

表 7-19 后测对照组设计的应用（$n=64$）

组 别	顾客满意度（M）	SD	t 值	p 值
培训组（培训后）	4.81	2.91	2.217	0.030*
对照组（培训后）	3.28	2.61		

注："5"分为非常满意，"4"分为比较满意，"3"分为满意度一般，"2"分为较为不满意，"1"分为非常不满意。
*表示 $p<0.05$。

统计结果表明，培训后的两组顾客的投诉率具有显著的差异（$p<0.05$），说明培训是有效的。

（二）前测-后测对照组设计

1. 前测-后测设计模式

前测-后测设计模式见图7-9。

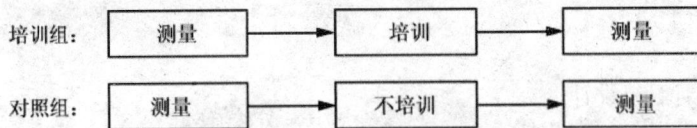

培训组：测量 → 培训 → 测量

对照组：测量 → 不培训 → 测量

图7-9 前测-后测对照组设计

在这种设计中，采用一个对照组来和培训组进行比较。对这两个组都有培训前的测量和培训后的测量。这样就可以剔除那些可能由于公司中其他方面的条件发生变化而导致的变化。在这种设计下，如果前测培训组和对照组之间没有显著性差异，而后测有显著差异的话，就可以认为这种差异是培训所产生的。

这种设计可以更明确地看出培训的效果，同时也使得培训管理者或培训讲师更有把握确定培训的效果。前测-后测对照组设计是在研究设计中应用较多的设计，它不仅可以用于评估单一培训的效果，同时也可以用来衡量不同培训方式的效果。

2. 应用举例

【例7-5】 某企业在实行计件工资制后不久发现，他们生产出来的产品销售出去后，返修率比以前增加了。人力资源部就此问题用随机抽样的方法抽取 64 名一线工人，并对其中 1/2（32 人）的员工进行在岗培训，培训内容为生产工艺的规范化操作，培训时间为1 个月。培训结束后的 3 个月，培训人员跟踪了这 64 名工人的产品质量，基本数据与统计结果见表7-20。

表7-20 前测-后测对照组设计的应用（$n=64$）

测 量	返修产品件数（$M\pm SD$）		t 值	p 值
	培训组	对照组		
培训前	6.22 ± 3.97	6.00 ± 3.33	0.239	0.812
培训后	3.28 ± 2.61	5.13 ± 2.84	-2.708	0.009**

** 表示 $p<0.01$。

统计结果表明，两组在培训前返修产品件数无差异，但在培训后的差异非常显著（$p<0.01$），说明培训是有效的。

需要注意的是，在这一方案的统计方法选择上，一些人选择比较两组变化量间差异的方法（即先分别计算培训组训练前—后的差值，以及对照组培训前—后的差值，然后再进行两组差值的差异性检验），这种分析的结果是不可靠的。

（三）时间序列对照组设计

1. 时间序列对照组设计模式

这种设计将时间因素和对照组同时引入设计方案，是时间序列设计和前测-后测设计的一种扩展，兼有时间设计与前测-后测对照组设计的优点，它既可以排除雇员发展因素的影响，又可以剔除公司历史因素的影响，能比较好地反映培训的有效性。

2. 应用举例

【例7-6】 2011年1月，某出版社新购进的计算机排版系统开始投入使用，同时招聘一批没有排版经验的计算机排版人员。4月份，由于大多数新员工的工作效率较低，为了提高新员工的工作效率，培训部在这批员工中随机抽取64人，并对其中1/2（32人）的人员进行为期1周的培训，另外32人作为对照组。培训结束后的3个月内，培训人员跟踪了这64人的工作效率，基本数据与结果见表7-21。

表7-21 时间序列对照组设计的应用（$n=64$）

组 别	排版错误次数（$M\pm SD$）				培训前差值	培训后差值	t值	p值
	培训前3月	培训前1月	培训后1月	培训后3月				
培训组	5.47±0.72	5.00±0.76	4.75±0.76	3.53±0.67	0.47±0.76	1.22±0.75	-4.176	0.000***
对照组	5.31±1.03	4.88±1.07	4.50±0.72	4.22±0.71	0.44±0.76	0.28±0.63	0.867	0.393

*** 表示$p<0.001$。

统计结果表明，培训组培训前错误次数变化程度与培训后错误次数变化程度之间具有非常显著的差异（$p<0.001$），而对照组差异则不显著（$p>0.05$），说明培训具有非常明显的效果。

（四）四组设计

1. 所罗门设计模式

该试验设计将前面提到的几种设计结合起来，这种设计方案可以证明培训测验有没有缺陷，因为有些测验本身就是一种练习，会产生练习效应。采用该方案的好处是可以把干扰培训效果的其他因素减少到最低程度。在具体操作的时候，可以把培训学员随机分成两组接受培训，同时另外设置两个对应的对照组。这种设计还可以用于评估不同培训方式的效果。但是，这种设计所选研究对象多，费用较大，一般情况下不轻易使用这种设计。

2. 应用举例

【例7-7】 某企业在培训中采用互动式与传统式的演讲法两种不同的培训技术，人力资源培训部想了解这两种培训技术对培训效果有何影响，可以采用表7-22所示的设计。

表7-22 所罗门四组设计的应用

组 别	前 测	培 训 技 术	后 测
第一组	有	互动式	有
第二组	有	传统演讲	有
第三组	没有	互动式	有
第四组	没有	传统演讲	有

资料开源：石金涛，唐宁玉，顾琴轩. 2003. 培训与开发[M]. 北京：中国人民大学出版社：151.

表7-22表明，将参加培训的员工分为4组，两组参加互动式培训，另外两组参加传统演讲法培训，如果参加互动式培训的员工比参加传统演讲法的员工学习得多一些，则表明互

动式培训的效果比传统演讲法培训的效果好；反之则反。

复习思考题

1. 什么是培训有效性与培训有效性评估？
2. 简述事前评估、试验性测试与事后评估。
3. 系统介绍柯克帕特里克评估模型。
4. 举例说明几种常见的培训有效性评估的设计方案。
5. 举例说明培训评估的数据来源及数据收集方法。

案例讨论

培训效果可以量化吗

在月底的管理层联席会议上，ABC 保险公司的总经理张先生，就公司所有主管和经理级以上干部参加的沟通培训课题话题，询问了培训与开发部经理周女士，该课程以 MBTI 为工具，向参加的学员展示了在日常的活动中，如何理解和与别人打交道。

"我发现课程很有意思，也很吸引人。"张总说，"我可以很快地确认我的人格类型，但我想知道的是，这些课程到底能给我们公司带来哪些具体的好处和价值。你有什么方法能说明这 25 期培训的结果吗？"

周女士马上回答道："我们整个公司的团队和沟通当然有了提高。我听到很多人评价，这些流程对他们本人来说太有用了。"张总接着问："我们是否有相对具体一些的衡量标准啊？我们在这些课程上花了多少钱呀？""现在我不敢肯定我们有这方面的具体数据，而且我也说不出费用的准确数字，但我肯定会知道的。"周女士回答。

"好"，张总以鼓励的口吻总结道，"任何量化的信息都会是有帮助的。相信你也理解，我并不是否定这次培训的效果。只不过当我们要推进这种类型的课程时，需要确认它们对我们财务状况的改善有价值。给你两周的时间，把你的想法和结果交给我。"

周女士对张总的话有点担心。张总自己亲自参加了这个课程，而且很喜欢，对课程也有很积极的评价。为什么他会质疑培训的有效性呢？又为什么会担心费用？

这些问题困扰着周女士，她花了一年半的时间才安排完所有的主管和经理参加了这个课程。她第一次了解 MBTI 是在参加了一个朋友主持的 MBTI 课程之后，她对这个工具印象深刻，认为在对自己的人格类型有了更多的了解之后，受益良多。

周女士认为，这一流程对公司的经理也会很有用。于是她先请了一个顾问在公司内部讲了一次。在得到很好的反馈后，她决定对公司的高层管理人员讲一次这样的课程，包括张总。他们的反应也都很好。然后她才安排所有干部参加，反馈也是出乎意料的好。

她知道课程的成本有点高，这是因为有超过 600 名的管理干部参加了培训。不过，她认为公司的团队合作有了改善，却无法确认。对有些培训来说，你永远也没有办法知道它们是否起了作用，她这样想。

（资料来源：石金涛，唐宁玉，顾琴轩. 2009. 培训与开发[M]. 北京：中国人民大学出版社：207-209.）

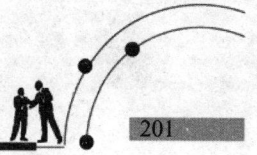

【讨论题】

1. 你认为周女士在 MBTI 课程项目培训的组织过程中是否存在不足?
2. 你认为 ABC 保险公司的 MBTI 课程培训效果能否进行量化评估?
3. 假如是你来组织这次培训项目,你将如何设计培训有效性评估的方案?

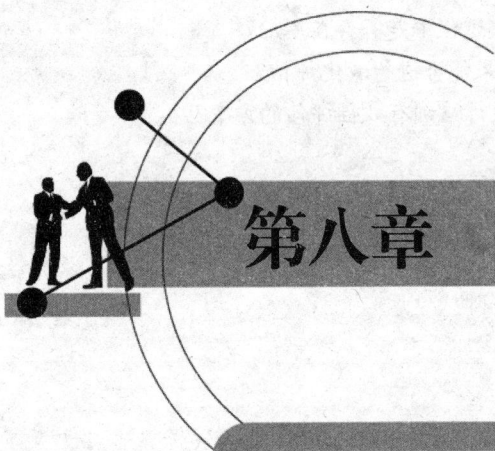

第八章　新员工导入培训

教学目标

　　理解新员工培训的意义，陈述新员工培训的内容与类型，运用新员工培训的有效程序与评估方法，理解不同类型的新员工培训的区别

教学要点

　　新员工培训的必要性、意义以及常见误区；新员工培训的主要内容与类型；新员工培训的有效程序；新员工培训效果评估方法；不同类型新员工培训的设计

关键词

　　岗前集中培训　　岗后跟踪指导

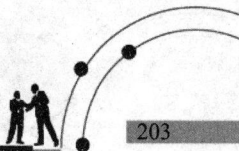

导入案例

海尔新员工培训

成功的大企业必然在新员工培训上有独到的见解。比如，新进员工离职率居高不下是不少企业的通病，而海尔集团每年招录上千名大学生，离职率却一直很低。原因就在于海尔采用了海尔新员工培训"四部曲"以及海尔员工企业文化培训。

海尔新员工培训"四部曲"：

第一步：端正心态。

海尔在新员工入职之初就肯定待遇和条件，让新员工做到心里有数。之后海尔举行新老员工见面会，通过互相交流，使新员工尽快客观地了解海尔。同时参加见面会的还包括人力中心和文化中心的主管领导，通过与新员工的面对面沟通，解答他们的疑问，企业领导并不回避海尔存在的问题，并且鼓励新员工去发现问题、提出问题。

让新员工真正把心态端平放稳，认识到没有问题的企业是不存在的，企业就是在发现和解决问题的过程中发展的。

第二步：说出心里话。

海尔给新员工每人都发了"合理化建议卡"，员工有什么想法都可以提出来，无论制度、管理、工作、生活等任何方面。

对合理化的建议，海尔会立即采纳并实行，并且对提出人还有一定的物质和精神奖励；而对不适用的建议也给予积极回应，让员工知道自己的想法已经被考虑过，让他们有被尊重的感觉，更敢于说出自己心里的话。

第三步：培训归属感。

敢于说话是一大喜事，但那也仅是"对立式"地提出问题，有了问题可能就会产生不满、失落情绪，这其实并没有在观念上把问题当成自己的"家务事"。这时，海尔就帮助员工转变思想，培养员工的归属感。

第四步：树立职业心。

当一个员工真正认同并融入到企业当中后，就该引导员工树立职业心，让他们知道怎样去创造和实现自身的价值。海尔对新员工的培训除了开始的导入培训，还有拆机实习、部门实习、市场实习等等一系列的培训。

海尔花费近一年的时间来全面培训新员工，目的就是让员工真正成为海尔躯体上的一个健康的细胞，与海尔同呼吸、共命运。

（资料来源：http://ch.gongchang.com.）

思考：你认为海尔新员工"四部曲"培训对解决哪些问题特别有效？它能够解决新员工面临的所有问题吗？

第一节　新员工培训的目的与内容

一、新员工培训的特殊性及目的

新员工的可塑性强，很多企业都希望通过新员工培训帮助新员工尽快融入企业，熟悉工作环境，和企业文化保持一致。一些像海尔集团等十分重视企业文化建设的公司，甚至希望通过系统化的新员工融入培训，实现优秀文化的传承。所以，新员工培训的目的除了常规性的引导新员工熟悉企业情况、了解工作环境、工作流程、掌握公司管理制度和对员工特定的行为要求等内容外，还包括引导他们认同企业文化价值观、培养他们对组织的忠诚感、培养他们的职业素养、团队合作意识，以及帮助其建立良好的人际关系等。

随着新员工受教育程度的普遍提高，高成就动机新员工比例增多，加强对新员工合理规划自身职业生涯的引导十分重要。

新员工要尽快融入企业和工作群体，既要靠员工自身的努力和追求，也要靠企业的引导、熏陶和培训。例如：从高校招聘人才是很多企业解决人才缺口的重要途径，但是企业在招聘毕业生后往往会发现，对他们的培训与塑造没有想象的那么容易。近些年引进的新员工有更多自己的想法，他们的价值观、态度、为人处事的方式比较个性化或者说比较以自我为中心，不容易管理，有时反倒会成为制约企业实现目标的因素。究其原因，是在入职培训的环节中少了重要的一环——职业化培训。

新员工职业化培训无论是对企业还是对新员工都具有重要的意义。

1. 有助于为企业提供一支训练有素的新队伍

职业化培训是对新员工工作态度、行为、方法等进行引导和培训，其目的通过提升新员工的职业素养，提高实际工作技能，提高理性应对公司工作的能力，从而提升整个企业的团队职业形象和团队协作技能，以及团队和组织的绩效，使得新员工便于管理和进行自我管理，形成企业发展的良好动力。

2. 职业化培训对新员工有所增益

（1）了解角色转变的心态和能力要求，树立正面的职业心态。按照工作的角色处理事情，实现由个体导向向团队导向的转变、性情导向向职业导向的转变、思想导向向行动导向的转变、成长导向向责任导向的转变。

（2）更好地了解自己，建立自己的职业生涯规划。通过对职业、职业生涯的认知，对个人的才能和驱动力的测评，了解自己面对的未来挑战，根据自身的特点进行职业生涯设计。

（3）培养职场新人的好习惯。通过对工作机制、工作环境的了解和认知，认识到在工作中应该注意的问题，养成好的习惯，了解工作的有效方式，避免走弯路，做一个受欢迎的单位新人。帮助新员工了解什么是真正的团队，并成为团队的一分子。

（4）掌握与上级、同事建立良好合作关系的方法与技巧。通过培训让新员工了解在工作中什么才是真正的沟通，以及在不同场景下与不同人士的沟通技巧，培养良好的沟通能力。

（5）了解并有效地运用实用社交礼仪。通过学习和掌握见面礼仪、接待礼仪、电话礼仪、信函礼仪、会议礼仪、仪态礼仪、餐饮礼仪、服饰礼仪等商务礼仪，使自己在职场的交往中游刃有余。

此外，有的企业还为新员工提供思维培训，使新员工通过对成功规律的认知和了解，树立正确的态度，从而在工作中养成正确的思维习惯和正确的行为习惯。

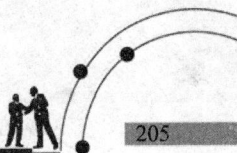

二、新员工培训的常见误区[①]

德隆商务咨询公司一项针对企业培训状况的调查显示，在我国 12 个行业的百家企业中，有 32%的企业根本不提供任何员工培训，有 15%的企业只为员工提供最简单的入职培训。而在员工培训的满意度调查中，员工对入职培训的不满意度高达 67%。另据有关统计结果，国内有近 78%的企业没有对新进员工进行有效的培训，往往把新员工入职培训当作一个简单的"行政步骤"。很多企业在新员工入职培训中存在一些误区。

（一）缺乏系统性和规范性

新员工入职培训缺乏系统性。一些企业在新员工培训上事先缺乏周密的安排，有的企业即使事先有计划，具体执行时干扰因素很多，导致培训时间的安排随意性很大。如业务部门以工作忙、人手不足为借口，拒绝对新员工进行周密的岗前培训，随意延迟新员工培训时间。无序培训导致培训协调难度加大，未经培训的新员工仓促上岗导致工作质量不稳定，用人风险加大，新员工角色转换难度加大等。

新员工入职培训缺乏规范性。具体体现在缺乏规范性的运作流程、规范性的培训文本或培训讲义。一些企业把新员工欢迎典礼等同于新员工培训，以领导发言、代表致辞、体检聚餐等方式代替体系化的培训内容和专业化的培训方式。

（二）内容简单，缺乏针对性

一些企业对新员工培训还存在一些错误的认识，认为新员工只要了解一些企业基本情况则可，因此在内容安排上主要是参观企业、讲解员工手册与企业的一些基本规章制度等，无论是何种岗位何种工种，培训内容一刀切，缺乏针对性。

也有一些企业的入职培训内容非常丰富，有企业文化的介绍、生产注意事项的讲解，有团队协作、沟通技巧的指导，可是效果不是很理想。究其原因，在于缺乏针对性。有些企业在进行培训时，只把口号式的观念给员工一念，大家根本不了解这些内容对自己今后开展各项工作的重要性，也无法理解这些观念在工作中的具体体现。即使有真正的文化培训，也是局限在行为、制度的约束上，重点突出的是不准干什么，而忽视了对企业文化核心内容的培训。

（三）或压力过大，或安抚过度

在实际工作中，有的企业在新员工培训上急于求成，在很短的时间内安排很多内容，使新员工难以消化，无所适从，甚至产生抵触情绪。也有的企业害怕给新员工压担子，不敢提出严要求，不敢指出学习和工作中的问题。

（四）缺乏反馈和评估

很多企业在新员工入职培训过程中，缺乏培训的互动与反馈。另外，大多数企业并没有建立完善的培训效果培训体系，培训结束后，缺乏对培训效果的评估和继续跟踪，或者虽然对培训效果有评估，但测评的方法单一，效果评估工作仅仅停留在培训反应层面和培训知识层面。

[①] 李芝山. 2010. 新员工入职培训的误区及改进策略[OL]. http://www.syue.com/Paper/Manages/Staff/47927.html[2010-06-28].

三、新员工培训的一般内容[①]

良好的开始是成功的一半。企业在录用一个新员工之后，首先要做的事就是如何使他尽快熟悉企业的各个方面，尽快进入角色并以良好的方式开始工作。新员工培训的主要内容如下。

（1）企业文化。包括企业概况、组织机构、企业的产品或经营范围、企业发展前景、企业精神与领导作风、经营目标与价值观念、企业行为准则与道德规范等。

案例启迪

华为企业文化得以延续和继承的根本保证

为了长期保持华为的文化特色，确保华为的可持续发展，华为将对新员工的企业文化培训提升到战略的高度，任正非为此专门撰文告诫新员工，并身体力行参加新员工座谈。华为对新员工教育的重视是其在人员规模急速扩张情况下确保华为文化不变色的有力保障。

华为每年都会招收大量的应届毕业生，尽管他们来自不同的学校、出身不同的家庭背景、所学专业也不尽相同，但这些初出校门的学子却有着许多共性——年轻、涉世未深、对未来充满幻想……任正非在很多场合反复强调着相同的论点——华为的年轻是优势也是劣势，这些初出校门的年青学生，他们身上有着太多的因为年青带来的劣势，因此快速改造他们就成为华为引进应届毕业生成败的关键，为此，任正非在致新员工的一封信中，向他们发出语重心长的忠告。

（1）要求每个进入华为的年轻学生都要热爱华为、热爱自己的工作，并将对华为、对工作的热爱提升到爱祖国、爱人民的高度。

（2）遵守公司每项规章制度，即使这些制度是不合理的，在没有修改之前，不合理的制度同样要遵守。

（3）自进入华为的第一天起就要迅速忘掉自己的学历和过去所有的成绩，这些都只代表过去，不代表将来，他们将来在华为的成绩和回报只取决于他们在将来的岁月里为华为做出了多大的贡献。

（4）华为努力在完善自己的评价体系，但提醒他们华为永远也做不到绝对公平，要在华为做出成绩、得到认可就要忍受一时的不公平、甚至委屈，华为强调不让雷锋吃亏，并不是说雷锋不会吃亏，而是说雷锋不会永远吃亏。

（5）学习日本人的踏实、德国人的敬业，要丢掉俗称的幻想，一步一个脚印地从小事做起，不要幻想着在华为一开始就做成什么惊天动地的大事。

（6）华为给他们选择工作的机会，但不可能永远给这样的机会，华为对基层员工的要求是"干一行、爱一行、专一行"。要把有限的精力集中到一个有限的工作面上，什么都想做、什么都想学，结果就是什么都不精通，这样的人在华为不会得到重用。

（7）要尊重自己的上级，也许他们的能力不如自己，自己比他们强，但必须尊重他们，

---

① 李中斌. 2008. 培训管理[M]. 北京：中国社会科学出版社.

只有这样，他们才会给自己机会，自己才会得到锻炼、才能够成长。现在不尊重自己的上级，将来同样不会得到自己下属的尊重。

（8）华为欢迎提建议，要求不是笼统地提出哪里不好、需要改进，而是在指出不足的同时，要拿出具体的可行性方案。对基层员工，华为只要求他们就本质工作提出建议，不欢迎、甚至反对提出与本职工作无关的建议。

华为文化之所以优秀，绝不仅仅是其对文化精髓的提炼，更关键的是它的管理实践，正是由于华为的各项管理实践始终体现着华为的文化精髓，才保证了华为文化的强大生命力。

（2）公司愿景。新员工培训一定要让公司领导充当讲师，讲解公司的愿景，让员工明白在公司努力工作能换来美好的未来。

（3）企业管理制度。内容包括人事制度（如作息时间、休假、请假制度、晋升制度、培训制度等）和企业财务管理制度等其他管理制度。

（4）职业化的意识和基本行为的训练。包括团队意识的培训，有效沟通的培训，制订目标计划、做好时间管理的培训，商务礼仪培训等。

（5）薪资。包括工资结构，发薪日、加班工资、支薪方式、社会保险的代扣、个人调节税的代扣等。

（6）公司福利。包括养老保险金、医疗保险金、失业保险金、工伤保险、生育保险、交通费补贴、工作午餐、住房公积金，以及企业为员工提供的其他福利。

（7）生产常识。如果公司是生产性公司，不论新员工是应聘管理岗位还是生产岗位一定要对其进行生产常识培训。

四、新员工培训的类型

对新员工的培训主要分为两种类型：岗前集中培训和岗后跟踪指导。

（一）岗前集中培训

新员工岗前培训，又称岗前培训、职前教育、入厂教育，是一名新员工从局外人转变成为企业人的过程，是员工从一个团体融入到另一个团体的过程。在这个过程中，新员工逐渐熟悉、适应组织环境并开始初步规划自己的职业生涯、定位自己的角色、发挥自己的才能。

新员工岗前培训是指给企业的新员工提供有关企业的基本背景情况，使新员工在上岗前了解所从事工作的基本内容与方法，使他们明确自己工作的职责、程序、标准，并向他们初步灌输企业及其部门所期望的态度、规范、价值观和行为模式等等，从而帮助他们顺利地适应企业环境和新的工作岗位，使他们尽快进入角色。但是，很少会有公司会告诉新员工岗前在公司中最应该注意的是什么。新员工的家长在岗前多半会告诉自己的孩子要少说话、多做事、好好表现等。但是这些忠告，对新员工岗前来说并非最重要。新员工岗前该怎么做，以及如何做，确实需要有人指导一下。新员工岗前培训的形式主要有课堂讲授、参观、发放手册、操作示范、现场实习等。

人才培训是一项战略性工作，要把岗前培训工作搞好，让培训工作尽显成效，关键是要做到以下几点。

1. 对新员工岗前实行岗前培训

岗前培训内容主要是企业状况、发展前景、产品介绍、规章制度、企业文化等，使新员工对企业有一个全面、概括性的了解。主要是部门职责、岗位职责、工作状态（如正在做的工作、工作困难、未来工作重点）等内容，通过培训可以使新员工岗前尽快熟悉本职工作并进入角色。

2. 让老员工对新员工岗前进行"传帮带"

老员工入职时间长，有一定的工作经验和职场资历，新员工岗前上岗后，可以让老员工带新员工岗前一段时间，等新员工岗前熟悉了工作流程，再放手。这样，新员工岗前没有了上岗后因为工作流程不熟悉而产生的压力，就可以轻装上阵了。在具体操作上，可以使之责任化，明确老员工带新员工岗前是一种责任，以及如何以"老"带"新"，而不是对新员工岗前的排斥或挤兑。

3. 企业对新员工岗前的管理要引入人性化的机制

新员工岗前入职后，公司高层对新员工岗前进行入职谈话是必要的，在谈话中，除了给新员工岗前必要的鼓励外，明确职位薪酬待遇等入职后的细节问题，让新员工岗前感受到公司对自己的重视和期望，避免不必要的误会和摩擦，坚定留下来的信心。同时，给新员工岗前恰当的工作定位，为新员工岗前规划职业发展前景，这对于新员工岗前来说可能比高薪更具诱惑力。另外，还要进行新员工岗前心态培训。

（二）岗后跟踪指导[①]

为新员工建立后续的导师制度：即使成功的新员工培训，也只能解决他们刚进企业时的大部分问题，并不能解决所有问题，更不能解决员工在后续的工作、生活中遇到困难和疑惑。所以，在制定新员工培训制度时，还要通过建立内部导师制度，为新员工配备专门的导师，以全过程地跟踪、辅导、支持、帮助新员工更好地适应企业的多方面需要，促进新员工的全面成长。

在对新员工进行岗后跟踪指导的过程中，常常配合使用以下评估技术，以更准确地了解新员工培训的效果，制定更加有效的跟踪指导方案。

1. 测试/测验

通过对同一群体在培训前和培训后进行内容相似的测试/测验，来了解培训前后受培训人员的收获与改进。同时也可采用对比性测试的方法进行，即选一级未经培训的人员（人员的选择上应有可比性）与经过培训的人员进行题目相同的测试，以此来考察新员工培训的效果。

2. 行为/能力观察

观察新员工的行为或能力的变化，可以了解他们是否真正提高了能力或在行为上是否有

---

① 秦梅英. 2009. 浅谈新员工培训的实施[J]. 经营管理者，18：212.

了明显的改进。某经理在学习《管理艺术》这门课时极其认真，考试成绩亦很好，培训后自我感觉很有收益，但在回到原单位工作后，仍然如同以往一样。这说明培训没有产生真正的效益，也说明观察法在考察实际工作能力的改进方面是一种很有效的方法。

3. 目标实现程度

检查培训是否达到了原先设定的培训目标。

第二节　新员工培训体系设计

一、新员工培训体系设计

新员工培训体系与所有培训一样，按照时间顺序包括培训需求分析、培训计划设计、培训组织实施、培训效果评估等环节，见图8-1。

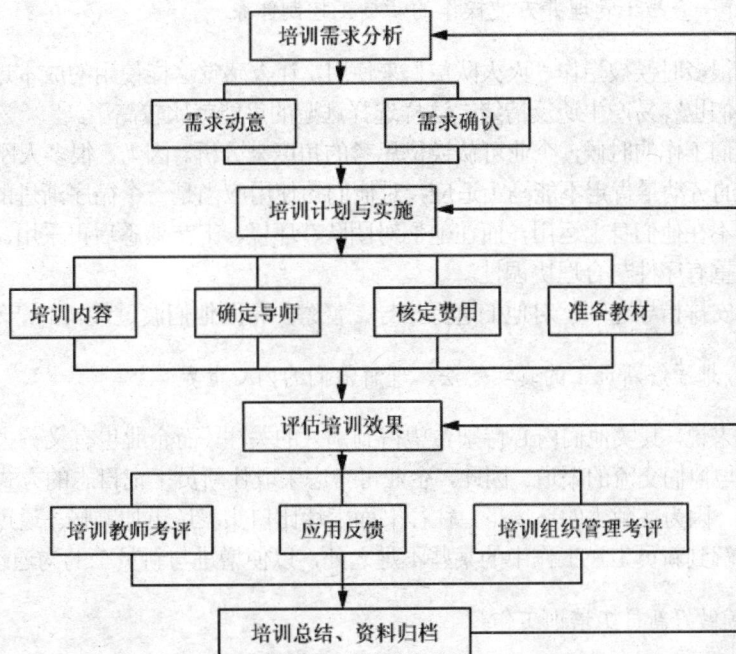

图8-1　新员工培训体系设计

二、新员工培训步骤[①]

（一）界定适用范围

新员工范围主要包括大、中专院校的应届毕业生或拥有一年左右工作经验的中专以上学历人员。因为他们绝大部分人刚刚走上社会，社会对他们来说还很陌生，对事物的看法也比较单纯，这类人就像一张白纸，等待着开发与引导。而他们也比较容易接受企业的文化、观

---

① 李中斌. 2008. 培训管理[M]. 北京：中国社会科学出版社.

念，形成较普遍的价值认同。作为企业来说也应该给予他们机会，让他们能够得到比较好的培育平台，这样也是企业对员工、社会负责任的一种姿态与表现。

（二）明确试用期限与薪资待遇

对新员工来说，这两方面应该是他们入公司前最关心的问题。如果我们给出的答案弹性比较大，可能让他们觉得人为因素含量过高，对企业会产生一定的信任危机。所以，我们认为，在和新员工谈待遇方面问题时，要尽可能地给出一个肯定的答复。

从现行的《劳动合同法》来看，半年是最长的试用期限，但是从目前的使用情况看，已经很少有公司采用半年试用期了。而参照已经颁布的新《劳动合同法》，只有技术要求比较高的技术研发等岗位使用半年试用期，在大多数情况下，大家对3个月的试用期比较容易接受。因此，在和他们谈这方面问题时，可考虑给予3个月的试用期标准。薪资方面，各公司对试用期员工有明确的规定，在此，就不赘述了。

（三）构建一套易于管理并方便操作的新员工控制体系

新员工在很多时候被当作"灭火队员"来使用，让人感觉这样使用的成本过高，代价过于残酷，而他们也容易产生逆反情绪，这样选择逃避的可能就比较高了。

在分配他们工作的时候，企业可从换位思考的角度来分析。因为，很多人刚刚从学校毕业，对高强度的劳动量肯定不能马上适应，对他们的使用应当是一个循序渐进的过程。夜班制度建议暂时不在他们身上运用，而在他们对团队、环境、工艺熟悉后再采用。因此，工作安排应该更注重有序性与合理协调性。

给新员工安排指导老师，对他们进行指导、督察，帮助他们渡过最初的茫然期。

（四）清晰地了解新员工的真实想法，理解他们的内心世界

作为新人来说，其实他们内心特别希望得到别人的关注，而企业也有义务去尽可能地帮助他们，增加与他们交流的渠道。因此，企业可考虑采取让新员工记日志的方式来让他们说出心中的想法，因为在陌生的环境下，往往书面表达比口头表达更加顺畅。通过日志，企业能比较好地了解到新员工在工作中的某些不足之处，以便增进与新员工的沟通理解。

（五）持续做好新员工培训工作

大多数的公司选择新员工培训的时间一般是：新员工入公司的当天。这样的培训时机在理论上与实际操作上都是比较合适的。新员工培训时机也可考虑选择一个人员相对集中的时候，比如说在这类员工入公司达到规模数量的时候（一般考虑以10人为培训单位）。

在这类培训活动中最好请到公司的高管人员，让高管们给新员工打打气。因为这类员工将来很有可能成为公司各岗位上的骨干，让他们早一点接触到公司高层们的决心与战略规划，能够在很大程度上坚定他们的信念。另外，公司高层们的到来也可以为企业的培训工作提供很多指导，也会为做好今后的培训工作带来不少有益的帮助。

（六）建立一套切实可行的后续跟踪制度

这套制度应该是新员工在完成试用期后，符合录用条件并成为公司正式一员的时候再开

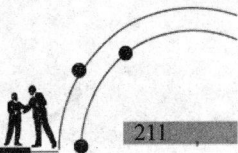

始使用。

企业设立这样一套制度的目的应该是对这类员工投入更多的关注，以便于更好了解他们的工作状态。

跟踪方式主要包括员工培训情况（也可以是后续教育）与技能掌握两方面，他们每次受训与技能学习的信息公司都要适时地掌握并记录在案。当这样的工作发展到一定阶段后，企业就要给他们建立一个资料库，将他们在公司里的性格衍生发展状态反映在这个库中。这种做法的好处是企业永远都可以掌握第一手资料，而这样的信息也能够为今后的员工任用工作提供比较细致的参考。

（七）合理地为新员工做出适当的职业生涯规划

这种规划工作要放在新员工转正后再开展。经过试用期后，他们的性格、能力、素质都能够在一定程度上得到体现，这时就需要根据他们表现出来的各种特点寻找到切入点，适时地为他们设计一个符合个性发展的职业规划。这样的设计主要考虑员工可以通过职业生涯规划找到自己发展的方向，也有助于他们在工作中投入激情。但是，在做规划的同时，企业也需要为设计留下一些空间，话不能讲得太死了，如果他的方向发生偏差的话容易产生许多消极的因素，反而不利于工作的开展。

总之，应该为新员工的培育工作建立一种长效机制，这样才能深入持久地开展下去。设计这种规划的目的是希望公司能够留住人才，能够培育出有助于公司发展的可用人才。只有员工的素质不断得到提升，企业壮大的空间才会得到扩充，企业的发展才能寻找到不竭的动力之源。

三、新员工培训方案

新员工培训方案并没有一个标准的模式，但在总体内容的设计上应与本教材第四章中所陈述的培训计划，尤其是短期培训计划相近，主要内容如下：①培训目的与目标；②培训时间；③培训地点；④培训者；⑤培训对象；⑥培训方式；⑦培训内容；⑧培训组织工作的分工和标准；⑨培训资源的具体使用；⑩培训资源的落实；⑪培训效果的评价。

为了方便人们了解整个培训的过程，掌握基本要领，明确各自的分工，在方案中最好引入图表的形式，将培训过程或培训流程直观化。下面案例启迪中所呈现的某商城新员工培训方案只是该公司新员工培训方案的一个部分，该实例的优点是直观呈现了新员工培训的流程，各阶段的培训负责人和参与人明确，培训内容清晰。

案例启迪

某公司的新员工培训方案

一、新员工培训目的
（1）为新员工提供正确的、相关的公司及岗位信息，鼓励新员工士气。
（2）让新员工了解公司所能提供给他的相关工作情况及公司对他的期望。
（3）让新员工了解公司历史、政策、企业文化，为其提供讨论的平台。

（4）减少新员工刚进公司时的紧张情绪，使其尽快适应公司。

（5）让新员工感受到公司对他的欢迎，让新员工体会到归属感。

（6）使新员工明白自己工作的职责，加强同事之间的关系。

（7）培训新员工解决问题的能力及提供求助的方法。

二、新员工培训的程序

新员工培训的程序见图 8-2。

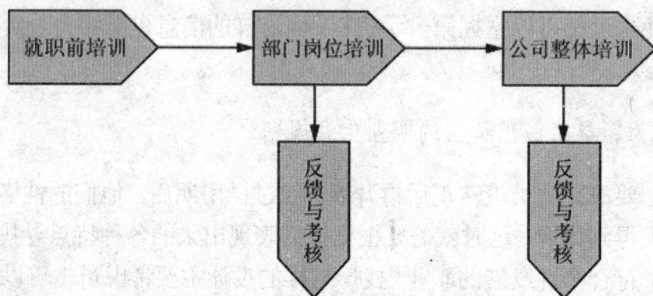

图 8-2　新员工培训的流程

三、新员工培训的内容

1. 就职前培训（部门经理负责）

到职前：

- 致新员工欢迎信（人力资源部负责）
- 让本部门其他员工知道新员工的到来
- 准备好新员工办公场所、办公用品
- 准备好为新员工培训的部门内训资料
- 为新员工指定一位资深员工作为导师
- 准备好布置给新员工的第一项工作任务

2. 部门岗位培训 （部门经理负责）

到职后第 1 天：

- 到人力资源部报到，进行新员工须知培训（人力资源部负责）
- 到部门报到，经理代表全体部门员工欢迎新员工到来
- 介绍新员工认识本部门员工，参观公司
- 部门结构与功能介绍、部门内的特殊规定
- 新员工工作描述、职责要求
- 讨论新员工的第一项工作任务
- 派老员工陪新员工到公司餐厅吃第一顿午餐

到职后第 5 天：

- 一周内，部门经理与新员工进行非正式谈话，重申工作职责，谈论工作中出现的问题，回答新员工的提问
- 对新员工一周的表现作出评估，并确定一些短期的绩效目标
- 设定下次绩效考核的时间

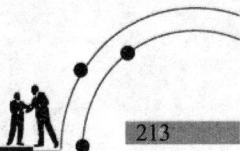

到职后第 30 天：
- 部门经理与新员工面谈，讨论试用期一个月来的表现，填写评价表

到职后第 90 天
- 人力资源部经理与部门经理一起讨论新员工表现，是否适合现在岗位，填写试用期考核表，并与新员工就试用期考核表现谈话，告之新员工公司绩效考核要求与体系

3. 公司整体培训（人力资源部负责——不定期）
- 公司历史与愿景、公司组织架构、主要业务
- 公司政策与福利、公司相关程序、绩效考核
- 公司各部门功能介绍、公司培训计划与程序
- 公司整体培训资料的发放，回答新员工提出的问题

四、新员工培训反馈与考核
- 岗位培训反馈表　　　　　　（到职后一周内）
- 公司整体培训当场评估表　　（培训当天）
- 公司整体培训考核表　　　　（培训当天）
- 新员工试用期内表现评估表　（到职后 30 天）
- 新员工试用期绩效考核表　　（到职后 90 天）

五、新员工培训教材
- 各部门内训教材
- 新员工培训须知
- 公司整体培训教材

六、新员工培训项目实施方案
（1）首先在公司内部宣传"新员工培训方案"，通过多种形式让所有员工了解这套新员工培训系统及公司对新员工培训的重视程度。
（2）每个部门推荐本部门的培训讲师。
（3）对内部培训讲师进行培训。
（4）给每个部门印发"新员工培训实施方案"资料。
（5）各部门从 2010 年 1 月开始实施部门新员工培训方案。
（6）每一位新员工必须完成一套"新员工培训"表格。
（7）根据新员工人数，公司不定期实施整体的新员工培训。
（8）在整个公司内进行部门之间的部门功能培训。

七、部门新员工培训所需表格（略）

（资料来源：http://www.jobcn.com/HR/HRDOC/2004122701.doc.）

第三节　新员工培训方法与评估

一、新员工培训方法

围绕新员工培训目的和目标，新员工培训方法应突出导向性、示范性、实践性，应注重营造良好的组织氛围和工作氛围。因此，有效的培训方法包括企业高层领导者亲自授课、老员工示范和指导、团队活动，讲授法、演示法、案例法、讨论法、视听法、角色扮演法等方法也各有特色，在新员工入职培训中，要依据企业的需要和可能，合理地选择采用。根据成人学习的规律，新员工入职培训应该尽量多采用学员参与度高的方式，提升培训效果。

二、新员工培训效果评估

根据新员工培训效果评估的性质，新员工培训效果评估有定性和定量两种方法。

1. 定性评估[①]

定性评估大多针对的是新员工对培训项目的反应层面和新员工培训后的思想上、知识上的转变情况。表8-1《新员工培训的跟踪考核表》和表8-2《新员工培训成果检测表》就体现了定性评估的特点。

表8-1 新员工培训的跟踪考核表

填表日期： 年 月 日   编号

姓　名		专　长		学历	
培训期间		培训项目		培训部门	
一、新进人员对实施的培训工作项目了解程度如何					
二、对新进人员专门知识（包括技术、语文）评核					
三、新进人员对各项规章、制度了解情况					
四、新进人员提出改善意见评核，以实例说明					
五、分析新进人员工作专长，判断其适合哪种工作，列举理由说明					
六、辅导人员评语					
总经理		经理		评核者	

资料来源：http://wenku.baidu.com/view/bd675dbfc77da26925c5b0a5.html.

表8-2 新员工培训成果检测表

第1次评价　第2次评价

	第1次评价	第2次评价
○公司的经营理念		
□1. 了解公司的经营理念		
□2. 随口能背出经营理念		
□3. 会逐渐喜欢经营理念		
□4. 以经营理念为荣		
□5. 以经营理念为主题，写出感想		
○企业的存在意义		
□1. 了解企业的社会存在意义		
□2. 了解本公司的社会使命		
□3. 了解何谓利益		
□4. 了解创造利益的重要		
□5. 了解什么是工资与福利		

---

① 黄行森. 2008. 关于企业新员工培训方案的研究[J]. 江汉石油职工大学学报, 21（001）：30-32.

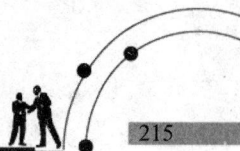

续表

○公司的组织、特征		
□1. 以简单的图解表示出公司的组织		
□2. 了解各部门的主要业务		
□3. 了解公司的产品		
□4. 能说出公司产品的特征		
□5. 能说出公司的资本额、市场比例等数字		
○热爱公司的精神		
□1. 了解公司的历史概况		
□2. 了解公司创业者的信念		
□3. 了解公司的传统		
□4. 喜欢公司的代表颜色或标志		
□5. 由内心产生热爱公司的热忱		
○业界的理解		
□1. 能说出公司所属的业界		
□2. 了解业界的现状		
□3. 了解公司在业界的地位		
□4. 能提出如何提高公司在业界的地位		
□5. 强烈地关心业界的整体动向		

资料来源：http://wenku.baidu.com/view/b71d9400de80d4d8d15a4f4a.html.

对新员工培训效果的定性评估数据除了来自新员工自身外，新员工的上司、同事及顾客对新员工工作的评价也是重要方面。

2. 定量评估

（1）从组织层面进行的定量评估。对新员工培训效果的定量评估同样可以运用菲利普斯的培训投资回报率的方法。此外，还可以通过计算新员工在一定时间内（如3个月、半年、一年等）的流失率、新员工在企业做出贡献的时间长短两项指标来反映新员工培训的有效性。

无论是培训投资回报率的角度，还是新员工流失率、新员工在企业做出贡献的时间长短的角度，都是从组织层面来评估培训组织工作的成效，下面介绍的定量评估方法则是从员工个人的角度进行的比较评价，它为新员工的相互比较与排名提供了可能。

（2）从个人层面进行的定量评估。该方法需要对培训的每一项进行打分，然后再设定每一项的分值与权重，一般采用矩阵的方式来估测每一个参与培训的新员工的最终得分。

从个人层面进行的定量评估的实例如表 8-3 "新员工入职培训关联矩阵测评表" 所示，其中 A 列代表新员工的编码，而 W 行代表考评的项目，V 行代表该项的权重，将每个新员工的每一项得分乘以权重的加和即为最终的综合评测值。

培训评估完成后，就需要撰写培训评估报告，说明培训项目概况、培训结果、评估结果及改进建议，以便不断地展现效果、总结经验和持续改进。

培训评估报告主要由 3 个组成部分：一是培训项目概况，包括项目投入、时间、参加人员及主要内容等；二是受训员工的培训结果，包括合格人数、不合格人员及不合格原因分析，另外还应提出不合格者处置建议，对不合格员工应进行再培训，如果仍不合格，应实施转岗或是解聘；三是培训项目的评估结果及处置：效果好的项目可保留，没有效果的项目应取消，对于有缺陷的项目要进行改进，对于某些效果不够的项目可以进行重新设计和调整，对于某些领域欠缺的项目可以新增。

表8-3　新员工入职培训关联矩阵测评表[①]

测评对象及单项测量值	W1	W2	W3	W4	W5	W6	W7	综合测评值
	V1	V2	V3	V4	V5	V6	V7	
A1								
A2								
A3								
A4								
A5								
A6								

　　培训评估报告确定后，要及时在企业内进行传递和沟通。一些企业往往忽略了这点而造成培训评估与实际工作脱节。培训评估报告应传递到如下人员：①受训员工，使他们了解培训的效果，以便在工作中进一步学习和改进；②受训员工的直接领导；③培训主管，他们负责培训项目的管理，并拥有员工人事聘用建议权；④组织管理层，他们可以决定培训项目的未来。

三、新员工培训制度

　　一般的新员工培训制度由总则、培训管理规定、培训内容规划与评估体系等几个部分组成。

阅读资料

某公司新员工培训制度

第一章　总则

第一条　公司实行"先培训、后上岗"的原则。

第二条　培训目的：新员工培训是指企业为新员工介绍有关公司的基本背景情况，使员工了解所从事的工作的基本内容与方法，帮助员工明确自己工作的职责、程序、标准，并使他们初步了解企业及其部门所期望的态度、规范、价值观和行为模式等，从而帮助其顺利地适应企业环境和新的工作岗位，提高工作绩效。

第三条　培训的主要内容：新员工通识训练、部门内工作引导和部门间交叉引导。

第二章　培训管理

第四条　新员工培训是该员工的部门负责人及公司人力资源部的共同责任，应该在报到后一个月内执行。

第五条　凡公司正式报到的员工试用期满，但由于个人原因尚未参加新员工培训，不得转为正式员工。

第六条　参加新员工培训的员工在培训期间如遇临时状况需请假者，请按《员工培训出勤管理规定》执行。并在试用期内补修请假之课程，否则，仍不得转为正式员工。

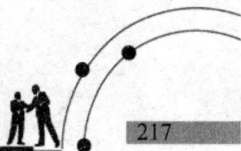

第七条　人力资源部应为每一位经过培训的员工开具培训证明

第八条　培训结束后，进行考核。合格者，获得结业证明；不合格者，重新培训。

第九条　未参加新员工培训的员工，不得参加其他训练（如岗位技能培训）。

第三章　通识训练

第十条　通识训练是指对员工进行有关工作认识、观念方面的训练，以及培养员工掌握基本的工作技巧。

第十一条　新员工通识训练由人力资源部及各部门行政人员共同组织，人力资源部负责实施。

第十二条　人力资源部向每位正式报到的新员工发放《员工手册》。

第十三条　培训内容：公司历程、规模和发展前景、企业文化、公司理念、组织结构、相关制度和政策及职业道德教育等。

第四章　部门内工作引导

第十四条　部门内工作引导应该在新员工通识训练结束后进行，其责任人为部门负责人。

第十五条　部门负责人代表部门对新员工表示欢迎，介绍新员工认识部门其他人员，并协助其较快地进入工作状态。

第十六条　部门内工作引导主要包括：介绍部门结构、部门职责、公司管理规范及福利待遇、培训基本专业知识技能、讲授工作程序与方法、介绍关键工作指标等。

第五章　部门间交叉引导

第十七条　对新员工进行部门间交叉训练是公司所有部门负责人的共同责任。

第十八条　根据工作与其他部门的相关性，新员工应到各相关部门接受交叉培训。

第十九条　部门交叉引导主要包括：该部门人员介绍、部门主要职责、本部门与该部门联系事项、未来部门之间工作配合要求等。

第六章　新员工培训评估

第二十条　通识训练结束后由人力资源部组织新员工测验和座谈，不合格者应参加补充训练。

第二十一条　部门主管负责就部门内工作引导对新员工进行测验。不合格者需有针对性地重修，一个月内如果不能完成培训，则该员工不予转正。

第二十二条　新员工培训结束后人力资源部将培训记录归档。

第二十三条　新员工培训合格者，进入上岗试用期。

第四节　不同类型新员工培训的设计

一、大学毕业生的培训设计

对大学毕业生的培训设计主要从以下几个方面展开。

（一）健康心态和敬业精神培训

毕业生要实现从社会人向企业人、职场人的转变，拥有健康的心态十分重要。因为大多数刚毕业的新员工要么把社会和工作想得太好，要求过高，要么过于自卑，缺乏自信心，不敢面对工作挑战，不能正确对待工作中的挫折。不能战胜自己的内心，就无法胜任工作。所以，企业必须把健康心态的培训当做毕业生培训的重心。

敬业精神是一种优秀的职业品质，是职场人士的基本价值观和信条。在经济社会中，每个人要想获得成功或得到他人的尊重，就必须对自己所从事的职业、对自己的工作保持敬仰之心，视职业、工作为天职。可以说，敬业精神是职业精神的首要内涵，是职业道德的集中体现。而培养毕业生的敬业精神，首先是从培养工作兴趣入手，要使得毕业生意识到，要从整个社会和企业需要的角度出发，培养兴趣，热爱这一工作，进而形成对工作认真负责的态度与精益求精的精神。

（二）公司政策与企业文化培训

对毕业生的培训，须通过学习相关的国家法律法规、企业文化知识和企业规章制度等，使毕业生了解企业文化、企业精神、企业规章制度与对个人行为规范的要求，培养毕业生的自豪感、责任感以及对事业的忠诚度。

企业应不失时机地向新毕业生灌输企业文化，宣传企业在市场竞争中培养起来的优秀的企业文化，增强毕业生对企业的自豪感与归属感。并从实际出发，制定相应的行动规划和实施步骤，使毕业生虚心学习优秀企业文化的经验，努力开拓创新。

（三）业务技能培训

首先要对新员工培训工作作出规范要求，以确保以传帮带等多种形式的培训达到预期效果，提升员工的岗位技能水平。为促使新员工在有限的几个月试用期内学到更多的知识，公司要明确培训责任人，要求由所在部门安排一名有经验、负责任的熟练员工承担具体的培训；其次是实行了"新员工岗位培训状况记录表"制度，对培训目标、要求和效果按月填报；三是分级实施试用期考核，为正式聘用与否提供详实依据；最后，业务技能的培训除了按照企业的岗位要求、工作流程与任务说明书对新毕业生进行规范的指导以外，还要树立积极学习、终身学习的观念。

（四）职业道德与礼仪培训

职业道德是所有从业人员在职业生活中应遵循的行为准则。个人的职业水准不仅关系到个人的职业生涯，而且也涉及企业形象及企业凝聚力。通过对毕业生进行职业道德的教育，培养他们忠诚、主动、合作的职业精神，使他们在今后工作中努力做到爱岗敬业、诚实守信、办事公道、服务社会。

礼仪是展现一个人内在素质与修养的有力工具，得体的礼仪能够帮助人们在各种场合进退自如，能够与不同性格和社会阶层的人士愉快沟通，能够有效提高沟通效率并改善沟通结果，对人际关系和自身品位的提升大有益处。

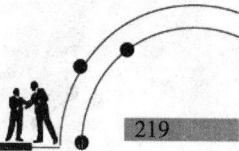

通过对毕业生职场礼仪培训主要达到如下目的：①通过培训使毕业生可以提升自己的职业素养；②通过培训使毕业生表现得体大方，帮助您处理尴尬的局面，避免失礼；③通过培训使毕业生懂得职场礼仪，更加专业化、规范化；④通过培训使毕业生进行畅通无阻的沟通；⑤通过培训使毕业生对企业发展更有责任感。

（五）素质拓展培训

对毕业生进行素质拓展培训目前已经被广大的企业所接受。素质拓展培训是一种全新的体验式学习方法和训练方式，适合于现代人和现代组织。素质拓展培训大多以培养合作意识和进取精神为宗旨，帮助企业和组织激发成员的潜力，增强团队活力、创造力和凝聚力，以达到提升团队生产力和竞争力的目的。

对毕业生进行素质拓展训练，目的在于使毕业生树立全局观念，学会正确处理整体和局部之间的关系；理解公司各部门之间合作的重要性；促进部门之间的相互交流和沟通；在协作中感受团队协作的快乐，达到感悟与放松的双重效果；从拓展培训项目中借鉴解决问题的成功方法；发现团队成员和团队中存在的最大不足，提高对优秀团队运作的认识，将培训成果与实际工作融会贯通，通过培训促进团队的融入。

（六）轮岗实习

毕业生轮岗实习的目的在于对公司的运作有更深入的了解，同时接触不同部门的人，处理不同的情况，促进知识的融合与交流。

轮岗工作的整体安排应该制订具体的计划，明确轮岗的时间、轮岗目标、考核标准、轮岗风险评估及轮岗工作协调机制等一系列问题，同时制定轮岗工作路线图。路线图一般包含几大关键节点：确定岗位轮换机制及对应的人选计划；轮岗工作沟通计划；制定并提交工作交接清单，包含文件清单、物品清单、工作进度清单、工作注意事项清单等；岗位交接及岗前培训；定期轮岗效果调查评估等。

（七）职业生涯培训

大多数毕业生十分重视个人的职业生涯发展，企业应借助岗前培训的机会和毕业生进行充分的沟通。如果事前没有沟通，只是管理者单方面地为其设置未来发展路线图，很有可能无法使双方找到最终结合点而浪费资源。

对毕业生新员工的培训既有共性也有个性，上述7个方面的内容提出了在毕业生新员工培训上的共性要求，但还不足以涵盖所有的方面。由于个性、个人阅历等的差异，毕业生新员工还可进一步进行细分，根据细分再采取针对性的培训培养的方案。

二、有工作经验的新员工培训设计

有过职场经历的新员工与刚从学校毕业的新员工不同，他们对新单位多了一份理性，少了一份感性。刚到公司来的他们，十分关注自己是否受到欢迎和重视，自己在公司能够学到什么、有何发展前途、将要面临什么挑战，希望了解公司对自己的期望，自己的工作对公司哪些方面有价值，能够按照自己的判断和想法独立地展开工作等。

　　根据有工作经验的新员工的独特心理，对他们的培训要注重他们的感受。在培训方式上，按照成人学习理论的思想，要给予他们以尊重，培训中采用亲和的方法，注重互动，以缩短他们与公司的距离。在培训内容上，注重企业文化的培训，使他们尽快融入企业文化，同时近贴岗位或职务的特点，明确告知岗位或职务的要求。此外，还要开展职业晋升阶梯的培训，以满足其对个人发展的需要，开展薪酬体系、激励制度的培训，以满足其对自身待遇的需要，帮助他们了解本公司对员工工作的期望。

三、制造业新员工培训设计[①]

　　与服务业相比，制造业在技术研发与创新、产品品质与质量、生产效率等方面面临的压力更大、要求更高，因而对新员工工作品质、质量意识、生产环节的操作规范与流程、技术创新精神与创新能力等的培训任务比较重。

（一）企业培训文化的建立

　　培训的效果大多掌握在新员工上级主管手里。培训的真正效果取决于学员是否能够在工作中反复地应用学习的行为，而学员通常不会主动地使用一种不熟悉的行为，培养一种行为是一个长期的过程，这就要求必需有人能提醒督促他们在工作中使用这些行为，而这个人正是学员的主管经理。如何转变经理人员的角色认知，使他们从过去的监督控制转向激励辅导将是企业培训成功的关键。建立良好的培训文化使企业每一位员工都肩负起培训的责任具有重要意义。

（二）培训需求的评估系统

　　制造业企业大多属于劳动密集型行业，这一行业的员工大致可以分为 3 类：操作工人、技术人员和管理人员。在进行培训需求评估时首先应明确培训目标，再针对培训对象制订相应的计划，找到实施培训评估的重点，并将评估结果合适地应用到人力资源管理的其他模块，使其发挥自身的作用，提高企业人力资源管理水平。

（三）培训课程的设计与更新体系

　　根据企业特点建立多层次的培训课程体系，并不定期的根据培训需求对课程体系及培训内容进行更新。一般可以分为：①教育发展培训，即每一次职位的变迁都有不同的培训发展课程；②管理技能培训，即不同管理职位就会有不同的学习需要，这就需要开发适应不同需要的管理技能培训课程；③职能部门培训，即对专业性职能部门人员的培训与发展课程。

（四）讲师的培养与管理体系

　　制造业往往有自己独特的技术和知识要求，日常的培训教育工作量很大，有条件的企业应逐步培养自己的讲师队伍。

---

① 佚名. 2009. 如何做好制造业的培训[OL]. http://news.china-b.com/pxdt/20090310/725484_1.html[2009-03-10].

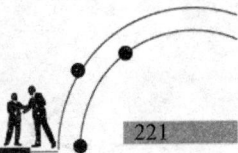

（五）培训工作的组织管理

培训部作为培训工作的组织管理者，必须完善本部门的工作制度与流程。对培训设备与资源进行有效管理，按时完成日常培训工作的营运管理及基础行政工作。制造业新员工的培训的组织管理要做好以下几个方面。

1. 员工上岗培训

为了让客户对产品满意，首先要保证产品的质量。所以，培训主管的首要任务就是带领培训团队，教员工怎样提高产品质量、增加产品数量。因此，培训主管充当的是学校班主任的角色：从新员工一入职，就要带领他们融入新的集体，通过积极正面地介绍公司、关心和尊重新员工等，使他们的心态尽快稳定下来，并且愿意留在公司，接受学习。对员工进行岗位培训时，作为"班主任"要随时跟进"任课教师"，即下属培训员的教学质量，通过鼓励学习缓慢的、引导顽皮违纪的、关心有困难的，确保每一批新入职的员工能够百分之百完成岗位学习，顺利上岗。

2. 专业技能类培训

专业技能类培训主要包括以下几个方面。

（1）技术培训。好的产品除了按照标准制造，制造的标准和流程本身也决定着品质。每一项技术，每一种工具，开发或引进后，都需要通过培训来推广运用。

（2）安全培训。制造企业往往有"三多"：仪器设备多、人员数量多、操作搬运多，所以"安全生产"是企业正常运营的根基。安全重在预防，并且必须要全员参与，因此，树立职员工的安全意识，普及安全知识和操作，是培训工作中非常重要的一环。

（3）认证培训。产品品质、制造工艺、企业经营管理的规范化程度，是客户考察的重要指标，这些自然得有直观且具说服力的证明：从 ISO9000（国际质量体系）到 OSAS18000（职业安全卫生管理体系），从 RoHS（一种电子行业无公害生产的国际规范）到 6 Sigma（高纯度的精益化生产流程），种种取得资格认证的过程，是每一位参与生产和管理的员工都要了解和掌握的。

（六）培训体系的健康维护

培训工作是不断发展的，企业培训需求要不断的更新，因此培训体系必须得到健康维护。

复习思考题

1. 简要叙述新员工培训的必要性及意义。
2. 简述新员工培训的主要内容及有效程序。
3. 如何建立新员工培训体系？
4. 简述新员工培训实施与评价方法。

5. 制造业新员工培训有何特点？

案例讨论

方正科技的新员工融入计划

方正科技集团股份有限公司的"新员工融入计划"的出台肇始于一个故事。一次，一位新员工在入职当天没能及时拿到电脑。后来，在一次日常沟通中，那个部门经理无意中说起这件事，说"新员工入职当天拿不到电脑，既耽误工作，又影响不好"。虽然这只是一次简单的抱怨，但人力资源部总经理对此很是重视，他要求人力资源部对新员工入职流程进行梳理，以防止再发生类似的事情。于是，以这件事为契机，公司人力资源部将新员工入职流程逐项拆开，再重新优化组合，并加入了很多"很细节"的东西，从而使原来非常简单的入职流程，升级为一个系统、温馨的"新员工融入计划"。

"新员工融入计划"在新员工入职前就开始启动，并且贯穿整个试用期。

1. 入职前的准备

根据确认好的新员工入职时间，人力资源部提前3天至一周开始"入职准备"工作。具体内容包括通知行政、信息及用人部门准备入职所需的各项物品；开通必要的权限；提前告知"指导人"如何进行指导工作；做好人力资源部自身的准备。

2. 制作精美的"欢迎卡"

在入职当天，每位新员工都会收到一张漂亮的"欢迎卡"。"欢迎卡"是用加厚的红色铜版纸制作的。"欢迎卡"的封面上印着"欢迎您加入方正科技"的美术字。翻开内页，首先是一小段欢迎词。欢迎词下面分别是新员工的"一线"和"二线"上级的名字，以及服务于他的HR Partner（来自人力资源部的"事业伙伴"）的名字和联系方式。看到这些，新员工就知道自己要向谁汇报，以及在遇到问题时可以找谁咨询，从而避免了刚入职时的迷茫。由于"欢迎卡"制作得非常精美，而且又是员工自己在职场打拼中的一个非常重要的起点，因此很多员工都把将它当做纪念品珍藏起来。

3. 公司内网的欢迎界面

融入计划是企业和新员工联心的第一步。在IT部门的支持下，人力资源部在公司内网上专门开辟了一个栏目，主题就是欢迎新员工。栏目的标题为醒目的"欢迎加入方正科技大家庭！"的欢迎词，该栏目位于公司内网首页的左边，以适应大家从左到右的浏览习惯。每逢周二、周四，也就是在新员工入职的当天，页面上就会滚动播出新员工的姓名。老员工在上班打卡时就会看到欢迎界面，从而在第一时间就知道了新员工入职的信息。他们可以直接点击该员工的姓名并写下欢迎词。这些欢迎词自动通过网络转达到新员工的邮箱中。而新员工一打开电脑，就会发现自己的名字在屏幕上闪烁，并能即时收到来自老同事的问候。

4. 相关手续办理及入职培训

除了上面的安排之外，新员工在入职当天会有专职人员帮他办手续、签合同。同时，员工也会收到一个"入职包"，里面包含了所有需要的办公用品及实用的相关信息，员工不必在报到后逐一申请。然后是3小时左右的入职培训，培训内容包括"公司介绍"和"工作指南"两大项。

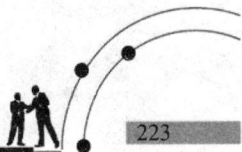

（1）公司介绍。首先会播放一段振奋人心的企业发展短片，让员工有一种被冲击的感觉。之后由 HR 进行培训，内容包括企业发展历程、公司业务介绍、产品信息介绍、公司各个部门的组织架构和相互之间的关系等。除了培训员工具体的文化外，人力资源部还会通过组织其他形式的后续学习，让员工进一步理解并认同企业文化。而且，这一套入职培训会通过视频系统延伸到各个分公司，使分公司的新员工也能及时接受同样的入职培训。

（2）工作指南。工作指南的内容十分丰富、实用，主要包括工作要求、有关制度或规定、HR 的相关政策、如何使用公司内网、上下班如何打卡、平时的着装要求等。新员工培训大约持续 3 小时左右。培训结束后，"Partner"（事业伙伴）就会将新员工领回他所在部门，并引荐给经理及部门全体同事。随后，各部门一般会自行组织简朴而热闹的"欢迎午餐"。

5. "融入"系列培训

除了入职当天的"基础性"培训外，HR 还设计了参观、体验等形式多样的培训形式，进一步丰富了培训内容，形成了正式的"融入系列培训"。内容包括参观王选院士纪念室、到"方正微软体验中心"体验公司产品、产品知识培训、对于优秀实习生的特殊培训。

6. 指导人计划

入职当天简单而温馨的欢迎仪式结束后，"新员工融入计划"还远没有结束，而是进入到了更深层面的安排。从入职的当天下午开始，新员工就进入到职业辅导流程。其所在部门会安排专门的人员做他们的"指导人"，以指导他们顺利度过入职后的前 6 个月，从而帮助他们完成由"优秀毕业生"向"优秀员工"的转变。"指导人计划"的具体内容如下。

（1）指导人的选择和分派。指导人可以是经理，也可以是品行端正、业务能力强、表现优秀的骨干员工。一般来说，公司所安排的指导人，都是与该新员工在同一部门或者有业务关系的人。同时，考虑到指导人的精力有限，所以规定一个指导人不能同时指导多人。

（2）指导人的职责。新员工上岗后，指导人首先要让员工了解其岗位职责和角色定位，这主要通过口述并结合职位说明书来实现。接下来是让员工了解部门的既定工作，如定期填报表或者定期拜访客户等。此外，指导人还要带新员工在办公区进行走访，特别是要重点拜访那些在业务上有密切联系的部门和同事，以使他们清楚工位布局、工作关系，以方便日后开展工作。然后，指导人要给新员工制定试用期的学习计划和预定目标。而且，指导人还要定期抽出一定时间与新员工进行面谈，以及时了解新员工的学习情况与工作动态，指出并帮助其改进不足之处。

（3）指导人手册。为了使"指导人计划"落到实处，人力资源部还专门编写并下发了《指导人手册》。手册分为几大模块，包括"准备"、"报到"、"融入"和"考察" 4 个阶段，涵盖了从新员工入职前、入职当天、入职一周之内、一月之内和半年之内指导人需要做到的一系列事情。《指导人手册》上面的规定，甚至细化到了"教会新员工如何填写常用表单"、"如何使用复印机"等非常细节的内容。由于新员工会被配置到公司的各个部门而不同部门具体业务的差别又非常大，所以《指导人手册》所规定的是通用的指导模块，而对于具体业务上的指导要求则无法一一罗列。为了避免指导人简单地"照方抓药"，《指导手册》在一开始就明确指出"指导工作包含但不限于以下内容"，以提醒指导人不要满足于应付差事，还要根据具体情况进行开拓性的指导。

7. 入职一周后的调查与反馈

新员工入职一周后，人力资源部会请新员工针对入职工作进行满意度评价。

（1）评价主要以电子问卷的方式进行，以邮件形式回收。

（2）评价的内容包括入职手续办理、报到工作及入职培训、设备物品的配备以及其他方面的个人感受和建议。

（3）问题分析与工作改进。对于调查中所反映的问题，人力资源部都会认真分析，在找到问题的根源后提出改进措施，或与相关部门人员一起沟通解决方案，并加强相互间的配合协作，以避免问题的再次发生。而新员工也会对公司的细心安排、主动倾听、认真征求意见并积极完善工作而倍感温馨，对人力资源工作以及对整个公司管理的认可程度大幅度提高。

8. 入职一个月后的调查与反馈

新员工入职一个月后，人力资源部会对新员工以邮件形式发放调查问卷，让他们对指导人是否按职责要求的内容开展指导工作，以及指导活动的效果等进行评价。随后，人力资源部就会分析问卷中所反映出的问题并提出改进措施。

9. 入职半年后的调查与反馈

在试用期内，HR会不定期地主动了解新员工的融入情况和部门对员工的评价，以及时跟进入职管理并作出相应动作。除了常规的持续关注外，在试用期即将结束之前，人力资源部还会对新员工进行一次正式调查与反馈。

（1）调查目的。了解员工的各方面情况，以便对招聘、培训、配置以及新员工的个人能力和发展意愿作出综合评估。

（2）调查形式。问卷与面谈综合使用。

（3）调查内容。

调查内容包括新员工的学习情况，新员工的绩效情况，新员工对所在岗位工作的认可程度——是否与个人预期或个人的职业规划相一致，新员工对团队氛围、部门领导及周围同事的评价，新员工对企业文化的适应程度，新员工关于个人发展的其他想法或发展意向等。

（4）综合分析。对招聘效果的评估：从招聘是否成功的角度，分析新员工人与岗位、人与团队、人与企业的匹配程度，从而判断该员工是否适岗，或是否能够达到公司要求。对新员工的重新认识：从个人方面，了解该员工的能力、素质与胜任力情况，以及关于工作的想法等。对人力资源配置效果的评估：分析公司是否将合适的员工安排在了合适的岗位上，以及该员工的稳定性如何，是否需要提前进行人员储备等。

（5）结果应用。与业务部门就新员工的想法、意见与岗位匹配情况等进行沟通，并采取相应对策。对于潜力尚未完全发挥的员工，建议其所在部门适度扩大其职责范围；对于稳定性较差的员工，建议其所在部门提前做好人员储备；对于匹配性较差的员工，考虑为其更换更合适的岗位。

从上面的介绍可以看出，招聘的最后一个环节不是"员工报到入职"，而是试用期结束时的考查与总结。方正科技通过从"员工入职"到"试用期结束"全过程密切关注与反馈控制，帮助员工尽快融入公司并最终留住难得的人才。这套"新员工融入计划"，在第一时间就给员工以温馨的关怀和强烈的冲击，使他们既及时接受了教育，又尽快熟悉了工作，同时也促进了相关各部门工作的改进，有效降低了风险，并通过采取相应措施留住了那些才华出

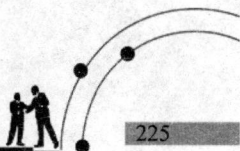

众的员工。在这些积极措施的帮助下，公司成功地将新员工的"主动离职率"控制在了 IT 业界平均水平的一半左右。

（资料来源：周施恩，柳烨. 2011. 方正科技的"新员工融入计划" [J]. 企业管理，7：48-50.）

【讨论题】

1. 你认为方正科技的新员工融入计划有哪些主要特点？

2. 新员工流失率高是很多公司面临的一大难题，结合方正科技公司的做法，谈谈企业如何降低新员工流失率。

第九章 员工分类培训与开发

教学目标

陈述管理人员、销售人员、技术人员、外派人员等几个特定类型人员的培训任务、培训内容和培训方法，比较他们之间的异同

教学要点

高中低三层次管理人员培训目标和培训内容的区别、管理人员培训的主要方法、销售人员培训的任务和内容、销售人员培训的方法、技术人员培训任务和内容、技术人员培训方法、外派人员培训目标和内容、外派人员培训方法

关键词

管理人员培训与开发　　销售人员培训与开发　　技术人员培训与开发　外派人员培训与开发

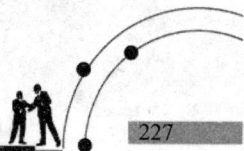

导入案例

松下精神与管理者教育

松下幸之助是松下电器公司的创办人。他认为，人在思想意志方面，有容易动摇的弱点。为了使松下人为公司的使命和目标而奋斗的热情与干劲能持续下去，应制定一些诫条，以时时提醒自己。1933 年 7 月，公司制定并颁布了"五条精神"，1937 年又议定附加了两条，形成了松下 7 条精神：产业报国的精神、光明正大的精神、团结一致的精神、奋斗向上的精神、礼仪谦让的精神、适应形势的精神、感恩报德的精神。

松下电器公司非常重视对员工进行精神价值观即松下精神的教育训练，教育训练的方式可以作如下的概括。①反复诵读和领会。所以每天上午 8 时，遍布世界各地的几万名松下员工同时诵读松下七条精神，一起唱公司歌。②所有工作团体成员，每个人每隔 1 个月至少要在他所属的团体中，进行 10 分钟演讲，说明公司的精神和公司与社会的关系。松下认为，说服别人是说服自己最有效的办法。③隆重举行新产品的出厂仪式。每年正月，松下电器公司都要隆重举行新产品的出厂仪式。这一天，职工身着印有公司名字字样的衣服一早来到集合地点，作为公司领导人的松下幸之助，常常即兴挥毫书写清晰而明快的文告，如"新年伊始举行隆重而意义深远的庆祝活动，是本年度我们事业蒸蒸日上兴旺发达的象征。"在松下向全体员工发表热情的演讲后，职工分乘各自分派的卡车，满载着新出厂的产品，分赴各地有交易关系的商店，商店热情地欢迎和接收公司新产品，公司职工拱手祝愿该店繁荣，最后，职工返回公司，举杯庆祝新产品出厂活动的结束。④"入社"教育。进入松下公司的人都要经过严格的筛选，然后由人事部门掌握开始进行公司的"入社"教育，首先要郑重其事地诵读、背诵松下宗旨、松下精神，学习公司创办人松下幸之助的"语录"，学唱松下公司之歌，参加公司创业史"展览"。新员工往往被轮换分派到许多不同性质的岗位上工作，所有专业人员都要从基层做起，每个人至少用 3～6 个月时间在装配线或零售店工作。⑤管理人员的教育指导。松下幸之助生前常说："领导者应当给自己的部下以指导和教诲，这是每个领导者不可推卸的职责和义务，也是在培养人才方面的重要工作之一。"松下公司实行终身雇佣制度，认为这样可以为公司提供一批经过二三十年锻炼的管理人员，这是发扬公司传统的可靠力量。为了用松下精神培养这支骨干力量，公司每月举行一次干部学习会，互相交流、互相激励，勤勉律己。松下公司以总裁与部门经理通话或面谈而闻名，总裁随时会接触到部门的重大难题，但并不代替部门作决定，也不会压抑部门管理的积极性。⑥自我教育。公司把在职工中培育松下精神的基点放在自我教育上，认为教育只有通过受教育者的主动努力才能取得成效。上司要求下属要根据松下精神自我剖析，确定目标。每个松下人必须提出并回答这样的问题"我有什么缺点？""我在学习什么？""我真正想做什么？"……从而设置自己的目标，拟定自我发展计划。有了自我教育的强烈愿望和具体计划，职工就能在工作中自我激励，思考如何创新，在空余时间自我反省、自觉学习。为了便于互相启发，互相学习，公司成立了研究俱乐部、学习俱乐部、读书会、领导会等业余学习组织。在这些组织中，人们可以无拘无束地交流学习体会和工作经验，互相启发、互相激励奋发向上的松下精神。

思考：松下管理者教育的突出特点是什么？

第一节　管理人员的培训与开发

一、管理人员的培养开发

在任何组织中，都需要一批高素质、称职的管理人员，这批人员是一个组织所有人力资源最关键的部分。如果是大中型企业，管理人员一般由初级、中级、高级不同层次的管理者组成，小型企业的管理者可能就是老板自己，也许还有其助手。因为管理人员的位置特殊，肩负着企业的决策、计划、组织协调、领导、控制等责任，所以管理人员的培养和潜能开发事关组织内部其他人员的培养和开发。要开发和培养组织内部其他人员，首先必须培养和开发好企业的管理人员。

二、管理人员培训需求分析

（一）管理人员培训开发的战略价值

在所有类型的人员的培训开发中，最能体现培训开发战略导向特点的就是对管理人员，尤其是对中高层管理人员的系统性的培训和开发。一谈到现代企业大学，人们往往会提及 GE 公司的克劳顿维尔领导力发展中心（即著名的"克劳顿村"），这是美国的第一所企业大学，该培训中心自成立之初，就致力于培养和发展企业的领导人。1956 年建立 GE 克劳顿维尔领导力发展中心的初衷，就是为了配合业务的转型，把业务模式从总部集中控制转变成以各个产品线为中心，培养大量胜任跨职能管理的总经理人才。20 世纪 80 年代，当时的 CEO 杰克·韦尔奇为了改造当时的 GE，进行了很多改革，如业务重组、剥离和人员精简。在杰克·韦尔奇的领导下，克劳顿维尔领导力发展中心成为令人瞩目的领导力发展和推动变革的重要场所。杰克·韦尔奇在其在任期间到中心授课超过 300 次，亲自培训了 10 000 多位中高级管理人员。

管理人员的培训之所以具有战略价值，是因为管理人员，尤其是中高级管理人员所担负的特殊职能所决定的。高级管理者要担负引领组织发展、制订组织的总目标、总战略并评价整个组织的绩效等重任，中级管理者要担负贯彻执行高层管理人员所制订的重大决策、监督和协调基层管理人员的工作等职责（见表 9-1）。此外，面对复杂多变的环境，中高级管理者还必须致力于组织创新、业务创新、管理创新，以保持组织机体的灵活性。一支优秀的企业中高层管理人员本身就是企业重要的战略性资源，他们的素质和能力很大程度上决定了企业的前途和命运。

表 9-1　管理人员担负的职责

管 理 层 次	管 理 职 责
高级管理者	制订组织的总目标、总战略，并评价整个组织的绩效
中级管理者	贯彻执行高层管理人员所制定的重大决策，监督和协调基层管理人员的工作
初级管理者	直接指导和监督下属员工现场作业活动，保证各项任务的有效完成

（二）管理人员培训的重要性

1. 示范作用

管理人员是组织中的主导力量，在组织的一切活动中处于管理或领导地位，管理人员水

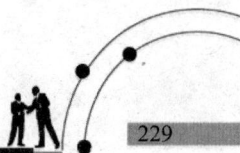

平的高低直接决定着组织活动的成绩。管理人员的行为方式对企业的其他人员有很大的影响。一定程度上，管理人员对培训开发的认同、支持和参与程度直接决定了企业培训开发的效果。如果管理者在培训过程中深有体会，不仅可以提高自己的管理效能，而且会起到很好的示范作用。在履行培训开发本企业或本部门其他员工责任的时候，他们就会积极参与和支持，起到模范作用。

2. 角色转换的需要

在人员晋升上，大多数企业都会把那些精通技术的人员选拔到管理岗位上，或者把在基层做得很好的管理人员晋升到更高的管理岗位上。由于被管理者的角色和管理者的角色有很大的不同，因此，有必要及时补充管理知识。

3. 现代经营管理方式的要求

现代企业经营管理方式已经发生了很大的变化，社会转型牵动管理转型，新型的管理技术和管理方法不断涌现，如个体管理模式向团队管理模式的转变等，均对管理人员提出了新的要求。管理人员不能仅仅满足于现有的知识结构和以往的管理经验，必须与时俱进，否则就可能被现代管理淘汰，因此需要管理方面的系统培训。

4. 留住优秀人才的要求

越来越多的优秀人才看重企业能否为个人提供相匹配的职业生涯规划和相应的培训，如果企业无视他们的这种感受和需要，极有可能直接导致人才的流失。

阅读资料

高管为什么离职

北大国际 MBA 和美国光辉国际公司对 160 名企业高级管理人员作了一次调查。被调查的人 53%年龄为 35~40 岁，25%大于 40 岁，22%小于 34 岁。其中，来自国有企业的占 30%，来自外资企业的占 33%，来自股份制企业的占 23%，来自私营企业的占 14%。

调查结果显示：160 名高级管理人员中，70%没有国际管理经验，90%以上的人认为他们的企业在今后 3 年内，仍将不具备足够的管理人才储备。

当调查问到"在今后两年内是否可能离开公司？"时，9%的人认为很可能，45%的人说有可能，而倾向于"坚守阵地"的不足半数（见表 9-2）。此项调查结果显示：高级管理人员离开企业的主要原因是企业没有建立经理人职业长远发展规划。

表 9-2 不同层次管理人员有可能离开公司的情况

管理人员	很可能	有可能	不太可能	绝不可能
董事长/董事长兼 CEO	0%	14%	12%	47%
CEO/总裁/总经理	7%	20%	30%	32%
COO/副总裁/副总经理	15%	45%	38%	2%
部门或地区负责人/其他	12%	54%	28%	6%

资料来源：陈胜军. 2010. 培训与开发[M]. 北京：中国市场出版社：236-237.

上述资料反映了当前培训开发机制不健全造成的严重后果，即如果不能给这些原来拥有专业知识的骨干以培训和发展的机会，他们可能无法发展成为合格的管理者，也有可能流失。[①]

（三）管理人员培训需求分析的层次

管理人员培训需求分析的内容包括组织分析、职位分析和个人分析。

案例启迪

如何开展管理人员培训需求分析的实例

为了增强学员对自己学习的了解和学习重要性的认识，爱立信的一个做法是，在确定开展领导能力培训内容之前，先设置一个"自我了解"（understanding of yourself）的课程。这实际上是一个培训需求分析的环节。"自我了解"课程的做法是，从学员周围的同事中选择12位同事，对他进行360度评估。给这12位同事发放评估表，让他们将评估意见填写在表格里，再将评估数据送到第三方评估中心进行处理，最后将评估信息反馈给学员。因为培训的学员仅仅是了解自己是不够的，更重要的是了解别人对自己的看法。两者之间常常会有差异，这种差异有时会很大，如何避免这种差异造成的工作障碍是这类评估的最终目的。

1. 基层管理人员的培训需求分析

基层管理人员是指在企业生产、销售、研发等生产经营活动第一线执行管理职能的管理者，主要协调和解决员工工作中遇到的具体问题，是整个管理系统的基础。

基本管理人员培训需求分析的重点是个人能力分析。企业可以通过设置基层管理人员培训需求调查问卷，如针对基层管理人的现有表现，由基层管理人员本人、上级、同事来打分，评估其现有能力水平，从而分析其培训需求和培训的侧重点，可作为其培训发展需求制订的参考资料。

2. 中层管理人员的培训需求分析

中层管理者，通常是指处于高层管理人员和基层管理人员之间的一个或若干个中间层次的管理人员，是企业管理团队的中坚力量，起着承上启下的作用，对上下级之间信息沟通负有重要的责任。

（1）中层管理人员组织分析。这里主要从宏观角度出发，考虑企业的经营战略目标，保证中层管理人员的培训需求符合企业的整体目标与发展战略。

（2）中层管理人员职位分析。职位分析让人们了解有关职务的详细内容及岗位任职资格条件，其结果也是设计和编制培训课程的重要资料来源之一。

对工作任务和工作职责的分析是职位分析的一项重要内容，将其设计成调查问卷的形式，可用于收集培训需求信息（见表9-3）。

---

① 郭京生，潘立. 2005. 人员培训实务手册[M]. 北京：机械工业出版社：231.

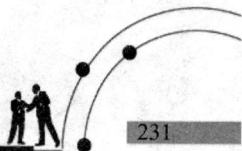

表9-3 岗位培训需求调查表

姓名		所属部门	
职务		日期	
一、工作任务			
主要工作任务	重要程度	执行难度	工作绩效标准
二、岗位任职者个人能力状况			
岗位任职者个人所具备的知识和技能		岗位任职资格所要求的知识和技能	

备注:

工作任务栏:执行难度的评定依据,0——几乎没有任何困难,1——一般,2——可承受,3——较难

重要程度的评定依据:0——一般,1——比较重要,2——重要,3——非常重要

另外,由中层管理人员根据自己的工作情况和要求编写的工作总结或述职报告,也有助于得知其工作状况,从而确定培训需求信息。

(3)中层管理人员个人分析。从中层管理人员个人的角度分析其培训需求,可以从3个方面着手。

① 个体特征分析:从中层管理人员性别结构、年龄结构、知识结构、专业结构、性格特征、管理风格等方面进行。

② 个人能力分析:中层管理人员应具备计划组织能力、协调控制能力、决策能力等,对其能力的培训需求分析,一方面可以通过其工作表现来分析,其中比较直观的信息是员工的绩效考核记录;另一方面也可以以填制问卷调查表的方式来获取信息,确定其培训需求。

③ 职业生涯规划:主要分析中层管理人员对自身工作岗位的认识和对未来的个人发展要求,进而确定培训需求,其信息来源可以有多种渠道。如人力资源部记录的员工部分信息资料,还可以采用访谈法的形式,通过与员工面谈来获取。

3. 高层管理人员的培训需求分析

企业的高层管理人员培训主要针对现任的高级管理人员、企业未来的接班人以及有可能进入企业高层的有潜质的优秀管理人员。

进行高层管理人员培训需求分析,仍然应从组织、职务、个人3个层面进行。其培训需求调查的方法主要有访谈法、讨论法、考察法、问卷调查法等。高层管理人员访谈提纲样表见表9-4。

表9-4 高层管理人员培训需求访谈提纲

访 问 对 象	访问问题大纲	访 谈 记 录
高层管理人员的领导	您对高层管理人员的总体评价是什么	
	从组织需求角度出发,您理想中的高层管理团队是什么样的	
	您认为这些高层管理人员在哪些方面需要提高	

续表

访 问 对 象	访问问题大纲	访谈记录
高层管理人员的同事	您与哪些同事经常有工作上的联系	
	您觉得××经理在工作中有哪些地方需要改进	
高层管理人员本人	您在工作中是否觉得压力过大，有哪些现象可以表明这点	
	您在工作中遇到的最大难题是什么，到目前为止是否解决	
	对于下属员工的发展，您采取了哪些措施	
	您在工作中如何管理绩效不好的下属	
	您认为企业现有管理制度有哪些不健全的地方	
高层管理人员的下属	举例说明您的上司给您在工作中的指导情况	
	若生活上或工作中遇到困难，您会向谁寻求帮助	

三、管理人员培训课程设置

管理人员培训什么课程因企业、职务、个人而异，没有完全相同的设计。例如，在 Intel 大学的管理课程中，通常为管理人员开设的基础管理课程有计划性管理、建设性对抗（constructive confrontation）、绩效评估、高效率会议、参与式决策及情景管理。而在其他公司，可能更侧重于其他一些课程。即使是同一家企业，在不同发展阶段培训课程也会不同。

1. 基层管理人员培训课程设置

基层管理人员的范围很广泛，如生产车间的车间主任、班组长、工段长、一线主管、领班、课长等，在企业中扮演着生产参与者、计划的执行者和组织者的多重角色，需具备熟练的专业技能和一定的管理技能。因此，为他们设计培训内容应着重于管理工作的技能、技巧，如怎样组织他人工作，如何为班组成员创造一个良好的工作环境等。在观念技能方面，首先应该培养他们在思考问题时，如何改变思维方法，由被管理者转变为管理者，即由被动地执行具体指示转为主动地发布指示。其次，要重视培训他们组织他人工作的技巧。管理人员必须尽力使班组内每个成员之间的相互关系都能融洽，创造一个良好的工作环境，使每一个被管理者都能心情舒畅地工作。表 9-5 是对基层管理人员设立的通用培训课程。

表 9-5　基层管理人员通用培训内容一览表

培 训 内 容	培 训 课 程
基层管理者的角色认知	管理者的角色、定位与责任
	基层管理者的人员素质要求
管理技能培训	团队建设与管理
	计划与控制
	沟通与协调
	员工培训与激励
	员工绩效管理
	员工的安全管理
	员工工作调配
	如何改进员工的工作表现

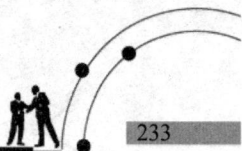

续表

培 训 内 容	培 训 课 程
管理实务培训	生产计划的编制与控制
	如何进行成本控制
	质量管理

2. 中层管理人员培训课程设置

（1）培训课程的目标。基于培训需求分析，对中层管理者培训内容的侧重点在于提高他们的管理能力和业务能力，并且要结合各个岗位的要求明确通过培训应该达到一个怎样的效果。结合中层管理人员的特征，可以将培训的目标归纳如下：更新和补充新的知识，提高其胜任未来工作所需的能力；使他们能够适应不断变化发展的环境；使其能够宣传和深化企业的宗旨、使命、信念和企业文化、价值观；培养出个别骨干分子，使之成为未来高层领导者的接班人。据此，培训组织者在确定中层管理人员培训课程内容时要注意两个方面的侧重点：第一，提高其管理能力和有效处理第一线日常工作中所出现问题的技巧。第二，充分挖掘中层管理人员的潜能，这主要是考虑晋升的需要。

（2）课程体系的设置。在设计培训课程之前，首先要清楚企业中层管理者的培训内容。与高层管理者的培训相比，对中层管理者的培训主要应该侧重于业务上的培训，即开发其任职能力，提高其决策能力、计划能力，使他们深刻理解现代的经营管理体系和经营活动中人的行为，同时还要提高他们对人的判断和评价能力以及与人沟通的能力。其次，培训课程的设计要符合学员的要求。在清楚了大概的培训内容之后，要对即将参加培训的学员进行分析，了解培训前这些学员的知识技能水平等，这不仅可以帮助培训课程的具体设计，还为以后的培训效果评估奠定了基础。最后，通过以上的分析，确定课程内容。要以"缺少什么培训什么，需要什么培训什么"为原则，适应多样化的学员背景，选择不同难度的课程内容进行课程的多样组合，使学员掌握他们需要的知识和技能。另外，在课程设计完成之后，为保证课程设计的合理有效性，还要收集一些专家的意见来对课程进行适当的修正和调整。

中层管理人员培训应包括各个方面的内容，既包括业务管理能力培训、企业环境分析能力提升培训，也包括领导艺术培训和团队管理培训（见表9-6）。

表 9-6　中层管理人员培训内容

培 训 内 容	培 训 课 程
企业环境分析	企业战略
	企业目标
	企业组织结构与决策流程
业务管理能力	专业技术知识
	如何纠正工作偏差
	目标管理
	项目管理
	时间管理
	会议管理
	组织管理
	冲突管理
	职业生涯规划

续表

培 训 内 容	培 训 课 程
领导艺术	沟通技巧
	如何有效授权
	如何激励下属
	如何指导和培养下属
	高效领导力
团队管理	学习型组织的建立
	定编定员管理
	团队合作与工作管理

案例启迪

家乐福的中层管理者培训

自 1995 年进入中国至今，家乐福已在华开设 68 家分店。每开 1 家店，就意味着需要 1 个店长、5 个处长、20 个课长以及更多服务部门管理人员。公司规模的快速发展，对家乐福的人才储备提出挑战。

家乐福充分认识到管理人员梯队建设是公司面临的最大挑战之一。管理人员的梯队建设不好，企业的持续发展就会有问题，这就需要培训机制发挥作用，使各个层级的管理者具备相应的能力去承担相应的职位。对于公司的中层管理人员培训，早在 2000 年，家乐福就启动了店长培训计划，每年举办 1～2 届，从全国各地分店挑选出优秀的候选人，送至上海总部进行集中培训，每月 2～3 次，为期 10 个月。针对店长的特点，家乐福的店长课程包括店长就职培训、财务、人力资源、团队管理、市场营销和美工培训等 15 个课程，其中领导力是非常重要的内容。经过这样的课程后，最终能够成为店长的人，在正式上任前还要再经过一个为期 10 个月的店长培训课程。他们除了要接受更为严格的培训外，还将参观国内 15 家大型超市，然后进行 8～10 天的欧洲访问，参观家乐福在全球的分店及竞争对手的门店，最后举行隆重的毕业典礼及报告会。候选人同时会收到一份详细的报告，记录着他们的面试表现与培训成绩。毕业后，他们将迎来全新的职业生涯，同时，在家乐福，店长的聘任有个不成文的规定，即每个店长会在两年左右转换一个岗位，或到新店任职，或提升为区域经理等高管。通过这些系统与针对性的培训，在中层管理者正式上岗前，帮助他们实现技能、时间分配以及价值观的转变，为他们更好地胜任职位和职业发展提供了有利条件。

（资料来源：甘斌. 2008. 员工培训与塑造[M]. 北京：电子工业出版社：2010.）

3. 高层管理人员培训课程设置

高层管理人员应具备广阔的视野，并善于发现问题、分析问题和解决问题，要善于用人、控制与协调、经营决策和组织设计，其职务决定了他们要从大局上把握整个企业所面临的环境及企业发展方向，有较强的思维推理能力以及不断创新的意识和能力。因此，对高层管理人员培训内容的设置应从全局性角度出发，侧重于领导知识、理念与管理技能的

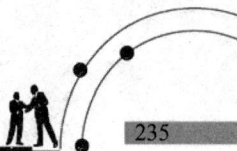

培训。表9-7从通用意义上列出了高层管理人员的部分培训课程。

表9-7 高层管理人员的通用培训课程设置一览表

培 训 模 块	培训课程/内容
企业环境	（全球）国内经济和政治
	企业所处的经营环境分析
	企业所属行业发展研究
	相关法律、法规、各项政策学习
企业战略发展研究	企业面临的机遇与挑战
	企业核心竞争力研究
	如何制定企业的发展战略
企业现代管理技术	人力资源管理
	生产管理
	财务管理
	质量管理
	信息管理
领导艺术	团队管理
	目标管理
	员工激励
	如何有效沟通
	冲突管理
	员工潜能的开发
创新意识培养	创新思维训练
	思维技巧
个人修养与魅力的提升	成功的管理者
	自信力
	商务礼仪

案例启迪

建设银行的高层管理者培训

中国建设银行是我国四大商业银行之一，在加快推进股份制改造的过程中，建设银行十分注重对银行的高级管理人员进行培训，帮助他们更好地胜任自己的岗位。银行采取高级研修班的形式对学员进行培训，学员均为一级分行的行长和总行部门级高级管理人员。研修班以建设银行股份制改革为主题，采用境内培训与境外培训相结合、课堂学习与实地调研相结合、专题讲授和针对性研修相结合等多种培训方式。培训的主要内容包括现代商业银行经营管理理论与实务、银行战略管理、建设银行股份制改革相关问题、国外先进商业银行经营管理经验、建设高绩效团队等。通过培训，学员普遍感受到其视野变开阔，现代商业银行经营管理理念更新了，不仅学习了现代商业银行先进的经营管理知识、方法和技术，还进一步提升了战略规划能力、系统思维能力、宏观决策能力和开拓创新能力，为他们以后在高级管理的工作岗位上发挥才干奠定了坚实的基础。

四、管理人员培训实施

这里侧重分析管理人员培训方法的选择，其他相关知识可以参考本教材第五章的内容。在员工培训方式的选择上，各级管理人员的培训形式不应局限于课堂教学，可灵活采用多种方式。除了本教材第七章中所提及的角色扮演、工作轮换、案例分析、专题讨论会等方法和技术外，下面几种方法也适用管理人员的培训。

1. 替补训练

替补训练是每一位中层管理人员都被指定为上级的替补训练者。这些中层管理人员除原有责任外，还要熟悉本部门的上级职责，一旦上级离任，即可按预先准备接替其工作。替补训练有利于企业的永续经营管理。中层管理人员在预定接替的工作环境和岗位上工作，为其指明一条明确的晋升路线。

2. 专家演讲学习班

专家演讲学习班可作企业内部或外部培训，用这种方法可以使管理人员或潜在管理人员倾听各个相关领域专家的演讲。在企业内部，可介绍企业发展的历史、目标、宗旨、政策，以及企业与顾客、消费者、其他团体之间的关系。外界的专家演讲学习班内容可以多种多样，范围可以从具体的管理方法到广泛的课题。

3. 大学管理学习班

许多大学现在都举办各种实习班、报告会、讲座和正式的学习班，如工商管理硕士教育、高级管理人员工商管理教育，用以培养管理人员。这些学习班向管理人员讲授管理理论与实务、发展趋势和案例研究经验。此外，管理人员之间通常能进行有益的交流，构建多方面的联系，从而拓展他们的社会资本。

4. T 小组训练

T 小组训练又称为"敏感性训练"、"恳谈小组"，这是一种有争议的管理人员培养方法。敏感性培训的目标一般：使个人能更好地洞悉自己的行为，明白自己在他人心目中的"形象"；更好地理解群体活动过程；通过群体活动培养判断和解决问题的能力。

在敏感性训练过程中，人们坦诚地相互交流，并从培训者和小组其他成员那里获得对自己行为的真实反馈。小组成员的反馈可能是坦率的、直接的，受到负面评语的人可能接受这个评语，且决心改正其行为，但也可能感到受了伤害，并退出小组。T 小组可能引起人们的忧虑和灰心，但若管理得当，会促进合作和支持。

在考虑敏感性训练优点的同时也不能忽略其不足。有些人可能在心理上受到伤害；敏感性训练也可能侵犯个人隐私，由于群体压力及动力的影响，参与者暴露自己的程度很可能超过原来的打算；值得注意的是，有些培训者可能不适合指导容易引起感情冲突的课程；对于敏感性训练的结果是否切合实际工作情况，仍然存在着疑问。

为了提高敏感性训练的效果，避免其不足，必须坚持下面的准则：①自愿参加 T 小组。

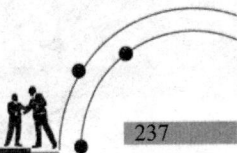

②筛选受训者。避免让那些受不了批评、敏感易怒的人参加这种培训。③慎重地评选培训者，而且要确认他们具备必要的能力。④在培训之前，应该对有可能受训的人介绍培训的目的和方法。⑤应该在敏感性训练之前确定培训的要求和目标，并在此基础上使用一些更为传统的方法。

T 小组训练实施时要注意以下 5 个细节：①培训讲师最好是心理学专家。②学员人数以10～15 名最佳，不宜太多。③培训地点最好是实验室或远离企业的地方。④在培训过程中，受训者没有任何任务负担。⑤交谈、沟通的前提是相互坦诚，沟通的内容只限于受训者受训时发生的事。

5. 特别任务法

特别任务法是指企业通过为员工分派特别任务对其进行培训，包括委员会或初级董事会、行动学习。

（1）委员会或初级董事会，是为有发展前途的中层管理人员提供分析全公司范围问题经验的培训方法。一般"初级董事会"由 10～12 名受训者组成，受训者来自各个部门，他们针对高层次的管理问题，如组织结构、经营管理人员的报酬，以及部门间的冲突提出建议，将这些建议提交给正式的董事会，通过这种方法为这些管理人员提供分析高层次问题以及制订决策的经验。

（2）行动学习，是让受训者将全部时间用于分析、解决其他部门而非本部门问题的一种课题研究法。4～5 名受训者组成一个小组，定期开会，就研究进展和结果进行讨论。这种方法为受训者提供了解决实际问题的真实经验，可提高他们分析、解决问题以及制订计划的能力。

企业管理人员的培训方法与模式还有很多，如无领导小组讨论、产学互联培训模式、企业自己办大学模式、互联网培训模式、文件事务处理法等。总之，管理人员的培训要以时间、条件、地点、员工特点为参考，以提高培训效益为目的。

阅读资料

如何帮助管理者进步

常规的培训设计一般是根据管理人员承担的职责以及所需要的素质和能力来策划的，下面这段材料则给出了另外一种思路。

根据管理人员平时工作的表现以及发展潜质，可分为 4 类：第一类是老黄牛型的管理人员，他们工作兢兢业业，但是胸无大志，大多数管理人员（75%）都属于这一类；第二类是明星型管理者，他们工作成就显著，具有巨大的发展潜力；第三类是问题型管理者，虽然暂时工作成绩不佳，但有很大潜力；第四类是老化型管理者，他们目前的工作成绩不佳，而且没有发展潜力。

我们可根据每类管理人员的特点制定具体的培训对策。对于老黄牛型的管理人员，应引导他们改善目前绩效，但对他们的升迁愿望不予鼓励。但是，有些老黄牛型管理人员后来居上，应考虑这种可能性，制订相应和有效的培训和发展计划。对于明星型管理人员，应给他们时间，以积累经验，开发他们的潜能。对于问题型管理人员，培训应集中在纠正行为问题方面。老化型管理人员业绩不佳又无潜力可挖，在满足他们尊重需要的基础上，减少对他们的培训开发的投入，以集中力量搞好明星型管理者和问题型管理者的培训与开发。

（资料来源：胡霞. 2008. 管理人员发展培训[J]. 中小企业管理与科技（上旬刊），6.）

五、管理人员培训效果评估

管理人员培训效果评估除了采用在本书第七章介绍的知识和方法外，还可以采用360度领导行为反馈评估法，这是广泛用于管理人员潜力评价的一种办法，也是选拔和培训未来领导者的依据和数据来源。由与被评估者有密切关系的上级、下级和同级分别匿名评价，同时自己也进行评价。它改变了以往对被评估者的不全面看法，能够得出被评估者对自己的看法和别人对他的看法的区别，从而更有效地让被评估者了解自身的情况，并且评估被评估者在企业中的作用和地位以及选拔出领导力开发的合适人选。它可以分为准备阶段、实施阶段和统计报告阶段。

（一）准备阶段

准备工作相当重要，其影响着评估过程的顺利进行和评估结果的有效性。准备阶段的主要目的是使所有相关人员建立对该评估的信任。同时，为实施评估准备好一切。在这个阶段主要的准备包括准备评估问卷和组建评估队伍两个环节。

1. 准备评估问卷

一般来说，企业依据自身的领导素质模型，设计其360度反馈评价问卷。问卷的形式分为两种：①行为评价表，让评估人选择相应的分值；②让评估人写出自己的评价意见。二者也可以综合采用。目前，常见的360度反馈评价问卷都采用行为等级量表的形式。对于领导力问卷设计首先要确定各种等级标准，一般可分为"卓越"、"优秀"、"良好"、"需改进"、"不足"5个等级。表9-8是史克必成公司的领导力评估问卷，供读者参考借鉴。

表9-8 史克必成公司的领导力评估问卷

被评估人姓名：						
你与被评估人的关系：（　　）						
A——被评估人自己　B——被评估人的直接上级　　C——被评估人的同级　　D——被评估人的下属						
请使用如下评分标准来评估下列行为描述与被评估人的行为符合程度，请在相应的表格内划√。						
R（remarkable）——卓越；O（outstanding）——优秀；G（good）——良好； I（improvement）——需要改进；S（shortcoming）——不足						
胜任特征	行为表现	R	O	G	I	S
创新	战略性思考					
	创新					
	支持变革					
绩效	制订计划					
	有效实施					
	有效影响他人					
	以结果为导向					

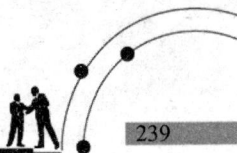

续表

客户	改进系统和流程					
	质量第一					
	关注客户的需求					
以人为本	激发士气、鼓励合作					
	奖励并庆祝成功					
	吸引并开发人才					
	建立良好关系					
正直	勇于领导					
	鼓励公开的沟通					
	行为正直					
具有个人效能	作出合理的判断					
	传递信息					
	培养自己的适应能力					
	了解组织和业务					

注：按代码填写。R——卓越：明显超过了成功特征的全面要求，工作业绩相当突出；O——优秀：介于卓越与良好之间，经常达到公司高绩效要求，很少出错；G——良好：能够达到成功特征的基本要求，能够达到公司一般业绩要求；I——需要改进：在岗位上充分发挥能力，但是在成功特征方面还有待改进，没有达到公司的业绩标准；S——不足：远远低于公司的要求。

2. 组建 360 度评估队伍

评估队伍的作用是对整个评估过程进行把关，使得评估顺利进行，以确保评估做到真实可靠，客观公正。因此，在组建评估队伍时，评估者的选择尤为重要。一方面，评估者的选择要考虑到评估者在公司的地位和威信，那些在公司中不诚信的人员不可担当这个重任；另一方面，评估者要熟练使用评估技术，为避免评估结果受到评估者主观因素的影响，企业在执行 360 度评估反馈方法时需要对评估者进行培训，使他们熟悉并能正确使用该技术。此外，还要注意评估的要点征得受评者的同意，避免受评者的不认可而对评估结果产生怀疑。

（二）实施阶段

实施阶段，即利用 360 度全方位反馈这一方法对领导者进行评估。具体实施评估过程包括以下步骤。

1. 评估启动会

为了保证评估能有效展开，大家都能积极投入，在评估实施前，举行启动会是很有必要的，主要有助于解决以下 3 个问题。

消除防范。特别是对于受评者。一提到评估，受评者就容易产生担忧心理，评估结果若是不好对自己的利益会有什么样的损害？因此他们有防范的心态，这会影响到评估的准确性。在启动会上要强调评估是为了让大家更好地了解自己和便于公司制订针对性的发展计划。

建立坦诚。领导力潜能评估的关键在于数据的准确性，但是在一些政府机构或者国企，还存在着大锅饭思想，大家都不愿得罪人，因此给的分不是最高分，就都是中间值，这样的分数就失去了意义，判断不了真实情况。要倡导大家客观回答问卷上的问题，这样的数据才有效。

技术支持。360 度评估是一项有一定技术含量的评估，评估的流程、评估队伍的组成、评估中要注意的问题、问卷的填写方法、分值的意义以及问卷提交方法等。在回收问卷时要注意做好问卷的保密工作。有的企业采取网上填写问卷的方式，在问卷正式投放进入实施评估之前一定要先进行测试，确保问卷在网上能够顺利填写和提交，并要设计出针对网上提交问卷可能遇到的情况的解决方案，为实施阶段的工作做好充分的准备。

2. 问卷填写与回收

采取匿名方式评估。除了上级对下级的评估无法实现保密之外，其他几种类型的评估最好是采取匿名的方式，必须严格维护填表人的匿名权以及对评估结果报告的保密性。大量研究表明，在匿名评估的方式下，人们往往愿意提供更为真实的信息。另外，评估人员要各司其职，做好问卷的发放和回收。如果是现场评估，评估者要现场回答受评者在评估中遇到的问题，若是网上评估也要安排好人员利用网络来解答问题。

（三）统计报告阶段

实行 360 度反馈评估法的最终统计分析报告，是为了给领导力开发甄别人选，为内容设计提供依据，并反馈给受评者，让受评者更加全面地了解自己的长处和短处，更清楚地认识到公司和上级对自己的期望及目前存在的差距。对实施过程中个人、上级、同事、下属以及其他人员的评价原始资料，进行分析和统计，特别是对于利用登记量表法进行的评估，可以建立各种比较图表。清晰直观的图表有助于受评者了解自己和其他人之间的差距，也能了解自己的能力在整个团队中的水平，充分反映出受评者的优缺点。

第二节 销售人员的培训与开发

在一家企业中，销售人员处于市场的最前端，他们说些什么、做些什么以及怎样说和怎样做，都对公司的形象和信用影响极大，这就决定了销售人员培训的重要性。如果没有经过培训和开发，准备不足就仓促上阵，会使一个很有潜力的销售人员夭折。

不合格的培训总是能导致频繁地更换销售人员，其费用远远超过了高质量培训过程所需要的费用。这种人员的频繁更换将会使公司的信誉蒙受损失，同时，也会使依靠这种销售人员提供服务和咨询的用户受到损害。

一、销售人员培训需求分析

（一）组织要求分析

1. 组织环境分析

组织环境分析主要是分析市场知识、合同知识、商业贸易条例、法律法规对销售人员培训需求的影响。

2. 客户分析

客户分析主要是分析客户的资料、定位和需求，以及客户服务方面的知识等对销售人员

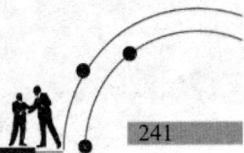

培训需求的影响。

3. 企业自身分析

企业自身分析主要包括企业情况、企业文化、组织结构、企业对客户所负的责任、产品与服务、销售渠道、业务策略等。

4. 竞争对手分析

竞争对手分析主要分析竞争对手的行业地位、产品及市场销售情况等对销售人员培训需求的影响。

（二）工作岗位分析

销售人员的主要岗位职责是市场开发、完成企业销售目标及回款、维护良好的客户关系、收集市场信息等。销售人员的这些职责决定了销售人员的培训应该从以下4个方面进行。

1. 岗位任职资格分析

通过对销售岗位从业人员的任职资格乃至胜任力的分析，了解销售人员在知识、技能、能力等方面的实际情况与销售岗位任职资格或者胜任力标准之间的差距，确定培训需求与目标。

2. 工作关系分析

分析销售岗位与其他岗位之间在纵向和横向上的分工与协作关系，从中了解销售人员轮岗、晋升的可能路径，从而确定培训需求与目标。

3. 工作任务和职责分析

通过对销售人员进行工作分析和职责分析，了解销售人员的工作表现或状态，找出二者之间的差距，确定培训需求和目标。

4. 销售的方法和技巧

掌握一定的销售方法和技巧是销售人员圆满地完成工作任务的必备条件和基本素质，不同的企业，经营不同的产品或服务，面向不同的客户，其销售方法和技巧是不同的。无论是对新员工还是对老员工，都有对销售方法和技巧学习的问题。分析在特定企业中、不同背景下行之有效的销售方法和技巧，再比照销售人员的工作表现或状态，找出二者之间的差距，确定培训需求与目标。

（三）个人分析

1. 知识掌握程度分析

（1）产品知识，主要包括本企业产品的性质、价位、特点、使用技巧及注意事项、市场同类产品状况等。

（2）专业知识，包括市场营销知识，消费心理学。

（3）其他相关知识。

2. 能力分析

（1）市场分析能力，包括对市场信息的敏感度、对市场前景的预测能力等。

（2）人际沟通能力，包括与客户的沟通能力、谈判能力、谈话技巧等。

（3）灵活应变能力，即销售人员根据环境的变化和状况的改变作出适时的调整。

（4）团队合作能力，包括与上级、同事、客户等相关人员的合作。

（5）承压能力，包括每月需完成一定销售定额的心理压力、客户拒绝的承受能力以及客户投诉的巧妙处理能力等。

3. 个人工作绩效分析

个人工作绩效分析主要指通过销售人员工作绩效考核的情况，分析销售人员目前的工作绩效与企业所期望的结果之间的差距，找出销售人员需要改进的地方。

二、销售人员培训内容（课程）设置

（一）明确销售人员培训的目标

销售人员培训的总目标是提高销售人员整体素质和销售技能，增加销售人员对企业的了解和信任，激发销售人员的潜能，提高销售人员的自信心，从而提高销售人员的业绩，进而提高企业的销售额和市场占有率，达成企业的市场目标，实现企业经营业绩。企业通过有计划、有针对性的培训，可以逐步提高销售人员的水平。

销售人员培训的基本目标包括以下几点：①挖掘销售人员的潜能；②掌握系统的销售理论和销售技巧；③增加销售人员的产品知识和行业知识；④增加销售人员的自信心，帮助他们树立积极心态；⑤提高销售人员的社交能力和沟通技巧；⑥增强销售人员目标管理和团队合作意识，培养其对企业的信任；⑦提高销售人员与顾客建立长久业务关系的意识和能力；⑧提高销售人员的综合素质，以增加销售量，提高利润水平。

（二）设置销售人员培训课程

销售人员所承受的工作压力比较大，所经受的拒绝和挫折也相对比较多。因此，对于销售人员除了要进行一般的营销理念、销售理论、销售策略、市场开发策略和销售技巧的培训之外，还需要对其进行提高心理素质、树立积极心态、自我减压等方面的培训。

1. 销售人员培训课程设置的3个层面

（1）知识培训，包括行业基础知识、商品知识、销售实务知识等。

（2）销售技巧培训，包括销售技巧、沟通技巧、专业服务技巧等。

（3）心态和心理素质的培训。

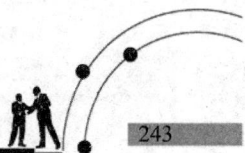

2. 销售人员培训项目和内容体系

销售人员必备素质培训的主要项目和内容见表9-9。

表9-9　销售人员素质培训的主要项目与培训内容

培训的项目	培训内容
基础知识培训	企业的历史、经营目标、经营方针，企业的经营者经历、创立者的品格、组织机构、财务状况、主要产品和销量、主要设施、主要高级职员，公司法规，营业场所和加工工厂所在地，经营项目，合同法、反不正当竞争法、产品质量法、价格法等相关法律知识，市场营销基础知识，社交礼仪知识，公共关系知识，谈判策略与技巧，票据结算知识
商品知识培训	本企业产品的生产过程、技术情况及产品的功能用途，有关商品的基本知识，如顾客所关心的商品特性，同其他同类商品相比的优点、原料、成分、设计、结构、造型与颜色、包装、价格、降价百分比
实务知识培训	订货单与交货单的签写法，付货单与收据的填写法，客户访问表的写法，日报和月报的写法；其他记录、报告书的写法和整理的方法；实地推销的工作程序和责任，如适当分配时间、合理支配费用、如何撰写报告、拟定有效的推销路线
销售沟通培训	目标顾客的不同类型及其购买动机、购买习惯和购买行为，竞争对手的策略和政策，各种推销术，公司专门为每种产品概括的推销要点及提供的推销说明、开拓的方法，准备访问的方法，接近用户的方法，应酬话的说法，规范性用语的说法，签约的方法，货款回收的方法，用户意见处理，售后服务，对零售点的指导等
态度培训	以思维方法为中心的态度，包括对公司方针和经营者的态度，对公司上司、老销售人员的态度，对顾客的态度，对工作的态度，服务意识与服务知识
自我管理培训	设定目标的方法，工作的计划方法，时间管理法，健康管理法，销售责任管理法，自我完善法

3. 不同层级销售人员的课程设置

（1）销售人员分级。企业的销售人员级别不同，他们的工作职责以及承担的工作任务就不同，对他们的能力要求也不同。所以在对各级销售人员进行培训时，销售培训的内容上会有很大的差异。按销售人员从事销售工作的经验可以分为销售新员工、有经验的销售员工、销售经理3个级别，其中销售经理又可以分为大客户经理和销售区域经理。他们在知识技能和价值观要求上存在着很大的区别（见表9-10）。

表9-10　不同级别销售人员的能力要求

级　别		知识技能要求	心态要求
新销售人员		·熟悉企业的产品和服务 ·收集和分析客户信息的能力 ·电话沟通技巧 ·客户拜访技巧	·熟悉企业文化 ·坚持自信 ·自我激励
有经验的销售人员		·熟悉企业产品和服务 ·熟练运用营销技巧 ·市场趋势分析 ·客户关系维护 ·大客户开拓	·熟悉企业文化 ·责任感和职业道德 ·进取精神 ·抗压和自我调节
销售经理	大客户经理	·客户管理 ·大客户营销 ·客户关系维护 ·深层次业务挖掘 ·人际关系	·客户导向 ·服务意识 ·职业道德 ·团队协作

续表

级 别		知 识 技 能 要 求	心 态 要 求
销售经理	区域销售经理	· 业务发展 · 激发和辅导下属 · 高绩效团队建设 · 尊重团队中的差异 · 凝聚力 · 推动力	· 建立共享的愿景 · 自我完善 · 客户导向 · 以团队业绩为成功标准

通过表 9-10 我们可以看出，销售人员培训内容主要可以从两个方面把握。一方面，从销售人员的知识技能方面讲，它主要体现在销售人员对产品的熟悉情况、对销售专业知识的把握、沟通谈判能力、销售技巧的掌握程度与熟练程度等方面，目前销售人员在知识技能上的欠缺主要是对产品了解不深和销售技能不足。这些通过培训都可以得到提升，同时，这也是个不断积累的过程，工作时间长了，销售人员有了丰富的经验，应对问题自然会得心应手。另一方面，从销售人员的心态来说，是指他们在工作中所体现出来的对周围的客观环境、事物的评价和看法，这是决定销售人员行为的心理基础。积极乐观的心态是销售人员面对各种压力和困难依然坚持下去的支柱。

（2）不同层级销售人员的 ASK 培训模型及课程设置。销售培训最典型的模型就是 ASK 模型。A（attitude）指态度，S（skill）指技巧，K（knowledge）指知识。从重要性来看，attitude 是成功的支点，在三者之中是最重要的。态度决定一切，有了积极的态度，销售人员就会主动学习知识，提高技能。

Attitude，思想决定行动。态度方面具体的课程包括公司成长史、公司文化和价值观、职业化精神、团队合作、客户服务意识、危机意识、问题改进意识、质量意识、成本意识、学习态度、自我激励、压力管理等。

Skill，基本销售技能主要包括销售前的准备技巧（了解推销区域、找出潜在客户、做好销售计划等）、销售礼仪、接近客户的技巧（电话拜访客户、直接拜访客户等）、开场白的技巧、询问与倾听的技巧、产品展示和说明的技巧、处理客户异议的技巧、成单的技巧、撰写建议书的技巧等。专业销售技巧包括人际沟通技巧、演讲技巧、谈判技巧、冲突管理等。更上一层的技巧包括渠道管理、大客户销售管理、区域销售管理、销售团队管理等。

Knowledge，公司产品及服务介绍、销售宣传资料的使用、电脑软硬件知识、设备使用知识、专业知识、竞争对手分析等。

① 新销售员工的 ASK 模型及课程设置。销售新员工一般是指没有从事过销售相关工作，刚踏入销售行业的员工，他们对企业不熟悉，营销知识和技能匮乏，对企业产品和服务不了解，为帮助他们建立做好销售工作的信心，给予他们一定的销售岗前培训是很有必要的。积极的心态训练是培训销售新员工的重点所在，培训的内容不仅要包括销售的基本知识和技巧、企业营销的产品和服务，还要将企业基本情况以及企业文化介绍给他们，销售新员工的培训基本课程设置见图 9-1。

② 有经验的销售员工的 ASK 培训模型及课程设置。有经验的销售人员，具体有两种情况：一种是在一定时期内，一直在企业从事销售工作的人员；另一种则是企业通过招聘接纳的有销售经验的员工。对于这两类员工，他们都有从事销售工作的经验，对于销售知识以及

销售技巧的运用已经有了一定的积累，因此在这个级别上，使他们具备适应新职责的能力是培训的主要内容，如大客户的开发。招聘过来的员工虽然有从业经验，但是他们对于企业的情况并不了解，尤其是产品知识。有的企业将他们安排在新员工培训中学习产品知识，有的企业则是在这个阶段开设产品的相关课程，企业可视具体情况而定。一般来说，在这个级别的课程设置主要包括以下几类（见图9-2）。

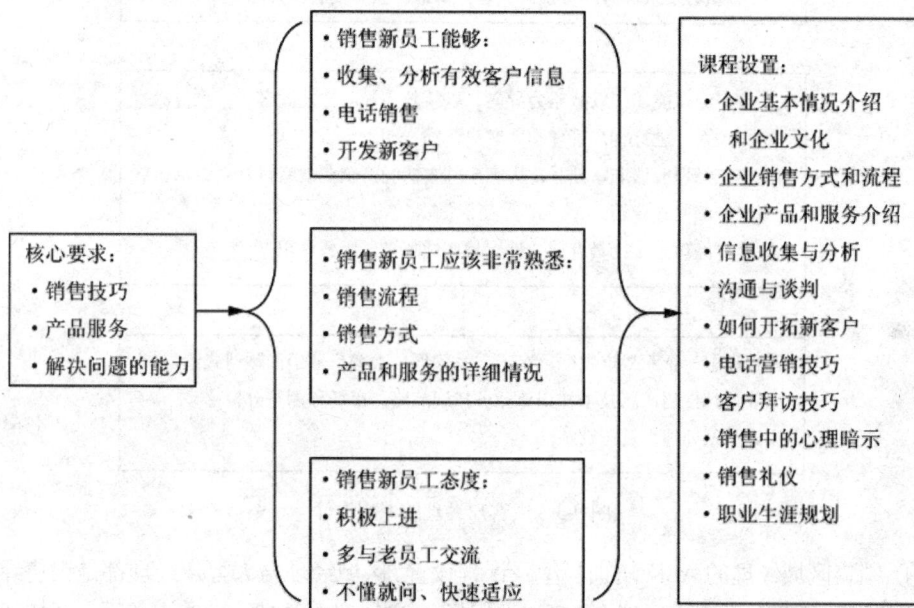

图9-1 销售新员工课程设计

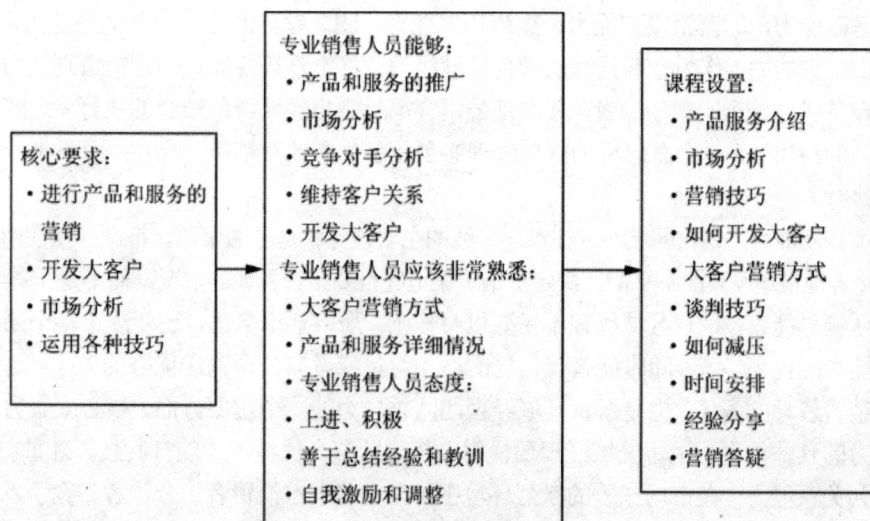

图9-2 有经验的销售人员培训课程设计

③ 大客户经理的 ASK 培训模型及课程设置。客户是企业赖以生存的重要资源，而企业销售大客户经理的职责主要是管理重要客户、开发大客户和开拓更广市场，他们不带领团队

和下属。这个级别的人员，需要具备深厚的知识技能功底，业绩要达到企业的较高标准，而且一般都需要具备 5 年以上的销售工作经验。对于大客户经理的培训课程设置应当时刻围绕着如何才能与大客户经理维护好客户关系，挖掘出更多的潜在需求，为企业开拓更广阔的市场这个主题，帮助他们实现客户经理的目标。大客户经理的课程设计见图 9-3。

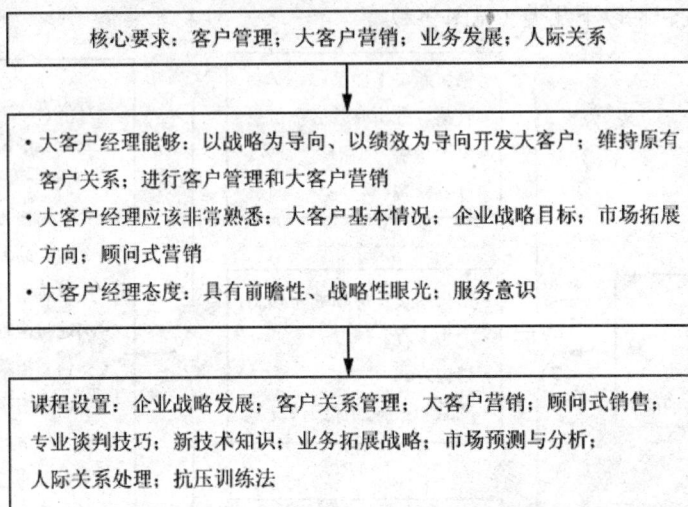

核心要求：客户管理；大客户营销；业务发展；人际关系

· 大客户经理能够：以战略为导向、以绩效为导向开发大客户；维持原有
客户关系；进行客户管理和大客户营销
· 大客户经理应该非常熟悉：大客户基本情况；企业战略目标；市场拓展
方向；顾问式营销
· 大客户经理态度：具有前瞻性、战略性眼光；服务意识

课程设置：企业战略发展；客户关系管理；大客户营销；顾问式销售；
专业谈判技巧；新技术知识；业务拓展战略；市场预测与分析；
人际关系处理；抗压训练法

图 9-3　大客户经理的课程设计

④ 销售区域经理的 ASK 培训模型及课程设置。区域经理与大客户经理都是销售经理级别，但是区域经理与大客户经理存在很大差别，客户经理主要是管理客户关系，开拓新的大客户，而区域经理则侧重于打造销售团队，管理团队成员。一个优秀的区域销售经理必须具备四大基础能力，即营销策划能力、渠道拓展能力、团队领导能力、公共关系能力。

营销策划能力：作为一名优秀的销售区域经理，首先要具备优秀的营销策划能力。销售区域经理首先是一个宏观构想者，其次是公司营销战略与区域特色结合的执行者，同时又是公司决策的前哨站。一个有思维的区域经理必须具备优秀的营销策划品质，而不是一个简单的销售执行者。

渠道拓展能力：销售区域经理在市场一线的主要任务就是疏通渠道，把产品摆在消费者面前。由于各地市场发育的不平衡，决定了销售渠道建设要结合各地的情况，而不是千篇一律。

团队领导能力：销售区域经理不仅要以身作则，严格要求自己，还要注意整个团队素质与执行能力的提高。培养随时能替代自己的后备力量或者向公司输送优秀的人才，这是优秀的区域销售管理的责任，也是考量区域经理团队领导力的一个重要方面。核心凝聚力是团队领导能力的具体体现，销售区域经理要懂得发挥团队整合优势，才能打胜仗，才敢打硬仗。

公共关系能力：在市场竞争的激烈环境中，存在着来自消费者、合作者、竞争者、当地政府主管机构等不同的需求与矛盾，销售区域经理在公共关系的事务中要处理这些不同的矛盾与危机。许多公司的公共危机源于区域销售经理的处理不当，这有可能引发公司的全面危机，甚至发生品牌灾难性事故。

基于销售区域经理的四大基础能力要求，对区域经理进行培训的课程设置见图 9-4。

| 核心要求 | ➡ | 营销策划能力；渠道拓展能力；团队领导能力；公共关系能力 |

| 主要行动 | ➡ | • 区域经理能够：建立高绩效团队；正确评估和辅导下属；业绩管理
• 区域经理应当熟悉：下属基本情况；团队目标
• 区域经理态度：具有领导思想；尊重群体差异；善于与下属分享 |

| 课程设置 | ➡ | 高绩效营销团队建设；激励艺术；沟通与谈判；领导艺术；培养下属的方法；营销人才评估与甄别；公共关系管理；非人力资源经理的人类资源管理 |

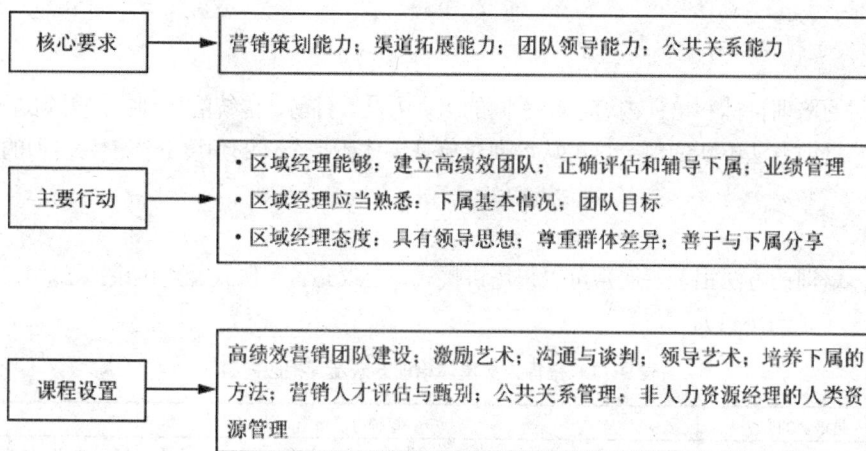

图 9-4 营销区域经理的课程设计

在培训的课程设计方面，我们详细介绍了4种类型的销售人员的培训课程设置，但是我们应该看到不同级别之间有些能力要求和课程设计题目是一样的，但是不同层次的人员在内容的深度与广度上是有所不同的。

三、销售人员培训实施

（一）选择合适的培训时间

如果发生以下几种情况，企业就应考虑进行销售人员培训：①有大批销售人员新加入企业时；②销售人员业务整体下滑时；③新产品上市时；④市场竞争激烈时；⑤销售人员升职时。

（二）选择合适的培训地点

销售人员培训地点的选择要保证销售人员的培训实施过程不会被中断或受到干扰。根据培训方式的不同，培训地点也会有所不同。

（1）拓展性训练多在室外或者专门的拓展训练基地。

（2）理论性或者知识性培训多选在室内，一般在公司的会议室或酒店进行。

（3）比较重要的中高层销售培训多选在郊区的酒店、度假村或者异地，以最大限度减少干扰。

（三）选择合适的培训师

选择销售人员的培训师时，培训师的资历和经验是首要考虑的因素。一般由学有专长、具有丰富销售经验的专家学者或由实践经验丰富的销售骨干、销售经理担当。

销售培训对培训师的实战经验要求比较高，一个没有从事过销售的培训师只能讲述一些理论或者心态方面的知识；而销售实践和技巧类的课程一定要聘请那些销售一线的骨干或具有丰富销售经验的人来讲授。

（四）选择恰当的培训方法

不同的培训目标和培训内容决定不同的培训方法。目前，传统的培训方法得到进一步完善，新的培训方法不断涌现。这里从培训对象是集体还是个体的角度介绍销售培训的方法。

1. 集体培训

集体培训的方法很多，通常可以采用讲授式、会议式、案例式、角色模拟法、短剧示范法等方法（见表9-11）。

表9-11　销售人员集体培训方法及其相应内容

销售人员培训的方法	培训方法所指向的内容
讲授式	把一批销售人员集中起来，以讲授的方式来说明。在讲授的时候可以利用图表、幻灯片以及其他教具
会议式	采用各种会议，解决特定的销售问题，或强化某种信息，或达成某个共识，这是一种重要的销售培训方法
案例式	主持者出示案例以说明销售人员的态度和行为，与会者分析研究每个案例，给出解决方案，以此来提高处理实际问题的能力和信心
角色模拟法	为参加者设定一个用户同销售人员进行洽谈的场景，然后指定个人的角色进行实际演练
短剧示范法	为防止培训方式有所变化，从而限定用户与销售人员交涉的场景，并由主持人及其助手进行示范性演练，销售人员在旁边观察从而得到启示
情景模拟	模仿多种业务情景，让受训人员在一定时间内作出决定，观察受训人员面对新情况的适应能力
参观学习	现场体验式的学习，销售人员观察、体会产品生产过程，有利于应对客户的拒绝和投诉
现场辅导	新进销售人员接受课堂培训后，由经验丰富的销售人员辅导，在工作岗位上练兵，有利于受训人员较快地熟悉业务
E-Learning	E-Learning 培训是销售人员了解企业、产品、销售渠道的有效工具，时间、地点选择灵活，有利于培训效果的跟踪和反馈

2. 单人培训

单人培训方法主要有单人指导法和同行现场指导法。单人指导是指同各个销售人员经常直接见面商谈工作事宜，解答各种质询。同行现场指导是一种销售人员同销售管理者与老销售员一道访问用户的方法，可以由被培训者充分地观察销售管理者及老销售员同客户接触的要点，然后对全过程进行回忆总结；或者由被培训者去同客户接触，然后由销售管理者指出其不足。

3. 会议法

会议法在销售培训中非常重要，以下是特定目标下常用的几种销售培训的会议方法。

（1）感化会议。目的是把特定的人造就成献身于销售的人。可以由销售管理者自己来承担感化任务，也可以由担当重要职务的人来主持。销售需要技巧，更需要热情，因此此项会议为许多销售型公司广泛而频繁地使用。如安利等直销公司定期的成功训练会即属此类。

（2）质疑会议。可以用此方法来检验销售人员的知识，发现并纠正其不足。首先把要质疑的问题逐条清楚地写在纸上，随机地选出单个销售员来一个一个地回答这些问题。然后，通过相互提问和辩解，逐个澄清问题。对于由销售人员提出的共同性问题，可以由销售管理

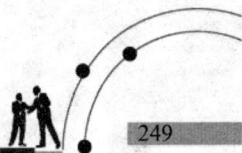

者或其他相关的具有说服能力的人给出解答。

（3）讨论会议。可以结合相关的中心议题进行讨论，如就有关的广告、促销、竞争、价格升降、销售区域分工、销售任务分配及新策略等特定问题进行讨论。提高这种会议效果的办法有很多，可以让那些同讨论的问题相关的部门或分支机构派来的人入席，然后，由其他人向他们提出问题，从中选出对问题作出最好回答的人。将会议时间分成几段，分别就各个问题在全员中进行讨论，要尽量让全体与会者都发言。

（4）产品会议。通过会议介绍特定的产品，如新产品，可以让技术专家对产品特性进行介绍，听取销售管理者与其他经营者就新产品所作的说明，然后再由销售人员中进行讨论，使销售人员对所讨论的产品有更深的理解。这种会议还能使销售管理者等经营干部从销售人员的发言中发现产品在各方面的问题。为激励销售人员参与的积极性，可以给予某种荣誉或报酬，例如，对他们在会议上的积极表现予以适当的奖励，如表扬、象征性的红包等。

（五）制定培训实施方案

培训实施计划表是培训实施的一个行动指南，主要包括具体培训时间的安排、培训内容、培训师以及培训方法等。在培训期间，还可以穿插现场演示部分，如一分钟自我介绍、新产品一分钟介绍、老客户回访、处理客户投诉和客户退货等，以提高销售人员的实际销售技巧。

（六）培训的实施与监控

销售人员培训，除了做好上述准备工作外，还需要准备一些其他事项，包括培训辅助设备的准备、培训经费的预算、发布培训通知等相关事宜。在对销售人员的培训实施过程中，除了按照计划表中的时间、地点等开展具体的培训工作外，还要注意对整个培训过程的监控，并做好相应的培训记录，以便培训后对培训工作进行评估。

案例启迪

IBM 销售人员的培训组织

IBM 公司决不让一名未经培训或者未经全面培训的人到销售第一线去。该公司用于培训的资金充足，计划严密，结构合理。一到培训结束，学员就可以有足够的技能，满怀信心地同用户打交道。IBM 公司成功的培训（当然还包括招聘的作用），使该公司更换的第一线销售人员低于 3%，从另一个角度降低了因频繁的销售人员流动导致的各种损失。

IBM 公司的销售人员要接受为期 12 个月的初步培训，主要采用现场实习和课堂讲授相结合的教学方法。其中，75%的时间是在各地分公司中度过的，25%的时间在公司的教育中心学习。

分公司负责培训工作的中层干部将检查该公司学员的教学大纲，这个大纲包括从公司中学员的素养、价值观念、信念原则到整个生产过程中的基本知识等方面的内容。学员利用一定时间与市场营销人员一起访问用户，从实际工作中得到体会。此外，还经常让新学员在分公司的会议上，在经验丰富的市场营销代表面前，进行成果演习。有时，有些批评可能十分尖锐，但学员却因此增强了信心，并赢得同事的尊敬。

该公司从来不会派一名不合格的代表会见用户，也不会送一名不合格的学员去接受培训。

销售培训的第一期课程包括 IBM 公司经营方针的很多内容，如销售政策、市场营销实践、计算机概念以及 IBM 公司的产品介绍。第二期课程主要是学习如何销售。在课程上，该公司的学员要了解公司的后勤系统以及怎样应用这个系统，研究竞争和发展一般业务的技能。学员在逐渐成为一个合格的销售代表或系统工程师的过程中，始终坚持理论联系实际的学习方法。学员到分公司可以看到他们在课堂上学到的知识的实际部分。

经过一段时间的学习之后，考试便要增加主观因素，学员还要进行销售学习，这是一项具有很高的价值和收益的活动。一个用户判断一个销售人员的能力时，只能从他如何表达自己的知识来鉴别其能力的高低，商业界就是一个自我表现的世界，销售人员必须做好准备去适应这个世界。

有时，学员对培训课程的某些方面感到不满，遇到这类情况，公司就会告诉他们："去学校上学，你们每年大约要付 15 000 美元的学费。所以，应当让我们决定什么是最好的，这就是经济规律。同时，这也是你们学习经营的第一件事。"一般情况下，每天面对长达 14～15 小时的紧张学习，在长时间的激烈竞争中迅速成长。

IBM 公司市场营销培训的一个基本组成部分是模拟销售角色。在公司第一年的全部培训课程中，没有一天不涉及这个问题，并始终强调要保证学习或介绍的客观性，包括为什么要到某处推销和希望达到的目的。同时，对产品的特点、性能以及可能带来的效益要进行清楚的说明和学习。学员要学习问和听的技巧，以及如何达到目标和寻求定货等。假如用户认为产品的价钱太高的话，就必须先确定这是否是一个有意义的项目，如果其他因素并不适合这个项目的话，单靠合理价格的建议并不能得到定货。

该公司采取的模拟销售角色的方法是，学员在课堂上扮演销售角色，教员扮演用户，向学员提出各种问题，以检查他们处理问题的能力。这种上课接近于一种测验，可以对每个学员的优点和缺点两方面进行评判。

另外，还在一些关键的领域内对学员进行评价和衡量，如联络技巧、介绍与学习技能，与用户的交流能力以及一般企业经营知识等。对于学员扮演的每一个销售角色和介绍产品的演习，教员都给出评判。

该公司为销售培训所发展的具有代表性、最复杂的技巧之一就是阿姆斯特朗案例练习，它集中考虑一种假设的，由饭店网络、海洋运输、零售批发、制造业和体育用品等部门组成的，具有复杂的国际间业务联系。通过这种练习可以对工程师、财务经理、市场营销人员、主要的经营管理人员、总部执行人员等形象进行详尽的分析，这种分析使个人的特点、工作态度，甚至决策能力等都能清楚地表现出来。

由教员扮演阿姆斯特朗案例人员，从而创造出了一个非常逼真的环境。在这个组织中，学员需要对各种人员完成一系列错综复杂的拜访。面对众多的问题，他们必须接触这个组织中几乎所有的人员，从普通接待人员到董事会成员。由于这种学习方法非常逼真，每个"演员"的"表演"都十分令人信服。所以，每一个参加者都能像 IBM 公司所期望的那样认真地对待这次学习机会。这种练习的机会就是组织一次向用户介绍发现的问题，提出该公司的解决方案和争取定货的模拟用户会议。

四、销售人员的培训评估

（一）销售人员培训评估的内容

1. 对培训讲师及课程的评价

对培训师及课程的评价即对讲师的培训技巧、教材的质量、培训课程设置是否合理、课程内容是否实用等项目进行评价。

2. 对培训组织工作的评价

对培训组织工作的评价主要是对培训组织工作者的工作情况进行评价，包括对培训需求的调查、培训场所的选择、培训时间的安排、培训食宿情况等内容进行评价。

3. 对受训人员培训效果的评估

对销售人员接受培训的效果评估主要包括以下 3 个方面的内容：①受训销售人员对培训知识的掌握程度；②受训销售人员的服务意识，其中，顾客投诉率是主要评估指标之一；③受训销售人员的业绩，即考核销售人员的月、季及年销售任务是否按时完成，与未培训前相比，其工作业绩有何变化。

（二）销售人员培训评估的方法

1. 测试法

对销售人员进行培训知识（如产品知识、行业知识）掌握程度的评估，最直接的方法就是考试。测试法就是由培训师或培训组织人员编制试题，在培训结束的时候或结束后一定的时间内对销售人员进行测试的一种方法。测试法的关键在于设计一份合理、能反映学员实际学习效果的问卷。

2. 观察法

对于销售技巧、态度的培训，培训实施部门可以运用观察法观察销售人员的工作，并做好相应的观察记录。表 9-12 是一份观察记录表的范本。

表 9-12　观察记录表

培训课程	销售技巧培训		培训日期	年　月　日
观察对象	销售人员接待客户的整个过程		观察记录员	
观察到的现象	培训前	（填写示范：客户快到时，才开始仓促准备合同和相关的业务资料		
		（填写示范：该销售人员未打领带，皮鞋上沾有灰尘）		
		（填写示范：没有在电梯口迎接客户，因为在准备合同）		
	培训后	（填写示范：准备好合同和相关的业务资料，等待客户的到来）		
		（事先与客户约好时间，当天精神抖擞地来上班）		
		（为客户收好雨伞，收好衣物）		
观察对象	销售人员接待客户的整个过程		观察记录员	

续表

培训课程	销售技巧培训	培训日期	年　月　日
观察结论	1.		
	2.		
其他特殊情况			

3. 问卷调查法

问卷调查法的测试范围较广，涉及培训课程、培训讲师、培训组织、培训方法等多个方面的内容（见表9-13）。

表9-13　问卷调查表

评 价 对 象	具体调查内容	1分	2分	3分	4分	5分
培训组织者	对此次培训计划的整体评价					
	本次培训的组织安排工作是否到位					
	您觉得本次培训的后期工作做得如何					
培训课程	课程内容是否清晰明确					
	您认为培训教材适合您吗					
	您觉得培训内容对您销售工作的指导性强					
	课堂气氛活跃程度					
	视觉辅助工具的运用是否合适					
	您认为受训人员参与程度如何					
	您认为在课程内容方面应有哪些改进					
培训方法	在此次培训过程中，您接触到了哪几种培训方法					
	培训方法的灵活性、活泼性程度					
培训讲师	仪表仪态					
	语言表达能力					
	肢体语言运用技巧					
	语调运用技巧					
	问题问答的准确性					
	授课技巧运用程度					

4. 成本–收益分析法

详细内容参见本书第七章有关"菲利普斯培训效果评估模型"的内容。

（1）销售人员培训成本：①直接费用，包括讲师酬劳、培训场地租金、培训器材费、教材费等一些培训支出。②间接费用，主要涉及培训组织人员、受训员工、领导支持所付出的时间成本。

（2）销售人员培训收益。销售人员培训收益可根据销售业绩提升的幅度、客户投诉率下降的比例等指标来衡量。

（3）计算投资收益率的公式为

$$投资收益率＝（培训净收益/培训成本）×100\%$$

实际上，因为培训所产生的无形收益是无法用数字来衡量的，所以培训真正的投资收益率一般来说比计算所得出的结果要高。

第三节　技术人员的培训与开发

一、技术人员培训需求分析

在对技术人员进行培训需求分析时，技术人员、技术主管、技术经理、技术总监、人力资源经理及外聘的咨询顾问等都应参与进来。

图9-5描述了技术人员培训需求分析的简单流程，为需求分析工作提供了较清晰的思路。

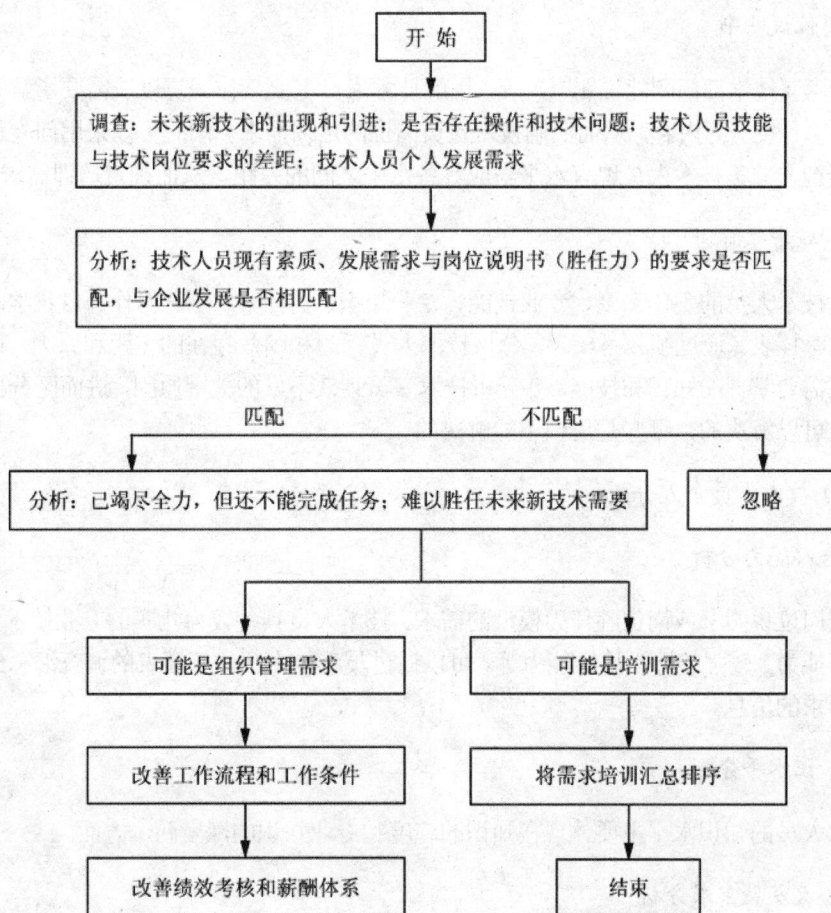

```
                    ┌──────────┐
                    │  开  始  │
                    └────┬─────┘
                         ↓
   ┌────────────────────────────────────────────────┐
   │ 调查：未来新技术的出现和引进；是否存在操作和技术 │
   │ 问题；技术人员技能与技术岗位要求的差距；技术人员 │
   │ 个人发展需求                                      │
   └────────────────────┬───────────────────────────┘
                         ↓
   ┌────────────────────────────────────────────────┐
   │ 分析：技术人员现有素质、发展需求与岗位说明书（胜 │
   │ 任力）的要求是否匹配，与企业发展是否相匹配       │
   └────────────────────┬───────────────────────────┘
                匹配 ──────────── 不匹配
                  ↓                      ↓
   ┌──────────────────────────────────┐  ┌────────┐
   │ 分析：已竭尽全力，但还不能完成任务；│  │ 忽略   │
   │ 难以胜任未来新技术需要             │  └────────┘
   └──────────────────────────────────┘
          ↓                    ↓
 ┌──────────────────┐  ┌──────────────────┐
 │ 可能是组织管理需求 │  │ 可能是培训需求    │
 └────────┬─────────┘  └────────┬─────────┘
          ↓                      ↓
 ┌──────────────────┐  ┌──────────────────┐
 │ 改善工作流程和工作条件 │ │ 将需求培训汇总排序 │
 └────────┬─────────┘  └────────┬─────────┘
          ↓                      ↓
 ┌──────────────────┐  ┌────────┐
 │ 改善绩效考核和薪酬体系 │ │ 结束   │
 └──────────────────┘  └────────┘
```

图9-5　技术人员培训需求分析的流程

（一）组织需求分析

1. 企业战略分析

根据企业的长远发展战略和年度发展重点，确定企业对技术人员素质的要求。对比技术人员现状与企业对技术人员的理想需求，找出技术人员的差距，从而提出技术人员培训需求的相关信息。

2. 企业资源分析

资源分析包括对企业人力、物力、财力等各种要素的分析，如企业所能提供的培训经费的多少、培训时间的长短等都会在一定程度上影响培训的效果。

（二）技术岗位分析

对技术岗位进行分析，至少可以通过两种渠道收集培训信息。

1. 岗位说明书

可参考《技术部门职能说明书》等，了解技术人员主要工作职责以及需要了解和掌握的知识、技术、技能等内容，从而明确技术人员岗位的培训需求。同时可以采用问卷调查的方式进行调查，分析技术人员现有水平与应具备水平之间的差距，从而确定培训需求。

2. 绩效考核资料

可就技术人员的工作态度、专业技能、专业知识、责任心、团队协作、自我学习等方面设计绩效考核表。通过绩效考核表，分析技术人员行为和绩效存在的差距和原因，讨论缩小这些差距需要掌握的知识和技能，并分析技术人员绩效不好的关键原因，进而区分出哪些问题是培训可以解决的，哪些是培训不能解决的。

（三）技术人员个人分析

1. 个人能力分析

根据岗位说明书或岗位胜任力模型的需求，技术人员具备较为扎实的专业技术知识、一定的创新能力、较强的分析思维能力等。可以通过员工能力评估等级表的调查汇总结果来确定培训需求的信息。

2. 知识水平分析

技术人员的知识水平主要体现在知识的广度和专业知识的深度两个方面。

3. 个人发展需求分析

技术人员个人发展需求的调查，除了可以查阅人力资源部相关资料记载外，还可以通过座谈法来获取部分信息。

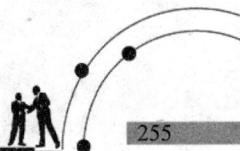

开座谈会之前，需要事先准备好座谈表，以便控制座谈进度和记录座谈内容，同时注意座谈会氛围的掌控。

二、技术人员培训课程设置

（一）明确技术人员培训目标

技术人员培训的总目标：①提高现有技术人员的技术水平和职业素质；②培养具有创造性的技术人才；③使企业在相应领域内达到一流的技术水平。

（二）设置技术人员培训课程

1. 技术人员培训课程设置的重点

（1）专业技术培训。技术人员的培训一般都是专业技术培训。

（2）现代管理培训。将现代管理知识作为重要内容列入技术人员的培训范围，是适应大力推广管理现代化的需要，主要围绕现代管理思想、组织、方法等内容。

（3）工作态度方面的培训。企业文化的培训、优秀职业操守的培训等都是端正技术人员工作态度的手段。

（4）团队合作精神与自我学习能力的培训。通过设置一定的培训课程和培训项目，努力提高技术人员的团队合作精神和自我学习能力。

2. 确定技术人员培训课程体系

按照上述要求，根据技术人员培训需求调查，技术人员培训课程设置的具体内容见表9-14。根据技术人员所处职位或岗位的不同，层级不同的技术人员培训内容的设置有所侧重。基层技术人员侧重于产品开发、设备操作与保养、新技术研究与学习、工程、工艺流程改善与管理、品质管理、质量管理、技术安全管理、生产安全管理、技术人员职业操守、操作规范等业务类、操作类、纯技术类的课程。中层技术人员在基层技术人员的基础上，增加了品牌建设、市场研究、产品研究与策略、团队管理方面的课程。与中层技术人员不同的是，高层技术人员减少了设备操作与保养的课程，其他课程则相同。

表9-14　技术人员培训课程内容一览表

课程内容	培训对象		
	高层	中层	基层
企业品牌形象建设	√	√	
市场需求研究	√	√	
竞争性产品研究与新产品策略	√	√	
产品开发	√	√	√
设备操作与保养		√	√
新技术研究与学习	√	√	√
工程、工艺流程改善与管理	√	√	√
品质管理		√	√
目标管理	√	√	

续表

课程内容	培训对象		
	高层	中层	基层
项目管理	√	√	
团队管理	√	√	
质量管理	√	√	√
技术安全管理	√	√	√
生产安全管理	√	√	√
技术人员职业操守、操作规范	√	√	√

三、技术人员培训实施

技术人员培训工作的组织和实施大体可以分为 4 个步骤：制订培训计划、发布培训通知、培训的实施以及培训的反馈与评估。

（一）制订培训计划

1. 培训经费预算

在确定技术人员培训经费时一般要考虑以下几方面的开支：技术设备使用费、培训设备租金和教学工具租金、培训场地租金、培训教材费、讲师劳务费、讲师交通费、讲师膳食费、教材费用、其他费用等。

2. 确定培训时间

人力资源部在确定技术人员培训时间时，需要考虑 3 个因素。

（1）新设备、新产品或新项目。在企业购买新设备或要研发新产品以及准备上新的项目时，需要对相应的技术人员进行培训。

（2）在新技术革新或者技术有重大突破时。当原有的技术有重大改进时，需要对技术人员进行相应的培训，以使技术人员能及时学习新的技术。

（3）技术标准发生变化时。当原有技术标准发生改变时，企业应组织相关的技术人员学习新的技术标准。

3. 确定培训地点

根据培训内容和培训方法的不同，培训地点的选择也不同。

（1）若采用普通授课、研讨、多媒体及录像教学，培训地点可以是企业内部培训教室，也可以是酒店、宾馆等外部培训场所。

（2）若采用现场工作指导，就要去工厂或技术研究室，此时需要事先进行一些准备工作。

（3）若采用认证培训的方式，则可以是外部专业的培训机构。

4. 确定培训对象

不同级别的技术人员应该参加不同的培训。企业应该有计划地培训不同级别的技术人员，为企业储备技术人才。所以，在开展不同级别的技术培训时，应有针对性地要求骨干技

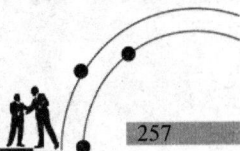

术人员参加，以求全面地提高骨干技术人员的技术水平。

5. 确定培训讲师

（1）根据培训课程的内容来选择。若是专业技术或新技术的培训，经验丰富的技术人员、技术总监、相关领域的技术专家是培训讲师的首要人选。

若是公共课和技术普及课程，人力资源经理、培训机构的专职培训师则是合适的人选。

（2）根据培训讲师的资历来选择。培训讲师的资历也很重要，拥有丰富的教学经验并熟练掌握一种或多种专业技术的讲师，是技术培训讲师的首选。一般来说，技术培训讲师都是在某个领域拥有一定技术经验的专家或教授。

6. 培训方法的选择

一般来说，技术人员常用的培训方法主要包括普通授课、工作指导、安全研讨、多媒体教学、认证培训等。

（二）发布培训通知

发布培训通知，一方面确保应接受培训的技术人员都得到该信息，并让他们明确培训的时间、地点及基本内容，以便事先做好准备。另一方面让受训人员提前交接好手头的工作，保证其从事的工作不影响企业整体经营的进行。

（三）培训的实施

1. 培训实施

在培训正式实施前需要制订一份计划表，以作为培训组织人员和培训讲师的行动指南。该计划表主要包括培训课程进度安排、培训地点的选择、培训工具的准备等内容。

2. 培训实施过程的控制

在培训实施的过程中，培训组织部门应做好以下3个方面的工作。

（1）协助培训讲师。培训组织部门应做好相关的保障性措施，如明确培训纪律，规范参加培训的技术人员在受训期间的行为，准备好培训工具，器材的维护与保管，协调受训学员与讲师的沟通等。

（2）培训记录。在培训进行过程中，企业对受训员工的培训表现应有所了解，因此，培训组织部门应对员工培训的相关情况进行记录，如员工培训考勤记录表、学习成绩记录等。企业培训考勤记录表的范本见表9-15。

表9-15　培训考勤记录表

培训课程：　　　　　　　　　培训讲师：　　　　　　　　　日期：

所属部门	受训员工姓名	签到时间	签退时间

续表

所属部门	受训员工姓名	签到时间	签退时间
出勤：＿＿＿人	应参加人数：＿＿＿	缺席：＿＿＿	出勤率：＿＿＿
迟到时间：＿＿＿　姓名：＿＿＿			
早退时间：＿＿＿　姓名：＿＿＿			
签字：＿＿＿		记录者：＿＿＿	
备注			

（3）其他。其他事项包括受训人员及讲师的食宿安排、突发事件的处理等。

（四）培训的评估与反馈

培训是人力资源开发的重要手段之一，其重要性是毋庸置疑的。但是培训实施的效果如何，培训过程中还有哪些需要改进和完善的地方等一系列问题，就涉及培训的评估工作。对培训效果进行评估，有助于了解培训实施过程中存在的问题及原因，通过及时反馈评估意见，一方面把培训的损失降到最低，另一方面有助于就改进完善培训工作达成共识，形成良性的培训质量机制。

四、技术人员培训效果评估

（一）确定技术人员培训评估内容

1. 对培训讲师及课程的评价

对培训讲师及课程的评价主要是对讲师的授课技巧、技术问题讲解是否清晰准确、教材的质量、培训课程设置是否合理等项目进行评价。

2. 对培训组织工作的调查

对培训组织工作的调查包括对培训需求的调查，对培训场所、培训时间、培训食宿等各项工作的安排是否满意与合理进行评价。

3. 对受训人员培训效果的评估

（1）受训技术人员的知识水平。主要评价技术人员对培训课程的掌握程度及技术水平提高的程度。

（2）受训技术人员的工作态度。对技术人员在培训后的工作激情、热情、态度等方面进行评估。

（3）受训技术人员的工作绩效。考核其月、季度及年度生产任务是否按时完成，技术水平是否比受训前有所提高，在产品创新和技术创新方面是否取得预期的进展，产品品质和质量变化是否实现预期目标以及本企业产品市场竞争力如何。

（二）选择技术人员培训评估方法

1. 测试法

测试法主要是对受训学员就培训知识掌握状况进行评估的一种方法。

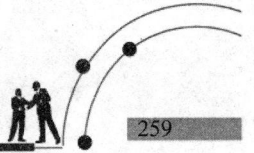

2. 观察法

对于生产流程和操作规范之类的培训效果评估，可以采取观察的方式进行。观察记录表的内容与样式见表9-16。

表9-16　培训效果观察记录表

培训课程	生产流程与操作规范培训		培训日期	年　月　日	
观察对象	受训技术人员回到岗位后的全部工作过程				
项目	具体内容				
观察到的对象	培训前		1.		
			2.		
			3.		
	培训后		1.		
			2.		
			3.		
结论	1.				
	2.				
其他特殊情况					

3. 问卷调查法

表9-17是一份内容比较全面的问卷，评估人员可以根据需要选择其中的部分内容来制作问卷。

表9-17　技术人员培训效果调查表

调查对象	具体调查内容	1分	2分	3分	4分	5分
培训组织	1. 您对此次技术培训的总体评价是什么					
	2. 您觉得本次技术培训的总体效果如何					
	3. 本次技术培训的组织安排工作是否到位					
培训课程	4. 课程内容是否合理					
	5. 您认为培训教材的技术含量如何					
	6. 您觉得培训内容能否解决您在工作中的技术难题					
	7. 您觉得这种边生产边操作的培训方式是否可行					
	8. 您觉得受训人员参与程度如何					
	9. 您认为在技术方面还应组织哪些方面的培训					
培训讲师	10. 讲师的专业性及经验					
	11. 讲师的技术水平					
	12. 讲师的语言运用技巧					
	13. 讲师授课的重点是否突出					
	14. 讲师的实际操作水平					
	15. 讲师对于问题回答的准确性					
	16. 讲师讲授内容的实用性					

4. 成本-收益分析法

技术人员的培训成本包括直接成本（如培训器材费、培训场地租金、培训资料费、培训讲师劳务费、杂费等）和间接成本（如培训组织人员、参训技术人员、相关领导所付出的时间），技术人员的培训收益可根据生产效率提高的幅度、次品率下降的幅度来衡量对技术人员培训的收益。最后再根据投资收益率的公式核算技术人员的培训投资收益率。

（三）撰写技术人员培训评估报告

与其他职务上的员工培训效果相比，在一些情况下，技术人员的培训，如研发人员的培训，所取得的效果不能够立刻显现，因为技术的改进需要一个过程，新技术的运用也需要有一个周期。因此，技术人员培训效果一般都要在下一个季度或者半年才能显现出来，所以，对技术人员培训效果的评估也是一个不断持续的过程。

第四节　外派人员的培训与开发

一、外派培训的特点

相对于在职培训而言，脱岗培训和外派培训统属于离岗培训。离岗培训是指企业为了更好地发展和满足员工个人的发展需求，允许在职员工离开工作岗位去接受培训。脱岗培训与外派培训二者之间也有区别，见表9-18。

表9-18　脱岗培训与外派培训的比较

具体项目	离岗培训	
	脱岗培训	外派培训
培训生产方式	需求调查、企业统一决策	个人申请或由部门推荐
参训员工	人数较多，多为业务骨干或有特殊培训需求的人，范围较小，如销售人员	多为中层管理以上人员或重点技术人员，范围更小
培训内容	专业技术、工作知识、技能、态度，范围较广	知识、技能、业务拓展方面的培训
培训时间	时间可长可短，对正常工作有一定程度的影响	时间可长可短，对正常工作有一定程度的影响
培训地点	不在工作现场	不在工作现场
培训讲师	专业培训讲师	专业培训讲师或专业机构
培训费用	耗费较多的培训经费和资源	
培训效果的转化	不能立即运用或产生效果，只有回到工作岗位上才能产生效果	不能立即产生效果，且培训过程很难监控，存在较大的培训风险

注：若外派培训的具体形式是海外考察和海外留学，则其培训内容还应包括语言、环境适应性、异国文化及风俗礼仪等方面的培训。

脱岗培训、外派培训的具体分类见表9-19（表中的分类标准以最能体现二者区别的项目为主）。

表9-19　离岗培训具体分类

分类标准	按培训内容	按培训对象	按培训形式
脱岗培训	1. 专业技术和工作知识培训 2. 工作技能培训 3. 工作态度培训 4. 行为模式培训 ……	1. 新员工培训 2. 基层员工培训 3. 管理层培训 4. 技术人员培训 5. 销售人员培训 ……	1. 室内培训 2. 户外培训

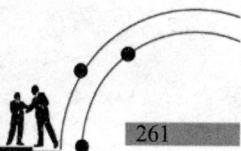

续表

分类标准	按培训产生方式	按培训时间	按培训结果
外派培训	1. 个人申请培训 2. 企业或部门推荐培训	1. 外派短期培训 2. 外派长期进修 3. 国外留学 4. 外派实习考察	1. 认证培训 2. 更新知识、掌握技能培训

二、外派培训需求分析

人力资源部在接到员工参加外派培训的申请或推荐后，首先应着手分析此类培训的需求。

相对在职培训，脱岗与外派培训所需的时间较长，所花的费用和资源也较多，所以其需求分析应当更慎重、更科学。

（一）外派培训需求分析要点

1. 组织要求分析

首先，分析本年度关键绩效领域发生的重大不良事件，挖掘企业经营管理方面存在的不足，从流程、制度、能力3个方面分析事件发生的原因，确定解决途径，从而确定是否采取外派培训。

其次，分析企业经营战略对人员素质的要求。企业经营战略决定了外派培训的方向和具体内容。若企业有开拓国家市场的战略规划，则需要派出高级管理人员学习国际经营理念、管理方法；若企业有引进国外先进技术的计划，则需要派出高级技术人员考察技术的应用情况。

2. 职位要求分析

根据《岗位说明书》及工作规范，或者胜任力模型，分析受训人员所在岗位的工作职责及标准、职务内容、所需资格和能力要求等。职位要求分析可以采用问卷调查的形式展开，具体内容见表9-20。

表9-20　外派受训人员职位要求分析表

姓名		隶属部门		所在岗位			
职务		直属上级		填表日期		年　月　日	
主要工作职责描述	1.						
	2.						
	3.						
教育背景	时间		学校名称		专业		学历
工作经验	时间		任职企业名称			职位描述	
工作技能	1.						
	2.						

续表

	主要任务	关键性问题	任务完成情况	应达到的工作标准
工作目标分析				
绩效考核标准	1. 关键绩效考核指标达成情况			
	（1）			
	（2）			
	2. 其他考核内容及要求			
	（1）			
	（2）			

3. 个人发展要求分析

个人发展要求分析主要包括以下两个方面的内容：①员工目前的能力水平。主要分析拟受训人员目前的能力水平与岗位要求、企业发展要求是否相符。②员工职业发展规划。主要是分析并找出拟受训人员的个人职业生涯与企业发展规划的有效结合点。可以采用访谈的方式收集信息，其形式主要有一对一和一对多两种。一对一进行，即培训相关负责人单独与拟离岗受训者面谈，了解拟离岗受训者的态度和要求；一对多进行，既培训相关负责人把离岗受训者、领导以及相关的人员召集到一起，形成一个小型座谈会的形式。这种形式一方面有利于离岗受训者与领导进行沟通，另一方面也有利于增加领导对培训工作的认可度。

在举行访谈或座谈会的形式之前，把调查进行过程中可能涉及的问题和项目制成访谈提纲，以便更好地控制访谈或座谈进度，提高效率和质量。

（二）撰写外派培训需求分析报告

以上述调查的信息和分析的结果为基础，参考人力资源部绩效考核标准、历史培训等方面的记录，确定此类培训的需求和目标，并将其形成书面的《外派培训需求分析报告》，呈递给企业高层领导决策。

三、外派培训的前期准备

外派培训的准备工作包括确定外派培训的目标、审核外派培训申请或推荐表、甄选外派培训候选人、确定培训内容、联系培训机构、筛选培训讲师、选择培训方法等。

（一）确定外派培训的目标

根据培训计划、员工个人发展需求及企业的实际需要，将有发展空间的管理人员、业务精英、技术骨干外派，培训其在异地文化环境下的适应能力，使其将来到海外子公司或分支机构任职时，能成功帮助企业实现海外发展战略，降低其将来海外任职的失败风险。

（二）外派培训的申请与推荐

1. 外派培训的个人申请

有外派培训需求的员工首先要填写外派培训的个人申请表（见表9-21），将个人资料及所申请的培训项目向企业相关部门汇报，以便领导审批。

表9-21　外派培训的个人申请表

申请人		部门及职位		申请日期	
外派培训申请理由					
外派培训项目名称					
外派培训目标及要求					
外派培训起止时间	从_____至_____		总时间		_____天
外派培训地点			外派培训机构名称		
外派培训课程内容	课程名称	具体内容	课时安排	培训讲师简介	
培训期间工作任务安排					
经费支出计划	差旅费		_____元		
	餐费		_____元		
	住宿费		_____元		
	课程费用		_____元		
	合计		_____元		
部门主管审核签字			日期：___年___月___日		
人力资源经理审核签字			日期：___年___月___日		
财务经理审核签字			日期：___年___月___日		
总经理审核签字			日期：___年___月___日		

2. 外派培训的推荐

外派人选也可推荐产生。企业在某项专业技能方面需要培养出色的人才，部门经理可以推荐某位下属参加合适的外派培训项目。外派培训人员推荐表见表9-22。

表9-22　外派培训推荐表

推荐部门/推荐人		推荐人选		职位	
推荐人选简介		教育背景			
		工作经验			
		技术或业务水平			
		在职期间表现			
外派培训推荐理由					
外派培训项目名称					
外派培训目标及要求					
外派培训起止时间	从_____至_____		总时间		_____天
外派培训地点			外派培训机构名称		
外派培训课程内容	课程名称	具体内容	课时安排	培训讲师简介	
培训期间工作任务安排					
部门主管审核签字			日期：_____年___月___日		
人力资源经理审核签字			日期：_____年___月___日		
财务经理审核签字			日期：_____年___月___日		
总经理审核签字			日期：_____年___月___日		

（三）外派培训候选人的甄选

结合企业的经营战略和人才需求，外派培训候选人的甄选需要考虑以下 5 个方面的因素。

1. 个人资历

与企业签订××年或××年以上的劳动合同的正式员工；在企业服务一年以上，无重大过错；培训学习的课程内容与其本职工作相关或符合企业未来的发展方向。

2. 个人品质与动机

外派候选人应对企业具有高度的责任心和忠诚度。

3. 工作能力

工作能力主要包括人际交往能力，在新的环境中取得他人信任的能力，行政管理能力，专业技术能力，熟悉东道国企业经营方式和经营理念等。

4. 语言能力

参加外派培训的人员应具备学习新语言的能力，理解和熟悉东道国的非语言交流方式。

5. 环境适应能力

参加外派的人员对人际关系、异国文化的敏感程度以及对环境的差异的理解和接受程度。

（四）确定外派培训的内容

针对外派培训的特殊性，需要对外派人员开展以下 4 个方面的培训，以减少其文化冲击，增强文化适应能力。

1. 国情培训

让外派人员对东道国的文化历史、政治、经济、社会、法律、商业、风俗和饮食习惯等方面的一般知识有所了解，并在了解的基础上进一步理解东道国的文化底蕴，寻找母国文化与东道国文化之间的内在差异。

2. 语言培训

对外派人员进行专门、集中的培训，学习东道国的语言，培养其语言理解和交流能力。

3. 文化敏感性培训

让拟派人员了解东道国不同于本国的文化、价值观念和行为标准，使其能够更直接地感受到东道国的文化环境，真实体会到东道国的文化背景与母国文化之间的差异。

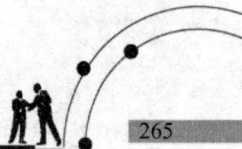

4. 跨国管理能力培训

拟派人员的培训主要包括企业在东道国的经验培训，如技术培训、法律培训等；在海外任职期间的培训主要包括异地文化环境适应培训、海外任职培训，以使其尽快适应当地企业的经营环境和管理工作。

（五）选择外派培训的方法

1. 工作轮换

让出任海外职位的母国高级管理人员到东道国进行工作轮换，使其熟悉东道国的文化和子公司的组织文化。

2. 脱岗培训

一般采用授课、录像、电影、阅读背景材料等方法向受训者提供有关东道国商务和国家文化的背景信息，以及企业运营的基本信息。

采用跨文化经验学习、角色扮演、模拟、案例研究、语言培训等方法向受训者传授东道国文化知识，以减少两种文化的冲突，增强其文化适应能力。

四、外派培训监控与效果评估

（一）外派培训监控

1. 签订《培训协议》

为了防止受训人才的流失，确保企业和员工双方的利益，人力资源部在培训实施前安排员工与企业签订《培训协议》，明确规定培训期间的费用负担和培训后的相关事宜。

2. 培训过程的监控

企业无法直接观察外派培训员工在受训期间的表现，只能通过某些规定和方法来间接监控培训的过程，以保证培训质量。一般来说，培训过程监控采取的某些策略或方法主要有以下4种。

（1）要求受训员工在受训期间（每周、每月）上交培训课堂笔记和《培训心得报告》。

（2）委托培训机构约束员工在受训期间的行为并考评其学习效果，经常要用到《培训签到表》和《受训期间考评表》，分别见表 9-23 和表 9-24。

表 9-23　培训签到表

培训内容			主办者及时间		
企业名称	签到	时间	企业名称	签到	时间

表 9-24　受训期间考评表（由培训讲师填写）

培训项目名称		培训日期	年　月　日
受训人姓名		申请部门	
培训地点		培训课程	
培训内容及方式（详细说明）			
对受训学员的考评	受训学员是否迟到、早退、中途离场		是（　　）否（　　）
	受训学员是否在课堂上接听手机		是（　　）否（　　）
	受训学员是否认真听讲、积极参与讨论		是（　　）否（　　）
	受训学员培训笔记抽查情况		
	总体评价		
	签字：_____　时间：_____　联系方式：_____		

（3）培训结束后，根据培训内容与企业的实际需要，受训员工需要配合人力资源部编制企业内部培训讲义。

（4）学习结束后，受训员工应在 15 个工作日内向人力资源部交验学历证书（复印件）、《培训手册》、《培训总结报告》、《工作改善计划》等相关文件。未获学历证书者的学费企业不予报销；而《培训总结报告》、《工作改善计划》逾期未交者，除一年内不得参加此类培训外，年终不得评为优秀个人，并要对其进行相应的处罚。

（二）外派培训的评估内容与方法

1. 参与人员评估

（1）学员自我评估。培训结束后，参训人员应认真总结参加脱岗或外派培训的收获、心得，见表 9-25。

表 9-25　培训总结

姓名		部门		职位	
培训项目名称		培训机构		培训地点	
培训日期	从（　）年（　）月（　）日至（　）年（　）月（　）日		填表日期	（　）年（　）月（　）日	
培训课程概况	课程名称	具体内容	所花时间	培训讲师简介	
培训心得与建议					
自我提升计划					
对工作的指导性					
对培训课的建议					
企业实施内部培训的价值	（　）是　　（　）否（若有，请详细说明原因及引入的益处）				
部门经理审核					
人力资源经理审核					

汇报人：

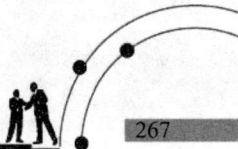

（2）测试评估。参训人员参加资历认证考试或学位考试，是否通过培训测试、是否拿到资格证书或学历证书是离岗培训评估最直接的依据。

2. 培训讲师和培训课程评估

通过问卷调查的方式，对培训机构及其相关人员的工作进行评估。调查对象是参加培训的所有员工。表 9-26 是《外派培训效果调查问卷》范本，此问卷一般在培训课程结束后，由讲师或其助教分发给学员填写。

表 9-26　外派培训效果调查问卷

您好！感谢您参加本培训中心第（　）期关于（　　　　　　）培训，谢谢您对我们的信任和支持！请在培训课程全部结束之后，留下您宝贵的意见，以便我们改进工作，为您及贵公司提供更好的服务。

贵公司全名			学员姓名			
调查项目		5 分	4 分	3 分	2 分	1 分
1. 您认为本次培训课程的难易程度如何						
2. 您认为本次培训课时安排是否合理						
3. 您认为培训方法运用的效果如何						
4. 您对本次培训场地选择的看法						
5. 您对本次培训现场后勤服务的看法						
6. 您对培训讲师的总体评价						
7. 本次培训在哪些方面对您个人有益（在相应内容前面画 "√"）		（　）获得工作技巧 （　）克服工作上的障碍 （　）调整工作态度和心态 （　）拓展了工作范围				
8. 其他意见						

（三）撰写外派培训评估报告

培训结束后，培训组织人员应及时对培训需求分析、实施及培训效果评估过程进行总结，撰写《外派培训评估报告》，将培训实施的全过程形成文字，具体见表 9-27。

表 9-27　外派培训评估报告

培训项目名称		参训时间	从（　）年（　）月（　）日至（　）年（　）月（　）日			
参训人员名单	姓名	部门	职位	姓名	部门	职位
培训机构简介						
外派培训目标						
培训实施过程	（相关资料可由培训实施机构提供）					
突发事件及应对方法	（相关资料可由培训实施机构提供）					
受训人员受训收益	（附测试成绩表、获得证书统计表）					
受训人员对培训的评价						
培训对受训者工作指导意义	（可由受训员工《培训心得报告》分析得出结论）					
企业是否有实施内部培训的必要	（可由受训员工《培训心得报告》分析得出结论）					
人力资源经理意见	培训经理意见				填表人	

复习思考题

1. 不同层次管理人员培训目标和培训内容有何区别？
2. 管理人员培训的主要方法、培训任务是什么？
3. 销售人员培训的方法有哪些？
4. 技术人员培训内容和培训方法是什么？
5. 外派人员培训目标、培训内容和培训方法有哪些？

案例讨论

D公司人力资源开发与职业教育培训

国企改制后的 D 公司依托锰矿资源储量的优势，加强对锰资源深加工的力度和投资，2006 年至 2008 年持续建设新的生产线，员工规模人数几乎翻番。企业规模的快速增大给人力资源管理带来了严峻的挑战。如何充分发挥好现有的人力资源，如何提高现在的管理水平、技术水平和技能水平，公司员工培训中心根据公司的发展需要，结合人力资源实际，以需求为导向，以服务为宗旨，以持续改善为目标，以创造价值为目的，开发了各类各层次的培训项目，推动员工的综合素质快速提升。

（1）建立健全员工安全培训学校，对全员进行安全生产知识和技能的培训，做到人人要安全，人人懂安全，人人会安全。

D公司是集锰矿资源采选及深加工于一体的现代化冶金企业，安全生产是公司常抓不懈的头等大事。按矿山企业安全生产有关规定，做好各生产单位员工的安全生产教育培训，让一线员工在工作中从"要我安全"到"我要安全"的转变。具体做法是选拔各生产单位的安全员作为兼职培训教师，针对各单位不同的生产工艺流程和岗位安全操作规程，组织本单位的员工进行岗位培训和现场操作相结合的培训。通过精心策划，周密安排，利用工作之余进行培训，做到培训与生产工作两不误，共培训员工 3062 人，大大增强了员工的安全生产意识，减少了安全生产事故的发生。

（2）开展员工轮训同，提升员工的整体素质，开发员工的职业品质。

为了提升公司员工整体素质，采用职工夜校学习培训形式，对全体员工进行轮训。通过安全生产教育、企业先进文化理念教育、企业规章制度、6S现场管理、职业道德行为规范、ISO 质量贯标知识、矿山安全法、优秀员工准则、员工的阳光心态等内容的学习，一方面提升了员工的综合素质，另一方面也提供了一个让员工了解企业文化、规章制度和工作交流的平台。在全公司营造一种爱企如家、敬业奉献、奋发向上的良好氛围，培养员工工作的事业心和高度的责任心，凝聚创业的力量，全力打造一支"忠诚企业、纪律严明、恪尽职守、团队精神、创造价值"的职工队伍。

（3）着力增强中层管理干部的综合能力，整体提升企业的管理水平。

中层管理干部是企业发展的重要支柱，为了提升中层管理干部的综合能力，提高决策的正确性和管理的科学化，采用"请进来"和"送出去"相结合形式进行培训。一方面是把国

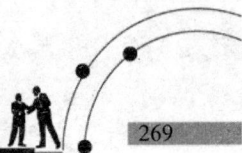

内名牌大学教授或管理专家请进企业,把最新的管理思想、企业经营理念和信息带到企业内部,结合企业发展情况,开展领导艺术和管理技能的有效培训。另一方面是创新企校合作模式,选拔优秀管理人员和技术骨干送出去参加高级管理知识研修班。2009年组织公司53名中层副职以上干部分批分期参加了厦门大学—D公司企业管理知识高级研修班,同时也参加公司在南宁举办的企业管理知识培训班,培训内容有国学智慧与企业管理、人力资源管理、财务管理等,从而扩大了中层管理干部的管理视野,丰富了知识面,为企业管理的提高奠定了良好的基础。

(4)重视班组长的素质提升,开展班组长提升训练班,提高班组长的管理水平和行为品质。

班组长是最基层的管理者,班组长的素质如何,是决定一个班组有无凝聚力、战斗力、向心力的关键。为进一步提升公司的基础管理工作水平,2007~2009年公司组织策划了五期班组长提升训练班,共培训300多人,培训内容有班组建设、台账管理、沟通能力、生产管理能力、执行能力、6S现场管理等,经过培训和考核,合格率为93.5%,进一步规范了班组管理建设,增强了以人为本共建和谐企业的管理意识,增强了班组创新意识,提高了生产现场管理的技能水平,提高了班组日常管理技巧。

(5)做好新员工基础培训,增强新员工的归属感,提升新员工的综合素质。

成功的新员工培训能够起到传递企业价值观和核心理念,并塑造员工行为的作用,为新员工迅速适应企业环境并与其他团队成员展开良性互动打下坚实的基础。由于企业的快速发展,近几年招聘了一批又一批大中专生和普通生产工人。为了增进新员工对企业发展情况、企业文化的了解,增强其归属感,公司举办了10期新员工培训班。培训内容有企业文化、规章制度、安全生产、职业规划和职业素养等。通过培训,一方面可以帮助新员工了解公司情况,了解工作的流程与制度规范;另一方面也可以帮助他们排除心理上与经验上的不适感,稳定其情绪,进而提高其工作技能。

(6)实施“蓝领技能素质提升工程”,加强各类技术和技能培训,切实提高岗位人员的操作技能。

在企业化合工、钳工、维修电工、化验分析工、行吊车工、电氧焊工等主力工种中,实施“蓝领技能素质提升工程”,充分调动内部员工的积极性和主动性。从各单位选拔一批技术熟练的骨干担当技能教练,使培训工作与选拔优秀人才相结合,与提高岗位操作能力相结合,切实提高岗位操作人员的技能水平,使技术工人素质有整体提高,形成完善的技能人才体系,形成“以点带线,以线带面”的培训格局(以培训中心为基点,对技术尖子和技术骨干进行技能培训;以技术尖子和技术骨干为线,再对岗位员工进行技能培训)。经认真策划组织,共培训了2578人,使生产一线员工大大地提升了自身的综合技能,也增强了企业市场竞争力。

(7)拓展员工学历教育,携手国内名牌大学开设成人高等教育专科班和本科班。

为适应企业的长远发展,实施人才战略培养工程,公司与国内名牌大学联合办学,采用远程网络教育模式,开办高中起点专科班、专科起点本科班,开设符合企业岗位实际需要的专业,如行政管理、工程管理、电气自动化、机械设计、化工工艺、会计学、人力资源管理等专业。

D公司致力于发展成为世界重要锰材料基地,在企业迅速发展的同时,也在进一步加强员工教育培训的力度，将会投入更多的资源打造一支追求卓越、敢为人先的"大锰人"团队。

（资料来源：许中权，李红华，刘存志. 2010. 中信大锰大新分公司人力资源开发与职业教育培训实践[J]. 科技创新导报，12：194.）

【讨论题】

1. D 公司的员工培训有何特点？
2. 该公司运用了哪些培训开发的方法或技术？
3. 该公司的培训开发实践体现了哪些培训开发的理论？
4. 你认为该公司的培训开发工作还存在哪些问题？试举例分析。

第十章 培训风险与制度设计

教学目标

正确认识培训风险，有效防范和规避培训风险；理解并设计常见的培训开发制度

教学要点

培训风险的内涵、培训内在风险和培训外在风险的具体表现形式、培训风险产生的原因、培训风险控制的方法、培训制度的内涵及构成、起草与修订培训制度的要求、7 种常用的培训制度所包括的具体内容、职业培训的相关法规

关键词

培训风险 培训制度

劳动合同期限与培训协议服务期不一致时如何处理

胡先生是某名牌大学建筑学硕士，被上海一家建筑设计公司高薪聘用，双方于 2000 年 3 月签订了为期 5 年的劳动合同，合同约定期限至 2005 年 3 月 31 日止。进公司不久，胡先生就显示出了非凡的设计能力，在公司内部的各项考核评比中，他总是名列前茅，成了公司里的业务骨干。2002 年 1 月，公司决定派胡先生去欧洲培训 4 个月，为此支付了 10 万元的培训费用。出国培训前双方签订了服务期协议书，约定胡先生培训结束后要为公司服务 5 年，若违反约定辞职，则要支付违约金 10 万元。培训结束后胡先生回到公司继续工作。很快，2005 年 3 月 31 日到来了，双方劳动合同即将期限届满，由于胡先生的服务期还有 2 年多，建筑设计公司通知胡先生续订劳动合同，双方对新的劳动合同文本进行了协商。协商中，胡先生表示自己承担了重要的建筑设计工作，要求公司升任自己为设计部门经理，并相应增加工资和待遇；公司则认为，胡先生此时提出增加工资和待遇的要求一时难以满足，因此希望胡先生目前仍应做好本职工作，并表示等以后再予考虑。经过几次协商，双方仍各持己见，以致未能续签劳动合同。建筑设计公司认为胡先生的服务期尚未结束，就发出了要求胡先生在合同期限届满后继续工作的通知。胡先生则认为双方不能就续签合同达成协议，原合同就应期满终止。于是，胡先生于 2005 年 4 月 1 日起，就再没有到公司上班。公司几经通知不见胡先生人影，便向劳动争议仲裁委员会申请仲裁，要求胡先生依据约定支付公司违约金 10 万元。劳动争议仲裁委员会受理后，经调解，胡先生赔偿公司 5 万元。

（资料来源：http://www.cndxcy.com/2011/0219/64002.html.）

这一引例表明：由于培训员工流失风险的存在，要求企业在培训中必须和员工签订培训合同，保护企业和受训者的合法权益。该案例中，由于劳动合同期限与培训协议服务期不一致出现冲突，说明劳动合同在调整劳动关系的过程中会随着客观情况的改变而变化，如双方就技术培训等事项签订专项协议。作为劳动合同的表现形式，不仅为一纸合同，还包括这些专项协议。专项协议有时是对原劳动合同内容的变更，只要变更后的内容不与法律相冲突，就是合法有效的。

第一节　培训风险控制

作为企业重要的资源，人力资源越来越受到人们的认可和重视，人力资源培训与开发作为一种人力资本的投资活动，对改进员工能力水平和组织业绩，促进组织现在和将来的可持续发展起着不可替代的作用。但是，员工培训就像一把"双刃剑"，同其他资本投资一样，既会有收益，也会有风险，风险和收益并存。

一、培训风险的类型及产生原因

（一）培训风险的类型

培训风险是指企业培训过程及其结果由于观念、组织、技术、环境等诸多因素的影响而

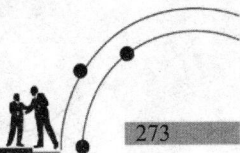

对企业造成直接或潜在损失的可能性。从其成因来看，可以将培训风险分为培训的内在风险和外在风险。

1. 培训的内在风险

培训的内在风险是指由于企业对培训体系设计不合理以及缺乏对培训的有效管理而导致培训质量不高，培训没有达到预期的效果，培训的投资效益低下。培训的内在风险源于培训本身，包括以下3种形式。

（1）培训观念风险。培训观念风险指的是由于高层领导或者受训员工对培训没有正确的认识和定位而可能对企业造成的不良影响和损失。目前，一些企业高层领导存在着对培训的不正确的认识，主要表现在把培训看成一种成本，而不是投资，具体有以下表现：培训是浪费时间和金钱的活动；培训是为他人做嫁衣；培训是培训部门的职责；高层管理人员不需要培训；市场上流行什么就培训什么等。错误的培训观念，必然导致培训效果的不理想。同时，作为培训主体的受训员工对待培训的态度及认知也会直接影响到培训的效果。

（2）培训过程风险。培训的过程风险主要是因为对培训的复杂性、系统性的认识不足，在进行培训需求分析、制订培训计划、培训实施、培训效果的评估以及培训成果的转化的某个环节中，由于管理不当或者不能及时正确地作出判断和结论可能对企业造成的损失，如没有进行全面的需求分析与调查致使培训需求不明确，培训目标脱离企业的发展方向；培训师的选择不当，如培训师不精通与培训课程相关的专业知识或者不具备相应的能力；培训内容、培训形式的选择偏离真正需要；企业缺乏培训评估技术或不能采用正确的方法进行深层次的评估；不能为员工进行培训成果的转化创造一个有力的环境等，都会给培训带来风险。

（3）培训制度风险。培训制度是组织为规范培训工作而制定的一系列条款、条例和程序，是培训活动正常运作的有力保障。因此，缺乏现代人力资源管理理念指导的培训制度，或者制度本身的不健全、制度的不系统都会给培训造成风险。培训是一个由培训需求的分析、培训计划的设计、培训效果的评估和培训成果的转化等环节组成的一个动态过程。培训制度风险不仅包括培训各项环节的制度的完善，更重要的还表现为各项制度之间的协调性和系统性。缺乏系统的培训制度就会使培训处于无序与盲目的状态，必然导致培训的计划性、针对性不强，从而影响培训的效果。

培训的制度风险还表现在培训制度与人力资源其他制度的衔接。如果只培训不考核，或者缺乏相应的奖罚配套措施，就会挫伤员工接受培训的积极性。因此，培训制度必须与企业的考核、奖惩、任用、晋升等制度相协调。

2. 培训的外在风险

培训的外在风险是指虽然培训项目达成了预定目标，但由于各种外在因素导致企业遭受各种直接或间接损失的可能性。

案例启迪

培训是花钱买人才流失吗

　　B公司是一家中外合资服装生产企业,某年年初曾投资3万美元送6名中方经理到其欧洲公司总部接受近6个月的培训,回到中国后,这6名经理负责管理公司生产,他们的月薪高达4000美元。可是,"他们在同一天同时请了病假,然后再也没回来。"该公司人力资源部经理说,"一家在中国东北新建立的中资服装生产企业以每人每月8000美元挖走了他们。" 这家合资公司花了巨额培训费,却损失了中国目前接受过最佳专业训练的管理队伍。不仅如此,企业订单和销售渠道也跟着流失,由于骨干出走而造成的职位空缺,因一时难以补充合适人才而使生产销售陷于瘫痪状态。该公司不禁感叹:企业培训,原来是一笔"花钱买流失"的赔本生意。可见培训后员工的流失,带给企业的损失不仅是巨大的,甚至有可能是难以弥补的。

　　常见的培训外在风险主要包括如下几种。

　　(1)员工流失风险。这是企业面临的最大投资风险,尤其在目前国内的劳动力市场机制和个人信用机制不完善的情况下,人员流失的现象尤为突出。培训后的员工能力和素质得到提高,自然对自我实现的追求更高,通常会产生更换工作环境的需求。据哈佛企业管理顾问公司的离职原因调查显示,"想尝试新工作以培养其他方面的特长"[①]被列于众多原因之首。更严重的是,许多企业员工将在原公司所获得的技术、信息、经验直接带到新企业或自己组建企业,导致原企业为自己的竞争对手培养人才或直接培养了未来的竞争者。

　　(2)专业技术保密难度增大的风险。一般企业通常都有自己的管理经验和专有技术,由专业的技术人员进行操作和管理,使之转化成生产力和具体的产品。这些专业技术人员是企业技术创新的主要力量,在价值创造中起着非常关键的作用。随着科技的快速发展,专业技术人员必须不断参加学习,接受培训,才能够增强企业的技术优势,提高企业竞争力。培训和学习使更多的员工掌握这些专业技术秘密,显然,掌握的人越多保密难度越大。很多企业为此在培训前要和员工签订受训技术人员保密协议,降低风险。

　　(3)培训收益风险。正确的投资要体现出它应有的效益,总是需要一定的时间,也就是说培训效益的体现具有一定的时滞性。培训是针对企业的经营战略和岗位技术要求而进行的,如果企业因为竞争的需要、政策的转变,或者仅仅是因为在短期看不到培训所产生的直接效益,而对培训工作产生怀疑,改变企业的经营战略或者进行经营范围调整,如大规模产品转产、关键技术环节的技术改造、各个职能部门的大调整或者重要人事变动等,这就会使培训工作难以实现培训收益。另外,新知识、新技术、新工艺的产生,新产品的出现,都可能使培训没有回报或回报期缩短。

　　(二)培训风险产生的原因

　　1. 从人力资本属性的角度分析

　　(1)人力资本的依附性。人力资本主要表现为人的素质和能力,是通过对人力投资而形

[①] 张苏串,梁嘉骅. 2005. 浅谈企业员工培训投资风险的规避[J]. 经济问题, 6.

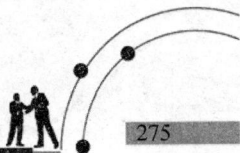

成的资本。与其他资本相比，人力资本是一种特殊形式的资本，它天然地存在于人的身体内，无法通过买卖、转让等形式而为其他个人或组织所占有，因而表现出很强的依附性。人力资本的依附性主要表现为对人体的依附、对物质资本和对他人的依附等。

首先，对人体的依附。即人力资本只能凝结在人体内，依附在人身上，人力资本不能脱离其载体而独立存在。这是人力资本最本质的特征。由于对人体的依附，使人力资本具有自利性，即经济人思想。一方面，任何人的行为动机都是自利的，时刻关心的是个人的私利；另一方面，在行动上他们又是理性的，能够最充分利用他们所得到的信息，如价格、品质、服务等来实现自身利益的最大化，即个人效用的最大化。企业员工经过培训，人力资本价值得到提高，必然追求个人效用最大化，如果企业有完善的后续激励制度等配套措施，员工的人力资本就会转化成企业的智力资本存量，长久持续地发挥作用。

对人体的依附性还使得人力资本具有能动性，能有目的地释放自己的潜力，并在经济活动中处于主体地位，能动地改造世界。既然人力资本依附在人身上，那么它必然会随着人的流动而流动，即人力资本具有流动性。人的自利性决定了他时时刻刻要追求个人效用最大化，一旦在一个组织内部不能实现该目的，他就会在流动中寻找自身价值转换和实现的匹配环境和机遇。

其次，对物质资本和其他人力资本的依附，即综合匹配性。一般而言，单独纯粹的人力资本投入在任何时候都不能形成生产力，一定量的人力资本只有与一定量的物质资本结合，与其他适当的人力资本互补，才能综合产生人类生产活动，体现人力资本的效能和价值。所以，任何人所拥有的人力资本只有与适当的其他人力资本相配合，只有借助一定组织的人力资本群体优势，才能充分发挥其效能。

（2）人力资本的不均衡性。人力资本的不均衡性一方面表现为个体与个体之间的不均衡，另一方面表现为人力资本生命周期各个发展阶段的不均衡。由于智力、体力、技能和知识的差异，每个人人力资本的效用是不同的，这种资源价值的分布在不同的个体中呈现出不均衡性。这种不均衡性使得培训的效益具有更强的不确定性，往往容易导致用人失误和开发风险。

人力资本和物质资本一样有生命周期，它分为存量生命周期和质量生命周期。存量生命周期描述的是人力资本存量在整个人生命周期中的变化规律，一般表现为随着年龄的增长，人力资本存量由少到多，逐步增加，到一定年龄后达到顶峰，然后再逐渐下降，最后耗竭殆尽。企业在选择培训对象时，应该主要选择那些人力资本存量处于上升阶段的员工，即较为年轻的且有发展潜质的员工，他们自身的存量结合人力投资可能使培训产出达到较高水平。

人力资本质量生命周期指知识、技术价值的变化规律在人力资本上的反映，知识、技术等价值的大小并非恒定不变的，而呈现出一定的变化规律——首先缓慢提升，经过一定时期再缓慢下降。这是因为新知识、新技术出现之初，人们并不关注，在早期采用者反复使用下，慢慢被采用并逐步推广，其价值被不断认识并逐步提升。一段时期后，更新的知识和技术又将产生，原有知识和技术被取代，于是其价值转而缓慢下降，并最终趋于消失。由于人力资本存在质量生命周期，受训后的员工应及时进行培训转化，尽快把培训中学到的新知识和技能应用到工作实践中去，企业培训管理者应积极营造各种氛围，支持和鼓励员工的培训转化行为。

（3）人力资本的无形性与非经济价值性。人力资本不具有物质资本的几何的物理特征，它通过成本和收益来反映其存在和"有形性"。从支出方面看，企业培训成本除了包括人员费用、场地设施费用和设备材料费用外，还包括学员因参加培训而损失的生产率以及所面临的巨大的心理压力成本。从收益方面看，培训这种人力资本投资既带来可以直接进行比较和测量的经济收益，如员工生产率的提升、收入水平的提高、缺勤率和流失率的降低等，还包括某些无法直接用货币加以衡量的社会方面的收益，如企业员工在接受培训后，会在组织中获得更多的工作选择机会、更好的发展前景等。

2. 从产权经济学角度分析

（1）人力资本承载者与企业投资者之间的矛盾。作为人力资本承载者的员工与人力资本投资者之间，如果存在利益不一致时必然产生矛盾，这种矛盾是普遍存在的，为培训风险的产生提供了理论依据。

（2）人力资本所有权与使用权的不可分离性。受训员工是人力资本的承载者，拥有其所有权。而企业是主要投资者，拥有使用权。员工在接受企业培训后，虽然在形式上其使用权归企业所有，但实质上，人力资本的使用权仍然由员工自行控制。在人力资本的支配和使用方式、流动方式与方向、效能实际发挥的程度等决策过程中，人力资本承载者本人都是一个重要的决策者，员工随时可以决定是否"兑现"其使用权，"当人力资本产权中的一部分被限制或删除时，产权权利一旦受损，产权的主人可以将相应的人力资产'关闭'起来，其资产可以立刻贬值或荡然无存，以至这种资产似乎从来就不存在"①。人力资本使用控制权天然由其载体控制的客观事实表明，即使人力资本投资产权交易实现了，人力资本事实上的使用权仍然存在极大的不确定性，这种不确定性孕育了企业培训的风险性。

（3）投资主体多元化所带来的收益权分割困难。企业和个人均为培训的出资者，企业投入金钱、人力、物力、设备，个人付出精力、体力、时间以及其他的机会收入，两类投资主体的结合最终形成某种培训效益。企业进行人力资本投资培训时，投资主体可以是员工个人，也可以是企业本身。人力资本的投资主体的变化，必将增加企业人力资本收益权分割的难度，最终导致企业培训的风险。

二、培训风险控制的必要性

培训过程中，培训风险的存在是客观的。如何正确认识培训风险并采取相应策略，使培训有效且将培训风险降到最低，对企业的发展有重要的意义。

1. 培训风险的客观存在性要求企业必须加强对培训风险的控制

培训作为一项企业重要的人力资本投资活动，有收益必然伴随着风险。风险控制过程中，可以使企业树立正确的培训观念，重视防范与规避培训风险，增强企业风险管理能力。

2. 使培训真正成为提升企业竞争力的有效手段

企业为防范员工培训风险提出各种策略，以此降低企业培训风险，避免不必要的损失，提高企业的竞争力，使员工培训成为企业的利润增长点。

① 周其仁. 1996. 市场里的企业：一个人力资本与非人力资本特别合约[J]. 经济研究, 6.

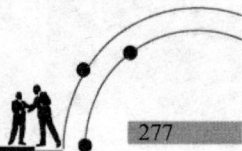

3. 增强员工的归宿感，降低员工的离职风险

正确的培训理念，规范的操作技术，完善的培训制度和良好的企业文化，可以增强员工的责任感和使命感，最大限度降低员工离职风险。

三、培训风险控制的方法

（一）转变培训理念，强化风险意识

（1）转变培训理念，充分认识到有效的员工培训与开发，会极大地增加企业的人力资源价值，提高企业的经济效益和市场竞争力。

（2）强化培训风险意识。培训作为重要的人力资本投资活动，有收益，亦会有风险。投资的收益越大，其投资的风险也越大。培训风险的存在是源于培训所具有的不可确定性和不可控性。只要这种不确定性存在，企业培训风险的存在就是必然的。

因此，企业管理者要有正确的风险投资意识和明确清晰的培训理念，大可不必因噎废食。例如，海尔集团高层重视培训，强调培训下级是每个管理者的职责并用制度进行保障。在海尔大学，每月对各单位培训效果进行动态的考核，划分等级，并且等级升迁与单位负责人的个人月度考核结合在一起，这促使单位负责人关心培训、重视培训。这就要求每位领导者都必须为提高下级素质而搭建培训平台。特别是集团的高层管理者，必须定期到海尔大学授课或接受海尔大学培训部的安排，不授课或不接受安排要给予相应的惩罚，如不能参与职务升迁。这些有利的制度和措施，使企业管理者和员工树立了正确的培训理念，推动了培训文化的建设。

（二）加强对培训流程的设计与管理，提高培训质量

加强对培训流程的设计与管理，提高培训质量，是防范培训风险的基础。为此，企业应做好培训管理，处理好企业、员工、培训机构和培训师等各当事人的配合关系。对目前培训管理不够专业和规范的企业，建议运用《ISO10015：质量管理——培训指南》。

该标准认为，一个完整的培训过程应当包括以下4个环节：培训的需求调研分析、培训方案的设计策划、培训过程的组织实施和培训效果的评估反馈。这4个环节形成一个有机的闭环结构，互相制约又互相促进，强调对培训全程的监控和持续改进。整个培训过程的控制包括从培训产品和服务的采购、人员的参与、培训需求的分析、培训的设计与策划、培训支持到培训结果的评估，每一阶段又包含若干个子过程，如在培训需求分析阶段就包括组织分析、工作分析、人员分析、确定能力差距、识别解决办法以弥补能力差距等子过程。对每一个培训过程及子过程都要合理规划并加强管理，可以有效降低培训风险。

（三）把培训与员工职业发展相结合

培训和员工的职业发展是密不可分的，企业在进行培训需求分析时也要把员工的职业发展考虑进去，从而使企业发展目标与员工个人发展目标联系起来并协调一致，建立企业与员工间的双赢关系。

　　企业的培训需要和员工的职业发展规划要保持一致，重要的是使员工的发展和培训同步，要让员工看到不断学习与不断提升的希望，增加对组织的心理契约。

　　要使员工培训后流动，且更加稳定，关键是要把培训计划与员工个人的发展相结合，要让员工清楚他未来一两年内可能到达什么位置，让他清楚上面的职位需要多少人，现有多少人，多少职位有待升迁和补充，让员工感觉到他的前途是看得见摸得着的。员工会因为企业为其提供专业的职业发展规划而对企业产生认同感，离职的可能性大大降低。

案例启迪

IBM 如何将培训与员工个人发展结合

　　IBM 公司对销售、市场、项目管理和技术人员等的培训，培训方式除课堂训练及师傅徒弟制并用外，更强调在工作中学习。员工有机会参与跨部门的专案，更可根据个人兴趣及公司业务需求到不同部门及不同专业中工作，从中学习成长，达到个人及公司"双赢"的结果。IBM 为一些优秀的员工和有潜力的员工还提供经理培训，分为两类：一类是为即将升为经理的员工在升任之前提供的，是本地化的培训；另一类则是为员工升为经理之后提供的，是全球统一的，为期一年，主要采用 E-learning 的培训手段，同时也会为参加这类培训的经理各自指定一些辅导员来辅导学习。正因为有这样一个与员工职业生涯紧密联系的培训体系，公司的学习气氛非常浓厚，人员的流失率很低。在 IBM 流传这样一句话：在 IBM 你要涨薪，公司可能会犹豫；如果你要学习，公司肯定会非常欢迎。

（资料来源：http://juping303936.blog.163.com/blog/static/6991471200782592336644/ 2007-09-25.）

（四）培训风险控制的制度方法

1. 把培训管理纳入合同管理

　　培训员工流失风险的存在，要求企业在培训中能够运用法律手段保护企业的权益。

　　（1）企业在对员工培训前，一定要与员工签订培训协议。培训协议的主要内容包括培训时间与方式、培训项目与内容、培训效果与要求、企业与员工的权利、义务及违约责任、最低服务工作年限、赔偿额度与方式等。加强对培训合同的管理，不仅保护企业的合法权利，也保护了员工的合法权利。一旦出现纠纷，企业和员工都能够通过法律手段把自己的损失降到最低点。

　　（2）重视把商业秘密的保护问题写进培训合同的附加内容。受训员工离职有可能导致商业秘密的大量流失，所以商业秘密的保护问题成为培训合同管理的附加内容。很多企业采用竞业禁止制度来保护自己的商业秘密，进而限制人员流动。所谓竞业禁止是指为避免用人单位的商业秘密被侵犯，员工依法定或约定，在劳动关系存续期间或劳动关系结束后的一定时期内，不得到生产同类产品或经营同类业务且具有竞争关系的其他用人单位兼职或任职，也不得自己生产与原单位有竞争关系的同类产品或经营同类业务。中国的相关法律中没有对竞业禁止的对象作出明确限定，因此，雇佣双方自愿签订的竞业禁止条款，作为劳动合同的一部分，具有法律效力。

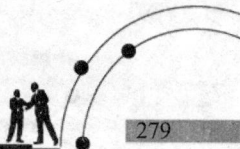

博士伦公司的未雨绸缪

博士伦公司要求员工在接受培训前要签订《培训服务协议书》，规定员工在接受某类培训后在本公司的最短服务年限，如果未满服务期要求流动，应补偿企业的培训损失。这对保护企业的培训投入起到了一定的作用。当然这也挡不住人才的流动，竞争对手一旦瞄上了哪个人才，完全可以为他支付培训补偿费。博士伦公司采取了两项对策，一是预先做好人才储备工作，一旦职位出现空缺，可以及时补充；另一种办法是给那些关键职位的人提供恰当的市场报酬。博士伦公司的未雨绸缪，对人才流失起到了很好的防范作用。

2. 员工合理分担培训费用

（1）企业在培训前应当对培训进行预算，由员工分担其部分或全部费用，能有效降低企业承担的培训风险。一些长期培训、高新技术培训的费用很高，如果培训费用全部由企业承担，一方面给企业造成巨大的财务压力，另一方面如果人才流失，企业损失更大。既然培训既是企业发展的需要，也是员工个人提高的需要，那么，员工分担部分培训费用也是合情合理的，而且有利于企业规避员工培训的风险。因此，可据不同情况，通过双方协商，本着企业为主、个人为辅的原则，由企业和个人共同分担培训费用。

（2）加大岗位培训，制定相关激励政策，鼓励员工自学、鼓励岗位成才，可以大大降低企业培训投资。

3. 完善人才档案制度

完善的人才档案制度对控制员工的流失起着重要作用。现行人事调配制度，仍然实行"档随人走"的原则。因此，有效管理员工的档案，建立员工的业绩档案、诚信档案，同时档案制度的内容设计要体现出动态性，能在一定程度上约束受训员工的流失。

4. 建立完善的培训制度，改变培训不规范的现象

要降低培训过程中存在的风险，企业必须建立起一套完备的培训制度，规范培训的组织机构、经费投入，培训流程等各个方面。

培训制度包括入职培训制度、培训激励制度、培训考核评估制度、培训奖惩制度、培训风险管理制度等。

从制度上保障管理者以及人力资源管理部门为培训成果的转化创造有利的环境和必要的支持；员工参与培训后，企业必须通过制度保障对培训效果的评价进行必要的反馈；同时，要把培训、考核、奖惩有机结合在一起，充分调动员工参与培训的积极性等。培训制度一旦建立，组织中各个层次的人员必须严格遵守，使培训制度真正发挥应有的作用。

5. 培养优秀的企业文化

优秀的企业文化具有强大的凝聚力和向心力，以一种无形的力量规范、引导企业成

员的行为。培训成功的企业，通常都有优秀的企业文化做支撑，如太平洋保险公司提出了一条鲜明的口号"培训是我们最大的财富"，这种培训理念深深根植于企业文化中，使每一名成员都意识到培训的重要性。一个具有优秀文化的组织更加重视员工自我价值实现的需求，并且努力建立与这种需求相适应的培训理念和制度，把员工的利益与企业的长远发展紧密地联系在一起。这种良好的文化氛围极大地激发了员工的工作热情，增强了员工的凝聚力、忠诚度。

第二节　培训制度设计

培训的制度化是人力资源培训管理的一项基础性的工作，也是实际培训工作中相关各方利益均衡的结果。当然，这种规章制度的具体内容会随着组织内外部环境的变化而变化，但是，科学有效的培训制度无疑会大大有利于培训工作的组织与实施。具体地说，培训制度为培训计划的实施提供了基本的规范和依据，还使培训经验得以固化和沿用，从而使培训沿着法制化、规范化轨道运行。

一、培训制度概述

（一）培训制度的内涵

培训制度是指能够根据组织的实际情况和发展要求，用准确的文字、规范的体例，起草、解释作用于培训系统及其活动的各种法律、制度、规章及政策的总和，范围包括培训的法律和政令、培训的具体制度和政策两个方面。

培训涉及两个培训主体——组织和员工，培训过程中，组织更多考虑的是如何达到自己的目标，而员工也会从自己的利益出发来决定是否参加培训。两个培训主体目的的不同，将导致培训很难达到理想的效果。因此，要想提高培训的效率，就必须建立一套完整的培训制度，通过制度来明确双方的权利和义务、利益和责任，理顺双方的利益关系，既调动员工参与培训的积极性，同时也使组织的培训活动系统化、规范化、制度化，从而使双方的目标和利益尽量相容。

（二）培训制度的构成

在人力资源培训与开发的管理活动中，组织根据自己实践经验和具体情况，制定一系列的员工培训管理制度。一般来说，包括入职培训制度、培训激励制度、培训考核评估制度、培训奖惩制度、培训风险管理制度和培训信息管理制度等6种基本制度。除此之外，还有培训实施管理制度、培训资金管理制度以及针对各类员工的培训管理制度等，从而给予培训活动自上而下、全方位的制度支持。

（三）起草与修订培训制度的要求

随着企业内外部环境和条件的变化，应当对培训制度进行及时修订，具体应遵循以下几点要求。

（1）培训制度的战略性。培训与开发本身具有战略导向性，培训制度作为培训与开发体系构成部分之一，在制定和修订过程中也要从战略角度出发，使其更加规范化和制度化。

（2）培训制度的长期性。培训与开发作为一项人力资本投资活动，具有长期性和持久性。在制定培训制度过程中，要贯彻这种"以人为本"的理念，保证制度的稳定性和连贯性。

（3）培训制度的适用性。培训制度的作用就是使培训与开发工作能够有规可循、有章可依，能够更加规范地运作，因此，培训制度应有明确具体的内容或条款，对培训过程中某些方面的活动或内容作出明确的规定，保证在具体实施过程中出现问题时可以照章办理。

起草或修订培训制度时，除了坚持上述 3 条原则，还应当深入实际进行调查研究，掌握培训制度在制定和实施过程中存在的问题和难点，解决了哪些问题，还有哪些问题亟待克服和解决，掌握实际情况再"对症下药"，以切实保证培训制度的科学性和可行性。

二、培训制度的内容体系

具体培训制度的内容体系见图 10-1。

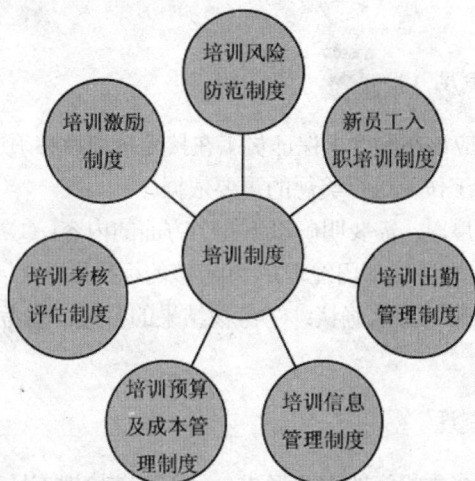

图 10-1　培训制度的内容

组织培训制度涵盖了不同类型、不同重点和不同流程的培训，从而构成一个体系，一项具有良好的适应性、实用性和可行性的培训制度应该包括以下几个方面的具体内容。

（一）新员工入职培训制度

新员工入职培训制度就是规定员工上岗之前和任职之前必须经过全面的培训，体现了"先培训，后上岗；先培训，后任职"的原则，可以帮助新员工尽快适应工作环境，提高工作效率和绩效。

起草新员工入职培训制度时，应当主要包括如下几个方面的基本内容：①培训的意义和目的；②需要参加的人员界定；③特殊情况不能参加入职培训的解决措施；④入职培训的主要责任区(部门经理还是培训管理者)；⑤入职培训的基本要求标准(内容、时间、考核等)；
⑥入职培训的方法。

（二）培训激励制度

培训激励制度的主要目的是激励各个利益主体参加培训的积极性。这个激励包括以下 3
个方面的内容。

（1）对员工的激励。培训必须营造前有引力、后有推力、自身有动力的氛围机制，建立
培训—使用—考核—奖惩相结合的培训激励机制，形成以目标激励为先导、竞争激励为核心、
利益激励为后盾的人才培养激励机制。

（2）对部门及其主管的激励。建立岗位培训责任制，把培训任务完成的情况与各级领导
的责、权、利挂钩，使培训通过责任制的形式，渗透在领导的目标管理中，使培训不再只是
培训部门的事，而是每一个部门、每一级领导、每一位管理人员的事。

（3）对企业本身的激励。培训制度实际上也是对企业有效开展培训活动的一种约束。
企业培训的目的就是要提高员工的工作素质，改变员工的工作行为，提高企业的经营业
绩。制定合理的培训制度并严格实施，使培训真正为经营服务，从而激发企业的培训积
极性。

（三）培训考核评估制度

为了保证培训质量，应该在制度上保证员工在接受培训后必须进行考核评估，并且把考
评的结果作为评价员工的工作及进行奖惩的重要依据。

起草培训考核评估制度时，需要明确以下几个方面的内容：①被考核评估的对象；②考
核评估的执行组织(培训管理者或部门经理)；③考核的标准区分；④考核的主要方式；⑤考
核的评分标准；⑥考核结果的签署确认；⑦考核结果的备案；⑧考核结果的证明(发放证书
等)；⑨考核结果的使用。

（四）培训风险防范制度

培训是企业进行人力资本投资的主要形式，由于当前培训市场和培训制度不是很完善，
以及员工培训的不确定性和长期性，使得企业的这项投资存在着非常大的风险。比如，人才
流失及其带来的经济损失、培养竞争对手、培训没有取得预期的效果、送培人员选拔失当、
专业技术保密难度增大等。因此，为了降低培训风险，在制定培训风险防范制度时需要考虑
以下几点。

（1）企业根据《劳动法》与员工建立相对稳定的劳动关系。

（2）签订培训合同，明确企业为员工提供培训的机会，员工运用自己所学的知识和技能
应为企业服务的年限、保密协议以及违约赔偿等有关的条款。培训合同应符合国家的法律法
规和劳动人事政策，条款明确，体现企业和员工的权利和义务的公平合理。

（3）实现培训费用的多元化。根据"利益获得原则"，即谁投资谁受益，投资与受益成
正比关系，考虑培训成本的分摊与补偿。

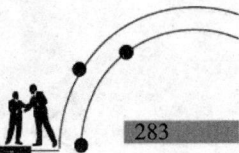

案例启迪

如何避免类似的事件再发生

方某于 1994 年 7 月与上海某公司（以下简称公司），签订了为期 5 年的劳动合同。1996 年 6 月，公司派方某赴美国一家公司培训一年，一切费用由美国公司承担。培训前，方某与公司签订了服务期协议。协议规定：方某回国后必须为公司服务 5 年。1997 年 7 月，培训期满，方某滞留美国不归，并口头提出辞职。一年后，方某从美国委托其在沪亲属到公司，为方某办理退工手续，遭到公司拒绝。方某遂申诉至劳动争议仲裁委员会。在仲裁庭庭审中，方某认为，《劳动法》规定职工辞职，企业应为其办理退工手续，且培训费并非由公司支付，而是由美国公司支付的，要赔也应赔给美国公司。而公司则认为，方某的辞职系口头辞职，未以法定的书面形式提出，公司有权拒绝。同时，方某与公司之间的劳动合同和赔偿协议应当执行。方某现已违约，应当承担赔偿责任，支付培训费人民币 10 万元。至于境外培训费的支付问题，完全是公司与美国公司之间的事，与方某无关。最后，经仲裁委员会裁决，根据公司提供的实际支付货币凭证，方某支付 2 万元赔偿金，公司则为方某办理退工手续。

该案例中，由于事先没有约定培训协议或约定不完善，而引发纠纷。由本案我们可以得出以下启示：①接受培训的劳动者，应遵守有关培训协议，否则，应承担相应违约责任。②作为用人单位，不仅要与受训者签订培训协议，同时也要约定明确的赔偿数额，否则即以实际支付货币凭证为依据。

（五）培训预算及培训经费管理制度

培训工作的开展离不开经费的支持，作为培训部门，为使组织在培训经费的预算、计划、运用、控制及管理上有所依循，在制定培训预算及培训经费管理制度时，需要明确以下几个方面的内容。

1. 培训预算

培训预算的制定，可以分为两种情况：一是广义培训预算，即根据费用总额按照一定比例提取，如根据国家劳动部《企业职工培训规定》，企业单位员工的培训经费按照员工工资总额的 1.5% 计取，企业自有资金部分如每年营业额的 0.5%~3%、每年利润的 5%~10% 等，当然，还要考虑组织业绩情况考虑有比例地加大或缩减培训预算。二是狭义培训预算，即根据制订的年度培训计划逐项作出每项培训活动的费用预算，具体包括讲师费、教材费、差旅费、场地费、器材费、茶水餐饮费等，据此作出大致预算。这种做法较常用。

2. 培训经费管理制度

（1）培训经费使用范围，主要包括以下方面：①员工的岗前及岗位培训所需费用；②员工晋级培训与考核的费用；③外聘教师的授课费；④开展各种与培训有关活动所需的费用；⑤添置必要的培训资料、设备及器材。

（2）经费的提取及使用原则如下：①培训经费应遵循专款专用的原则；②员工培训经费应根据组织需要，安排合理比例用于员工培训；③用于引进项目、技术改造项目的培训费可以在项目中开支；④人力资源部每年度末作出下年度的费用预算计划，上报总经理审核，财务部根据上年度工资总额，按规定提取；⑤培训费用的报销，按有关财务制度执行。

（六）培训信息管理制度

培训信息管理制度也称培训档案管理制度，是对员工自进入组织工作开始所有参与过的各种培训活动的详细记录。通过培训档案记载的信息可以总结培训工作的成效和不足，为做好下一次培训工作起参考作用。同时，培训档案信息为人力资源部进行人员考核、奖惩、晋升等提供了重要参考依据。

培训档案一般包括以下 3 个方面的内容。

1. 培训部的工作档案

培训部的工作档案主要包括以下内容：①培训工作的范围；②如何进行岗前培训；③如何进行晋级升职培训；④如何进行纪律培训；⑤如何进行其他技术性专项培训；⑥如何进行对外培训；⑦如何进行考核和评估；⑧组织中员工已参加培训、未参加培训的情况；⑨列入培训计划的人数、培训时间、班次、学习情况；⑩特殊人才、重点人才、急需人才的培训情况。

2. 受训者的培训档案

（1）员工的基本情况，包括学历、进企业年限、所经历的岗位、现有岗位工作情况等。
（2）上岗培训情况，包括培训的时间、次数、档次、成绩等。
（3）专业技术培训情况，包括技术种类、技术水平、技能素质以及培训的难易程度等。
（4）晋级升职培训情况，包括任职时间、任职评价、任职晋升等。
（5）其他培训情况，如在其他地方参加培训的经历、培训的成绩等。
（6）考核与评估情况，包括考核定级的档次、群众评议情况等。

3. 与培训相关的档案

（1）培训师的教学及业绩档案。
（2）培训所用财务档案。
（3）培训工作往来单位档案。

（七）培训出勤管理制度

培训出勤管理制度主要是为了规范员工培训出勤行为，提高培训效果。在制定培训出勤管理制度时主要应考虑以下几个方面的内容。

（1）培训期间不得随意请假，如确因公请假，需履行相关培训学员请假手续，由相关主管部门核准交至人力资源部备查。

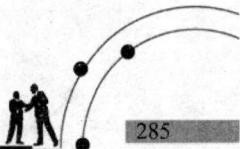

（2）上课期间迟到、早退依相关规定处理。

（3）自学员收到培训通知当日起，所有上课学员凡遇公务或私事与上课发生冲突者，一律需办理培训请假手续。

（4）员工参加培训，必须在员工培训签到表上亲笔签名以示出勤，严禁代签，否则按相关规定处理。

（5）培训单位以签到及课上点名为依据，将参训学员的上课记录登记在员工培训记录上，并由人力资源部归入员工培训档案中保存。

企业培训考勤记录表的范本见表10-1。

表10-1 培训考勤记录表

培训课程： 　　　培训讲师： 　　　日期：

所 属 部 门	受训员工姓名	签 到 时 间	签 退 时 间

出勤：	人应参加人数：		缺勤：	出勤率：
迟到时间：	姓名：			
早退时间：	姓名：			
签字：	记录者：			
备注				

　　企业内存在多种具体的培训制度，除上述各项制度之外，还有培训实施管理制度、培训资金管理制度，以及针对各类人员的分类培训管理制度，如脱岗与外派人员培训管理制度、营销人员（或技术人员，或管理人员，或生产人员，或服务人员）培训管理制度等。这些培训制度给予培训活动自上而下、全方位的制度支持。

阅读资料

某公司培训管理制度范例

一、培训目的与宗旨

（1）根据企公司发展战略，将培训目标与公司发展目标紧密结合，围绕公司发展开展全员培训，不断探索创新培训形式。

（2）公司的培训制度与员工的职业生涯设计相结合，促进公司与个人的共同发展。

（3）实行全员培训，建立培训效果与激励挂钩机制，搭建起学习型、知识型企业的平台。

二、适用范围

本规定适用于公司全体员工。

三、培训领域

1. 新员工入职培训

新员工入职培训的内容包括简要介绍公司的历史、文化、政策、产品、组织及设施等方面的内容，以使新员工尽快熟悉公司的规章制度、企业文化及设施环境。

2. 在职员工培训

在职员工培训指不脱离工作岗位，在工作中接受的培训。旨在提高员工的专业技能和综合素质，满足公司不断发展的需求。在职培训中，属于各部门内部特定的具体工作技能的培训，如讲座、讨论会等形式，由人力资源部协助实施；对公司各部门共同的培训，由人力资源部负责实施。

3. 管理人员的培训

（1）中高层管理人员的培训，目的是学习和掌握专业知识、管理知识，提升其市场预测、决策、组织、执行和控制能力。培训内容主要是市场经济所要求的系统管理理论、知识和应用能力。培训形式以聘请专家、教授举办专业知识讲座为主，自学和内训为辅。

（2）基层管理人员培训，目的是提高基层管理人员的素质，提升其知识和能力水平，从根本上提高工作质量和改善工作绩效。培训时间根据培训内容确定，学习公司管理手册，熟练掌握岗位知识、管理制度及操作流程。

4. 专业技术人员的培训

专业技术人员的培训主要针对财务人员、工程师、工程技术人员等，目的是提高专业技术人员的技术水平和综合素质，掌握前沿技术，提高技术创新水平。

5. 个人工作表现与培训计划

个人工作表现与培训计划由每位员工和主管一起根据个人工作的发展需要制定。

四、培训的组织策划

（1）员工培训工作由人力资源部负责培训活动的统筹、规划。

（2）人力资源部负责培训的主管负责具体的实施和控制。

（3）公司的各部门为公司的培训分管机构，各部门负责人应定期向人力资源部提交本部门的培训需求计划，并积极配合人力资源部对培训工作进行监督。各部门内部应定期组织交流会，相互研讨、相互学习、共同提高。

五、培训的管理

1. 费用管理

（1）财务部门和人力资源部门根据培训计划对培训经费作统一预算，并依据实际实施情况定期调整。人力资源部门统一负责公司所有的培训开支，对培训费用进行审核；同时应当每6个月作一次培训投资分析并呈报公司领导层。公司的培训投入要严格按照培训计划做到专款专用，不得随意克扣、挪用。

（2）由公司组织参加的外部学习项目，学习费用由公司出50%，学员出50%，学习结束后，学员达到预定目标，由公司报销全部学习费用，否则，学员支出部分仍由学员自己承担。

（3）培训师的费用按聘用时签订的合同执行。

2. 出勤管理

（1）所有培训一经报名确认，参训员工应合理安排工作及私人事务，确保准时出勤。员工如因特别公务或其他紧急事宜确实不能参加培训的，须填写《参训员工请假单》，经部门经理审批后，交人力资源部备查。

（2）凡在公司内部举办的培训，参加人员必须严格遵守培训规范；课前签到由专人负责纪录，填写《内部培训考勤表》；考勤状况将作为培训考核的一个参考因素。

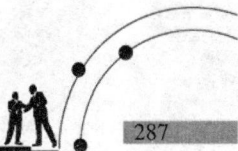

3. 培训考核

（1）培训结束后对培训的全部内容进行考核，以判断培训是否取得预期培训效果。

（2）评估的形式包括现场演示、书面答卷、能力测试等多种形式。培训过程前、中、后所有记录和数据由人力资源部统一收集、整理、存档。

（3）人力资源部将按照各部门上交的培训计划表对各部门的培训工作进行抽查。如有部门没有按时培训或培训不认真，将处以通报批评并作为部门绩效考核的重要依据。

4. 培训记录及总结报告

（1）建立相关外部培训资源的详细信息记录，以便寻找更优惠的高质量课程。

（2）建立《全员培训档案》，并定期呈报。

三、职业培训相关法规

第二次世界大战以后，特别是 20 世纪 60～70 年代，世界各国开始重视职业培训立法。例如，日本 1958 年的《职业培训法》，美国 1963 年的《职业培训法》，英国 1964 年的《工业培训法》（1973 年改为《雇佣培训法》），法国 1966 年的《职业训练法》、1976 年的《终身培训法》，以及德国 1969 年的《职业训练法》等。国际劳工组织在 1962 年《社会政策（基本宗旨和准则）公约》（第 117 号）的第 6 部分"教育和职业培训"中规定："如当地条件许可，应采取适当措施，逐步推广教育、职业培训和徒工习艺计划，切实培养男女少年儿童适应一项有益工作。"1974 年通过了《带薪脱产学习公约》（第 140 号），1975 年通过了《人力资源开发公约》（第 142 号）。

我国一直十分重视有关职业培训的立法，早在 1952 年 2 月政务院就发布了《关于国营、公私合营、合作社营、个体经营的企业和事业单位的学徒的学习期限和生活补贴的暂行规定》，对学徒这一传统的职业培训方式作出了规定。1994 年 7 月通过的《中华人民共和国劳动法》（以下简称《劳动法》）对"职业培训"进行了专章规定。1996 年 5 月第八届全国人大常委会第 19 次会议通过了《职业教育法》。2008 年 1 月 1 日开始实施的《中华人民共和国劳动合同法》（以下简称《劳动合同法》）也对劳动合同中签订培训条款或者培训附件作出了详细规定。另外，国务院、劳动和社会保障部等有关部门还先后颁布了一系列法规和规章，如《就业训练规定》、《企业职工培训规定》等。员工职业培训的相关法规可以从法律的层次上分为法律和法规两大类。

（一）《劳动法》、《职业教育法》和《劳动合同法》的规定

《劳动法》第 68 条规定："用人单位应当建立职业培训制度，按照国家规定提取和使用职业培训经费，根据本单位实际，有计划地对劳动者进行职业培训。从事技术工种的劳动者，上岗前必须经过培训。"

《职业教育法》第 14 条规定："职业培训包括从业前培训、转业培训、学徒培训、在岗培训、转岗培训及其他职业性培训，可以根据实际情况分为初级、中级、高级职业培训。职业培训分别由相应的职业培训机构、职业学校实施。其他学校或者教育机构可以根据办学能力，开展面向社会的、多种形式的职业培训。"第 20 条规定："企业应当根据本单位的实

际,有计划地对本单位的职工和准备录用的人员实施职业教育。企业可以单独举办或者联合举办职业学校、职业培训机构,也可以委托学校、职业培训机构对本单位的职工和准备录用的人员实施职业教育。从事技术工种的职工,上岗前必须经过培训;从事特种作业的职工必须经过培训,并取得特种作业资格。"第 28 条规定:"企业应当承担对本单位的职工和准备录用的人员进行职业教育的费用,具体办法由国务院有关部门会同国务院财政部门或者由省、自治区、直辖市人民政府依法规定。"

《劳动合同法》第 22 条规定:"用人单位为劳动者提供专项培训费用,对其进行专业技术培训的,可以与该劳动者订立协议,约定服务期。劳动者违反服务期约定的,应当按照约定向用人单位支付违约金。违约金的数额不得超过用人单位提供的培训费用。用人单位要求劳动者支付的违约金不得超过服务期尚未履行部分所应分摊的培训费用。用人单位与劳动者约定服务期的,不影响按照正常的工资调整机制提高劳动者在服务期期间的劳动报酬。"

（二）原劳动和社会保障部的相关规定

原劳动和社会保障部（现人力资源和社会保障部）作为国家在劳动领域的政策的执行和实施者,在上述法律的指导下,颁布了相关的部门规章以保障劳动者受培训的权利。

1994 年颁布的《就业训练规定》第 8 条规定:"就业训练应采取多层次、多形式、多渠道的培训方式,以实际操作技能为主,同时进行必要的专业知识和职业指导及其他内容的培训。"第 9 条规定:"未接受过职业培训的求职人员,以及需要转换职业的城乡劳动者,应在就业或上岗前接受必要的就业训练。"

1996 年颁布的《企业职工培训规定》第 8 条规定:"企业应建立健全职工培训的规章制度,根据本单位的实际对职工进行在岗、转岗、晋升、转业培训,对学徒及其他新录用人员进行上岗前的培训。"

自 2008 年 1 月 1 日起施行的《就业服务与就业管理规定》,第 8 条规定:"……国家鼓励劳动者在就业前接受必要的职业教育或职业培训,鼓励城镇初高中毕业生在就业前参加劳动预备制培训……"第 21 条规定:"用人单位招用从事涉及公共安全、人身健康、生命财产安全等特殊工种的劳动者,应当依法招用持相应工种职业资格证书的人员;招用未持相应工种职业资格证书人员的,须组织其在上岗前参加专门培训,使其取得职业资格证书后方可上岗。"

复习思考题

1. 简述培训风险的内涵及种类划分。
2. 试述企业培训风险的防范措施。
3. 企业与员工签订培训合同时应注意哪些问题?
4. 企业具体的培训制度包括哪几方面的内容?
5. 运用所学知识,结合某一企业实践,为其起草一份培训制度。

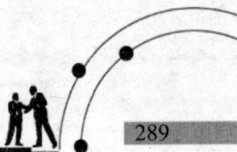

案例讨论

企业培训制度与国家政策法规冲突时如何解决

前几年，某仪器厂的产品适销对路，经济效益逐年提高。因此，许多优秀技术人员纷纷应聘来厂里工作，韩某—— 一位中年高级工程师就是其中之一。他与仪器厂签订了3年的劳动合同。但是，两年后，由于市场的变化，仪器厂的产品突然由畅销变成了滞销，这使厂长非常着急，在一次职工代表大会上厂长提出建议：在《规章制度》中增加一条规定，凡工程师以上职称的技术人员，至少应为厂里工作5年以上，才能调走，否则，应向厂里交培训费5000元。厂长的这项建议，被职工代表大会讨论通过后，写进了厂里的规章制度。去年10月，韩某的劳动合同到期后，提出不再与仪器厂续签合同，准备调往另一单位工作，但是人事部崔经理却提出必须先交5000元培训费，才能办理相关手续。理由是韩某是高级工程师，按照规定工作5年才能走。韩某认为厂里应该无条件为他办理调离手续，因为合同是到期自然终止，不是提前解除，不存在违约行为，再者厂里并未为其花过培训费。

（资料来源：李宝元. 2002. 人力资源管理案例教程[M]. 北京：人民邮电出版社.）

【讨论题】

1. "凡工程师以上职称的技术人员，至少应为厂里工作5年以上，才能调走⋯⋯"这一规章制度条款，对韩某是否具有法律约束力？厂里是否有权要求他交纳培训费？

2. 韩某从未参加过厂方的出资培训，仪器厂把收取培训费作为韩某不与其续签劳动合同的惩罚措施，是否具有法律依据？

参考文献

曹振杰，王瑞永，齐永兴. 2006. 人力资源培训与开发教程[M]. 北京：人民邮电出版社.

陈胜军. 2010. 培训与开发[M]. 北京：中国市场出版社.

陈一朋. 2009. 关键人才的经营：中关村人才论坛精彩选粹[J]. 人力资源开发与管理，12：24-45.

褚福灵. 2003. 人力资源管理职位模拟教程[M]. 北京：中国人民大学出版社.

大卫·D 迪布瓦. 2005. 胜任力[M]. 北京：北京大学出版社.

德西蒙·RL，沃纳·JN，哈里斯·DM. 2003. 人力资源开发[M]. 3 版. 北京：清华大学出版社.

甘斌. 2008. 员工培训与塑造[M]. 北京：电子工业出版社.

葛玉辉. 2011. 员工培训与开发实务[M]. 北京：清华大学出版社.

郭京生，潘立. 2005. 人员培训实务手册[M]. 北京：机械工业出版社.

杰克·菲利普斯，帕蒂·菲利普斯. 2009. CEO 们如何评估培训成效[J]. 陈致中译. 人力资源开发与管理，12：55-57.

金延平. 2006. 人员培训与开发[M]. 大连：东北财经大学出版社.

雷蒙德·A 诺伊. 2008. 雇员培训与开发[M]. 3 版. 徐芳译. 北京：中国人民大学出版社.

李德伟. 2006. 人力资源培训与开发技术[M]. 北京：科学技术文献出版社.

李文沁，田恩舜. 2005. 高科技企业的培训风险及其防范机制[J]. 科技进步与对策，9：9.

李中斌. 2008. 培训管理[M]. 北京：中国社会科学出版社.

蔺王萍. 2005. 企业培训的风险及其防范措施[J]. 科技情报开发与经济，11.

罗辉，张俊娟. 2009. 培训课程开发实务手册[M]. 北京：人民邮电出版社.

罗纳德·杰克斯. 2006. 员工岗位培训手册：制胜培训秘诀[M]. 谢金峰译. 北京：中华工商联合会.

牟家和. 2006. 为什么要学习[M]. 北京：经济管理出版社.

乔恩·M 沃纳，兰迪·L 德西蒙. 2009. 人力资源开发[M]. 徐芳，董恬斐，等译. 北京：中国人民大学出版社.

秦梅英. 2009. 浅谈新员工培训的实施[J]. 经营管理者，18：212.

曲孝民，邵亚坤. 2009. 员工培训与开发[M]. 大连：东北财经大学出版社.

石金涛. 2009. 培训与开发[M]. 北京：中国人民大学出版社.

苏平. 2010. 培训师成长手册[M]. 西安：西安交通大学出版社.

苏珊娜·斯基芬顿，帕里·宙斯. 2004. 行为培训[M]. 严峰译. 北京：华夏出版社.

孙宗虎，姚小凤. 2010. 员工培训管理实务手册[M]. 北京：人民邮电出版社.

田恩舜. 2004. 企业培训的风险分析及防范策略[J]. 中国人力资源开发，03.

王成，王玥，陈澄波. 2010. 从培训到学习：人才培养和企业大学的中国实践[M]. 北京：机械工业出版.

王少华，姚望春. 2008. 员工培训实务[M]. 北京：机械工业出版社.

王淑珍，王铜安. 2010. 现代人力资源培训与开发[M]. 北京：清华大学出版社.

吴刚. 2008. 胜任力模型构建三步曲[OL]. 中国管理传播网[2008-3-13].

向春. 2004. 培训就这么做[M]. 广州：广州出版社.

谢晋宇. 2005. 人力资源开发概论[M]. 北京：清华大学出版社.

徐芳. 2009. 培训与开发理论及技术[M]. 上海：复旦大学出版社.

杨杰. 2003. 组织培训[M]. 北京：中国纺织出版社.

杨生斌. 2006. 培训与开发[M]. 西安：西安交通大学出版社.

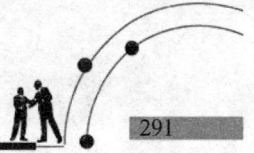

于虹．2006．企业培训[M]．北京：中国发展出版社．

张立富．2009．人力资源开发[M]．天津：南开大学出版社．

赵海霞．2005．基于控制理论的新员工培训[J]．中国人力资源开发，10．

周施恩，柳烨．2011．方正科技的"新员工融入计划"[J]．企业管理，07．

Desimone R，Werner J，Harris D．2002．Human Resource Management[M]．Harcourt Inc．

Mager R F．1997．Preparing Instructional Objectives[M]．3rded．Atlanta:Center for Effective Performance．

R 加涅，等．1999．教学设计原理[M]．皮连生，等译，上海：华东师范大学出版社．